Australia 澳洲

no.064

達爾文
Darwin

凱恩斯
Cairns

澳洲
Australia

布里斯本
Brisbane

伯斯
Perth

阿得雷德
Adelaide

雪梨
Sydney

墨爾本
Melbourne

南冰洋
Southern Ocean

U0018648

MOOK NEWAction

澳洲 Australia

MOOK NEWAction no.64

P.4　澳洲全圖
P.6　**歡迎來到澳洲 Welcome to Australia**
P.8　必去澳洲理由 Top Reasons to Go

P.9　**旅行計畫 Plan Your Trip**
P.10　澳洲之最 Top Highlights of Australia
P.20　澳洲精選行程 Top Itineraries of Australia
P.24　最佳旅行時刻 When to Go
P.26　澳洲交通攻略 Transportation in Australia
P.35　澳洲自駕遊 Road Trips in Australia

P.37　**澳洲百科 Encyclopedia of Australia**
P.38　澳洲歷史 History of Australia
P.40　澳洲世界遺產
　　　World Heritage Sites of Australia
P.44　澳洲活動體驗 Must-do in Australia
P.46　澳洲好味 Must-eat in Australia
P.48　澳洲好買 Must-buy in Australia
P.50　澳洲動物 Fauna of Australia
P.54　澳洲植物 Flora of Australia

P.55　**分區導覽 Area Guide**
P.56　如何玩澳洲各地
　　　How to Explore Australia
P.58　**新南威爾斯 New South Wales**
P.60　**雪梨 Sydney**
雪梨港灣大橋·環形碼頭·海關大樓·雪梨歌劇院·岩石區·當代藝術博物館·卡德曼小屋·肯當藝廊·雪梨天文台·皇家植物園·雪梨塔觀景台·聖安德魯大教堂·市政廳·維多利亞女皇購物中心·畢特街·海德公園·澳洲博物館·中國城·派迪思市集·達令港·雪梨漁市場·維多利亞街·烏魯穆魯碼頭·牛津街·帕汀頓市集·塔隆加動物園·曼利海灘·米爾森角·邦代海灘

P.94　吃在雪梨 Where to Eat in Sydney
P.98　買在雪梨 Where to Buy in Sydney
P.99　住在雪梨 Where to Stay in Sydney
P.102　**藍色海洋路 Grand Pacific Drive**
Darkes Glenbernie Orchard·巴爾德山觀景台·澳洲汽機車博物館·奧斯汀莫海灘·臥龍崗燈塔·教堂岩石·佛光山南天寺·Killalea海灘及Minnamura海灘·伊吉瓦拉樹頂冒險樂園·凱阿瑪噴水孔·Coolangatta Estate
P.110　吃買在藍色海洋路
　　　Where to Eat & Buy on Grand Pacific Drive
P.112　**獵人谷 Hunter Valley**
獵人谷花園·McGuigan Wines·The Cellar Restaurant·獵人谷起士公司·Tyrrell's Vineyards·獵人谷品酒學校·品酒劇院·磨坊餐廳·Mistletoe Wines·Audrey Wilkinson Vineyard·Lindemans·胡椒樹酒莊·Circa 1876·The Crowne Plaza Hunter Valley·Brokenwood
P.120　**藍山國家公園 Blue Mountains National Park**
三姐妹岩與回聲角瞭望台·景觀世界·國王高地·蘿拉小鎮
P.126　**中央海岸與史蒂文斯港**
　　　Central Coast & Port Stephens
恩紐斯鎮紀念公園·格蘭沃詩谷馬場·史蒂文斯港
P.130　**坎培拉 Canberra**
格里芬湖·國會大廈·澳洲國家美術館·國家肖像美術館·澳洲民主博物館·澳洲國家圖書館·國家科技中心·澳洲國家博物館·澳洲戰爭紀念館·坎培拉購物中心·鄂圖曼美食·Akiba

P.138　**維多利亞 Victoria**
P.140　**墨爾本 Melbourne**
聯邦廣場·墨爾本中央郵局·迪格拉弗街·聖保羅大教堂·皇家拱廊·街區拱廊·墨爾本中央車站·墨爾本商場·大衛瓊斯百貨公司·墨爾本水族館·維多利亞女皇市場·聖麥可教堂·南門餐飲暨購物天地·墨爾本藝術中心·墨爾本天台·Crown Entertainment Complex·皇家植物園·戰爭紀念館·南墨爾本市場·卡爾頓花園和皇家展覽館·墨爾本博物館·墨爾本舊監獄·布朗史維克街·費茲羅花園·聖派翠克大教堂·達克蘭·聖科達·雅痞街·布萊頓海灘彩虹小屋

P.169 吃在墨爾本 Where to Eat in Melbourne
P.173 買在墨爾本 Where to Buy in Melbourne
P.174 住在墨爾本 Where to Stay in Melbourne
P.178 **亞拉河谷Yarra Valley**
香檳酒莊·波";托利酒莊·憶齡酒莊·憶齡城堡莊園·塔拉瓦拉酒莊·柏高尼酒莊度假村
P.184 **菲利普島Phillip Island**
菲利普島自然公園
P.190 **大洋路Great Ocean Road**
十二使徒岩·洛克亞德峽谷·倫敦拱橋·坎貝爾港·隆恩·阿波羅灣·奧特威國家公園·吉隆·托基
P.196 **巴拉瑞特及戴樂斯佛Ballarat & Daylesford**
巴拉瑞特野生動物園·疏芬山·修道院藝廊·湖之屋

P.200 **昆士蘭 Queensland**
P.202 **布里斯本Brisbane**
皇后街購物中心·市政廳·市立植物園·故事橋·河岸冒險中心·南岸河濱公園·昆士蘭現代美術館·佛迪裘谷(中國城)·新農莊·龍柏無尾熊動物園·西冷美酒莊·庫莎山·摩頓島
P.214 吃買住在布里斯本
Where to Eat, Buy & Stay in Brisbane
P.216 **黃金海岸Gold Coast**
衝浪者天堂·SkyPoint景觀台·濱海幻象購物中心·凡賽斯宮殿旅館·海洋世界·華納電影世界·海港城暢貨中心·澳野奇觀·天堂農莊·夢幻世界·坦莫寧山·黃金海岸之星·庫倫賓野生動物保育區·雷明頓國家公園·迪威河遊船
P.231 **凱恩斯及其周邊Cairns and Around**
濱海大道·人工湖區·凱恩斯博物館·棕櫚灣·凱恩斯夜市·格林島·天空之軌·庫蘭達景觀火車·查普凱原住民文化公園·庫蘭達·大堡礁·道格拉斯港·哈特利鱷魚冒險園·苦難角·帕羅尼拉公園·降靈群島
P.248 吃在凱恩斯及其周邊
Where to Eat in Cairns and Around
P.249 住在凱恩斯及其周邊
Where to Stay in Cairns and Around

P.250 **西澳 Western Australia**
P.252 **柏斯Perth**
英皇公園與植物園·天鵝鐘塔·斯特林花園和最高法院花園·柏斯鑄幣局·北橋·西澳美術館·西澳博物館·蘇比雅克·夢佳湖·日落海岸
P.262 吃買住在柏斯
Where to Eat, Buy & Stay in Perth
P.263 **費里曼圖Fremantle**
卡布基諾街(南方大道)·費里曼圖市場·費里曼圖舊監獄·西澳海事博物館·圓屋·E倉庫市場·西澳沉船博物館
P.268 **西澳原野The Western Australia Wilds**
羅津翰灣·洛特尼斯島·尖峰石陣之旅·波浪岩之旅·瑪格莉特河之旅·金柏利

P.276 **南澳 South Australia**
P.278 **阿得雷德Adelaide**
阿得雷德節慶中心與托倫斯河·阿得雷德植物園·南澳美術館·南澳博物館·南澳大學和阿得雷德大學·Rundle Mall行人

徒步購物街·阿得雷德市政廳·阿得雷德中央市場·中國城·Hotel Grand Chancellor Adelaide on Hindley·聖彼得大教堂·阿得雷德之丘與德國村·幕芮河船屋
P.289 **巴羅莎河谷Barossa Valley**
Jacob's Creek酒莊·Peter Lehmann酒莊·Penfolds Barossa Valley Cellar Door·Salter's Kitchen
P.293 **袋鼠島 Kangaroo Island**
弗林德斯蔡斯國家公園·海豹灣自然保護區·漢森灣野生動物自然保護區

P.296 **北領地 Northern Territory**
P.298 **烏魯魯·卡達族達達國家公園**
Uluru-Kata Tjuta National Park
烏魯魯(愛爾斯岩)·卡達族達(奧加斯岩)
P.302 **住在烏魯魯·卡達族達國家公園**
Where to Stay in Uluru-Kata Tjuta
P.303 **愛麗絲泉Alice Spring**
拓德商店街·阿得雷德之屋博物館·史都渥監獄·皇家飛行醫生服務站·總督官邸·安扎克之丘·愛麗絲泉沙漠公園·電信站歷史保護區·西麥當諾國家公園
P.309 **卡卡度國家公園Kakadu National Park**
P.310 Aussie原住民百科——
侏庫爾帕Dreamtime

P.312 **塔斯馬尼亞 Tasmania**
P.314 **荷巴特及其周邊 Hobart & Around**
荷巴特港·莎拉曼卡區與莎拉曼卡市集·薩納古今藝術博物館·威靈頓山·塔斯曼半島·巴里拉灣牡蠣養殖場·里奇蒙鎮
P.322 **朗塞斯頓及其周邊**
Launceston & Around
朗塞斯頓市區·卡德拉克峽谷·布利得斯托薰衣草農莊·美人角·希爾納草莓園·布林哥登農莊·蘿絲鎮
P.327 **東部海岸與西部荒野**
The East Coast & The Wild West
派恩加納牧場·聖海倫·畢虛諾鎮·費瑟內國家公園·天鵝海·拓瓦那野生動物園·搖籃山·聖克雷爾湖國家公園

P.333 **聰明旅行家 The Savvy Traveler**

本書所提供的各項可能變動性資訊,如交通、時間、價格(含票價)、地址、電話、網址,係以2022年11月前所收集的為準;特別提醒的是,COVID-19疫情期間這類資訊的變動幅度較大,正確內容請以當地即時標示的資訊為主。
如果你在旅行中發現資訊已更動,或是有任何內文或地圖需要修正的地方,歡迎隨時指正和批評。你可以透過下列方式告訴我們:
寫信:台北市104中山區民生東路二段141號9樓MOOK編輯部收
傳真:02-25007796
E-mail: mook_service@hmg.com.tw

符號說明

電話	網址	所需時間
傳真	電子信箱	距離
地址	信用卡	如何前往
時間	注意事項	市區交通
休日	營業項目	旅遊諮詢
價格	特色	住宿

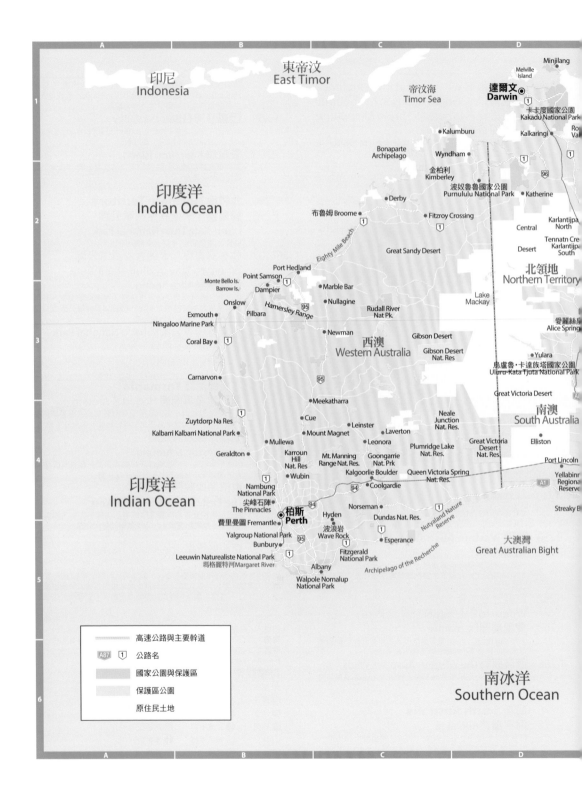

印尼
Indonesia

東帝汶
East Timor

帝汶海
Timor Sea

Minjilang

Melville
Island

達爾文
Darwin

卡卡度國家公園
Kakadu National Park

Kalkaringi

• Kalumburu

Bonaparte
Archipelago

Wyndham •

金柏利
Kimberley

波奴魯魯國家公園
Purnululu National Park

• Katherine

印度洋
Indian Ocean

• Derby

布鲁姆 Broome

• Fitzroy Crossing

Great Sandy Desert

Central

Desert

Karlantijpa
North

Tennatn Cre
Karlantijpa
South

北領地
Northern Territory

Port Hedland

Point Samson

Monte Bello Is.
Barrow Is.

Dampier

• Marble Bar

• Nullagine

Lake
Mackay

Onslow

Hamersley Range

Pilbara

Rudall River
Nat Pk.

愛麗絲泉
Alice Spring

Exmouth

Ningaloo Marine Park

• Newman

西澳
Western Australia

Gibson Desert

Gibson Desert
Nat. Res

烏盧魯·卡達族塔國家公園
Uluru-Kata Tjuta National Park

Coral Bay

Carnarvon

• Yulara

Great Victoria Desert

南澳
South Australia

• Meekatharra

• Cue

Zuytdorp Na Res

Kalbarri Kalbarri National Park

• Mullewa

• Leinster

• Laverton

Neale
Junction
Nat. Res.

Great Victoria
Desert
Nat. Res.

Elliston

Mount Magnet

• Leonora

Plumridge Lake
Nat. Res.

Geraldton

Karroun
Hill
Nat. Res

Mt. Manning
Range Nat. Res.

Goongarrie
Nat. Prk

Queen Victoria Spring
Nat. Res.

Port Lincoln

• Wubin

Kalgoorlie Boulder

印度洋
Indian Ocean

Nambung
National Park

尖峰石陣
The Pinnacles

費里曼圖 Fremantle

柏斯
Perth

Norseman

Yellabinn
Regional
Reserve

• Coolgardie

Streaky B

Hyden

Dundas Nat. Res.

大澳灣
Great Australian Bight

Yalgroup National Park

波浪岩
Wave Rock

Nutyaland Nature
Reserve

Bunbury

Leeuwin Naturealiste National Park

瑪格麗特河 Margaret River

• Esperance

Fitzgerald
National Park

Albany

Archipelago of the Recherche

Walpole Nornalup
National Park

南冰洋
Southern Ocean

高速公路與主要幹道

A87 1 公路名

國家公園與保護區

保護區公園

原住民土地

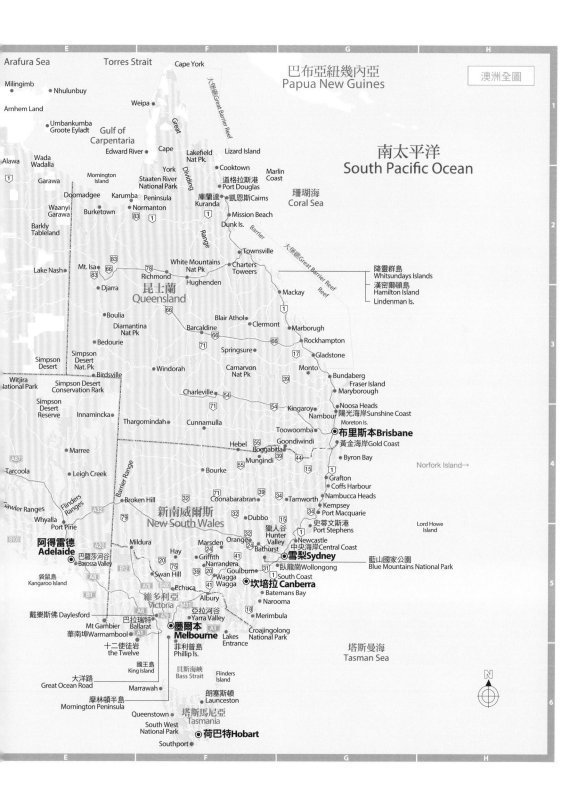

Arafura Sea   Torres Strait   Cape York

巴布亞紐幾內亞
Papua New Guines

Milingimb   Nhulunbuy
Arnhem Land
Umbankumba   Weipa
Groote Eyladt
Alawa   Wada   Cape
Wadalla
Garawa   Edward River   York   Lakefield   Lizard Island
Doomadgee   Mornington   Staaten River   Nat Pk.
Island   National Park   Cooktown   Marlin
Waanyi   Karumba   Peninsula   Kuranda   道格拉斯港   Coast
Garawa   Burketown   Normanton   庫蘭達   Port Douglas
Barkly   凱恩斯Cairns   珊瑚海
Tableland   Mission Beach   Coral Sea
Dunk Is.

Gulf of
Carpentaria

南太平洋
South Pacific Ocean

Townsville

Lake Nash   Mt. Isa   White Mountains   Charters   降靈群島
Richmond   Nat Pk   Toweers   Whitsundays Islands
Djarra   Hughenden   漢密爾頓島
昆士蘭   Hamilton Island
Queensland   Mackay   Lindenman Is.

Boulia   Blair Athol
Diamantina   Barcaldine   Clermont   Marborough
Nat Pk   Marborough
Bedourie   Springsure   Rockhampton
Simpson   Simpson   Monto   Gladstone
Desert   Desert   Windorah   Carnarvon
Nat. Pk.   Nat Pk   Bundaberg
Witjira   Birdsville   Fraser Island
National Park   Simpson Desert   Charleville   Maryborough
Conservation Rark   Noosa Heads
Simpson   Kingaroy   陽光海岸Sunshine Coast
Desert   Innamincka   Thargomindah   Cunnamulla   Nambour
Reserve   Moreton Is.
Toowoomba   布里斯本Brisbane
Marree   Hebel   Boggabilla   Goondiwindi   黃金海岸Gold Coast
Leigh Creek   Mungindi   Byron Bay
Tarcoola   Bourke
Grafton
Broken Hill   Coffs Harbour
Whyalla   Coonabarabran   Tamworth   Nambucca Heads
Gawler Ranges   Flinders   Kempsey
Ranges   Dubbo   Port Macquarie
新南威爾斯   史蒂文斯港
Port Pirie   New South Wales   Port Stephens   Lord Howe
Island
Adelaide   Mildura   Orange   獵人谷   Newcastle
阿得雷德   Marsden   Hunter   中央海岸Central Coast
巴羅莎河谷   Hay   Valley   藍山國家公園
Barossa Valley   Griffith   Bathurst   雪梨Sydney   Blue Mountains National Park
袋鼠島   Narrandera   臥龍崗Wollongong
Kangaroo Island   Swan Hill   Wagga   坎培拉Canberra
Echuca   Wagga   South Coast
維多利亞   Albury   Batemans Bay
戴樂斯佛Daylesford   Victoria   亞拉河谷   Narooma
Mt Gambier   巴拉瑞特   Yarra Valley   Merimbula
華南埠Warrnambool   Ballarat   Croajingolong
墨爾本   National Park
十二使徒岩   Melbourne
the Twelve   菲利普島Phillip Is.   Lakes
Entrance
國王島   塔斯曼海
King Island   Tasman Sea
大洋路   貝斯海峽
Great Ocean Road   Marrawah   Bass Strait   Flinders
Island
摩林頓半島   朗塞斯頓
Mornington Peninsula   Queenstown   Launceston
South West   塔斯尼亞
National Park   Tasmania   Norfork Island→
Southport   荷巴特Hobart

N

5

Welcome to Australia

歡迎來到澳洲

文●趙思語　攝影●墨刻攝影組

G'day, mate!

澳大利亞通稱澳洲，地處南半球的印度洋與太平洋之間，是一塊大陸島嶼，也是全世界面積第六大的國家。由於幅員廣大，地理景觀多變，生態與文化自成體系，非常值得細細品味。這個全世界最小洲、全世界最大島上，處處有驚喜。

澳洲是個美食國家，有吃不完的國際料理和無國界料理、品不完的美酒以及喝不完的咖啡；澳洲也是個冒險國度，有跳傘、滑翔翼、衝浪、滑索…讓腎上腺素飆升的刺激活動、悠哉的景觀公路旅行或是熱血的四輪驅動冒險；澳洲更是天然的地理教室，包括世界上最燦爛的海底世界—大堡礁、世界上最大的獨立巨岩—艾爾斯岩、超過1億年的舉世最古老雨林，以及袋鼠、無尾熊、袋熊等各式各樣的有袋動物。

必去澳洲理由

最適合人類居住的城市

澳洲因為面積廣大，氣候變化多端，但是幾個國際聞名的大城市，都擁有清新的環境、令人愉悅的天氣。尤其是雪梨和墨爾本，經常榮登「最宜人居住城市」的冠軍寶座。

歷史文化留下的痕跡

澳洲歷史雖然不長，但也在歲月流動的過程中留下了特別的痕跡，包括保留原住民文化的卡卡度國家公園、烏魯魯卡達族達國家公園，以及殖民時期監獄遺址、雪梨歌劇院等，都成為人類重要的文化遺產。

只有澳洲才有的可愛動物

到澳洲最教人開心的事之一，就是有很多機會可以和可愛的動物們近距離接觸，包括無尾熊、袋鼠、鴯鶓、袋熊(王八)、笑翠鳥、神仙企鵝、鵜鶘等，令人童心大爆發。

全天然的地理教室

澳洲這塊古老的陸塊，無疑是大自然最佳的地理教室，包括愛爾斯岩、奧加斯岩、波浪岩、尖峰石陣、大洋路、大堡礁等，都是舉世無雙的奇妙景觀，令人發出由衷的讚嘆。

讓腎上腺素飆升的酷帥活動

澳洲廣闊的天地，可以從事熱氣球、高空跳傘、直昇機、水翼飛機、攀爬大橋、滑沙、與海豚共游、哈雷重機遨遊、香檳帆船出航等平常難得嘗試的戶外活動，過癮極了！

撩動味蕾的美食美酒

澳洲是世界重要的葡萄酒產地之一，獵人谷、亞拉河谷、巴羅莎河谷等都是知名的美酒產區，搭配生蠔、無國界料理、叢林美食等在地特色的料理，乃人生一大樂事也。

旅行計畫
Plan Your Trip

P.10 澳洲之最
Top Highlights of Australia

P.20 澳洲精選行程
Top Itineraries of Australia

P.24 最佳旅行時刻
When to go

P.26 澳洲交通攻略
Transportation in Australia

P.35 澳洲自駕遊
Road trips in Australia

Top Highlights of Australia
澳洲之最

文●趙思語　攝影●墨刻攝影組

雪梨
Sydney

雪梨那一彎被陽光親吻、又散發著慵懶氣息的海灣，不知羨煞多少世界名城，而代表澳洲的2大主要地標：雪梨歌劇院和雪梨港灣大橋，都位在這如迷宮般的港灣裡。(P.60)

最佳海灘
The Best Beaches

曼利海灘，雪梨／
新南威爾斯
Manly Beach, Sydney／
New South Wales　(P.91)

邦代海灘，雪梨／
新南威爾斯
Bondi Beach, Sydney／
New South Wales (P.92)

藍色海洋路
Grand Pacific Drive

　　藍色海洋路從皇家國家公園(Royal National Park)一直往南延伸到貝里(Berry)和南部高原(Southern Highlands)。沿途經過國家公園、衝浪海灘以及海濱城鎮，可以同時感受大自然和認識澳洲的歷史文化，最精彩的莫過於各種上天下海的活動！從跳傘、滑翔翼到衝浪、潛水，一次滿足所有想玩的。(P.102)

聖科達，墨爾本╱維多利亞
St. Kilda, Melbourne╱
Victoria (P.167)

衝浪者天堂，黃金海岸╱
昆士蘭
Surfers' Paradise, Gold
Coast╱
Queensland (P.219)

日落海岸，柏斯╱西澳
Sunset Coast, Perth╱
Western Australia (P.261)

黃金海岸
Gold Coast

　　澳洲最負盛名的度假勝地，連綿70多公里的海岸線終年陽光普照，除了有26個熱鬧繽紛的沙灘外，還有30多個主題遊樂園、12座熱帶雨林國家公園以及超過50座高爾夫球場等，可說是個完善的度假天堂。(P.216)

最佳購物中心
The Best Shopping Center

維多利亞購物中心，雪梨／新南威爾斯
Queen Victoria Bulding, Sydney／New South Wales (P.82)

畢特街，最佳市集
Pitt Street, Sydney／New South Wales (P.83)

墨爾本
Melbourne

墨爾本是世界上少數兼有河流及海濱的城市，占據全市達1/4以上的公園綠地、口味豐富的數千家美味餐廳、每一條個性獨具的街道與血拼拱廊…得天獨厚的條件，讓墨爾本經常榮登「世界上最適合人類居住的城市」。
(P.140)

皇后街購物中心，布里斯本／昆士蘭 Queen Street Mall, Brisbane／Queensland (P.207)	海港城暢貨中心，黃金海岸／昆士蘭 Harbour Town, Gold Coast／Queensland (P.224)	阿得雷德中央市場，阿得雷德／南澳 Adelaide Central Market, Adelaide／South Australia (P.285)

大堡礁
Great Barrier Reef

　世界最大的珊瑚礁群，包含了2,900個獨立珊瑚礁群，共計有300多種珊瑚、400多種海綿生物、4,000餘種軟體動物和1,500多種魚類，可說是喜歡海洋世界人士的天堂，水域範圍高達344,400平方公里，面積跟日本相當。(P.242)

最佳市集
The Best Markets

岩石區市集，雪梨／
新南威爾斯
The Rocks Market,
Sydney／New South Wales
(P.75)

帕汀頓市集，雪梨／
新南威爾斯
Paddington Market,
Sydney／New South Wales
(P.89)

大洋路
Great Ocean Road

澳洲最著名的景觀公路，綿延300多公里長、蜿蜒崎嶇的公路搭配著壯觀的海洋、可愛的濱海小鎮與奇石美景，不論是在晨曦中、在迷霧籠罩下、在洶湧浪濤中或是在黃昏的夕陽下，都美得令人屏息。(P.190)

墨爾本藝術中心市集，墨爾本／維多利亞
Arts Centre Melbourne Market,
Melbourne／Victoria
(P.157)

費里曼圖市場，費里曼圖／西澳
Fremantle Markets,
Fremantle／Western
Australia (P.265)

莎拉曼卡市集，荷巴特／塔斯馬尼亞
Salamanca Market,
Hobart／Tasmania
(P.316)

烏魯魯(愛爾斯岩)
Uluru (Ayers Rock)

全世界最大的獨立巨岩，圓周9.4公里、高度達348公尺，不論從哪個角度，那橘紅色的曲線讓人著迷，似乎隨時都在散發不可思議的力量。(P.300)

最佳博物館
The Best Museums

澳洲戰爭紀念館，坎培拉 Australian War Memorial, Canberra (P.136)	墨爾本博物館，墨爾本／維多利亞 Melbourne Museum, Melbourne／Victoria (P.162)

袋鼠島
Kangaroo Island

澳洲的第三大島，全島約48%面積被植物覆蓋，且大部份土地都已成為動物保護區，包括原生及境外移入的動物、鳥禽，兩棲動物等共有900多種，除了四處可見的袋鼠、無尾熊外，還可以在特定地點觀察海獅和紐西蘭海豹。(P.293)

西澳海事博物館，費里曼圖／西澳
Western Australia Maritime Museum, Fremantle／Western Australia (P.266)

南澳博物館＆美術館，阿得雷德／南澳
South Australia Museum & Art Gallery, Adelaide／South Australia (P.283)

莫納古今藝術博物館，荷巴特／塔斯馬尼亞
Museum of Old and New Art(Mona), Hobart／Tasmania (P.317)

波浪岩Wave Rock

高達15公尺的波浪岩,長約110公尺,加上高低起伏的形狀,就像一片席捲而來的巨浪,相當壯觀。(P.272)

最佳酒鄉
The Best Wine Regions

獵人谷／新南威爾斯
Hunter Valley／
New South Wales (P.112)

亞拉河谷／維多利亞
Yarra Valley／Victoria
(P.178)

尖峰石陣
The Pinnacles

在這片廣大宛如月球表面般的奇景，主要以大大小小的石灰岩柱群所組成，加上地面金黃色的細沙與零星的矮灌樹林，形成一種荒涼卻又奇特的景觀。(P.270)

菲利普島
Phillip Island

宛如一座自然生態公園，島上有全世界最小的神仙企鵝，最吸引遊客的就是看小企鵝成群結隊摸黑回家。(P.184)

瑪格莉特河／西澳
Margaret River／
Western Australia (P.274)

阿得雷德之丘／南澳
Adelaide Hill／
South Australia (P.287)

巴羅莎河谷／南澳
Barossa Valley／
South Australia (P.289)

Top Itineraries of Australia
澳洲精選行程

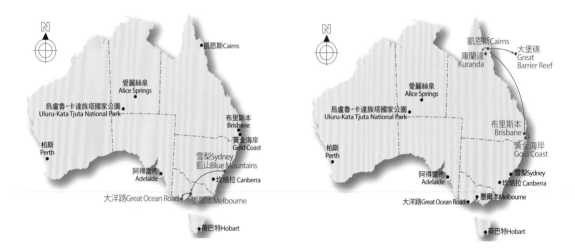

雪梨、墨爾本雙城7天

●行程特色

把澳洲兩座最具代表性的城市玩透，一座時尚現代，一座古典高雅。各自以兩天時間在城內逛街、購物、享美食，當然也不能錯過雪梨歌劇院、港灣大橋、亞拉河等知名地標，好好欣賞城市之美。此外，各撥出一天到城外看看自然之美，藍山和大洋路的壯闊美景，都堪稱澳洲代表。

●行程內容

Day 1-2：探索雪梨(Sydney)

Day 3：藍山(Blue Mountains)一日遊

Day 4：雪梨飛往墨爾本(Melbourne)

Day 5：墨爾本

Day 6：大洋路(Great Ocean Road)

Day 7：墨爾本

陽光昆士蘭7天

●行程特色

這是全然放鬆的度假行程，昆士蘭州的3大城都涵蓋進來了：布里斯本的優閒城市風、黃金海岸的沙灘和主題樂園、凱恩斯的熱帶風情。當然，從凱恩斯往外延伸，內陸庫蘭達的熱帶雨林、外海大堡礁的世界奇景，都是此行程的重頭戲。

●行程內容

Day 1-2：布里斯本(Brisbane)

Day 3-4：黃金海岸(Gold Coast)

Day 5：布里斯本飛凱恩斯(Cairns)

Day 6：庫蘭達(Kuranda)

Day 7：大堡礁(Great Barrier Reef)

雪梨、藍色海洋路、坎培拉10天

●行程特色
澳洲範圍非常廣大，除了搭乘當地航空，自駕遊也是個不錯的旅遊方式。從雪梨開往南部高原的藍色海洋路(Grand Pacific Drive)，穿過Royal National Park，行經臥龍崗、凱阿瑪、貝里等城市，還有各種上天下海的刺激活動可以玩！有時間的話，可以順遊澳洲的首都坎培拉。

●行程內容
Day 1-3：探索雪梨(Sydney)

Day 4-5：臥龍崗(Wollongong)

Day 6-7：蜆殼港(Shellharbour)、凱阿瑪(Kiama)

Day 8：貝里(Berry)

Day 9：坎培拉(Canberra)

Day 10：雪梨

澳洲南部10天

●行程特色
來到澳洲南部最大城墨爾本之後，便往南飛到澳洲第一大島塔斯馬尼亞首府荷巴特，接著沿東南海岸往北走，體驗這個與澳洲大陸截然不同的島嶼風光。回到澳洲本土之後，沿南冰洋一路向西走，壯闊的大洋路、典雅英風的南澳大城阿得雷德，最後則結束在生態豐富的澳洲第三大島袋鼠島。

●行程內容
Day 1：墨爾本(Melbourne)

Day 2：墨爾本飛荷巴特(Hobart)

Day 3：塔斯曼半島(Tasman Peninsula)一日遊

Day 4：從荷巴特走塔斯馬尼亞東海岸

Day 5：東海岸至朗賽斯頓(Launceston)

Day 6：朗賽斯頓飛墨爾本後走大洋路 (Great Ocean Road)

Day 7：大洋路

Day 8：大洋路至阿得雷德(Adelaide)

Day 9：阿得雷德

Day 10：袋鼠島(Kangaroo Island)

橫貫澳洲大陸10天

●行程特色

　　從澳洲東岸的雪梨進，一路往南、往西走，停留墨爾本、阿得雷德，最後從西岸的柏斯出，橫越整個澳洲大陸3千多公里的路程，也跨越兩個時區。除了拜訪雪梨、墨爾本、阿得雷德、柏斯等4大州的首府外，也前進袋鼠島、尖峰石陣等生態奇景。

●行程內容

Day 1-2：雪梨(Sydney)

Day 3：雪梨飛墨爾本(Melbourne)

Day 4-5：墨爾本

Day 6：墨爾本飛阿得雷德(Adelaide)

Day 7：袋鼠島(Kangaroo Island)

Day 8：阿得雷德飛柏斯(Perth)

Day 9：尖峰石陣(The Pinnacles)之旅

Day 10：柏斯與費里曼圖(Fremantle)

東岸經典路線14天

●行程特色

　　從東南端的墨爾本一路北上，把澳洲東岸的精華一次看盡，也是多數遊客最常採取的澳洲走法，只是會依照天數增減停留的地點。這條路線把墨爾本、坎培拉、雪梨、布里斯本、黃金海岸、凱恩斯等6個大小城市串連起來，同時也走訪亞拉河谷酒鄉，以及藍山、庫蘭達、大堡礁等一級自然景觀。

●行程內容

Day 1-2：墨爾本(Melbourne)

Day 3：亞拉河谷Yarra Valley

Day 4：墨爾本至坎培拉(Canberra)

Day 5：坎培拉至雪梨(Sydney)

Day 6：雪梨

Day 7：藍山(Blue Mountains)一日遊

Day 8：雪梨飛布里斯本(Brisbane)

Day 9：布里斯本

Day10：黃金海岸(Gold Coast)

Day 11：布里斯本飛凱恩斯(Cairns)

Day 12：庫蘭達(Kuranda)

Day 13：大堡礁(Great Barrier Reef)

Day 14：大堡礁

澳洲半圈14天

●行程特色

把東澳、中澳、南澳的精華都包進來，除了從阿得雷德經大洋路至墨爾本建議開車之外，其餘一定得搭乘飛機才能在兩週之內走完。比起經典的東澳走法，更多了南澳阿得雷德和中澳的烏魯魯，所看到的澳洲也更為全面。

●行程內容

Day 1：凱恩斯(Cairns)

Day 2：大堡礁(Great Barrier Reef)

Day 3-4：凱恩斯飛往烏魯魯國家公園(Uluru)二日遊

Day 5：烏魯魯飛阿得雷德(Adelaide)

Day 6：袋鼠島(Kangaroo Island)

Day 7：大洋路(Great Ocean Road)

Day 8：大洋路至墨爾本(Melbourne)

Day 9：墨爾本

Day 10：墨爾本飛雪梨(Sydney)

Day 11：雪梨

Day 12：雪梨飛布里斯本(Brisbane)

Day 13：布里斯本

Day 14：黃金海岸(Gold Coast)

東澳、中澳、西澳精華14天

●行程特色

這條路線橫越東澳、中澳、西澳，捨棄澳洲南部，走最大跨距的東西兩岸，全程主要出入點的移動都得靠飛機，才可能在兩週之內走完。至於東岸昆士蘭的大堡礁，則是選擇飛機才能到達、屬於降靈群島(Whitsunday Islands)成員之一的漢密爾頓島。

●行程內容

Day 1：凱恩斯(Cairns)

Day 2：庫蘭達(Kuranda)

Day 3：凱恩斯飛漢密爾頓島(Hamilton Island)

Day 4：漢密爾頓島

Day 5：漢密爾頓島飛布里斯本(Brisbane)

Day 6：布里斯本

Day 7：黃金海岸(Gold Coast)

Day 8：布里斯本飛雪梨(Sydney)

Day 9：雪梨

Day 10：雪梨飛往烏魯魯國家公園(Uluru)

Day 11：烏魯魯

Day 12：烏魯魯飛柏斯(Perth)

Day13：尖峰石陣(The Pinnacles)之旅

Day14：柏斯與費里曼圖(Fremantle)

When to go
最佳旅行時刻

澳洲的季節正好和台灣相反：春季9~11月、夏季12~2月、秋季3~5月、冬季6~8月。臨海的雪梨、墨爾本及柏斯，溫差不大氣候舒適；內陸的愛爾斯岩及愛麗絲泉為沙漠地區，晝夜氣溫起伏劇烈。不論是夏季或冬季前往，最好攜帶穿脫方便的保暖衣物。由於南半球的臭氧層曾出現破洞，防曬非常重要，太陽眼鏡、防曬乳液及寬邊帽不可少。

7大區氣候和旅行季節

新南威爾斯New South Wales (NSW)

首府：雪梨(Sydney)

　新南威爾斯可粗略以大分水嶺(Great Dividing Range)為界：以西是乾燥的中部平原和半沙漠地帶；以東面積狹窄但土地豐饒。澳洲首都坎培拉(Canberra)也在新南威爾斯境內。

　沿海城市大都有著溫暖的氣候與適當的降雨量，雪梨夏季平均氣溫在17~26℃左右，冬季在7~8℃上下，夜間溫度很少低於10℃，氣候相當怡人。

維多利亞Victoria (VIC)

首府：墨爾本(Melbourne)

　維多利亞是澳洲大陸面積最小的一州，但是人口達400多萬，是人口密度最高的一州。

　全年氣候溫和，但是氣溫變化差異很大，尤其墨爾本以變化多端聞名，有「一天四季」的戲稱：有時候一天之中就可能經歷春、夏、秋、冬的極端溫度變化，所以任何季節前往都要準備一下夏天和冬天的備用服裝。

昆士蘭Queensland (QLD)

首府：布里斯本(Brisbane)

　昆士蘭是全澳洲面積第2大州。大分水嶺自北而南縱貫東部沿海，東側海岸線有大堡礁屏障，是氣候怡人的度假勝地，南部的黃金海岸更是為國人所熟悉。首府位在布里斯本。

　全年氣候溫暖、四季分明，有「陽光之州」的美稱，盛產鳳梨、芒果、木瓜等亞熱帶水果。不過北部地區像是凱恩斯，已接近熱帶，終年溫暖濕潤。

南澳South Australia (SA)

首府：阿得雷德(Adelaide)

　南澳內陸超過60%以上的區域是沙漠，不過東南沿海一帶則屬於地中海型氣候，夏乾熱、冬溫溫。

　全州80%以上的地區年雨量少於250毫米。幸好東南沿海地區的地中海型氣候，配合肥沃的土壤，成為澳洲最優良的葡萄酒產區。

西澳Western Australia (WA)

首府：柏斯(Perth)

　西澳占全澳洲面積的1/3，是澳大利亞最大的一州，州內大部分為低高原區，海拔在300~450公尺之間，東部沙漠廣布，而西側的沿海則是一連串狹長的平原。

　西澳不同地區的氣候差異很大：北部屬熱帶季風氣候，夏季濕熱、冬季涼爽；中部內陸乾旱，降雨量少且不規律；西南沿海地區偏向地中海型氣候，夏季乾熱、冬季濕涼，也是種植葡萄的好地方。

塔斯馬尼亞Tasmania (TAS)

首府：荷巴特(Hobart)

塔斯馬尼亞以貝斯海峽(Bass Strait)與維多利亞州相望，是澳大利亞唯一的島州，也是面積最小的一州。塔斯馬尼亞數百萬年前曾經與南極洲相連，是多山的島嶼，自然生態與澳洲大陸差異頗大。

氣候溫和、四季分明，每年12月~2月平均溫度在12~21℃之間，6~8月平均溫度在5~12℃之間，曾被評為「全世界氣候最佳的溫帶島嶼」。

北領地Northern Territory (NT)

首府：達爾文(Darwin)

北領地擁有廣袤崎嶇不平的山脈和從沙漠平原中隆起的巨大石塊，烏魯魯國家公園是非常具有代表性的地標，被稱為「紅色中心」。

北部屬於熱帶氣候，年初和年底都大灑熱帶雨，年底則濕度降低，白天陽光明媚、氣候溫暖，夜間則涼爽宜人；南部即澳洲的中心地帶，屬於半乾旱地區，四季分明，冬天的晚上有時會冷得出奇。

澳洲**旅行日曆**

澳洲的節慶活動常分不同州別舉行，即使是全國性的節日，舉辦時間也可能因州而異；國定假日如遇週六、日，週一也予以補休；許多景點或商家逢國慶日、耶穌受難日(Good Friday)、澳紐軍團日、耶誕節及送禮節會休息一天，或提早打烊。

1/1	元旦 New Year's Day	每年12/31晚上在雪梨大橋和歌劇院會有舉世聞名的雪梨跨年煙火盛會
1/26	澳洲國慶日 Australia Day	紀念1788年這天，英籍船長菲力浦率領軍艦抵達澳洲，開始英國在澳洲的殖民期。
1~2月	澳洲網球公開賽 Australian Open	網球四大滿貫賽事之一，可以看到世界級的好手雲集一決高下。
1月	雪梨藝術節 Sydney Festival	當地全年最大的藝術盛事，為期約3週。
2~3月	雪梨同性戀大遊行 The Sydney Gay & Lesbian Mardi Gras	全球規模最大的同性戀狂歡活動，為期2週。
2~3月	柏斯藝術節 Perth Festival	在為期3週的柏斯藝術節，可以欣賞到各種精采的戲劇、舞蹈和音樂表演。
3月	澳洲一級方程式賽車 Formula 1 Australian Grand Prix	每年3月(日期每年不一)於墨爾本的亞伯特公園(Albert Park)舉行
3~4月	復活節假期 Easter Holidays	秋分之後第1個滿月的週五~週一
4/25	澳紐軍團紀念日 ANZAC Day	為紀念第一次大戰期間於加利波利半島(Gallipoli)戰事中犧牲的士兵
3~4月	澳洲美食節 Tasting Australia	在南澳的阿得雷德到葡萄酒產區巴羅莎河谷等地，可以品嘗到各種令人驚豔的美食美酒，為期8天。
6月	女王誕辰 Queen's Birthday	在6月第2個週一，但西澳是每年9月最後1個或10月第1個週一舉行。
11月	墨爾本盃 Melbourne Cup Day	是澳洲年度重要的賽馬盛會，於11月的第1~2週在墨爾本舉行。
11月	雪梨海洋雕塑節 Sydney Sculpture by the Sea	於雪梨的塔瑪拉瑪海岸舉行；柏斯則在3月舉辦
12/25	耶誕節 Christmas	12/25耶誕節
12/26	送禮節 Boxing Day	許多百貨商場會在此時大打折扣，也是澳洲人舉家大肆購物的好時機。

Transportation in Australia
澳洲交通攻略

澳洲土地面積遼闊，約為台灣的213倍，遠距離交通需要仰賴國內航空、鐵路火車或長途巴士，甚至自己駕車遨遊，才能深入大城市以外的各個地方。

國內航空Domestic Flights

澳洲的面積實在很大，城市與城市之間的交通，飛行無疑是最節省時間的選擇。尤其自從有廉價航空加入，大幅壓低了機票的票價，在澳洲搭國內線不再是沉重的負擔。

澳洲內陸廣闊、島嶼也多，有些地方非得靠飛機才能在最短的時間裡抵達。澳洲目前的國內線，有Qantas、Jetstar、Virgin Australia、Tiger Airways、Rex Regional Express等多家經營，網絡密集，價格競爭也相當激烈，對消費者而言不啻為好消息。

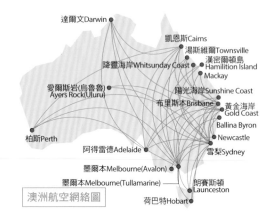

澳洲航空網絡圖

達爾文Darwin
凱恩斯Cairns
湯斯維爾Townsville
降靈海岸Whitsunday Coast
漢密爾頓島Hamilition Island
Mackay
愛爾斯岩(烏魯魯)Ayers Rock(Uluru)
陽光海岸Sunshine Coast
布里斯本Brisbane
黃金海岸Gold Coast
Ballina Byron
柏斯Perth
Newcastle
阿得雷德Adelaide
雪梨Sydney
墨爾本Melbourne(Avalon)
墨爾本Melbourne(Tullamarine)
朗賽斯頓Launceston
荷巴特Hobart

澳洲國內線航空選擇

◎**澳洲航空Qantas**

澳洲的國家航空，屬於傳統的航空公司，以服務掛帥而非價格取勝，傳統的機上服務一應俱全，整體國際評價相當高，是飛澳洲國內線最舒適的選擇。

🌐www.qantas.com.au

◎**捷星航空Jetstar Airways**

澳洲航空於2004年所成立的子公司，負責主打低價市場，比一般傳統航空公司便宜多達5成，總部設

在墨爾本，在澳洲的廉價航空具有領導地位。10年來，除了飛航紐澳地區的捷星，又陸續成立新加坡的捷星亞洲(Jetstar Asia Airways)、越南的捷星太平洋(Jetstar Pacific Airlines)、日本的捷星日本(Jetstar Japan)，串連大半個亞太地區。

其準點率高達90%，已經連續多年蟬聯Skytrax頒發的澳洲/太平洋最佳廉航空司。而捷星航空在澳洲國內的飛航網路非常密集，可說是最便捷的選擇之一。

🌐www.jetstar.com

◎澳洲維珍航空Virgin Australia

　　來自英國的維珍航空集團，2000年在澳洲成立維珍藍航空(Virgin Blue)，引領澳洲廉價航空的潮流，成為澳洲第二大的航空公司，總部設在布里斯本。2011年維珍集團把維珍航空、太平洋藍航空、V澳洲航空等合併為澳洲維珍航空，並於12月7日正式使用新名稱。

🌐www.virginaustralia.com

◎Rex(Regional Express)

　　澳洲地區性的廉價航空公司，總部設於新南威爾斯內陸的Wagga Wagga。

🌐www.rex.com.au

◎QantasLink

　　澳洲航空旗下的區域性航空，主要以波音717負責補強一些稍偏遠的次要城市與大城之間的往返飛行，服務品質比照澳洲航空。

🌐www.qantas.com.au/travel/airlines/qantaslink/global/en

鐵路系統Railway

　　澳洲土地廣袤，在飛機還沒有出現的時代，火車無疑是最重要的遠距離交通工具。如今空中交通發達，廉價航空更大幅降低了旅行者的經濟負擔，相形之下，在澳洲搭火車長途旅行並非主流，反而成了拓展體驗的另類選擇。

　　澳大利亞目前的鐵道系統，分屬於5大鐵路公司經營，包括新南威爾斯州的NSW TrainLink、昆士蘭州的Queensland Rail、維多利亞州的V/Line、西澳州

澳洲鐵路路線圖

的Trans Western Australia(簡稱Trans WA)，以及專營跨州鐵路的Journey Beyond Rail Expeditions(前身為大南方鐵道公司Great Southern Rail (GSR))。

　　雖然鐵道公司各有勢力範圍、各自為政，但是彼此間有緊密的合作關係，無論身在澳洲的何處，都可以在火車站或透過網路買到大多數火車線的車票。

NSW TrainLink

🌐transportnsw.info/regional

Queensland Rail

🌐www.queenslandrail.com.au

V/Line

🌐www.vline.com.au

Trans Western Australia

🌐www.transwa.wa.gov.au

Journey Beyond

🌐journeybeyondrail.com.au

車種分類

澳洲的大城市，市區裡面往往就有好幾座火車站，有的火車站規模較小，入口與路線單純，很容易就找到正確搭車的月台，但是有的火車站規模龐大，一時之間可能不知該到哪裡搭車。

根據行駛範圍，澳洲的火車大致可分為維繫市中心區與郊區的市區鐵路(City Rail)；在同一州內行駛、維繫城市與城市之間的市際鐵路(Intercity trains)；跨州行駛、維繫不同州之間的州際鐵路(Interstate trains)。

在尚未出現城市捷運系統的澳洲，市區鐵路雖然只有簡單的一條線，但相當於捷運的地位，成為許多當地通勤族的命脈，所以每個火車站都會停靠；而城際與州際鐵路由於列車較長、軌距不同，只有停靠在當地最主要的車站，例如雪梨的中央車站(Central Station)、墨爾本的南十字星車站(Southern Cross Station)或布里斯本的羅馬街車站(Roma Street Station)。

Journey Beyond特殊火車路線

Journey Beyond有幾條特色火車路線，有興趣搭乘記得提早預訂，以免一位難求。此外，Journey Beyond也提供各種旅行配套，涵蓋阿得雷德、達爾文、愛麗絲泉、烏魯魯、雪梨、柏斯、布里斯本及墨爾本，最短行程為期4天、最長25天。

價格與時間表每年不一，詳情請見官網。

Journey Beyond
🚆 journeybeyondrail.com.au

◎Indian Pacific

橫越澳洲南方，聯繫太平洋岸的雪梨一直到印度洋岸的柏斯，中間從阿得雷德開始，穿越澳洲西部長達480公里的諾拉波平原(Nularbor Plain)，是很獨特的體驗。

長度：全程4,352公里
＊雪梨←→柏斯 4天3夜
＊雪梨←→阿得雷德 2天1夜
＊阿得雷德←→柏斯 3天2夜

◎The Ghan

The Ghan是澳洲的傳奇火車，1929年開始營運，縱貫澳洲中心，聯繫北領地的達爾文一直到南澳的阿得雷德，中間貫穿愛麗絲泉(Alice Springs)，可以前往烏魯魯國家公園。

長度：全程2,979公里

＊阿得雷德←→達爾文 3天2夜
＊阿得雷德←→愛麗絲泉 2天1夜
＊達爾文←→愛麗絲泉 2天1夜

◎Great Southern

於2019年12月開始營運的Great Southern連接阿得雷德與布里斯本，一次欣賞澳洲東南部的風景、美食及文化。從阿得雷德出發的行程包含以原住民岩畫藝術聞名的格蘭坪國家公園(Grampians National Park)、坎培拉的穆任百特曼紅酒區(Murrumbateman wine region)等；而從布里斯本出發的行程會穿過獵人谷，途經墨爾本時可選擇到大洋路晃晃。

長度：全程約2,000公里

＊阿得雷德→布里斯本 3天2夜
＊布里斯本→阿得雷德 4天3夜

◎The Overland

已行駛超過130年的The Overland連接澳洲南方的墨爾本與阿得雷德，南澳人暱稱它為「墨爾本特快車」(Melbourne Express)。The Overland的座位分為「Red Standard」與及「Red Premium」，兩者最大差別為行李重量(20公斤與30公斤)以及『Red Standard』的餐點需另外購買(「Red Premium」的餐點以包含在車票內)。

長度：全程828公里

＊墨爾本←→阿得雷德 當天來回(車程約9.5小時)

火車聯票Australia Rail Pass

澳洲火車票價並不便宜，如果打算長時間利用火車在澳洲旅行，單程分別買比較貴，不如買火車聯票可以在有效期限內搭乘眾多火車路線，還可以中途下車逗留，使用上非常具有彈性，是計畫搭火車旅行者的良伴。

聯票名稱	適用路線或區域
Discovery Pass	適用於新南威爾斯州的NSW Trainlink列車。可在14天內、1個月、3個月或6個月內無限次搭乘新南威爾斯州內火車，以及前往布里斯本及墨爾本的州際火車（6個月內需啟用）。 不適用於Great Southern Railway、Queensland Travel Train、V/Line及TransWA的火車。
Queensland Explorer Pass	在1或2個月內，可無限次搭乘Queensland Rail旗下的列車路線（1個月內需啟用）。 不適用於觀光火車路線，如庫蘭達觀光火車(The Kuranda Railway)。
Queensland Coastal Pass	在1或2個月內，可無限次搭乘從布里斯本到凱恩斯之間順著一個方向前進的所有列車（1個月內需啟用）。 不能當作往返布里斯本與凱恩斯的單程票使用，需在途中至少停一站。 不適用於Great Southern Railway、V/Line及TransWA的火車。

ⓘwww.australiarailpass.com

長途巴士Coach

定點的長途旅行，火車固然可以幫不少忙，但還有些火車到不了的地方，就要倚重長途巴士了。你可以選擇單純作為交通工具的長途巴士，也可以依賴包含行程、導遊、甚至安排好食宿的旅遊巴士，讓你的澳洲之旅更加隨心所欲。

單純交通巴士

提到澳洲的長途巴士，幾乎立刻聯想到澳洲灰狗巴士(Greyhound Australia)，因為澳洲灰狗巴士已有超過百年歷史，是澳洲唯一國家經營的長途巴士，也是世上最早的長途巴士公司之一，在澳洲境內行駛網絡達180個點以上，深入澳大利亞大陸的每個重要角落。

但是除了澳洲灰狗巴士，其實還有Murrays Express、Firefly Express等其他品牌的長途巴士，只是營運的網絡沒有這麼全國性，比較著重區域性經營。像是Murrays Express以首都坎培拉為根據地，往返雪梨、臥龍崗(Wollongong)等數條新南威爾斯州內的觀光重鎮；Firefly Express則橫貫雪梨、墨爾本和阿得雷德這東南部3大城市之間。

此外，新南威爾斯州的NSW TrainLink (前身為CountryLink)、昆士蘭州的Queensland Rail、維多利亞州的V/Line等鐵道公司，旗下也有長途巴士，以方便遊客從某些火車站再深入一些鄰近地區的交通接駁。

平心而論，搭巴士旅行比起坐火車旅行，不一定比較快、也不見得比較便宜。例如從雪梨到墨爾本，搭火車要10.5~11個小時、票價約A$117起，搭巴士則要12~14個小時、票價一般約A$99~144；從雪梨到坎培拉，無論搭火車或搭巴士都要4個多小時、票價也要A$40或以上。所以選擇哪一種旅遊方式，端看個人的偏好。

Greyhound Australia ☞www.greyhound.com.au
Murrays ☞www.murrays.com.au
Firefly ☞www.fireflyexpress.com.au

出發與抵達

澳洲各大城市都會設立一個交通轉運中心(Transit Centre)，通常都在主要的火車站本身或附近，結合火車、長途巴士和當地巴士或電車，好讓觀光客一抵達當地就能夠高效率地利用所有的大眾交通資源。例如雪梨的交通轉運中心就是中央車站、墨爾本的交通轉運中心就是南十字星車站、布里斯本的交通轉運中心就在羅馬街車站。

至於偏遠的小城鎮，可能沒有交通轉運中心，通常會停留在當地的旅遊服務中心前或是加油站等，購票時記得要先問清楚搭車地點。

澳洲灰狗巴士的車票

澳洲灰狗巴士的車票分為Ticket和Pass。Ticket是點對點的單程票，適合確定目的地與旅行時間的行程；Pass則適合比較彈性的旅程，購買時不需馬上決定起點、目的地和出發時間。

◎Ticket

Ticket分為3種，價格低至高分別為Early Bird、Advantage及Premium。除了價格，可依照自己的行程需求購買票種。

3種票購買後皆不能轉讓他人，除了Early Bird不能更改日期與時間，Advantage最晚可在出發前24小時更改，而Premium最晚可在出發前15分鐘變更。另外要注意的是，Early Bird和Premium不能取消退款。

◎Pass

Whimit Travel Pass

如果想要一次玩澳洲各地，但又不想自駕，Whimit Travel Pass是個不錯的選擇！使用期限內可以不限次數任意搭乘澳洲灰狗巴士，讓你自由安排行程。澳洲灰狗巴士官網上也針對不同的Whimit Pass提供行程建議讓乘客參考。

每輛澳洲灰狗巴士都設有可以傾斜的椅子以及洗手間，也提供免費Wi-Fi和USB插座，可以舒舒服服地暢遊澳洲大陸。

（單位:澳幣A$）

天數	價格
15天	349
30天	439
60天	499
90天	629
120天	749

🌐www.greyhound.com.au/whimit-passes

通勤票Commuter Pass

適合經常在定點之間往返的旅行者，例如商務客等，可以省下不少旅費。通勤票共有3種行程可選擇：雪梨←→坎培拉(A$299)、布里斯本←→圖伍芭Toowoomba(A$249)以及凱恩斯←→Townsville(A$475)。

🌐www.greyhound.com.au/travel-passes/commuter

交通結合旅遊導覽巴士

在澳洲更受國際觀光客歡迎的，是包含交通、景點、導遊等完整旅程的旅遊巴士，從一下飛機的機場旅遊服務中心、市區內的旅遊服務中心，到各家飯店、旅館、自助旅舍的開放架上，到處都是旅遊巴士的行程宣傳手冊。凡是從入口城市出發最經典的旅遊路線，從1日遊到多日遊各種旅遊行程，都有業者包裝好的套裝行程。

只需透過網站、旅遊服務中心、飯店或旅館櫃檯等完成訂位作業後，到預定的時間在指定的地點集合，或巴士公司依照約定的時間前往飯店接送，就可以不傷腦筋地進行一趟經典的旅遊行程。

◎全國性及東澳的導覽旅遊巴士

AAT Kings
🌐www.aatkings.com

Gray Line
🌐www.grayline.com.au

Adventure Tours Australia
🌐www.adventuretours.com.au

Contiki Holidays
🌐www.contiki.com/ap/en

Ride Tours
🌐ridetours.com.au

◎西澳地區導覽旅遊巴士

ADAMS Pinnacle Tours
🌐www.adamspinnacletours.com.au

Western Travel Bug
🌐www.travelbug.com.au

Perth Wildlife Encounters
🌐www.dolphins.com.au

◎烏魯魯國家公園導覽旅遊巴士

Rock Tour
🌐www.therocktour.com.au

租車 Car Rental

澳洲的土地面積真的很大，有些人可能想自己能掌握駕駛方向盤，以便隨心所欲深入地認識每個想去的角落。不過，澳洲的駕駛習慣和許多路況，和我們不盡相同，進行前最好先深思，然後做足各方面準備。

先行預約

在國外租車旅遊，最重要的不外乎能挑到車輛種類齊全、有完善事故處理機制、值得信賴的租車公司。建議可以先在台灣預約好租車，比較能挑到心目中理想的車種，還能仔細閱讀價格計算方式及保險相關規定，租起來比較安心，也不需擔心語言溝通問題。

目前只要是擁有網站的租車公司，基本上都可以透過網路預約，一些國際連鎖品牌如果在台灣設立有分公司，更能溝通無礙處理好預約作業，只待到當地辦理手續、取車即可。

Hertz
☏ +886-2-2731-0377
🌐 www.hertz.com.tw

AVIS
☏ 0800-600-601／+886-2-6620-6620
🌐 www.avis-taiwan.com、www.avis.com.au

Budget
☏ 1300-362-848
🌐 www.budget.com.au

Europcar
☏ 1300-131-390
🌐 www.europcar.com.au

Thrifty
☏ 1300-110-196／1300-136-139
🌐 www.thrifty.com.au

在哪裡租車

雪梨、墨爾本、布里斯本等大城市的機場，都設有櫃檯，只要事先辦理好預約，屆時抵達機場就可以立即取車，展開澳洲自駕之旅。

租車和買機票一樣，越早訂車越便宜，即使是同一車款，不同租車公司也會有不同優惠方案，所以貨比三家絕不吃虧。此外，澳洲是熱門的自駕國家，旅遊旺季常有訂不到車的狀況，事先上網預約才是王道。

大型租車公司多有提供甲租乙還的服務，但需另外加價，如果選擇當地租賃業者，可能就無法提供此服務。需注意的是，有些便宜的優惠方案，會限制每日行駛的里程數，超出里程需加收額外費用，如果知道自己的移動距離較遠，記得選擇不限里程的方案。

若擔心英文介面問題，Hertz在台灣由大登旅行社代理，可以透過他們，在台灣就先把手續搞定。

Hertz租車步驟實例

◎出發前：上網預訂

確定了旅行計畫後，可以事先在中文版的台灣官網上輸入日期、取車地點、還車地點，瀏覽自己偏好的車型，最後試算總費用。確定無誤後，輸入駕駛者的護照英文姓名，就可在線上完成預定。如果想購買額外的項目，如全險、第二駕駛人等都可在抵達後，於櫃檯直接辦理。

◎抵達後：確認與取車

由於這次的自駕游行程並非從機場開始，因此選了雪梨市區的取車點(Sydney Downtown)。取車需出

示以下文件:

1.英文版的租車預約確認單
2.駕駛人的國際駕照(若持有的駕照是英文書寫的,則不需要國際駕照)
3.駕駛人的台灣駕照(一年以上駕駛經歷)
4.網路預約時作為擔保之用的信用卡

◎取得租車合約與車鑰

以信用卡過卡後,就會收到租車合約。服務人員解釋所租車輛的外觀與車況後,會告知取車地方,車鑰匙已放置在車內。若租車合約包括GPS,服務人員會解釋使用方法。

◎確認車況

記得先檢查車體有無損傷,以及油表是否加滿。如果有問題,可立即反應給服務人員並加以修改,以免還車時產生糾紛。此外,若對租借的車型很陌生,或不清楚該加哪一種油,任何問題都可直接請服務人員協助,以免之後上路時手忙腳亂。建議出發前,先測試GPS是否可以使用,如有問題,可馬上告知服務人員更換機器。

◎出發上路

發動引擎,接著調整好座椅與照後鏡,弄清楚每個按鍵的位置,然後就可以出發上路了。

Tips

駕駛年齡

每家公司標準不太一樣,一般規定年滿21~25歲之間可租車。以Hertz為例,規定駕駛人的年齡為25歲或以上,凡21~24歲的駕駛人(包括第二駕駛人)需另付一筆「Young Driver Fee」,費用為每天A$16.50,30天租期最多收取7天的費用A$115.50。

Tips

還車小提醒

還車時一定有服務人員立即檢查確認,如果沒有現場人員,在租車公司的指定停車格停妥,並把鑰匙還給櫃檯人員或是丟進還車鑰匙箱即可。務必在還車前先把油加滿,因為沒有滿油的話,會被收取不足的油錢,而租車公司的油價絕對比石油公司高很多。

◎還車

進入地下停車區後,就會有服務人員前來檢查車輛的狀況,確認油箱是否加滿。確定無誤後,就會收到收費明細與收據,順利還車。如有租用GPS,還車後可到櫃檯歸還。

澳洲駕車注意事項

澳洲的交通規則相當嚴謹,除了要遵照速限行駛,開車時也切記不要使用手機,並記得系上安全帶,否則被抓到很難逃脫罰款。與許多國家一樣,澳洲也嚴禁酒駕。

此外,雖然保險費很貴,但是該買的保險還是不能省,例如有兩位駕駛輪流開車時,簽約時記得先註明,否則萬一出了交通糾紛,會因違反租車合約條款無法獲得理賠保障。

◎方向請正確掌握

在澳洲開車,駕駛座位於車子的右側,路上則需靠左邊行駛,和台灣所習慣的方向相反,所以一開始難免有適應上的困難;即使開了一陣子的車,轉彎時可能還是一不小心開錯車道。所以,記得多給自己一些適應的時間,以免無意中闖禍。

◎城市裡多單行道

在雪梨、布里斯本等大城市的市中心區，有許多單行道，進市區時最好專心看清楚路標，以免走錯路之後又要繞一大圈。

◎時速限制

澳洲個各州的時速限制各有不同，而有些並沒有設置時速限制標誌的道路，一般時速不得超過50~60km/h(北領地除外)。大部分時速限制如下：

高速公路：100~110km/h (北領地130km/h)

一般／市區道路：40~60km/h

澳洲路上多有測速照相，偶爾也有警察取締，因此一定要遵守時速限制，不然會被收取高額的罰款。

◎安全帶

澳洲交通規則強制車裡的所有乘客包括駕駛，都必須時時刻刻繫著安全帶。7歲以下的小孩需使用合適的兒童安全座椅。

◎澳洲路況

澳洲道路狀況普遍良好，道路種類可分為「sealed road」與「unsealed road」。前者為柏油路、瀝青路等，後者為未加工的土路、砂石路等。「unsealed road」一般也只有在西奧及北領地才會看到。

自駕游的旅客一定要清楚知道自己的行程會走哪些路，因為這會關係到租車的條件，部分租車公司的車子是不被允許開上「unsealed road」，否則將被視為違反租車合約。

◎圓環

Tips

緊急聯絡電話

若在開車路上不幸遇到緊急事件或交通事故，可撥打000聯繫警察、救護車、或消防車。注意000只有在緊急情況下才能撥打。

澳洲市區設有許多圓環，有些圓環的設計比較不明顯(如小小的安全島)，路上只有自己一輛車時可能會看不出來。因此在市區開車時要注意時速，並隨時留意有沒有圓環的交通標誌。

另外澳洲與台灣的駕駛方向相反，澳洲為右駕，圓環為一律為順時針單行。

◎小心野生動物

自駕游時經過郊外或沒有圍欄的道路時，常會看到袋鼠、袋熊(wombat或王八)等交通標誌，這表示他們常在附近出沒，因此請小心駕駛。前後即使都沒有車子，也請遵守時速限制，並警惕周圍環境。

Hertz租車超方便～2分鐘帶你看完整個租車過程！

掃描QR CODE立即體驗！觀賞雪梨租車實例

Road trips in Australia
澳洲自駕遊

澳洲幅員廣大，有壯觀的地理景觀，生態與原住民文化自成體系，非常值得細細品味，因此欣賞澳洲獨特自然奇景的最佳旅行方式絕對是自駕游！澳洲有多家租車公司，在各個住要城市設立辦公處，也允許甲租乙還，無論取車或還車都非常方便難，難怪澳洲是自駕遊迷的天堂！這裡小編整理了一些澳洲著名的自駕遊路線給你參考～

如何選擇？

挑選自駕遊路線可先從選擇起點開始，如大洋路可從阿德雷德或墨爾本出發、藍色海洋路從雪梨出發…另一個要考慮的就是該路線的道路為柏油路或土路，若是前者只需要租用一般汽車，而後者則一般需租用四輪驅動車(4WD)。各自駕遊路線相關細節，請見各州旅遊局官網。

◎澳洲旅遊局
🌐www.australia.com
新南威爾斯州旅遊局
🌐www.visitnsw.com
維多利亞州旅遊局
🌐www.visitvictoria.com
北領地旅遊局
🌐northernterritory.com/us/en

■ 大洋路
The Great Ocean Road

路線：墨爾本→吉隆→隆恩→托基→華南埠
長度：約300公里
建議天數：3~4天
車種：一般汽車

提到澳洲自駕遊，應該馬上就會想到大洋路吧！這條超級有名的景觀公路，行經許多可愛的濱海小鎮與漁村；而沿岸的奇石美景，如果沒有身歷其境，難以體會，其中最精彩的是十二使徒岩，不論是晨曦之中或夕陽照射下，神秘的海中巨石美得令人屏息。

■ 藍色海洋路
Grand Pacific Drive

路線：雪梨→臥龍崗→蜆殼港→凱阿瑪→貝里
長度：約140公里
建議天數：5~6天
車種：一般汽車

若大洋路的標誌是十二使徒岩，那海崖大橋(Sea Cliff Bridge)就是藍色海洋路的地標。從雪梨南部出發，沿途經過國家公園、衝浪海灘以及海濱城鎮，可以同時感受大自然和認識澳洲的歷史文化，最精彩的莫過於各種上天下海的活動！

傳奇太平洋海岸公路
Legendary Pacific Coast Drive

路線：雪梨→史蒂芬港→South West Rocks→科夫斯港→拜倫灣→Tweed Heads
長度：約818公里
建議天數：4~5天
車種：一般汽車

新南威爾斯州往南開是「藍色海洋路」，而往北開則是「傳奇太平洋海岸公路了」！路上景觀變化多端，有堅果園、香蕉園、國家公園，還有新南威爾斯州著名的衝浪海灘。若是5~11月之間啟程，運氣好的話，說不定可以在史蒂芬港看到鯨魚和海豚出沒！

紅土中心路線
Red Centre Way

路線：愛麗絲泉→西麥當諾國家公園→Watarrka National Park→烏魯魯卡達族達國家公園→愛麗絲泉
長度：約1,135公里(1圈)
建議天數：4~5天
車種：四輪驅動車(4WD)

紅土中心可以說是北領地最經典的自駕游路線，繞著愛麗絲泉和全世界最大的獨立巨岩──烏魯魯(Ayers Rock)，欣賞澳洲中部壯觀的沙漠、峽谷、瀑布…要注意的是，Tnorala (Gosse Bluff)和Watarrka National Park之間的土路(unsealed road)是需要事先申請許可證(詳情見P.310)，可在愛麗絲泉遊客中心、Hermannsburg加油站、Glen Helen Homestead Lodge或Kings Canyon Resort取證。

內陸路線
Outback Way

路線：Winton→Boulia→Jervois Station→愛麗絲泉→烏魯魯卡達族達國家公園→Warburton→Laverton
長度：約2,800公里
建議天數：約8天
車種：四輪驅動車(4WD)

這條路線是一趟澳洲自駕冒險之旅，也被稱為「澳洲最長的捷徑」，由東邊昆士蘭的Winton開始到西邊西澳的Laverton結束，從中間打橫穿越澳洲大陸，因此可以一次看完澳洲各種氣候、地形，也可以體驗各地的文化、美食。

編輯筆記

萬事皆須齊備

請注意如果是自行開車前往北領地而非參加旅行團，園區內是沒有加油站，也不提供任何餐飲，請事先準備。

澳洲百科
Encyclopedia of Australia

P.38　澳洲歷史
History of Australia

P.40　澳洲世界遺產
World Heritage sites of Australia

P.44　澳洲活動體驗
Must-do in Australia

P.46　澳洲好味
Must-eat in Australia

P.48　澳洲好買
Must-buy in Australia

P.50　澳洲動物
Fauna of Australia

P.54　澳洲植物
Flora of Australia

History of Australia
澳洲歷史

文●墨刻編輯部　攝影●墨刻攝影組

從原住民到歐洲人發現新大陸

澳洲是被歐洲人發現的最後一塊有人類居住的大陸。3~5萬年前,人類自亞洲抵達澳洲,一直到17世紀前,澳洲原住民都過著與外界隔絕的生活。

1642年,荷蘭探險家塔斯曼(Abel Tasman)發現塔斯馬尼亞島,並稱之為「凡狄曼之地」(Van Diemen's Land);1668年,英國人丹皮爾(William Dampier)發現西北岸;1770年4月,庫克(James Cook)船則搭乘《奮進號》(HMS Endeavour)在雪梨的植物灣(Botany Bay)登陸,將其海岸命名為「新南威爾斯」,並以英國國王名義宣布該地隸屬英國。

英國殖民時期

因舊殖民地美國已於1776年獨立,英國的班克斯爵士(Sir Joseph Banks)建議將新南威爾斯闢為新的罪犯流放地;1788年1月26日,在船長菲力浦(Arthur Phillip)領導下,由11艘船構成的第一艦隊駛往澳洲,當時船上除400名船員外,另有男女罪犯750人及供2年生存的物資,開始英國在澳洲的殖民。

19世紀初,澳洲開始對原住民採取保護隔離政策,並對原住民居住的地區及就業採取限制的措施。1810至1821年,麥奎理(Lachlan Macquarie)成為新的總督後,新南威爾斯殖民政府逐漸成形;這期間,探險家布萊克思蘭(Gregory Blaxland)、溫特渥司(William C. Wentworth)、羅森(William Lawson)等穿越藍山(Blue Mountains)找到通往西方農業地區的路線。後來西澳的柏斯、南澳的阿得雷德等地,於1829~1849年先後成為英國的殖民地。

19世紀淘金熱潮

1850年代,在澳洲新南威爾斯一帶發現許多金礦,使得澳洲在社會和經濟的結構有很大的轉變,並興起移民潮,自由移民的人數逐漸超過囚犯;此波移民潮一直持續到19世紀末。

澳大利亞聯邦成立

1901年，澳洲由6個州和2個領地組成，這6個州在統一的憲法下成為聯邦國家。由於澳洲仍為大英國協一員，且當時澳洲自認屬於歐洲國家，因此限制亞洲移民的法令於1901年通過，依據此法令，凡想要成為澳洲移民者，必先通過任何一種歐洲語言測試，此測試一直到1958年才廢除。

第一、二次世界大戰

澳洲在第一次大戰期間，曾加入英國盟軍幫助英國作戰，許多澳洲和紐西蘭的年輕人遠離家園參與大戰因而犧牲性命，尤其以遠赴土耳其加利波利半島(Gallipoli)和土耳其軍隊作戰一役最為慘烈，澳洲為紀念此戰役中犧牲的士兵，訂定每年4月25日為澳紐軍團日(Anzac Day)。澳洲在1929年經濟大蕭條時期曾遭重創，但自1933年經濟開始復甦。

第二次世界大戰，在日本入侵澳洲時，保護及協助澳洲擊退日軍的，非昔日盟友的英軍，反而是美國給予澳洲支援最大，這使得澳洲與英國關係漸行漸遠。

戰後

戰後移民潮持續湧現，有超過140個國家的人陸續定居澳洲。1960年，澳洲開始反省對原住民隔離政策；1967年經公民投票正式給予原住民澳洲的公民資格，1972年並以原住民自決政策替代原住民隔離政策；同年澳洲自越南撤軍並廢除服兵役及高學費政策，取而代之的是免學費的教育政策、全民健康保險及保護原住民土地政策。

大量開放亞洲市場

鑑於東南亞經濟蓬勃的發展，體會經濟區域化發展勢在必行，澳洲現今所採取的政策，是在社會上和經濟上向亞洲靠攏，因此極力在亞洲市場發展，並大量開放亞洲國家移民，現在在澳洲，便可發現不少亞洲移民的身影。

World Heritage sites of Australia
澳洲世界遺產

文●墨刻編輯部　攝影●墨刻攝影組

澳洲雖是個年輕國家，卻擁有古老的大地。19座世界遺產中，高達12座為自然遺產、4座綜合遺產，以及3座文化遺產，完全異於全球的常態分布；而2019年7月澳洲世界遺產新增了第20座世界遺產——布吉必姆文化景觀(Budj Bim Cultural Landscape)。這些世界遺產無疑讓澳洲成為了地球上最重要的自然寶庫。

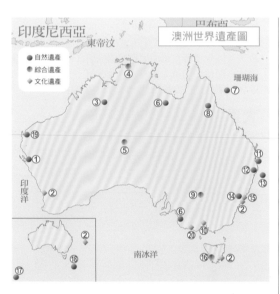

澳洲世界遺產圖

- 自然遺產
- 綜合遺產
- 文化遺產

印度尼西亞
東帝汶
珊瑚海
印度洋
南冰洋

① 鯊魚灣 Shark Bay

登錄時間：1991　遺產類型：自然遺產

鯊魚灣位於澳洲大陸最西端，總面積220萬公頃，周圍環繞著島嶼和陸地。這裡擁有3大特色景觀：全世界範圍最廣、最豐富的海草床、數量多達1萬隻的儒艮，以及位於哈美林池(Hamelin Pool)由海藻沉積成堅硬圓頂狀的疊層石，人們可以在此目睹地球上最古老的生命形式。除此之外，這裡也是海龜、海豚及5種瀕危哺乳動物的棲地。

② 澳洲監獄遺址 Australian Convict Sites

登錄時間：2010年　遺產類型：文化遺產

18、19世紀之間，澳洲開始淪為大英帝國用來懲處罪犯的殖民地，當時關罪犯的監獄有超過上千座，如今被列為世界遺產的則有11座，主要位於雪梨、塔斯馬尼亞島(Tasmania)、諾福克島(Norfolk Island)以及西澳的費里曼圖(Fremantle)等地。把這批監獄列為文化遺產的主要意義，是象徵了那個殖民年代，除了帝國主義者把罪犯流放到海外，也將罪犯視為龐大勞力，用來開墾海外的殖民地。

③ 波奴魯魯國家公園 Purnululu National Park

登錄時間：2003　遺產類型：自然遺產

波奴魯魯國家公園坐落於澳洲西部，園區主要順著班格班格山脈(Bungle Bungles)而規畫。

其地質結構是泥盆紀時期的石英砂岩，歷經2,000多萬年不斷地侵蝕，形成一連串蜂窩狀的圓錐尖頂，在陡斜的山脈上可觀察到因水的侵蝕而形成的黑灰色條紋。

④ 卡卡度國家公園 Kakadu National Park

登錄時間：1981 遺產類型：**綜合遺產**

占地面積達22,000平方公里的卡卡度，是澳洲最大的國家公園。在此蘊藏豐富的動植物生態及原住民生活5萬年的遺跡，是少數被列入綜合類世界遺產的國家公園。

「卡卡度」之名源於當地名為「Gagadju」的原住民，大部分的卡卡度地區都是原住民的居住地，在經過血淚抗爭後，卡卡度歸還給原住民，目前租借給國家公園單位開放觀光。

⑤ 烏魯魯卡達族達國家公園

Uluru-Kata Tjuta National Park

登錄時間：1987 遺產類型：**綜合遺產**

世界上最大獨立巨岩烏魯魯(Uluru，愛爾斯岩Ayers Rock)和群岩卡達族達(KataTjuta，奧加斯岩The Olgas)，是澳洲中部沙漠最美麗的兩個紅色傳奇。烏魯魯及卡達族達以神奇的地理景觀和悠久的原住民文化，被列入綜合類的世界遺產，現今的烏魯魯-卡達族達已還給原住民，租借給澳洲公園單位作為觀光用途。

它們確實令人感到不可思議，烏魯魯圓周達9.4公里、高度達348公尺，卡達族達由36塊岩石所構成，平均高度500多公尺，在此居住超過萬年以上的阿男姑(Anangu) 原住民，視他們為祖先、為聖地。

⑥ 澳洲哺乳動物化石遺址 (瑞弗斯萊／納拉庫特)

Australian Fossil Mammal Sites (Riversleigh / Naracoorte)

登錄時間：1994 遺產類型：**自然遺產**

本區哺乳動物化石遺址由東澳北部的瑞弗斯萊以及南部的納拉庫特所組成，是澳洲最大、保存最完整的化石遺址，它詳細紀錄了澳洲大陸的哺乳動物演進史。

瑞弗斯萊化石遺址保存了漸新世到中新世的古老化石，年代距今1千萬年到3千萬年；納拉庫特化石遺址則保存了53萬年前更新世中葉以後的化石。這些化石包括了冰河時期就已滅絕的巨型哺乳動物、鳥類、爬行動物，以及一些近代生物的化石，例如蛇、蝙蝠、鸚鵡、龜、老鼠、蜥蜴等等。

⑦ 大堡礁 Great Barrier Reef

登錄時間：1981 遺產類型：**自然遺產**

大堡礁是世界最大的珊瑚礁群，北端靠近赤道的巴布亞紐幾內亞，南端則已靠近布里斯本外海，綿延昆士蘭海岸線約2,300公里的大堡礁，總面積35萬平方公里，將近10個台灣大！

由大大小小約2,600個珊瑚礁構成的大堡礁，像珍珠般環繞著昆士蘭的東海岸，這裡孕育了400種海綿動物、300種珊瑚、4,000種軟體動物和1,500種魚類。

⑧ 昆士蘭熱帶溼地區 Wet Tropics of Queensland

登錄時間：1988 遺產類型：**自然遺產**

位在昆士蘭東北角的熱帶溼地區，是世界上最古老的雨林區，不只蘊含許多瀕臨絕種的動植物，它本身更像是一部地球的生態進化史。

這裡擁有絕佳的雨林生長環境，氣候變化不明顯，終年高溫，年雨量高達4,000公厘，加上溼地區直接和大堡礁海岸線銜接，湍急的河谷與峽谷瀑布反而讓這些熱帶動植物快速而密集生長起來，不只是當地蝴蝶和鳥類之種類和色彩多到令人驚豔，這裡更成為蛙類、蛇類和蝙蝠的天堂。

⑨ 威蘭得拉湖區 Willandra Lakes Region

登錄時間：1981 遺產類型：**綜合遺產**

此區域保存有自更新世(Pleistocene，時間距今164萬年至1萬年之間)所形成的湖泊群和砂積層化石，以及大約45~60萬年前，人類在此活動的考古遺跡，因此被歸為綜合遺產。

除此之外，在此也挖掘出許多完整的巨型有袋動物的化石。

⑩皇家展覽館和卡爾頓花園

Royal Exhibition Building and Carlton Gardens

登錄時間：2004年　遺產類型：**文化遺產**

位於墨爾本市中心北方，卡爾頓花園是為了1880~1888年在墨爾本舉辦的國際性展覽會而特別設計的。花園裡的皇家展覽館以紅磚、木材、鋼鐵和石板瓦建成，建築設計融合了拜占廷、羅曼式和義大利文藝復興風格。

⑪芬瑟島 Fraser Island

登錄時間：1992　遺產類型：**自然遺產**

位於澳洲昆士蘭省東方的芬瑟島，面積廣達184,000公頃，是全世界最大的沙積島。芬瑟島的沙丘色彩繽紛，因為沙中所含的礦物質比例不同，因而形成除了黃色沙之外，還有赭色、茶色、紅色等多姿的豐富顏色。

島上的沙丘並非在同一時期形成，而是經由冗長時間累積成的，據知目前最古老的沙丘已有超過70萬年的悠久歷史。而島上的高聳雨林也是全世界唯一，這個被發現生長在沙丘上高度超過200公尺的熱帶雨林，被完整保存下來。除此之外，芬瑟島上更林立著大大小小多達40幾座懸湖(Perch Lake)，也是生態奇景之一。

⑫岡瓦納雨林保護區

Gondwana Rainforests of Australia

登錄時間：1986　遺產類型：**自然遺產**

岡瓦納雨林保護區位處在澳洲東海岸的大斷層上，包含了好幾個保護區，大約位在昆士蘭省東南部和新南威爾斯省東北部之間。

雨林保護區以盾形火山口特殊的地質景觀，以及多樣瀕臨絕跡的雨林物種著名，這些景觀及雨林物種，對全球的科學研究和自然保護，具有重大意義。

⑬豪勳爵群島 Lord Howe Island Group

登錄時間：1982　遺產類型：**自然遺產**

豪勳爵群島坐落於澳洲與紐西蘭之間的塔斯曼海(Tasman Sea)，距離雪梨東方780公里。

這個在700萬年前因火山爆發而形成的群島，由28個島嶼組成，擁有豐富的生態以及珍貴稀有的物種，例如澳洲特有的森秧雞(Lord Howe Woodhen)以及全世界罕見的大型竹節蟲(Lord Howe Island Phasmid)。本區其他的重要景點還包括世界最南端的珊瑚礁、海洋玄武岩地形，以及歷史悠久的文化古蹟。

⑭大藍山區 Greater Blue Mountains Area

登錄時間：2000　遺產類型：**自然遺產**

大藍山區域包括7個國家公園，以藍山國家公園最為出名。本區因擁有廣大的尤加利樹林地，所以空氣中懸浮著大量尤加利樹所散發出來的油脂微粒，在經過陽光折射之後，視野所及一片淡藍氤氳，猶如身在不可思議的國度而得名。

大藍山區域擁有海拔高度100~1,300公尺的沙丘高原，這裡也正是動植物興盛的繁殖區域，據說由於15,000年前造山運動頻繁，火山活動興盛，又經過長年風雨的侵蝕，於是今天這片土地處處可見自濃密的植物群中突起聳立的岩峰，成為這兒獨特的景觀。

⑮雪梨歌劇院 Sydney Opera House

登錄時間：2007　遺產類型：**文化遺產**

在爭議聲中，澳洲最具知名度的地標雪梨歌劇院，終於在2007年被列為世界遺產，也成為澳洲第二座文化遺產。落成於1973年的雪梨歌劇院，不論在建築形狀還是建築結構上，在20世紀的建築史上都具有開創性的地位，當初設計歌劇院的丹麥建築師Jørn Utzon從此名垂千古，雖然當時他在建築未完工時便負氣離去，直到2008年過世前，不曾再踏上澳洲國土一步。

雪梨歌劇院外型猶如即將乘風出海的白色風帆，白色屋頂是由100多萬片瑞典陶瓦鋪成，並經過特殊處理，因此不怕海風的侵襲，屋頂下方的音樂廳和歌劇院，是全世界最知名的表演藝術中心之一。

⑯塔斯馬尼亞荒原 Tasmanian Wilderness

登錄時間：1982 遺產類型：**綜合遺產**

位在澳洲大陸南方的塔斯馬尼亞島上，荒原歷經了冰河時期的洗禮，造就了陡峭的山脈和峽谷，其境內的公園及自然景觀保留地共涵蓋141萬公頃，是全球僅存的溫帶雨林之一。

從山中的石灰岩洞發現的考古遺跡可證實，早在2萬年前便有人類在此活動，因此被歸為綜合遺產。

⑰赫德與麥當納群島

Heard and McDonald Islands

登錄時間：1997 遺產類型：**自然遺產**

赫德島和麥當納群島位於澳洲南部海域，距南極洲約1,700公里，離柏斯西南部約4,100公里。

這是唯一靠近南極的活火山島嶼，被人類喻為是「開啟一扇深入地球核心的窗戶」，藉以觀察目前仍在不斷發展的地貌及冰河動態。其保存價值在於未受到外來動植物的影響，並保存豐富原始的島嶼生態系統。

⑱麥奎理島 Macquarie Island

登錄時間：1997 遺產類型：**自然遺產**

長34公里、寬5公里的麥奎理島位處澳洲南部海域，大約位在塔斯馬尼亞東南方1,500公里，剛好在澳洲與南極大陸的中間。

當印度－澳洲板塊碰撞太平洋板塊後，造成海底山脈上升到今日的高度，因此麥奎理島可說是海底的麥奎爾山脈(Macquarie Ridge)露出海面的部分。該島是地球上唯一一處不斷有火山岩從地幔(海床下6公里深處)冒出海平面的地方，也是重要的地質生態保護區。

⑲寧格羅海岸 Ningaloo Coast

登錄時間：2011 遺產類型：**自然遺產**

寧格羅海岸位於西澳首府柏斯北方1千多公里處的凱普山脈半島(Cape Range Peninsula)。由於地理位置偏遠，棲地型態多元，因此本區海陸物種豐富，不僅孕育著500多種熱帶魚、300多種珊瑚、各式各樣的軟體動物、甲殼動物及藻類，還有成千上萬的海龜來此築巢下蛋，每年更有數百頭鯨鯊聚集在此覓食，與美麗壯觀的珊瑚產卵盛況互相輝映。

本區的珊瑚礁綿延260公里，是全世界最大的一座緊鄰陸塊邊緣的裙礁。陸地部分的主要特徵則是大範圍岩石裸露、崎嶇不平的喀斯特地形，以及生機盎然、蜿蜒曲折的地下水道與洞穴。此外，潮間帶還有岩岸、沙灘、潟湖、河口以及大片的紅樹林。

⑳布吉必姆文化風景區 Budj Bim Cultural Landscape

登錄時間：2019年 遺產類型：**文化遺產**

位於維多利亞的布吉必姆是澳洲世界遺產的最新成員，也是澳洲唯一具原住民文化價值的世界遺產。早從6,000多年前，這裡就是Gunditjmara人生活的地方，Budj Bim在他們的語言中意為「大頭」，指的是這個區域的一座死火山(英文為Mt. Eccles)，Gunditjmara人也相信這座火山是他們的創造者「Budj Bim」的化身，當時的火山口如今變成了Lake Surprise。

Budj Bim被視為世界上最古老的淡水水產養殖系統，Gunditjmara人幾千年來不斷創造和改造獨特的水道，以養殖及捕捉鰻魚。

Must-do in Australia
澳洲活動體驗

澳洲齊集各種刺激指數相當高的冒險活動，讓每一趟澳洲之旅都有機會留下「刻骨銘心」的回憶。即使當下因為膽怯甚至閃過「撤退」的念頭，但是事過境遷，光是回想起來或是說給人聽時都還覺得很興奮，會深深慶幸自己當時沒有臨陣退縮，得以擁有這許多畢生難忘的回憶。

文●墨刻編輯部　攝影●墨刻攝影組

熱氣球 Hot Air Ballooning

熱氣球根據氣流，每次升空和降落的地點都不一定，需要仰賴經驗豐富的領航員根據氣象報告、加上實際利用氣球測試風向，才能確實決定起飛點和降落地。

沒有風、氣流穩定，固然是搭乘熱氣球最佳的天候，可以把腳下景物一覽無遺；萬一老天開起玩笑，雲層又低又厚，也不必失望，很可能日出、雲海變化多端，反而有意想不到的驚喜喲！

哪裡可以玩？

地點	網址
墨爾本、亞拉河谷	www.globalballooning.com.au
凱恩斯、黃金海岸、布里斯本	www.hotair.com.au

攀爬大橋 Bridge Climbing

攀爬雪梨大橋可以用超棒的角度欣賞整個雪梨港。領隊會一邊講解雪梨港灣大橋的歷史，一邊說笑話娛樂遊客，實際遊走在橋上，會發現沒有想像中恐怖，專業的領隊也會提供完善的安全設備和禦寒服裝，只要照著說明、指示緩緩前進，原則上安全無虞，不論老少都可試一下身手。基於安全考量，遊客無法攜帶相機拍照，因此領隊也會選擇最佳定點，一一幫大夥拍照留念。

繼雪梨港灣大橋後，布里斯本的故事橋也在2005年10月推出攀登活動。

哪裡可以玩？

地點	網址
雪梨港灣大橋	www.bridgeclimb.com
布里斯本故事橋	storybridgeadventureclimb.com.au

高空跳傘 Sky Diving

高空跳傘全程都有教練相伴，開傘、控制方向、降落等關鍵動作都由教練負責操作，參加的學員其實只要敢跳下飛機就行了。雖然説得簡單，但放腳「跳」的那一剎那是很考驗人性的，尤其當時飛機的高度通常都在超過1萬英呎，飛機門一旦敞開，強風灌進來，人很難站得安穩，更遑論還要鼓足勇氣縱身一躍。

來到機門口前，只要頭一低、心一橫、像跳水般的姿勢跳下去，手腳遵照教練的指示大字型張開，會覺得高空的強風把自己往上推了一推，整個人輕飄飄地浮在藍天白雲裡，可惜當空中飛人只有短短幾分鐘的時間，草地就近在眼前，保證意猶未盡。

哪裡可以玩？

地點	網址
凱恩斯、雪梨一臥龍崗	www.skydive.com.au

tips：Skydive Australia不只是在凱恩斯和臥龍崗有據點，在澳洲其他地方也可以玩高空跳傘，詳情請見官網。

滑沙 Sand Toboggan

看似無垠的沙漠，會隨著風勢時有搬遷，形成多處傾斜的沙丘；滑沙指導員帶領眾人找到一處斜度最陡、斜坡最長的坡面上頭，一人發一個淺碟型的塑膠板，然後教大家如何趴在或躺在板子上，任憑板子滑下斜坡；只要把雙手撐在身體後側，滑行時淺挖沙子，就可以控制速度。

斜坡通常應該有上百公尺長，滑行的時速似乎也超過70公里，所以從坡頂到坡底，其實只是幾秒鐘的過程；有人滑得筆直漂亮、有人滑得歪歪扭扭、有人「煞車」太用力滑得坑坑疤疤、有人滑得呼聲震天，趣味鏡頭一籮筐。

哪裡可以玩？

地點	網址
史蒂文斯港	www.portstephens4wd.com.au
摩頓島	www.tangalooma.com
尖峰石陣之旅	www.adamspinnacletours.com.au

與海豚共游 Swim with Wild Dolphins

位在柏斯南方約47公里處的羅津翰灣，推出一種富冒險又刺激的特別遊程——與海豚共游，保證讓遊客在海灣中與海豚做零距離的接觸！海灣裡的海豚屬於野生海豚，因此只要是在海豚出沒的季節裡出海，幾乎有99%的機率可以看到海豚。海豚公司目的是希望遊客與海豚共生，以不餵食海豚或引誘海豚到特定區域的方式，讓遊客有機會和海豚一起在海灣中玩耍。

遊客上船後穿上潛水衣和浮潛蛙鏡，當船長找尋到海豚的蹤影後，工作人員會帶領遊客下水；下水後透過蛙鏡看到成雙成對的海豚慢慢地在身邊游泳或嬉戲，幸運的話還會隱約聽到發自海豚的微弱音頻。

哪裡可以玩？

地點	網址
西澳羅津翰灣	www.dolphins.com.au

哈雷重機遨遊 Harley Davidson Ride

雪梨的哈雷重機行程，重低音的引擎聲劃過街道，越過港灣大橋後直奔麥考利夫人之角，遠眺雪梨歌劇院，沿途更至各個能夠欣賞絕美港景的地方小歇，親切的騎士化身嚮導，為你解説各個景點的由來與趣事；而黃金海岸那綿長寬闊的濱海公路，向來是重機騎士恣意馳騁的日光大道，只要穿戴上為你準備好的裝備，跨上閃亮坐騎，就可以任由穿戴著皮衣、皮手套的專業騎士，奔馳在如畫的黃金海岸。

你可以依照想去的地方來更改行程，讓行程更加機動，也更貼近個人；或是持有重機駕照，當然也可以租車自己馳騁。

哪裡可以玩？

地點	網址
雪梨	www.trolltours.com.au
黃金海岸	www.wildfiretours.com

Must - eat in Australia
澳洲好味

文●趙思語・墨刻編輯部　攝影●蒙金蘭・墨刻攝影組

在澳洲這個移民國家，你可以品嘗到這些移民將家鄉的美味，融入這個國家的美食精華；而且因天然資源的豐富，澳洲的海產、牛和羊肉特別新鮮肥美，有機會甚至可以品嘗到像是袋鼠肉、鱷魚肉、鴯鶓肉等叢林美食；此外，整個澳洲境內擁有60多個葡萄酒產區，每年都出產世界頂級美酒以饗老饕，其中以雪梨近郊的獵人谷、墨爾本近郊的亞拉河谷和南澳的巴羅莎河谷、西澳的瑪格麗特河等4大產區，最為馳名。

海鮮 Seafood

瀕臨太平洋、印度洋和南冰洋的澳洲，新鮮海產源源不絕，不論是龍蝦、生蠔、海鱸、牡蠣、鮑魚、螃蟹…在這裡，都可以痛快地享受；尤其是生蠔，澳洲水質純淨，養殖的生蠔碩大肥美，不太有腥味，只要淋些檸檬汁就很好入口。

另外，昆士蘭黃金海岸一些河流的入海口，是泥蟹生長的天堂，若有機會參加當地遊船抓泥蟹的行程，就可現場大啖泥蟹大餐。

肉派 Meat Pie

澳洲歷史不長，如果硬要找出最普遍的國民食品，應該非肉派莫屬。無論是什麼肉，包括豬、牛、雞或是魚類、海鮮，加上洋蔥、香菇或乳酪等剁碎或絞碎後，製成手掌大小的肉派，就是最方便的充飢食物；大洋路一帶也出現加了整顆干貝的干貝派，非常可口。當然，以各種水果製成的水果派甜點，澳洲人也很拿手。

炸魚和薯條
Fish & Chips

澳洲早期的居民以來自英國的移民為主，所以在英國最為普遍的炸魚和薯條，在澳洲自然也很常見。不管是速食店還是高級餐廳，如果趕時間的話，炸魚和薯條隨時可以端上桌。

牛排、羊排 Steaks

澳洲畜牧業發達，牛肉、羊肉是當地人日常生活最重要的主食之一，所以他們非常擅長處理牛排和羊排，火候拿捏得宜，尤其羊排多半能去除腥羶味，即使平常不愛吃羊的人也頗能接受。

叢林美食
Bush Tucker

　　澳洲擁有獨一無二的「叢林美食」，像是袋鼠肉、鱷魚肉、鴯鶓肉、檸檬香楊、叢林蕃茄…這些難得一見的食物，如果你很勇於挑戰新奇的事物，會成為旅途中挑戰味覺的新鮮體驗。

無國界佳餚
Fusion Cuisine

　　融合世界各地文化及美食的無國界料理在澳洲非常常見，結合了東西美食特色的創新佳餚，也日漸成為主流，五彩繽紛的食材搭配豐富多元的口感，結合了視覺與味覺的享受，在在挑逗你的味蕾，讓無國界佳餚也成為體驗澳洲風情不可或缺的要素。

亞洲料理 Asian Cuisine

　　在澳洲這個移民國度，豐富多樣的文化色彩也深蘊食物裡，除了中國、日本和韓國料理之外，另一特色就是東南亞料理了。泰國的pad thai、越南的pho、馬來西亞的laksa…隨處可見，來一趟澳洲就可以吃遍東南亞道地美食。

不喝酒？沒關係，這裡有蘋果西打～

　　在新南威爾斯的Darkes Glenbernie Orchard用自家種的新鮮蘋果和蜂蜜，釀製成蘋果西打(Cider)和蜂蜜氣泡酒(Sparkling Mead)。除此之外，還可以在這裡買到蘋果醋、蘋果汁以及各品種的蜂蜜、蘋果。果園不同季節產不同的水果，若剛好碰上收成季，還可以親自摘水果回家喔！(見P.104)

葡萄美酒 Wine

　　獵人谷是澳洲歷史最悠久的葡萄酒產區，這裡種植豐富多元的品種，像是果香味濃、堪稱世界最好的白葡萄酒品種Semillon、口感厚實的澳洲招牌Shiraz、俐落且豐富回甘的Chardonnay。

　　亞拉河谷則以Pinot Noir葡萄及汽泡酒最有名，遊客可以參觀酒莊，順道體驗田園山野風光，沈浸在濃郁芬芳的酒鄉之美中。

　　而西澳擁有溫暖的地中海型氣候和適當的降雨量，因此非常適合種植各種葡萄酒，這當中首推柏斯以南的瑪格莉特河為優選；最受歡迎的紅酒種類包括Hermitage、Shiraz、Cabernet、Sauvignon和Pinot Noir等。

　　而南澳的巴羅莎河谷土壤和氣候相當適合葡萄生長，多家澳洲葡萄酒品牌皆出自巴羅莎，包括老字號的Penfolds、外銷產量最大的Jacob's Creek、以及獲獎無數的Peter Lehmann等，每個酒莊或品牌都有各自風格獨具的紅白葡萄酒。

Must - Buy in Australia
澳洲好買

文●蒙金蘭・墨刻編輯部　攝影●蒙金蘭・墨刻攝影組

澳洲由於環境純淨，所以生產的保養品、護膚品、保健食品特別受青睞；畜牧的綿羊眾多，與羊相關的副產品也廣受歡迎；不過有一些特殊的產品，像是袋鼠肉乾、鱷魚肉乾、袋鼠造型的洋芋片等，由於一般澳洲人並不常吃，所以普通便利商店、超市並不容易找到，如果非要買到嘗鮮不可，只有在專為迎接觀光客的免稅商店比較有機會找到。

UGG雪靴

UGG最早是衝浪者為了腳部保暖，請鞋匠以羊皮製造的鞋子而發展出來的，既保暖又可保持乾燥，尤其長靴飾以羊毛的外型，一看就暖意上心頭，可謂冬季保暖最佳行頭。

走在澳洲的街頭，很容易看到UGG的身影，無論是品牌專賣店、一般紀念品店，還有專為觀光客敞開的免稅店，都有UGG產品展售，款式與價格相當多樣化，除了靴子外，也有腰帶、包包等皮革製品。

綿羊油

綿羊油是綿羊身上的一層油性分泌物，能保護牠們對抗外界氣候的變化，數千年前就有人類把它用在保護皮膚上。澳洲畜牧業發達，綿羊油製品廣受歡迎，產品種類繁多，除了運用在面霜、身體潤膚用品上，也廣見於護手霜、護唇膏等產品之中。面霜除了基本款外，還發展出添加維他命E、胎盤素、蘆薈等不同成分，而且即使相同品牌，不同商店的售價也往往出現頗大差異。不妨貨比三家，最好還能試擦看看，以挑選出最適合自己的產品。

Vegemite

在早餐桌上，經常會看見一罐黑黑的東西，包裝看起來像果醬，但滋味卻是鹹鹹、甚至有點臭臭的，這種Vegemite是一種酵母萃取物，屬於啤酒製造過程中的副產品，營養豐富，澳洲人喜歡拿來塗在麵包或餅乾上。

然而由於味道強烈，愛的人很愛，討厭的人退避三舍，情況類似納豆、起司或臭豆腐一般。有機會不妨先嘗嘗看，再決定要不要帶回家。

羊毛製品

除了綿羊油，各式各樣的羊毛製品也是國際觀光客來到澳洲的「必殺」品，例如羊毛外套、羊毛內衣、羊毛被、羊毛壁毯、羊毛墊等，一般紀念品店和隨處可見的免稅商店都可以看到。

小野人包Crumpler

在愛好攝影人士心目中頗有名氣的Crumpler，是澳洲非常知名的包包品牌，被粉絲暱稱為「小野人」，創立於1992年，最早以大大的帆布郵差包發跡，因為設計簡潔、色彩鮮明又堅固耐用而大受歡迎，之後又推出一系列相機專用包、相機內袋、減壓背帶、後背包、行李箱等，都頗有一貫的設計感。城市鬧區之中會有多家品牌專賣店。

Tim Tam

雖然在台灣也可以買得到Tim Tam，但是到了澳洲才會發現它們是日常不可或缺的「國餅」，不必上超市，便利商店就可以買到，而且口味眾多，除了最單純的奶油巧克力外，還有焦糖、覆盆子、香草太妃糖等口味。

Tim Tam由澳洲的雅樂思(Arnott's)公司出品，是一種三層夾心的巧克力餅，滋味香甜，濃郁中帶著爽脆，雖然有人可能覺得太甜，但小心愈吃愈順口。

動物玩偶

澳洲特有的可愛動物眾多，包括無尾熊、袋鼠、神仙企鵝、俗稱「王八」的袋熊(Wombat)等，都可愛得教人好想偷偷抱回家。因此澳洲各地的商店裡，都可看到這些動物不同造型的絨毛娃娃，不但姿態、穿著、個頭大小差異頗大，就連產地都會影響價格。通常如果標明澳洲製(Made in Australia)，價格都會是中國或印尼等地製造的兩倍以上。

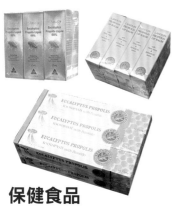

保健食品

澳洲無汙染的環境，也讓它所出產的保健食品分外搶手，包括深海魚油、蜂膠產品、袋鼠精、各種維生素等琳瑯滿目。光是蜂膠產品，就又分成膠囊錠、滴劑等型態，還衍生出牙膏、肥皂、乳液等副產品，價格紛歧，主要隨著所含蜂膠成分的高低而有所區別。

澳洲原住民工藝品

迴力鏢(Boomerang)是昔日澳洲原住民們用來打獵的工具，最大的特色是擲出去後還會飛回來。現在迴力鏢當然已經不再作為武器使用，但是鏢身上繽紛亮麗的圖騰，令人愛不釋手。除了迴力鏢外，澳洲原住民特有的迪吉里度(Didgeridoo)、以及各式各樣充滿當地原住民色彩的相關產品，也是頗受歡迎的紀念品。

蛋白石Opal

蛋白石是由地球中的硅膠填滿了地底下的裂隙而形成的天然珍貴寶石，而且非常奇特地集中出現在澳洲，產量超過全世界的95％，可說是上天送給澳洲的禮物。

蛋白石大致分為黑蛋白石(Black Opal)、礫岩蛋白石(Boulder Opal)和白蛋白石(White Opal)等3大類，好的蛋白石本身顏色就多采多姿、而且不斷變換，照相技術很難以一個鏡頭就表達出它渾然天成的美。

香氛精油保養品

澳洲出產的精油頗有口碑，尤其茶樹是澳洲特有的樹種，因此以茶樹打頭陣的各式各樣天然精油、香氛產品都成了消費者的最愛。另外，一些澳洲本土的香氛和保養品牌，像是Aêsop、Jurlique、Perfect Potion、Mor、Appelles等，都強調其產品的天然優越性，頗受崇尚自然的愛美人士青睞。

野味肉乾

來到澳洲，也許你在餐點中已經吃過鱷魚肉、鴯鶓肉、袋鼠肉，離去之前，還想買一些給親友品嘗，那麼專門特製給遊客作為伴手禮的肉乾是個好選擇，不過普通便利商店、超市並不容易找到，通常在專為迎接觀光客的免稅商店比較有機會找到。

Fauna of Australia
澳洲動物

文●蒙金蘭・墨刻編輯部
攝影●蒙金蘭・墨刻攝影組

無尾熊Koala

無尾熊是澳洲最具代表性的動物，幾乎整個澳洲東海岸及南部地區都能發現牠的蹤影，至於內陸地區，只要夠濕潤能長出樹林，牠就能棲息生存。在澳洲，只有塔斯馬尼亞和西澳沒有野生的無尾熊。

Koala的原意是「不喝水」的意思，在新南威爾斯州，無尾熊的體型可重達12公斤，至於熱帶地區的昆士蘭比較小，平均只有6.5公斤。

某些方面來說，無尾熊樣子十分接近袋熊(Wombat)，只是毛較厚、耳較大、四肢較長。而無尾熊也是哺乳動物中，少數擁有指紋的，跟人類很接近。雌的無尾熊約2~3歲成熟，公的則要3~4歲，雙胞胎情形非常少見。母熊約1歲離開母親，公的則要2~3歲。

無尾熊幾乎以尤加利葉為生，新陳代謝非常地慢，一天之中，可以16~18小時維持不動，其餘3~5小時則在吃葉子，一天約吃半公斤。

過去無尾熊因為遭到大量捕殺而瀕臨滅絕(多半取其毛皮)，曾經有一年殺掉百萬隻的紀錄，目前全澳洲野生無尾熊的數量約8~10萬隻。

袋鼬Quoll

袋鼬是一種肉食性的有袋動物，估計最早出現在1千5百萬年前，大約4百萬年前又分別演化出6個品種，其中澳大利亞發現4種、新幾內亞發現2種，不同種的體型大小差異頗大，從0.3~7公斤不等。

袋鼬有著黑棕相間的毛髮，鼻子呈粉紅色，平常晝伏夜出，喜歡吃小鳥、蜥蜴、昆蟲、小型的哺乳動物等；多半獨來獨往，只有交配期才會結伴出現。1隻雌袋鼬平均可生下超過18隻後代，其中大約有6隻能存活下來，自然壽命平均2~5歲。

自從歐洲人殖民澳洲開始，袋鼬的族群數量大幅減少，其中一支東袋鼬已經在澳洲大陸上絕跡，只有少數還存在塔斯馬尼亞島上，已經被列為瀕危的亟待保育動物。

蠟嘴雁Cape Barren Goose

蠟嘴雁是原產於澳洲南部一種大型的鵝，又名巴倫角鵝，體型粗大，大約長75~100公分，翅膀張開來可達1.5~1.9公尺長，雄鳥又比雌鳥大。

蠟嘴雁身體主要呈灰色，點綴著黑色的圓斑點，尾巴和飛羽則呈黑色，還有粉紅色的腿和黑色的腳掌，黑色的短喙向下彎曲，最搶眼的是嘴喙上有一抹綠色的蠟膜，彷彿鼻頭開出一朵綠色的小花，造型獨特。

袋鼠Kangaroo

袋鼠是澳洲最具代表性的有袋類動物,其家族非常龐大,包括紅袋鼠(Red Kangaroo)、灰袋鼠(Grey Kangarooo)、沙袋鼠(Wallaby)、叢林袋鼠(Tree-kangaroo)、大袋鼠(Wallaroo)、小袋鼠(Pademelon)等63種,有時也會看到基因突變的白袋鼠。

當然,在文化上,袋鼠也是澳洲國家的象徵,從澳洲國徽、貨幣、澳洲航空上都有袋鼠標誌,便可知其對於澳洲的意義。

早期歐洲人視袋鼠為奇怪的動物,他們這般形容:長得像沒有角的鹿、像人一樣可以站立、可以像青蛙那般跳躍。事實上,袋鼠的後肢十分強壯,腳掌非常大,而尾巴是用來保持平衡的,相較之下,頭則很小。以紅袋鼠為例,其跳躍的平均時速達20~25公里,但最高速度則能達到70公里,算是速度非常快的動物。袋鼠的平均壽命為4~6年。

依種類不同,袋鼠的食物也有所不同,草類自然是大宗,有的則以菇菌類為生。而在過去幾種肉食性的有袋動物滅絕之後(例如袋獅、袋狼),袋鼠在澳洲就少有天敵。在歐洲人來到澳洲之前,袋鼠對原住民來說也是很重要的食物來源。

「Kangaroo」這詞原來是這意思…

根據一般說法,Kangaroo一詞的由來,是當年庫克船長和班克斯(Sir Joseph Banks)一行人來到澳洲時,見到袋鼠,問原住民此為何物,對方回答Kangaroo,意思是:「我不知道。」

袋熊(王八)Wombat

袋熊短腿、短尾巴是其最大特徵,主要棲息在森林、山間,以及澳洲東南部和塔斯馬尼亞的灌木林間。至於Wombat這名字是源自於雪梨地區原住民的稱呼,由於發音近似「王八」,所以國人也喜歡膩稱牠「王八」。

袋熊和齧齒科動物很像,有很強健的前齒和爪子,以便於挖掘地道,另外還有一個特徵:牠的袋子是向後的,方便在挖掘地道時,泥土不會掉到袋子裡而傷及幼袋熊。儘管大多數時間都是夜行性,偶爾在陰天或在林葉茂密之處也會出來行動。

袋熊屬草食性,毛皮顏色則從土黃、棕色、灰色到黑色都有,一般來說身長約1公尺,體重則20~35公斤之間。

袋熊的代謝很慢,吃下的食物要14天才消化得完,以便適應乾燥的氣候。雖然平時動作很慢,但遭遇危險時,奔跑時速仍能達40公里,且可持續90秒。

袋熊的威脅主要來自丁狗和袋獾,遭遇危急時,就會躲到地道裡。

笑翠鳥Kookaburra

笑翠鳥屬於翠鳥科,但是身上的色彩以黑、白、棕為主,不像翠鳥那般彩色繽紛;頭扁扁的、大大的眼睛底下還畫了粗眼線,平常看起來文文靜靜,但是叫聲卻酷似人類發自內心狂笑的聲音,非常奇特有趣。牠們多半在清晨或黃昏時才會鳴叫。

笑翠鳥原產於澳洲大陸東部,喜歡棲息在尤加利樹林裡、城市的花園裡,後來也出現在西澳、塔斯馬尼亞和紐西蘭。牠們一夫一妻制,嘴大而有力,喜歡吃蚯蚓、昆蟲、蜥蜴、老鼠甚至蛇等。2000年雪梨主辦世界奧運時,笑翠鳥被做為吉祥物之一,可見澳洲人把牠視為頗具本土代表性的動物之一。

袋獾(塔斯馬尼亞惡魔)
Tasmanian Devil

目前野生的袋獾只有在塔斯馬尼亞島才見得到其蹤跡，牠一直有另一個驚悚的名稱，叫做塔斯馬尼亞惡魔。

在袋狼於1936年滅絕之後，袋獾是目前澳洲原生動物之中，最大的肉食性有袋類動物。牠的特徵是黑色毛皮，體型就像小狗那麼小，但肌肉結實，在遭受攻擊時會發出惡臭，並發出大聲尖叫，被餵食時，面露兇殘。牠吃腐屍，偶爾也會吃同類。自歐洲人移民澳洲後，幾百年之內，袋獾就從澳洲大陸本土上消失，因為牠會威脅到家畜，1941年之前塔斯馬尼亞還是允許獵殺袋獾的。直到1990年代晚期，袋獾罹患了一種面部腫瘤的毛病，並威脅到族群的數量，2008年5月被列為瀕臨絕種動物。

鴯鶓Emu

澳洲最大的原生鳥類，在全世界的平胸鳥類(Ratite)中，體型僅次於非洲的鴕鳥(最高達3公尺，重159公斤，跑步速度可追上馬)，鴯鶓則高可達2公尺，重60公斤，同樣跑得很快，衝刺速度可達時速50公里，是平原和樹林中非常強悍的鳥類。數量約有20~100萬之多。目前鴯鶓大多被拿來畜養作為肉食之用，鴯鶓油和羽毛也都具經濟價值。

一般人常分不清非洲鴕鳥和澳洲鴯鶓的差別，其實澳洲還有一種平胸鳥類也讓人分不清──食火雞(Cassowary)，體型比鴯鶓小，分布於澳洲北部的熱帶雨林地區，但更為凶悍。

鴨嘴獸Platypus

鴨嘴獸是生長於東澳及塔斯馬尼亞的半水棲哺乳動物，和針鼴鼴一樣，是世界上唯二的卵生哺乳動物，而與牠相類似的家族，目前都只能在化石中尋找。

鴨嘴獸外表異乎尋常，牠能下蛋，也分泌毒素，鴨子般的嘴喙、像水狸一樣的尾巴，還有水獺一樣的四足，這讓剛到澳洲的歐洲自然學家十分困擾。此外，牠也是少數有毒腺的哺乳動物，公的鴨嘴獸在後腳擁有一根刺，所分泌的毒液足以反擊任何欲攻擊牠的人或動物。在生物的演化上，鴨嘴獸是非常值得研究的對象，同時也是澳洲的象徵之一，澳洲20分的銅板就刻有鴨嘴獸圖案。。

直到20世紀初，都還有人獵殺並取其毛皮，當然現今是極力被保護的對象，只是鴨嘴獸對於環境污染的適應力非常弱，也是瀕危動物之一。

澳洲海獅Australian Sea Lion

澳洲海獅棲息在澳洲的南岸和西岸，目前數量約1萬頭左右。海獅的作息通常是出海捕食3天、回到岸上休息3天，養足精神後再繼續下一次的捕獵。海獅一次能潛下240公尺深的海底，並持續12分鐘，章魚、龍蝦都是他們的食物，一隻成年海獅的重量約250~350公斤，在捕食的三天裡可吃下自己體重1/3的存糧以維持上岸後三天的休息。

海獅孕育下一代的時間非常長，必須經過18個月的懷孕期，生下小海獅後必須擔負起18個月的餵食期，方能放小海獅自行出海捕食。

座頭鯨Humpback Whale

每年6月到10月，也就是南半球的冬天到春天這段期間，大約會有1,000多隻座頭鯨從冰凍的南極洲海域往北游到澳洲西岸、東岸以及斐濟附近的副熱帶水域，進行交配與繁殖，尤其是大堡礁附近經常會看到三五成群、軀體健壯的座頭鯨在嬉戲作樂和覓食。

一般而言，在澳洲進行的賞鯨之旅，最常見到的鯨種是座頭鯨，一來因為他們不怕船，二來是因為他們的前進速度不快，以3~4海浬、最多10海浬的速度前進，使得他們易於觀察。

活潑好動的座頭鯨有許多明顯易辨的特徵：身體是黑色，但在喉部會夾雜著白色，頭部和下顎有瘤狀突起；他們的鰭很長，長度幾乎有身體的1/3，並且會有許多貝類寄生。公的座頭鯨平均身長16公尺，母的可達17公尺，一隻成熟的座頭鯨體重約在3~4萬公斤左右。

被列為保育類動物的座頭鯨，最高紀錄曾有10萬隻，但目前在南半球海域已經剩不到5千隻。

天生的歌唱家

座頭鯨的聲音是他們用來辨認和求偶的利器；座頭鯨是所有發聲的動物當中，能製造出最長和最多聲音的動物，他們所發出的每一段音律可以持續10~15分鐘，而且可以一直重覆唱上幾個小時。

針鼴蝟Echidna

生活在澳洲的草原或森林裡，屬於夜行性動物，每當傍晚便可以開始看到牠的蹤影。牠和鴨嘴獸一樣，屬於卵生哺乳動物，母針鼴蝟每次產一顆蛋，下腹同時會和其他有袋動物一樣長出育兒袋來哺育寶寶。

針鼴蝟身長40-50公分，大約在2~5千萬年前便已出現在地球上，和鴨嘴獸同屬哺乳類單孔目(Monotreme)，但鴨嘴獸生長在水中，針鼴蝟則在陸地上。

澳洲野犬(丁狗)Dingo

丁狗雖然被喚作澳洲野犬，但並不是澳大利亞的原生物種，根據考證他們是狼的亞種，大約在至少3,500年前就隨著亞洲的南島民族來到澳洲，是一種早期馴養的、血統相當單純的犬品種後裔，由於長期與世隔絕、較少受到人為的干預，得以在澳洲自成體系地演化下來。

在白人進入澳洲之前，丁狗仍是從未被徹底馴養的犬種，牠們有直立的耳朵、濃密多毛的尾巴、可以回頭狂吠的頸子，目前在澳洲各地都可看到牠們，包括森林、沙漠、草地甚至濕地裡。

神仙企鵝Fairy Penguin

神仙企鵝又稱為小企鵝，只在澳洲東南沿海或西南沿海的海島及懸崖峭壁上出沒，鐵藍色的背套與雪白色的胸袍，讓神仙企鵝看來又可愛又帥氣。

企鵝會在沙丘上挖築下蛋用的巢穴，深約1公尺，裡面並會鋪上草根或樹枝以為內墊。神仙企鵝只能在澳洲孵育，目前菲利普島約有26,000隻神仙企鵝，通常神仙企鵝會在日落時上岸而在日出前1、2個小時離去。

若想看到企鵝孵蛋，季節是在8~3月；挖沙穴以準備下蛋的季節則是在2~4月。幼鵝的孵育期是35天，母鵝與公鵝輪流孵蛋，孵出的幼鵝還需要8~10週才能入海。牠們天生就會游泳與覓食，無須父母教導；神仙企鵝每年都會回到原來的棲息地，壽命一般約為7年，但也有活了21年的長壽企鵝。

Flora of Australia
澳洲植物

文●墨刻編輯部　攝影●墨刻攝影組

澳洲蓬草樹／澳洲千年木 Grasstree／Xanthorrhoea australis

樹幹漆黑，頭頂長著茂盛的綠色針狀葉，除了極嚴酷的沙漠之外，幾乎全澳洲都看得到。又名「黑色男孩」(Black Boy)或「Balga」，又此一説：因為它的外觀看起來就像是舉起長矛的原住民小男孩。

它生長的速度非常慢，平均一年只能長一吋，共有28個品種，每種生長速率也不盡相同，以一株5公尺高的樹而言，快的話約有200歲，慢的話恐怕都有600歲了。其樹幹輕而乾燥，原住民常拿來作為生火之用，而種子就附著在堅硬的樹幹上，經常得等到森林野火把種子迸開，才能繼續繁衍後代。

藍花楹 Jacaranda

藍花楹是一種亞熱帶的樹種，屬紫葳科藍花楹屬，原生於中南美洲的阿根廷、巴西、玻利維亞等地，因為每到春天花開滿枝頭，非常美麗，被廣為種植，所以澳洲、南非和中國的南部都很常見到它的蹤影。

由於在南半球，時序和北半球相反，每年11、12月正是藍花楹開得最燦爛的季節，澳洲就有一首歌唱道：當藍花楹盛開的時候，聖誕節就要到了～～但學生族做討厭藍花楹了，因為它開得最燦爛時，就表示考試週來了！

尤加利樹／桉樹 Eucalyptus

澳洲最具代表性的樹種就是尤加利樹，幾乎遍布全澳洲，從潮濕雨林到乾燥沙漠，都可以見到它的蹤影，澳洲人又習慣稱它為Gum Tree。

尤加利樹又名桉樹，桃金孃科桉屬植物，其種類至少超過700種，幾乎全部為澳洲原生，也是無尾熊的主食來源，不過牠們只吃其中十餘種。

尤加利樹的葉子富含油脂，甚至能隨著光合作用蒸發，空氣呈淡藍色，雪梨周邊的藍山就因它而得名，不過也因為如此，夏季高溫時，經常成為澳洲森林大火的元凶。而其粹取出來的精油，既有芳香功能，也可入藥作為保健食品。

班克斯樹／山龍眼／佛塔花 Banksia

環繞整個澳洲大陸沿海地區，都看得到班克斯樹那圓桶狀的的可愛花朵，品種有80種之多，依品種不同，花朵呈黃、橙、紅、白、褐等各種顏色。

其英文名乃得自與庫克船長隨行的班克斯(Joseph Banks)，他是英國知名的植物學家，也被後人尊稱為澳洲植物之父。

分區導覽
Area Guide

P.56 如何玩澳洲各地
How to Explore Australia

P.58 新南威爾斯
New South Wales

P.138 維多利亞
Victoria

P.200 昆士蘭
Queensland

P.250 西澳
Western Australia

P.276 南澳
South Australia

P.296 北領地
Northern Territory

P.312 塔斯馬尼亞
Tasmania

How to Explore Australia
如何玩澳洲各地

西澳Western Australia

西澳幅員遼闊，自然景觀千變萬化，靠近內陸沙漠給人一望無際的粗獷感，但是一到春天，遍地的野花就會不斷綻放，散發萬千的柔情。

柏斯
柏斯地處偏遠，悠閒的生活步調，適合想要放下俗事和洗滌心靈的人前往，將自己融入這片人間淨土中。

費里曼圖
擁有150棟被列為國家信託的建築物，同時也被讚譽為世界上保存最完善的19世紀港口城市。

西澳原野
北有怪石嶙峋的尖峰石陣，往南有酒鄉瑪格莉特河、沙袋鼠之島洛特尼斯島、可與海豚共游的羅津翰灣，往東則是壯觀的波浪岩。

北領地Northern Territory

位居澳洲中部的這一塊區域，有知名的世界遺產烏魯魯‧卡達族達國家公園，這是沙漠裡的兩個神秘傳奇，以橘紅色的曲線和神聖的姿態征服你的心。

愛麗絲泉
像是沙漠裡的一顆明珠，可以這裡為基地，再前往烏魯魯‧卡達族達國家公園。

烏魯魯‧卡達族達國家公園
對觀光客來說，這裡或許只是一塊神秘又奇妙的巨岩，卻深藏了原住民幾萬年以來對先祖的虔敬精神和靈魂。

卡卡度國家公園
澳洲最大的國家公園，也是一座結合人文與自然的綜合類世界遺產，蘊藏豐富的動植物生態及原住民生活5萬年的遺跡。

南澳South Australia

整個澳洲，只有南澳阿得雷德早期歐陸移民皆為「自願移民」，在飲食、活動或生活態度上都呈現一種新澳洲風尚。

阿得雷德
托倫斯河橫貫市區，河流南岸是最熱鬧的市中心，井然有序的市容加上45%的都市綠地規畫，整座城市散發著優雅氣息。

巴羅莎河谷
澳洲最棒的葡萄酒在南澳；南澳最好喝的葡萄酒在巴羅莎河谷。入寶山切勿失之交臂。

袋鼠島
全島約有48%面積被植物覆蓋，且大部分土地都已成為動物保護區，包括原生及境外移入的動物、禽鳥、兩棲動物等，共有900多種。

塔斯馬尼亞Tasmania

澳洲大陸唯一的島州，告別近半個世紀的黑暗流犯歷史，塔斯馬尼亞保留了完整的自然和文化遺產。

荷巴特及其周邊
荷巴特市區多為19世紀時期建築，洋溢著英國喬治亞式殖民風格；塔斯曼半島過去是囚禁流犯的地方，周邊有海蝕噴水孔、塔斯曼拱門、棋盤路等海浪侵蝕而成的自然景觀。

朗塞斯頓及其周邊
朗塞斯頓留下了多座保存完整的維多利亞時期建築，市街有著濃得化不開的英式情調；走出市區，不妨循著塔瑪河造訪市郊各景區。

東部海岸與西部荒野
東部海岸極適合緩慢步調的度假方式，費瑟內國家公園是箇中代表；西部地區連綿的高山、無法穿透的雨林、人跡罕至的海岸，可說是荒原一片，搖籃山‧聖克雷爾湖國家公園堪稱經典。

昆士蘭Queensland

全澳洲12個被列為「世界自然遺產」的地方，就有5個位於昆士蘭州，足見其自然景觀的獨特性。

布里斯本

大約一整天便可以把布里斯本和南北兩岸的主要景點逛完，包括皇后街購物中心、故事橋、河岸冒險中心、南岸河濱公園等，都是步行可達。

黃金海岸

共聚集了30多個主題式遊樂園，其中又以海洋世界、夢幻世界、華納電影世界、澳野奇觀、天堂農莊等最具人氣。

凱恩斯及其周邊

凱恩斯位在北昆士蘭熱帶雨林區的中心點，也是前往大堡礁的主要門戶。

新南威爾斯New South Wales

新南威爾斯是澳洲七大區中人口最多的一州，也是歐洲人最早永久定居的一州，知名大城雪梨即位於此，美食、流行、藝術、動物、自然景觀…任何新奇有趣的東西，都可以在這個現代都市找到。

雪梨

雪梨歌劇院、港灣大橋、雪梨塔等是必到景點；在岩石區、環形碼頭可以欣賞美麗的雪梨港灣風光；或者搭快艇或帆船出海，從海上欣賞雪梨市區；達令港也不能錯過。

藍山國家公園

藍山以廣闊的自然景觀著稱，只要穿上適當的衣服與簡單的裝備，就可出發健行，難易程度完全憑自己選擇。

藍色海洋路

墨爾本有大洋路，雪梨則有藍色海洋路；途中不只有大自然，還有各種上天下海的活動，從跳傘、滑翔翼到衝浪、潛水，一次滿足所有想玩的。

獵人谷

全球知名的葡萄酒產地，每家酒莊都有招牌酒及美食，等著你來一趟美酒美食探險。

坎培拉

坎培拉是澳洲首都特區(Australian Capital Territory)的首府，也是世界上第一座人工城市，經過人工精密規畫、建設而成，成為澳洲的政治中心。

維多利亞Victoria

有「花園之州」美譽的維多利亞，景觀包括了高山、海岸、雨林與沙漠，大雪覆蓋的高山距離沙漠和海邊只有幾小時的車程，對比的景觀隨處可見，因此有「澳洲縮影」之稱。

墨爾本

中央商業中心非常適合散步，餐館、咖啡館、購物中心林立，可以不必規劃路線，自在閒晃，走完所有精華區。

亞拉河谷

亞拉河谷聚集了50多家酒莊，最棒的體驗無非拜訪不

同的酒莊，試喝多款美味的葡萄酒；天氣許可的話，乘熱氣球俯瞰谷地，更是過癮。

菲利普島

宛如一座自然生態公園，島上有全世界最小的神仙企鵝，最吸引遊客的就是看小企鵝成群結隊摸黑回家。

大洋路

蜿蜒崎嶇的公路，沿途行經許多可愛的濱海小鎮與漁村，搭配著奇石美景與壯闊的海洋，是澳洲最著名的景觀公路。

新南威爾斯

New South Wales

新南威爾斯

P.60 雪梨Sydney

P.102 藍色海洋路Grand Pacific Drive

P.112 獵人谷Hunter Valley

P.120 藍山國家公園Blue Mountains National Park

P.126 中央海岸與史蒂文斯港Central Coast & Port Stephens

P.130 坎培拉Canberra

新南威爾斯是澳洲七大區中人口最多的一州，也是歐洲人最早永久定居的一州，知名大城雪梨(Sydney)即位於此。不論對原住民、還是對歐洲人而言，新南威爾斯都擁有一段豐富的歷史；在地理景觀上，這裡也是最多元的一州，不僅可以體驗澳野內陸(Outback)沙漠，也可以在高山滑雪、雨林探險、海邊衝浪及出海賞鯨。

位於雪梨近郊的獵人谷、藍山國家公園、中央海岸、史蒂文斯港等都是迥異於都會風情的度假好去處。

來雪梨也可以自駕遊，藍色海洋路在當地人中，知名度可媲美大洋路，沿途有美景、美食和各種刺激好玩的活動；若還有時間，不妨再前往坎培拉，看看這個人工打造的一國之都的獨特風貌。

新南威爾斯輪廓圖

新南威爾斯之最Top Highlights of New South Wales

雪梨歌劇院Sydney Opera House
世界知名的地標性建築，不僅代表著雪梨，更代表了全澳洲，凡是來到雪梨的人，都不能錯過。(P.74)

獵人谷Hunter Valley
距離雪梨最近的酒鄉、全球知名的葡萄酒產地。每家酒莊都有各自的招牌酒及美食，等著你來一趟美酒美食探險。(P.112)

藍山Blue Mountains
因擁有面積廣大的尤加利樹林，空氣中經常懸浮著淡藍色的油脂微粒而得名，以廣闊的自然景觀著稱，是逃離都市的最佳選擇(P.120)

雪梨港灣大橋
Sydney Harbour
Bridge
肩負著雪梨灣交通樞紐的責任，再加上絕佳的地理位置，觀光價值與日俱增，「攀爬雪梨大橋」活動更是廣受歡迎。(P.72)

藍色海洋路
Grand Pacific Drive
全程約3小時就可走完，中途可停留臥龍崗、蜆殼港及凱阿瑪，享受美食美酒或體驗刺激活動，而懸在海上的海崖大橋是藍色海洋路的標誌。(P.102)

雪梨●

雪梨
Sydney

文●黃浩雲・蒙金蘭・墨刻編輯部
攝影●周治平・墨刻攝影組

雪梨所在的雪梨港，可以說是世界最美麗的天然港灣之一，那一彎彎被陽光親吻、又散發著慵懶氣息的海灣，不知羨煞多少世界其他都市。而代表澳洲的三個主要地標：雪梨歌劇院、雪梨港灣大橋、邦代海灘，都位在這如迷宮般的港灣裡。

然而雪梨迷惑遊客的，絕不只這些。在18世紀英國人登陸前，雪梨已有原住民居住達數萬年之久，經過200年的歐洲殖民，現代雪梨呈現的是層次豐富的都市風格；美食、流行、藝術、動物、自然景觀，任何新奇有趣的東西，絕對不怕找不到。

有別於其他國際大城市，雪梨在絢麗繁華的外表下，仍然保有澳洲獨有的溫馨與赤子之情，不論徒步於寧靜的岩石區、到雪梨漁市場大啖海鮮、從環形碼頭乘風出海…雪梨的魅力即使是街旁散發咖啡香味的咖啡店、或是操著多種口音的計程車司機，千變萬化的多樣風情，都靜待你親往發掘。

INFO

基本資訊
人口：約5百23萬
面積：12,368平方公里
區域號碼：(02)
時區：澳洲東部標準時間，比台灣快2小時，夏令時間(10月第一個週日~4月第一個週日)撥快1個小時

如何到達──航空
從台灣可搭中華航空的班機直飛雪梨，或搭國泰、澳航、新航等航空的班機經第三地轉機抵達雪梨。

雪梨機場(Sydney's Kingsford Smith Airport)位

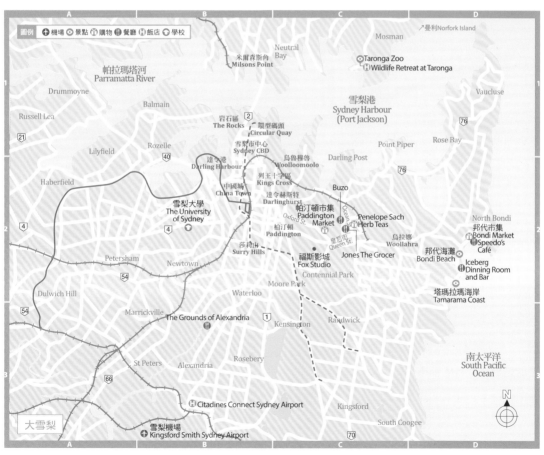

雪梨市區

N

雪梨港
Sydney Harbour

米爾森斯頓角
Milsons Point

Paul St.

Northcliff St
🍴 Aqua Dining

Bradfield Hwy (Toll Rd.)

雪梨港灣大橋
Sydney Harbour Bridge

橋塔觀景台
Pylon Lookout

Hickson Rd

Bradfield Highway

攀爬雪梨大橋起點

Cumberland St

Argyle St

Sydney Observatory
天文台

Hickson Rd

Kent St

岩石區市集
The Rocks Market

肯當娜藝廊 The Ken Done Gallery

岩石區
The Rocks

遊步之旅起站點

卡德曼小屋
Cadman's Cottage

Quay
🍴 Quay

Phillip's Foote

當代藝術博物館
Museum of Contemporary Art

The Russell Hotel 🏨

Globe St

雪梨免稅商店 DFS
DFS Galleria Sydney

Harrington St

Grosvenor Street

雪梨歐劇院
Sydney Opera House
Guillaume at
Bennelong

Aria 🍴

Macquarie St

環形碼頭
Circular Quay
碼頭 碼頭 碼頭
頭 頭 頭
5 4 3 2

City Extra 🍴

環形碼頭車站
Circular Quay Station
海關大樓 Custom House
Café Sydney 🍴

InterContinental Sydney

Loftus St

Phillip St

Young St

雪梨博物館

Bridge St

Pitt St

Bread & Fill

FourSeasons
Hotel Sydney
雪梨四季酒店 🏨

總督府
Government House

麥考利夫人之角
Mrs Macquarie's Chair

Botanic Gardens Restaurant
Royal Botanic Gardens
皇家植物園

烏魯穆魯灣
Woolloomooloo Bay

1 2 3 4
A B C D E F

新南威爾斯……

雪梨 Sydney

Woolloomooloo 烏鲁慕魯碼頭

Otto Ristorante
Ovolo Woolloomooloo Hotel

列王十字區
Kings Cross
列王十字車站
Kings Cross Station

Pad Thai
Chai Yo

Kirketon Hotel

Medusa Hotel

Bills

Max Brenner

Nicola Finetti

帕丁頓
Paddington

往帕丁頓市集Paddington Market
皇后街Queen St

Collette Dinnigan

新南威爾斯美術館
Art Gallery of New South Wales

State Parliament House
州國會大廈

Scanlan & Theodore

達令赫斯特
Darlinghurst

雪梨塔觀景台Sydney Tower Eye
Westfield購物中心
Stockland Picadilly Shopping Centre
The Tea Centre

Sydney Marriott Hotel

Wheels & Doll Baby

Martin Place
Station

海德公園
Hyde Park

澳洲博物館
Australian Museum

莎利山
Surry Hills

Macquarie St

St James Station

雪梨中央廣場
Sydney Central Plaza

博物館車站
Museum
Station

VibeHotel Sydney

Central Station
中央車站

O Bar and Dining

Wynyard

雪梨希爾頓酒店Hilton Sydney
Hilton Glass Brasserie

市政廳車站
Town Hall Station

Capitol Square

Central
中央車站
Central Station

Wynyard
Station

The Strand 市中心商業區
Arcade CBD
Jurlique
Myer
維多利亞購物中心
Queen Victoria Building
QVB

畢特街Pitt St

世界廣場
World Square

Rawson
Place

Swissôtel Sydney

雪梨市政廳
Sydney Town Hall
市政廳
Town Hall

Wake Up!

Grace Hotel Sydney

Jurlique

聖安德魯大教堂
St Andrew's Cathedral

Holiday Inn
Darling Harbour

中國友誼花園
Chinese Garden

China Town

台北誠記
餃子館
Cho Dumpling
King

雪梨海洋生物世界
WILD LIFE Sydney Zoo

Nick's Seafood Restaurant

中國城
China Town

雪梨娛樂中心
Sydney Entertainment

Paddy's Markets
派迪思市集
Paddy's Market

達令港
Darling Harbour

雪梨水族館
Sydney Aquarium

皮爾蒙特橋Pyrmont Bridge

港灣購物中心
Harbourside Shopping Centre

達令港
Darling Harbour

Pyrmont Bay

澳洲國立海事博物館
Australian National
Maritime Museum

雪梨國際會議中心
International Convention
Centre Sydney

Convention

雪梨展示中心
Sydney Exhibition Centre

Exhibition Centre

The Star

The Star

Wentworth
Park

John Street
Square

Fish Market

雪梨魚市場
Sydney Fish Market

尼可拉斯海鮮
Nicholas Seafood

圖例
- 輕軌站
- 火車站
- 飯店
- 景點
- 遊客服務中心
- 博物館
- 購物
- 餐廳
- 城市鐵路Sydney Rail
- 輕軌電車Inner West Light Rail
- 輕軌電車CBD and South East Light Rail（預計2019年開通）

63

於市區南邊10公里處，第1航廈為國際線，第2和第3航廈(澳洲航空使用)為國內線，國內和國外航廈距離約2公里，之間可乘坐接駁巴士T-Bus、機場線火車Airport Link或計程車。

 www.sydneyairport.com.au

◎T-Bus

T-Bus是雪梨機場的免費接駁巴士，定時穿梭於T1和T2／T3之間，車程約10分鐘，每30分鐘一班。

🕐05:30~21:30

◎機場線火車Airport Link

機場線火車聯繫機場之間及機場到雪梨市區，國內航廈與國際航廈都有靠站，在國際線的第1航廈，火車站位於航站大廳的最北端。兩航廈間車程只要2分鐘。

公共交通飲食規定

新南威爾斯的公共交通基本上除了巴士和計程車，若無另外規定，所有火車(含城市鐵路和遠郊線鐵路)、輕軌電車及大部分渡輪都可以飲食。但要做個有同理心的乘客，垃圾不要亂丟，也不要影響其他乘客。

可搭火車直抵雪梨市中心，沿途停靠中央車站(Central Station)、博物館站(Museum Station)、聖詹姆斯站(St James Station)、環形碼頭站(Circular Quay Station)、溫亞德站(Wynyard Station)和市政廳站(Town Hall Station)；從中央車站可再換搭其他列車到郊區。從機場到中央車站車程約10分鐘。

🕐05:00~00:00，約每10分鐘一班

💲國內航廈與國際航廈間單程成人票A$16、優待票A$14.1；往來市區票價依目的地車站而不同

票價範例

以機場→中央車站為例：

	成人票 (離峰/尖峰)	優待票 (離峰/尖峰)
澳寶卡(Opal Card)	A$18.39/19.53	A$15.41/15.98
單程票 (Opal Single Trip Tickets)	A$20.60	A$16.40

機場線火車 🌐 www.airportlink.com.au
澳寶卡 🌐 opal.com.au

◎機場巴士KST Airporter

機場巴士主要連結機場與位於市區(如列王十字區、市中心及達令港)的多數飯店；從市區到機場需事先預約，也可以到飯店接送。建議事先於網站預約。

📞(02) 9666-9988
🕐飯店05:00、18:30出發,國際及國內機場06:30、19:00出發
💲成人票A\$25、優待票A\$12
🔗www.kst.com.au

◎計程車Taxi

計程車是最方便的選擇,若有3人以上同行,搭計程車可能比火車或接駁巴士還划算。
💲從機場搭乘計程車須付機場通行費A\$4.50,到市中心,乘客須付過橋與收費站的手續費,到市區約A\$45~55,車程約20~30分鐘

如何到達──火車

因為澳洲幅員廣大,隨著廉價航空興起、國內空中交通發達,已經很少人利用長距離的火車旅行,澳洲火車的觀光功能已經遠大於平常的交通功能。

雪梨的主要火車站為中央車站,連接澳洲國內各州主要城市,以及新南威爾斯境內各地的火車。從雪梨到墨爾本或布里斯本都可搭新南威爾斯鐵路(New South Wales TrainLink),到墨爾本約11小時、到布里斯本約14小時。

雪梨中央車站Sydney Central Station

📍Eddy Ave, Haymarket
📞(02) 9379-1777

新南威爾斯鐵路New South Wales TrainLink

📞132 232
🔗transportnsw.info/regional

◎奢華跨州鐵路Journey Beyond Rail Expeditions

Journey Beyond Rail Expeditions (前身為大南方鐵道公司Great Southern Rail (GSR))的Indian Pacific豪華列車提供雪梨到柏斯和阿德雷德的旅行配套。(見P.28)

Journey Beyond

🔗journeybeyondrail.com.au

如何到達──長途巴士

雪梨長途巴士站就位於中央車站,有多家巴士公司可供選擇。從墨爾本到雪梨車程約12~14小時;從布里斯本約16小時。

雪梨長途巴士站Sydney Coach Terminal

📍Eddy Ave, Haymarket
📞(02) 9379-1777

Greyhound Australia

🔗www.greyhound.com.au

Murrays

🔗www.murrays.com.au

Firefly

🔗www.fireflyexpress.com.au

市區交通

◎大眾交通票券——澳寶卡Opal Card

在正式展開雪梨的旅程之前，一定要先認識澳寶卡！過去雪梨的交通票券有相當多種，不過從2016年開始全面停售紙本交通票券，改用電子票卡——澳寶卡，使用方式就如同台北捷運的悠遊卡、高雄捷運的一卡通，而且澳寶卡可以在雪梨、藍山、中央海岸等周邊地區的大眾運輸工具使用，相當方便。

📞131500

🌐www.opal.com.au

使用範圍

火車、巴士、渡船和輕軌電車，上車、下車皆要刷卡，才能依照所搭乘交通工具的里程進行扣款。若上或下車忘記刷卡，將會以搭乘路線的最長距離扣款。

購票

澳寶卡共分4種，一般遊客較常使用的為成人票、兒童票(4~15歲)。澳寶卡本身免費，僅需支付儲值金，可以先行上網預訂或在指定零售店、服務中心購買。

指定零售店眾多，包括郵局、超市、便利商店，以及雪梨機場的WH Smith書店等，詳細零售商店請見網站(www.retailers.opal.com.au)；運輸服務中心位於中央車站、環形碼頭(5號碼頭對面)。

儲值

可以在指定車站、碼頭及澳寶卡零售商店、服務中心儲值，成人票每次儲值最低金額為A$20，而使用APP或線上儲值為A$10。

使用澳寶卡搭乘交通工具時，卡片內餘額需大於該交通工具最低票價，成人票約為A$2.24~8.86不等，優待票約A$1.12~4.43，若低於上述金額需儲值。

優惠

澳寶卡也提供許多優惠方式，像是設有每日收費上限(往來機場的費用除外)，以成人票為例，週一到週六每天最多只收取A$16.80的車資，週日也是A$8.40無限搭乘，而且只要一週內連續累積8趟付費旅程，那剩下的時間搭乘皆以半價計費(計算週期為週一至週日)。平日於60分鐘內以相通交通工具轉乘，也只收取一次票價；60分鐘內轉乘不同交通工具(輕軌及渡輪轉乘除外)，每次轉乘可折扣A$2(兒童票折A$1)。

另外，在週末、國定假日、週一到週五的交通離峰時間還有7折搭乘火車的票價優惠。

退卡

澳寶卡的退卡相當麻煩，申請人須有澳洲帳戶或澳洲固定地址，因此建議大家不要一次儲值太多金額。

另外也可將澳寶卡留到下次澳洲旅行使用，一張澳寶卡的期限是9年喔！

澳寶單程票

如果還沒購買、或是忘記攜帶澳寶卡，也無法使用感應式支付，可以選擇買澳寶單程票(Opal single trip ticket)，和澳寶卡一樣，都可搭乘火車、渡輪、輕軌和巴士。

一般的澳寶單程票可至特定地點的加值機或單程車票販售機購買即可，有效期限為購買當天至隔天04:00；澳寶單程巴士票則可上車後向司機購買(預付車票或只能用澳寶卡支付的巴士除外)。不過為了鼓勵使用澳寶卡和感應式支付，澳寶單程票的車資較貴

Tips

不想買澳寶卡的話，也可以使用感應式支付(contactless payment)，即上、下車使用金融卡或信用卡刷卡付款，同樣可享有成人澳寶卡的優惠。有))) 符號的卡片皆可以使用感應式支付。

且沒有優惠。

◎巴士Bus

雪梨的巴士路線多達近300條，分別從市中心區的環形碼頭、喬治街或中央車站等地往四面八方拓展開來，向北直抵棕櫚海灘(Palm Beach)、雀斯伍德(Chatswood)、向西抵達帕拉瑪它(Parramatta)、向南可往米蘭達(Miranda)、向東通往邦代海灘等郊區。車身以藍、白相間最為常見，也有青綠色的車身，另有13條紅色的Metrobus，更是班次頻繁地穿梭於市中心區和一些周邊重要的衛星城鎮之間。詳細路線和停靠站，透過網站即可查詢。

無論哪種車身顏色的雪梨公車，搭乘的方式差不多，都是從前門上車，持澳寶卡輕觸感應器，感應成功時會發出「叮」的聲響，下車則從前門或後門皆可，同樣持澳寶卡在感應器扣款，會自動計算搭乘距離從車票中扣除車資。

值得注意的是，如果沒有澳寶卡，部分公車可以在上車後向司機購買澳寶單程票，但是為了避免因此耽誤行車速度，有愈來愈多的公車採取預付制度，凡是車身和候車站牌上註記有「PrePay Only」或「Opal only」的公車，一定要持有有效的澳寶卡或感應式支付才能上車。

(單位：澳幣A$)

距離	成人票		兒童票(4~15歲)	
	澳寶單程票	澳寶卡(離峰/尖峰)	澳寶單程票	澳寶卡(離峰/尖峰)
0~3公里	4.00	2.24/3.20	2.00	1.12/1.60
3~8公里	4.70	2.75/3.93	2.30	1.37/1.96
8公里以上	6.10	3.53/5.05	3.00	1.76/2.52

🌐 www.transportnsw.info/travel-info/ways-to-get-around/bus#

◎火車Train

雪梨沒有其他國際大都會常見的捷運系統，而城市鐵路(Sydney Trains)從南到北貫穿市中心區，出了市區又延伸到雪梨各個重要的角落，範圍比巴士網絡更大；只是停靠點較巴士少、沒有巴士可能遇到「塞車」的疑慮，是雪梨許多當地通勤族的交通命脈，功能相當於現代捷運的地位。

城市鐵路主要分為7條主要幹線，在市區裡的中央車站、聖詹姆斯(St. James)、馬丁廣場(Martin

怎麼知道澳寶卡裡還有多少錢？

出門前在手機下載Opal Travel的APP，就可以隨時查看澳寶卡的餘額，以及是否已經累積8堂付費旅程，以享有半價的優惠。只需要輸入澳寶卡背面的卡號以及安全碼就可以登記這張澳寶卡。但APP一次只能登記一張澳寶卡，若想要登記一張以上，則需註冊帳戶。

另外，這個APP也能規劃行程，檢視火車、巴士、渡輪等的到站時間和費用。

The Opal card number is located on the back of your Opal card

The Security code is located on the back of your Opal card

Place)、市政廳、溫雅德(Wynyard)、環形碼頭、列王十字區等地均有車站。另外，搭城市鐵路還可以到邦代接駁站(Bondi Junction)、奧林匹克公園(Sydney Olympic Park)等地，遍及雪梨各地東西南北。在部分多條路線交會的重要車站，遊客要注意轉車的月台指示，以免迷失方向。

另外，由新南威爾斯鐵路(NSW TrainLink)營運的遠郊線鐵路(Intercity Trains)，共有5條路線，部分停靠站和城市鐵路重疊，但延伸至市郊之外更遠的區域，可前往藍山國家公園、中央海岸、Newcastle等地。

(單位：澳幣A$)

距離	成人票		兒童票(4~15歲)	
	澳寶單程票	澳寶卡(離峰/尖峰)	澳寶單程票	澳寶卡(離峰/尖峰)
0~10公里	4.60	2.65/3.79	2.30	1.32/1.89
10~20公里	5.70	3.29/4.71	2.80	1.64/2.35
20~35公里	6.50	3.79/5.42	3.20	1.89/2.71
35~65公里	8.70	5.06/7.24	4.30	2.53/3.62
65公里以上	11.20	6.51/9.31	5.60	3.25/4.65

註：城市鐵路尖峰時段週一至週五07:00~09:00、16:00~18:30，遠郊線鐵路尖峰時段週一至週五06:00~08:00、16:00~18:30，其餘時間為離峰時段。

🌐 www.transportnsw.info/travel-info/ways-to-get-around/train#

Tips

若在雪梨玩4~5天，建議可先儲值A$40~50，餘額不足再儲值最低金額即可。

◎渡輪Ferries

北雪梨與南雪梨之間，有海水相隔，所以渡輪對雪梨的南來北往也是非常重要的交通工具。雪梨渡輪有8條線，作為各線渡輪總樞紐的環形碼頭，共有5座出發碼頭(Wharf)，每個碼頭有其固定航行的航線，例如前往曼利海灘，就從3號碼頭出發；前往達令港，就從5號碼頭出發，碼頭都有詳細的標示和出發時刻表。

🌐 www.transportnsw.info/travel-info/ways-to-get-around/ferry#

(單位：澳幣A$)

	成人票		優待票	
距離	澳寶單程票	澳寶卡	澳寶單程票	澳寶卡
0~9公里	7.70	6.43	3.80	3.21
9公里以上	9.70	8.04	4.80	4.02

◎輕軌電車Light Rail

雪梨目前有2條輕軌電車線——L1 Dulwich Hill Line及L2 Randwich Line，而L3 Kingsford Line預計2020年3月開通。

L1線屬於Inner West Light Rail Network，從市中心的中央車站沿中國城、派迪思市集、雪梨展示中心、雪梨會議中心、星城、雪梨漁市場…一直到Dulwich Hill。

另外，雪梨政府從2014年開始興建CBD & South East Light Rail Network，共有L2線與L3線兩條線路，主要行駛於環型碼頭，再沿著喬治街到Wynyard車站、維多利亞購物中心、中國城、中央車站，穿過莎莉山(Surry Hills)到Moore Park後，再分線往Randwick (L2)和Kingsford (L3)。

輕軌電車同樣使用澳寶卡付費，澳寶單程票需在特定車站的售票及加值機購買。

🌐 sydneylightrail.transport.nsw.gov.au、transportnsw.info/travel-info/ways-to-get-around/light-rail

(單位：澳幣A$)

	成人票		優待票	
距離	澳寶單程票	澳寶卡 (離峰/尖峰)	澳寶單程票	澳寶卡 (離峰/尖峰)
0~3公里	4.00	2.24/3.20	2.00	1.12/1.60
3~8公里	4.70	2.75/3.93	2.30	1.37/1.96

◎計程車Taxi

在主要的公共場所外頭都設有計程車招呼站，也可以在街上攔搭，空車在車頂上會亮起燈號。在飯店內，可請服務人員電召計程車，但攜帶行李及電話叫車的客人須多付錢。

💲 起跳價A$3.60(尖峰時段A$2.50)，每公里A$2.19(夜間22:00~06:00每公里A$2.63)，車停時間每小時A$56.68；刷卡要多付10%

GM Cabs ☎131001
Legion Cabs ☎131451
Premier Cabs ☎131017

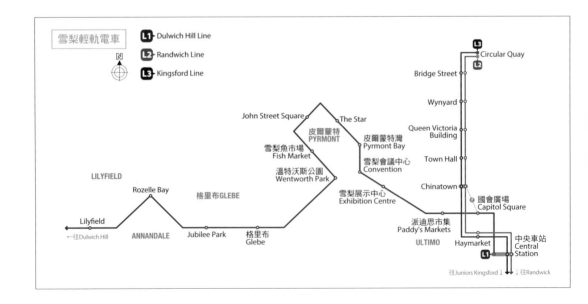

◎水上計程車Yellow Water Taxis

想從海面上欣賞雪梨，但是又覺得渡輪的速度太慢、不夠過癮，不妨試試水上搶眼的「小黃」。雪梨的水上計程車和陸地上計程車的角色一樣，可以是交通工具、也可以是旅遊兜風的工具，可依照顧客的意願徜徉在南、北雪梨各地的碼頭之間。唯目前因Covid-19疫情影響關閉中，重新開放時間未定，欲搭乘者請事先確認。

◎觀光巴士Big Bus Sydney Sightseeing Tour

雪梨的觀光巴士分成兩條路線，一條是城市之旅

善加利用導覽旅遊巴士

如果要到雪梨周邊更遠的地方，例如藍山、中央海岸或是臥龍崗，可以選擇單純的交通工具、也可以選擇有導遊解說的旅遊巴士。前者雖然比較便宜，但是到了目的地之後，可能還要另轉其它交通工具才能到達真正想去的地方，如此一來又會耗去不少時間；瀏覽景點的時候，缺乏專人解說，必須靠自己讀取資料然後加以印證、領悟。

澳洲的導覽旅遊巴士發展至今相當成熟，有些路線幾乎天天出發，又有經驗豐富的導遊從旁加以解說，可省去不少交通時間和鑽研資料的時間。導覽旅遊巴士雖然金錢成本比較高些，但是衡量付出與所得，有些行程不妨考慮。

當然，如果對自己的英語能力沒把握，只好另當別論；否則也可以加入一些當地華人旅行社所組的華語導覽旅遊巴士。

(City Tour，紅線)、一條是邦代之旅(Bondi Tour，藍線)。購票之後，一票可以同時參加兩行程，並且在一日內可以不限次數、在沿途超過30個停靠站自由上下車。可在出發點、車上或遊客服務中心購票，且網路購票享優惠。

城市之旅當然以雪梨市區的精華點為重心，從環形碼頭出發後，一路經過雪梨塔、澳洲博物館、列王十字區、Woolloomooloo Bay、雪梨歌劇院、植物園、海德公園、中央車站、雪梨漁市場、The Star、國立海事博物館、中國城⋯⋯最後回到雪梨港灣大橋及岩石區，一共停靠23站，共95分鐘。

邦代之旅顧名思義以邦代地區為主要目的地，從中央車站出發後，經過市政廳、帕丁頓區直搗邦代海灘、玫瑰灣(Rose Bay)和雙重灣(Double Bay)等，停靠11站，雖然靠站比較少，但是距離比較遠，需時約90分鐘。

🔽全年無休。城市及邦代之旅均為每30~45分鐘一班，一個循環約為90分鐘。

📞(02) 9567-8400

(單位：澳幣A$)

	成人票	兒童票(5~15歲)
1日票Classic	59	39
2日票Premium	79	49

🌐www.bigbustours.com/en/sydney/sydney-bus-tours

優惠票券

◎iVenture Card

iVenture Card是一種國際發行的旅遊卡，可選

擇自己想拜訪的景點或想從事的活動，亦可結合交通，組合成比分別購買起來便宜一些的套餐，到時候只需出示這張卡，就可免去一站站購票的麻煩。主要目的是提供旅行者方便又有效率地探索某個旅遊點的產品。雪梨的相關通行證可用於包括雪梨歌劇院、雪梨塔、雪梨水族館、Big Bus Sydney Explorer、Blue Mountains Explorer Bus等，以及眾多旅遊行程，不同通行證有不同優惠，詳細請至網站查詢。

⊙ 票卡可於達令港(地址：191, Harbour Side Shopping Centre)和環型碼頭車站樓下購買，亦可於網路購票

☏ (02) 8594-7200

🌐 www.iventurecard.com

◎雪梨通行證Sydney Unlimited Attractions Pass
　　這張通行證可以使用參加超過27種博物館、景點和城市行程，分為2、3、5日卡，購買起一年的時間皆可用。

💲 2日卡成人票A\$199、優待票A\$149，3日卡成人票A\$269、優待票A\$209，5日卡成人票A\$399、優待票A\$299

◎雪梨彈性通行證 Sydney Flexi Attractions Pass
　　這個通行證主要可選擇3、5、7種雪梨境內景點，持卡者可以參加當地旅遊行程、進入博物館或野生公園等地方，能獲得至少6折優惠，購買起3個月內皆可用。

💲 3景點成人票A\$119、優待票A\$89，5景點成人票A\$169、優待票A\$129，7景點成人票A\$219、優待票A\$159

◎澳洲綜合通行證Australia Multi City Flexi Attractions Pass
　　一種可通行於全澳洲5、7或10個景點和行程的通行證，可自雪梨、墨爾本、黃金海岸、布里斯本、陽光海岸、塔斯馬尼亞的荷巴特和朗塞斯頓等地共70個景點或行程當中任選5、7或10個免費通行。票卡自購買起的3個月內皆可使用。

💲 5日卡成人票A\$199、優待票A\$149，7日卡成人票A\$265、優待票A\$195，10日卡成人票A\$339、優待票A\$249

旅遊諮詢
◎新南威爾斯省旅遊局Destination NSW
🌐 www.visitnsw.com、www.sydney.com
◎雪梨市遊客服務中心City of Sydney
⊙ Level 2, 456 Kent Street, Sydney
☏ (02)9265-9333
🌐 www.cityofsydney.nsw.gov.au

城市概略City Guideline

　　岩石區(The Rocks)是早期的雪梨生活中心，以大塊岩石切割所拼造的房舍、倉庫，反映了殖民時期的艱困，而今簡陋的房屋被裝修成博物館、藝廊或餐廳，搖身變成乾淨的觀光街道。一旁的環形碼頭(Circular Quay)是雪梨的交通要衝，尤其是水上交通最重要的地方，東側的雪梨歌劇院更是澳洲最具象徵性的地標。大多數遊客都是以這個區域作為探索雪梨的起點。

　　往南走，便進入摩天大樓環伺的市中心商業區(CBD)，這裡是是雪梨的經濟、政治和商業中心，特別是雲集了許多購物中心和百貨商場，是愛血拚的人的尋寶天堂，難得的是市中心還有一大片綠地海德公園(Hyde Park)。

　　位於市中心東北側的烏魯穆魯灣區(Woolloomooloo Bay)更把雪梨人的幸福指數拉高不少，那廣袤的皇家植物園，不知羨煞多少外地遊客。一旁的列王十字區(Kings Cross)，可與倫敦的蘇活區相提並論，小店、咖啡館林立。

　　再往西南走，達令港(Darling Harbour)是雪梨另一個聚集觀光客的大本營，雪梨水族館與碼頭邊眾多的餐廳都在這裡；若要尋找便宜的餐廳，就一定要來到隔壁的中國城(China Town)。

　　離市中心稍遠的達令斯特(Darlinghurst)是嬉皮與藝術家聚集的地方，而由高級餐廳和藝廊所構成的帕汀頓(Paddington)，隨著典雅的維多利亞式連棟街屋大量興建，近年來也迅速繁榮起來，其中牛津街是雪梨同性戀的大本營。更遠一點的莎莉山(Surry Hills)，聚集了不少美食餐廳和個性商店。

　　往郊區走，雪梨有兩大知名海灘，南邊是澳洲最著名的衝浪海灘邦代海灘(Bondi Beach)，北邊則是曼利海灘(Manly Beach)。至於米爾森斯角(Milsons Point)則隔著雪梨灣與環型碼頭相望，可坐船抵達。

雪梨行程建議
Itineraries in Sydney

◎如果你有3天
　　如果在雪梨只有3天時間，那麼光是雪梨市區裡便玩不盡。雪梨歌劇院、港灣大橋、雪梨塔等是必到景點；在岩石區、環形碼頭可以欣賞美麗的雪梨港灣風

光；或者搭快艇或帆船出海，從海上欣賞雪梨市區；達令港也不能錯過，雪梨水族館、漁市場是這裡的人氣景點。此外，在景觀餐廳享用澳洲美食，逛雪梨各大購物中心、名牌設計師商店、或牛津街皇后街上的另類商店，若是遇到週末還可以前往超人氣的市集；晚上則可以到時髦的夜店享受雪梨人的夜生活。知名的邦代海灘則呈現出不同於繁忙市區的悠閒氛圍。

◎**如果你有5-7天**

如果時間更充裕，先在雪梨市區待上幾天，再花2~3天時間往周邊區域走，例如到史蒂芬斯港出海賞鯨豚；或者前往獵人谷展開品酒之旅；當然雪梨周邊最重要的藍山國家公園，更是不能錯過。也可以走一趟藍色海洋路，看看著名的海崖大橋(Sea Cliff Bridge)，再遠一點，則建議可以前往首都特區坎培拉(Canberra)，一座人工刻意打造出來的城市。

雪梨散步路線
Walking Route in Sydney

從市區東北角的**①麥考利夫人之角**開始，在這裡可將雪梨歌劇院與雪梨港大橋同時入鏡，然後穿越**②皇家植物園**，來到澳洲最具象徵性的地標雪梨歌劇院，來這裡拍照或是參觀一場表演，都是最難忘的旅行體驗。

經過**③環形碼頭**這個可以坐擁雪梨海灣美景的交通要道，繼續感受雪梨的美感與魅力；一旁的**④岩石區**則是最重要的觀光區，這裡雖被為數眾多得不得了的商店、餐廳所包圍，還是可在一些古老的英式酒吧或

斑駁的岩壁中，看出埋在這裡的一段歷史；沿著喬治街從南往北走，會從**⑤雪梨港大橋**底下穿過，進入Lower Fort街，此時右轉就是港邊，左轉就可以爬上天文台之丘，抵達**⑥雪梨天文台**。

沿著Kent街繼續往南走，在Market街右轉，便來到**⑦達令港**區，在**⑧雪梨水族館**內觀賞各種海洋生物後，再穿過**⑨皮爾蒙特橋**進入達令港，最後在**⑩雪梨魚市場**結束整條散步路線。

距離：全程約7公里

所需時間：3小時

岩石區與環形碼頭The Rocks & Circular Quay

MAP ▶ P.62C2

雪梨港灣大橋

MOOK Choice

Sydney Harbour Bridge

天際線最美畫面

🚇 搭城市鐵路於環形碼頭站下，步行約10~15分鐘可達

被視為雪梨地標之一的雪梨港灣大橋，不論你走在岩石區的哪個角落幾乎都可以望見它。雪梨港灣大橋被雪梨人暱稱為Coat Hanger(衣架)，橋拱長503公尺、橋面長為1,149公尺，由海面到橋拱最高處為139公尺，雖不是全世界最長，卻曾經是最大、最寬的鋼鐵拱橋。

雪梨大橋肩負著雪梨灣交通樞紐的責任，再加上它絕佳的地理位置，觀光價值與日俱增，「攀爬雪梨大橋」活動更是廣受歡迎。

攀爬雪梨大橋BridgeClimb

🏠 3 Cumberland St ☎ (02)8274-7777 ◷ 主要分白天、黃昏和晚上3種時段，另外還有黎明時段，全程約1.5~2小時；需提前預約 💲 依時段不同，白天全票A\$328~348、兒童票A\$149~169，黃昏全票A\$374~394、兒童票A\$189~209，晚上全票A\$268~288、兒童票A\$149~169，黎明全票A\$388~408、兒童票A\$189~209 🌐 www.bridgeclimb.com ❗ 兒童需滿8歲，且身高超過120公分才能攀爬雪梨大橋；另外除了眼鏡，其他隨身物品(相機、手機…)都需放在儲物櫃裡

橋塔觀景台Pylon Lookout

🏠 Pedestrian Pathway on Cumberland St. ☎ 1300-908-057 ◷ 10:00~17:00 休 耶誕節 💲 全票A\$19、優惠票A\$15、兒童(5~12歲) A\$9.5 🌐 www.pylonlookout.com.au ❗ 購買「攀爬雪梨大橋」行程包含觀景台入門票

從Cumberland St.上的雪梨大橋邊，有一道階梯，順著200階梯而上，可以抵達雪梨大橋的橋塔觀景台。大橋邊本來就開闢好一條行人專用道，道上人來人往，還有在運動慢跑。從橋身即可望見雪梨歌劇院美麗的身影，以及橋梁上正在享受爬橋活動的人們，穿越雪梨南北的火車不時從身旁轟隆轟隆而過。

橋塔觀景台內部展示著建造雪梨港灣大橋的過程、史料，觀景台外的眺望角度也很棒，如果覺得爬橋活動價格實在太貴，這裡是不錯的替代選擇。

造訪過觀景台後，如果行有餘力，不妨順著大橋繼續散步到橋的另一端，換個角度來眺望雪梨。從塔橋觀景台出發的橋上漫步單程大約20分鐘。

爬橋活動分一般攀登(Summit)、快速攀登(Summit Express)、初體驗攀登(Sampler)等3種不同體驗，後來因為中國和日本遊客日漸增多，又增加了中文攀爬(The Mandarin Climb)及日文攀爬(The Japanese Climb)。另外，也有其他特別的攀爬體驗，如結合高級餐飲的BridgeClimb Pinnacle。

攀爬雪梨大橋其實沒有想像中的可怕，不論老少都可試一下身手，領隊也會提供完善的安全設備和禦寒衣服，並一邊講解港灣大橋歷史，一邊說笑話娛樂遊客，在行進的過程，參加者往往會忙著欣賞眼前景觀，而忘卻了恐懼。

岩石區與環形碼頭The Rocks & Circular Quay

環形碼頭
Circular Quay

雪梨的靈魂之窗

🚇搭城市鐵路於環形碼頭站下即達。

扣雪梨港口的環形碼頭，可說是雪梨的靈魂所在，它不但因為同時具備各線渡輪總站、火車站、多線公車的出發站，是舉足輕重的交通樞紐外，而且東端岬角上有雪梨歌劇院盤據，西側有雪梨港灣大橋維繫南北雪梨，坐擁雪梨最經典的景觀，所以最高檔的國際連鎖飯店，都積極進駐環形碼頭區域，並以可同時俯瞰雪梨歌劇院和雪梨港灣大橋的窗景為傲。

哈雷重機之旅

想要以方便的交通方式玩賞雪梨，不妨參加哈雷重機行程，讓帥氣的騎士帶你巡遊港濱風情。重低音的引擎聲劃過街道，車隊就這麼穿梭於大街小巷，越過港灣大橋後直奔麥考利夫人之角，遠眺雪梨歌劇院，沿途更至各個能夠欣賞絕美港景的地方小歇，親切的騎士化身嚮導，為你解說各個景點的由來與趣事。當然，你也可以依照想去的地方來更改行程，讓行程更加機動，也更貼近個人。

☎(02) 9568-3082 (預約時可以約至方便的地方上車) 💲45分鐘每人A$110起 🌐www.trolltours.com.au

岩石區與環形碼頭The Rocks & Circular Quay

海關大樓
Customs House

19世紀中葉優雅建築

🚇搭城市鐵路於環形碼頭站下，步行約1分鐘可達 🏠31 Alfred St ☎(02) 9242-8551 🕐週一～週五08:00~00:00、週六09:00~00:00、週日09:00~17:00 🈴國定假日 💲免費 🌐www.sydneycustomshouse.com.au

雪梨的海關大樓始建於1845年，是雪梨重要的歷史遺址之一，在1990年以前一直是澳洲的海關總局，直至1994年才歸雪梨市議會所有。海關大樓外觀典雅，內部卻很現代，大量利用玻璃採光，相當明亮，目前開放為市立圖書館，地面樓層除了附有一間簡單的咖啡廳外，地底下還有雪梨的市區模型，有助於大致認識雪梨的輪廓。

岩石區與環形碼頭The Rocks & Circular Quay

MAP ▶ P.62D3

雪梨歌劇院

MOOK Choice

Sydney Opera House

澳洲最具知名度的地標

🚇 搭城市鐵路於環形碼頭站下，步行約6~8分鐘可達 🏠 Bennelong Point ☎ (02) 9250-7111 🕐 基本重點導覽(英語)09:00~17:00，每15~30分鐘一場，全程約1小時；劇院後台之旅每天07:00(需預約)，全程約2小時 💲 基本重點導覽全票A\$43、優待票A\$23；劇院後台之旅A\$175；上網購票另有優惠 🌐 www.sydneyoperahouse.com ❗ 10歲以下兒童不能參加劇院後台之旅

　　雪梨歌劇院不僅是雪梨藝術文化的殿堂，更是雪梨的靈魂，來自世界各地的觀光客，每天絡繹不絕前往參觀拍照，不論清晨、黃昏或星夜，不論徒步緩行或出海遨遊，雪梨歌劇院隨時為遊客展現不同的迷人風采。

　　雪梨歌劇院是由丹麥建築師Jørn Utzon所發想設計的，之後因複雜設計和龐大資金造成爭議不斷，才由澳洲建築師接力完成，並於1973年開幕。2007年入選為世界遺產，創世界遺產中建築年份最短的紀錄。

　　其外型猶如即將乘風出海的白色風帆，與周圍景色相映成趣。白色屋頂是由100多萬片瑞典陶瓦鋪成，並經過特殊處理，因此不怕海風的侵蝕，屋頂下方就是雪梨歌劇院的兩大表演場所——音樂廳(Concert Hall)和歌劇院(Opera Theater)，是全界最知名的表演藝術中心之一。

　　音樂廳是雪梨歌劇院最大的廳堂，通常用於舉辦交響樂、室內樂、歌劇、舞蹈、合唱、流行樂、爵士等表演，可容納2,679名觀眾。最特別之處，就是位於正前方由澳洲藝術家Ronald Sharp所設計建造的大管風琴(Sydney Opera House Grand Organ)，由10,500支風管組成，號稱全世界最大的機械木連桿風琴(Mechanical tracker action organ)。

　　歌劇院較音樂廳為小，主要用於歌劇、芭蕾舞和舞蹈表演，可容納1,547名觀眾；另外雪梨歌劇院還有一個小型戲劇廳(Drama Theater)和劇場(Playhouse)，通常用於戲劇、舞蹈、或講座和會議的舉行。想在雪梨歌劇院欣賞表演，可以上網搜尋節目表並預先訂位。

　　除了欣賞表演，也可以由專人帶領參觀內部的主要廳院，並對歌劇院的歷史、背景故事、建築設計特色作一番詳細的說明。導覽之旅內容時有調整，目前雪梨歌劇院所推出的導覽活動包括基本重點導覽、中文導覽和含早餐的劇院後台之旅(Backstage Tour)等。

岩石區徒步之旅 The Rocks Walking Tours

來到這裡，不妨由熟知岩石區歷史的導遊帶領，展開90分鐘的徒步之旅，途中導遊會利用許多精采的故事將歷史串聯，也會介紹岩石區內的景點、美術館、藝廊和英式傳統酒吧。

🏠從鐘塔廣場(Clocktower Square, Cnr Argyle & Harrington Sts,)出發 ☎(02) 9247-6678 ⏰每天10:30及13:30 💲全票A\$32、兒童(5~16歲)A\$18、家庭票(2大2小)A\$88、學生A\$30 🚇 www.rockswalkingtours.com.au

岩石區與環形碼頭The Rocks & Circular Quay

MAP ▶ P.62C4

岩石區
The Rocks

MOOK Choice

澳洲歷史的起點

🚃搭城市鐵路於環形碼頭站下，步行約5~8分鐘可達；搭巴士於行經或靠近Bridge St的車站下，向北步行至岩石區 🚇 www.therocks.com

岩石區是雪梨最熱鬧的區域之一，雖被眾多商店、餐廳所包圍，還是可在一些古老的酒吧、斑駁的岩壁中看出埋在這裡的一段歷史。1787年，來自英國的菲力浦船長(Arthur Phillip)帶領隨同前來的警衛與犯人，在這塊砂岩海角上紮營，並將這個港灣取名為雪梨灣(Sydney Cove)，自此開啟了澳洲的歷史。

喬治街(George Street)是岩石區的主軸，也是澳洲第一條街道，岩石區的範圍大致以Cahill

Expressway和Bradfield Highway為界線，一直延伸至港灣邊。19世紀初期，岩石區為雪梨最時尚的地區，建造了許多美麗的房子，之後船業運輸興盛，岩石區成為澳洲在商業、建築、農業、醫藥等歷史的重要一頁，也孕育了許多藝術家。

然而步入20世紀，尤其是1930年代雪梨港灣大橋興建之後，岩石區淪入貧窮、擁擠的惡劣居住環境，直到70年代雪梨灣管理局(Sydney Cove Authority)成立後，才逐漸重整為現今雪梨最受遊客歡迎的觀光據點。

岩石區市集The Rocks Market

🏠喬治街(George St.)和Atherden St.交會處，一直延伸至雪梨港灣大橋下 ⏰週六及週日10:00~17:00

每逢週末，約有100多個攤位聚集在這裡，每張白色帳篷下販賣著風格獨特的商品，種類從漂亮的首飾、精細的杯子碗盤、澳洲繪畫攝影作品、動物木雕、樹皮種子製品，到自製的果醬、辣椒油、布偶、玩具、小紀念品等應有盡有；由於多為澳洲當地藝術家或設計師作品，使得岩石區成為新世代藝術工作者一展長才之地。

精采的街頭表演是岩石區市集的另一特色，音樂、舞蹈、戲劇各種表演隨處可見。

岩石區與環形碼頭The Rocks & Circular Quay

MAP ▶ P.62C4

當代藝術博物館

MOOK Choice

The Museum of Contemporary Art (MCA)

免費開放的藝術殿堂

🚇搭城市鐵路於環形碼頭站下，步行約3分鐘可達 ⌂140 George St. ☎(02) 9245-2400 ◷週二~週四、週六~週日10:00~17:00，週五10:00~21:00；每天也有免費導覽 ㉯週一、耶誕節 💲免費 🌐www.mca.com.au

　　通稱為MCA的當代藝術博物館，除了位於岩石區受到廣大遊客注目外，本身的建築設計及內部擺設，均具有雪梨當代時髦俐落的明快風格，可遠眺環形碼頭的MCA Café更是遠近馳名的餐廳。

　　MCA由雪梨大學在新南威爾斯政府協助下創辦，於1991年11月開幕，共有3層，空間並無固定館藏，以世界各國的的現代藝術作品為展出重點，展品從繪畫、雕刻，到現代的電子藝術、動畫等等不一而足。

岩石區與環形碼頭The Rocks & Circular Quay

MAP ▶ P.62C3

卡德曼小屋

Cadman's Cottage

澳洲最古老的民宅

🚇搭城市鐵路於環形碼頭站下，步行5~7分鐘可達 ⌂110 George St. 🌐www.nationalparks.nsw.gov.au/visit-a-park/parks/cadmans-cottage-historic-site ❶每個月第1及第3個週日09:45~10:15提供免費進入

　　岩石區是白人開發澳洲最早的區域，而始建於西元1816年的卡德曼小屋則是當年建來提供給船長居住的地方，1846年之後也陸續作為水警、水手們的住處，留存至今成了雪梨最古老的民居建築，對雪梨的發展歷程具有一定的重要性。小屋雖然位在人來人往的岩石區海岸街道旁，但靜處一隅，不刻意尋找很容易錯過。

岩石區與環形碼頭The Rocks & Circular Quay

MAP ▶ P.62C3

肯當藝廊

MOOK Choice

The Ken Done Gallery

澳洲現代藝術空間

🚇搭城市鐵路於環形碼頭站下，步行7~8分鐘可達 ⌂1 Hickson Rd. ☎(02) 8274-4599 ◷10:00~17:00 💲免費 🌐www.done.com.au

　　肯當(Ken Done)是澳洲知名的現代藝術與設計家，以14歲最年輕的學生進入國立藝術學校就

讀，60、70年代在廣告業嶄露頭角，後來更聞名於繪畫領域，設計商品從海報、明信片到服飾、生活用品，均受到全球各地的喜愛。其風格以鮮豔豐富色彩取勝，充滿趣味及歡樂氣息，並在日本特別受歡迎。大自然是肯當創作中最常見的主題，其畫室窗外的如畫風景就是其創作的重要靈感，雪梨歌劇院就是作品中的一大主角。

雪梨高桅帆船之旅 Sydney Tall Ship Experience

覺得從陸上欣賞港灣美景還不過癮的話，不妨搭上仿古的高桅帆船，從水上欣賞陸地風光。於坎貝爾古倉庫群前的碼頭登船，2小時的午間港灣巡遊不只能享用餐點，還可以參加攀登船桅的活動，踏著由粗繩結成的網子向船桅上爬，登上大航海時期水手們瞭望的地方，由高而下欣賞開闊水色。而在用餐的航程中也可以品嘗美味料理與飲料，在甲板一邊欣賞兩岸美景一邊用餐。航程最後船會航近雪梨歌劇院與港灣大橋下，想從水上盡情欣賞雪梨代表景色就要趁此時。

掃地圖

⌂ 環形碼頭5號碼頭　☏ (02) 8015-5571　$ Lunch Cruise全票A$109起、兒童(4~14歲) A$55起、家庭票(2大2小)A$218起，加購攀登船桅A$60(預約價A$30)、Open Bar A$30；另有眾多行程詳見網站　🌐 sydneytallships.com.au

岩石區與環形碼頭 The Rocks & Circular Quay

MAP ▶ P.62B4

雪梨天文台
Sydney Observatory
澳洲歷史悠久的觀星站

🚇 搭城市鐵路於Wynyard站下，步行8~10分鐘可達；若於環形碼頭站下，步行14~15分鐘可達　⌂ Observatory Hill, Watson Rd.　☏ (02) 9217-0222　🕙 10:00~17:00　休 耶誕節、送禮節、12/31　$ 免費；導覽需另外付費　🌐 maas.museum/sydney-observatory　❗ 目前關閉中，預計2023年年中開放

建於1850年代的雪梨天文台，矗立在岩石區邊緣的山丘上，俯瞰米勒斯角(Millers Point)和雪梨港灣，視野遼闊，也是眺望雪梨港的一處極佳地點。

掃地圖

天文台的標誌就是那銅綠的圓頂，坐落在幽靜的庭院裡，裡面展示著古老的天文觀星器材與設備，包括全澳洲歷史最悠久的天文望遠鏡，以及互動式的天文知識展示，例如澳洲原住民的星空故事。

隨著時代演變，雪梨港的光害使得天文台已不再利於觀星，目前除了博物館之外，還有教學用途，另外夜間也開放民眾用天文望遠鏡觀星，但須事先團體預約。

岩石區與環形碼頭The Rocks & Circular Quay

MAP ▶ P.62E4

皇家植物園

MOOK Choice

Royal Botanic Garden

美麗城市綠洲

🚇搭城市鐵路於Martin Place、St James或環形碼頭站下，步行約10~15分鐘可達；搭渡輪於環形碼頭站下，步行10分鐘可達 🏠Mrs Macquaries Rd. ☎(02) 9231-8111 🕐10月07:00~19:30、11~2月07:00~20:00、3月07:00~18:30、4和9月07:00~18:00、5和8月07:00~17:30、6和7月07:00~17:00 💲免費 🌐www.rbgsyd.nsw.gov.au

掃地圖

　　皇家植物園占地30公頃，建立於1816年，園內植物種類多達4萬5千種，可說是一片美麗的城市綠洲。

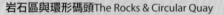

　　植物園裡不但有熱帶植物景觀，還有一個環抱花園的餐廳，在這裡散步、享受陽光是最舒服的事。3~11月園方提供免費的導覽之旅，由植物園商店出發，其中玫瑰花園、南太平洋植物區、熱帶植物中心是參觀重點。

　　由於植物種類繁多，一年四季不同時間來到這裡，走不同的花徑，都可以欣賞到繁花盛開。除了花、樹，還有無數的藝術雕塑以及數百種鳥類，沿著海灣走，你也可以看到雪梨港灣大橋、雪梨歌劇院以及市中心商業區摩天大樓，隨著不同角度，呈不同形狀的排列，而最熱門的點當屬麥考利夫人之角(Mrs Macquaries Point)。

總督府Government House

🚇搭城市鐵路於環形碼頭站下，步行11~12
分鐘可達　☎(02) 9228-4111　◐庭院每
天10:00~16:00；總督府導覽行程週五~週日
10:30~15:00，每30分鐘一梯次，時間約45分鐘　💲免費　🌐www.
governor.nsw.gov.au/government-house　❗預約時需出示護照
等有效證件

　　坐落植物園區內的總督府完成於1843年，建築樣式為新
哥德式風格，是當年新南威爾斯總督的官邸，這棟兩層樓
的砂岩建築，挺立在植物園美麗的花園內，氣勢雄偉，你
可以隨意在庭院走動參觀，但若要進入建築物內，得參加
固定時間的導覽行程。

麥考利夫人之角Mrs Macquaries Point

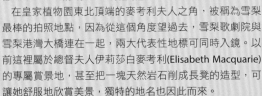

🚇搭城市鐵路於環形碼頭站下，步行21~23分鐘可達；
從Martin Place站步行22~25分鐘可達

　　在皇家植物園東北頂端的麥考利夫人之角，被稱為雪梨
最棒的拍照地點，因為從這個角度望過去，雪梨歌劇院與
雪梨港灣大橋連在一起，兩大代表性地標可同時入鏡。以
前這裡屬於總督夫人伊莉莎白麥考利(Elisabeth Macquarie)
的專屬賞景地，甚至把一塊天然岩石削成長凳的造型，可
讓她舒服地欣賞美景，獨特的地名也因此而來。

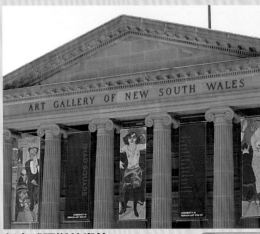

新南威爾斯美術館Art Gallery of New South Wales

🚇搭城市鐵路於St. James站下，步行9~10分鐘可
達　🏠Art Gallery Rd.　☎(02) 9225-1744　◐
10:00~17:00(週三延長至22:00)　🚫耶誕節、耶穌受難日　💲免費；
特展需另購票　🌐www.artgallery.nsw.gov.au　❗館內提供免費及付
費導覽，時間及主題不一，詳見網站。

　　新南威爾斯省是澳洲新大陸最先開發之地，也是澳洲文
化的起源，這裡雖然並非澳洲最大的美術館，但也收藏了
不少澳洲最精緻的藝術品，原住民美術是該館最吸引國際
遊客的一大特色。

　　新南威爾斯美術館共有5層樓，包含19、20世紀的澳洲藝
術，以及15至19世紀的歐洲藝術，其中包含羅丹(Auguste
Rodin)、畢卡索(Pablo Picasso)的作品。由於澳洲移民歷史
文化發展約僅兩個世紀，藝術亦多受歐洲影響，初期澳洲
藝術更多見英國藝術之影子，呈現移民文化的特色。

　　其他樓層還有亞洲藝術以及臨時展覽區，經常展出各式
各樣藝文作品，同時收藏了中國、日本和東南亞各國的藝
術品，以及20世紀歐洲藝術及英國藝術、當代藝術展區和
攝影展覽區。

市中心商業區CBD

MAP ▶ P.63D6

雪梨塔觀景台

MOOK Choice

Sydney Tower Eye

鬧區之中最佳俯瞰點

🚇 搭城市鐵路於St. James站下，步行約3分鐘可達 🏠 100 Market St. 🕐 1月10:00~21:00、2~3月和10~12月 10:00~20:00、4~9月10:00~19:00，閉館前1小時最後入場 💲 全票A\$31.5、兒童票(3~15歲)A\$20；另有含WILD LIFE Sydney Zoo、Madame Tussauds和SEA LIFE Sydney Aquarium不同組 合的優惠聯票；網路訂票有優惠 🌐 www.sydneytowereye.com. au ❗目前因疫情關係，週二和週三不開放

　　雪梨塔位於市區中心最繁華的商 業區內，高達305公尺，比雪梨港 灣大橋最高點還高兩倍有餘，無疑是觀 賞雪梨市全貌的最佳地點，特別是晚上的絢麗城 市燈景，伴隨雪梨港灣的沉靜夜色，勾勒出這個 澳洲最大城市的繁華。

掃地圖

　　雪梨塔之上，有一個視野360°的觀景台，透 過大片環景玻璃牆，以及多座高倍數的望遠鏡，

所有景觀一覽無遺，包括雪梨港灣大橋、岩石 區、雪梨歌劇院、環形碼頭、海德公園、皇家植 物園、維多利亞女皇購物中心等地都清楚可見。

　　雪梨塔的入口位於Westfield購物中心的5樓， 購票之後服務人員會引導遊客進入4D效果的視聽 室，欣賞一場多重感官體驗的雪梨介紹影片，之 後再搭乘專用電梯直上觀景台樓層。

天空漫步SKYWALK

🕐 每天12:00~17:00，每2小時 一梯次 💲 天空漫步＋觀景台全票 A\$80、兒童(10~15歲)A\$55；時 間、價格隨時變動，詳見官網 ❗ 需出示護照等有效證件

　　更上一層樓，還可以體驗 天空漫步，在專業人員的引 導下，穿上特殊的安全裝 備，即可來到海拔250公尺 高的看台外，更進一步親近 雪梨的鳥瞰景。為了增加 「刺激」感，刻意把腳底下的地板設計成透明地板，低頭 即可感覺自己果然高高在上，有懼高症的人小心腿軟。

市中心商業區CBD

MAP ▶ P.63C6

聖安德魯大教堂
St Andrew's Cathedral

古老的主座教堂

🚶搭城市鐵路於市政廳站下即達 🏠483A George Street (George St與Bathurst St路口) ☎(02) 9265-1661 ⏰週一10:00~11:45、週二和週四10:00~16:00、週三10:00~14:00、週五10:00~12:00 🌐www.sydneycathedral.com

聖安德魯大教堂就位於市政廳隔壁，同樣以雪梨當地的黃色砂岩打造而成，屬於新哥德式建築風格，完成於1868年，為澳洲最古老的教堂之一，也是聖公會雪梨教區的主座教堂。

教堂雖然不大，但內部哥德式風格同樣表露無遺，其中又以彩繪玻璃、主祭壇的雕刻，以及管風琴最為精采。

鳥籠街The Bird Cages of Angel Place

位於Angel Place的裝置藝術《遺忘的歌聲》(Forgotten songs)，是藝術家Michael Thomas Hill在2009年的創作，因為在高空懸掛了許多鳥籠而被暱稱為「鳥籠街」。

藝術家藉由空蕩的鳥籠及其錄製的50多種鳥的叫聲，表達歐洲移民進駐開發後，導致原棲息在唐克流(Tank Stream)附近鳥類的滅絕，喚起人們對於生態保育的重視。

市中心商業區CBD

MAP ▶ P.63C6

市政廳
Town Hall

華麗的政府建築

🚶搭城市鐵路於市政廳站下即達 🏠483 George St. ☎(02) 9265-9189 ⏰週一~週五08:00~18:00 🌐www.sydneytownhall.com

完成於1889年的雪梨市政廳，以其建築中央鐘塔上的時鐘聞名，屬於維多利亞巴洛克式風格，這也是19世紀末，全澳洲最大、雕飾得最華麗的政府建築。鐘塔高55公尺，是雪梨最古老的鐘塔，雖然早已淹沒在周遭的摩天大樓群之中，但其黃色砂岩建築體，與維多利亞購物中心(QVB)隔街對望，兩座古典建築相互輝映。

市政廳的內部也有看頭，尤其以百年大廳和前庭(Centennial Hall and Vestibule)裝飾得最華美；而擁有8,700根風管的大管風琴，是鎮廳之寶，市政廳內不時會舉辦音樂會。

市中心商業區CBD

MAP ▶ P.63C6

維多利亞女皇購物中心

Queen Victoria Building (QVB)

雪梨最著名的購物中心

搭城市鐵路於市政廳站下，步行約2分鐘可達 🏠
455 George St. ☎(02) 9265-6800 ⏰週一~週六
09:00~18:00(週四至21:00)、週日11:00~17:00 🌐www.
qvb.com.au

已有100多年歷史的維多利亞女皇購物中心，簡稱為QVB，除了建築本身具有歷史價值外，約200家商店與餐廳，更是追求時尚人士必遊之地。

QVB完成於1898年，是一棟雄偉的羅馬式建築，建造初期適逢雪梨經濟蕭條，因此QVB特別僱請許多失業的工藝家、石匠、彩繪玻璃藝術家等一起從事設計。

QVB最聞名的，就是外部以銅覆蓋的圓形屋頂，而鄰近喬治街的大型彩繪玻璃窗戶，是雪梨古老盾徽的圖案，也是逛街時不可錯過的重點。位於中央的皇家時鐘(The Royal Clock)每個整點會報時，也是具百年歷史的紀念物。

QVB分為地下1層與地上4層，有各式各樣的服飾、珠寶店、藝廊、化妝品、飾品、咖啡店、餐廳等。

市中心商業區CBD

MAP ▶ P.63D5D7

畢特街

Pitt St.

百貨商場雲集的熱鬧商街

🚇 搭城市鐵路至市政廳站或St. James站下，步行可達各購物中心 ⓘ www.pittstreetmall.com.au

位在雪梨塔旁，整條街聚集了百貨公司與購物中心超過600家商店，因此有畢特街購物中心(Pitt St. Mall)之稱。包含了Strand Arcade、Myer百貨公司、Westfield等，保證讓血拚族心滿意足、滿載而歸。

Strand Arcade

🏠 412~414 George St. ☎ (02) 9265-6800 ⏰ 週一~週五09:00~17:30(週四至21:00)、週六09:00~16:00、週日11:00~16:00 ⓘ www.strandarcade.com.au

1892年開張，是維多利亞時期第5個、也是最後一個拱廊型態的購物中心，由當時的名設計師John Spencer所設計。地面3層樓的賣場，從喬治街延伸到畢特街，有許多澳洲設計師品牌的商品包括Leona Edmiston、Crumpler、Dion Lee、LOVER、Dinosaur Designs等，洋溢十足的澳洲風情。

Sydney Arcade

🏠 185~189 Pitt St.

緊臨Strand Arcade，由當時的名設計師Thomas Rowe所設計，比Strand Arcade的設計

年代更早，卻顯得更加現代化，圓弧曲線型的動線頗具特色，目前進駐的多半是運動或休閒品牌，像是adidas、Forever 21、澳洲最知名的海灘用品Billabong等。

World Square

🏠 644 George St. ☎ (02) 8275-6777 ⏰ 週一~週四10:00~19:00(週四至21:00)、週五~週六10:00~19:00、週日11:00~17:00，餐廳及酒吧營業至00:00 🚫 週三 ⓘ www.worldsquare.com.au

位於畢特街購物區南端、已經靠近中國城，狀似大樓與大樓之間的中庭，3個樓層其實蘊藏了90餘家商店、餐廳、咖啡廳等，同樣從喬治街穿越到畢特街，商品品牌相當多樣化，包括小野人包Crumpler直營店、Calvin Klein Jeans、Jack London等；地下樓層還有一個超級市場Coles Supermarket，消費奢儉由人。

Myer百貨公司

🏠 436 George St. ☎ (02) 9238-9111 ⏰ 週一~週六09:30~19:00(週四至21:00)、週日10:00~19:00 ⓘ www.myer.com.au

位於Westfield正對面，容納的品牌眾多，既有來自世界各地的國際名牌，也有澳洲本土最夯的設計師品牌，服裝、化妝品、傢飾、食品等應有盡有，由於整體時尚、易找、有趣又有信譽的購物環境，所以頗受消費者信賴。地下樓層的美食街裡，有來自中國、日本、韓國、泰國、墨西哥等世界各地的美食鋪，是在雪梨尋找便宜餐食的好地方。

Westfield

🏠 Pitt St & Market St ☎ (02) 8236-9200 ⏰ 週一~週六09:30~19:00(週四至21:00)、週日10:00~19:00 ⓘ www.westfield.com.au

大型購物中心，品項囊括服飾、化妝品、保養品、照相器材、電腦及周邊商品等應有盡有，大致分為兩大區塊，一邊有Gucci、Prada、Christian Louboutin、Calvin Klein等國際精品名牌，另一邊則是Zara、GAP、Cotton On等較平易近人的品牌。

市中心商業區CBD

MAP ▶ P.63D6

海德公園

MOOK Choice

Hyde Park

市中心之肺

🚇搭城市鐵路於博物館站下即達　🏠Elizabeth St.

從皇家植物園往南延伸，這一大片綠地就是海德公園，也是雪梨的都市之肺之一，更是當地上班族午餐的最佳去處。

海德公園分成南北兩塊，中間被公園街(Park St.)貫穿。北側以阿齊巴爾德噴泉(Archibald Fountain)為核心，這是由澳洲雜誌《The Bulletin》創刊者兼主編J. F. Archibald捐款建造，所以以他命名；周邊盡是濃密林蔭。公園的東側，有雄偉高大的聖瑪麗大教堂(St Mary's Cathedral)，雙塔高聳的哥德式風格，是周遭最顯眼的地標。

紐澳軍團紀念碑Anzac Memorial

☎(02) 8262-2900　🕐09:00~17:00　(休)耶穌受難日、耶誕節　💲免費　🌐www.anzacmemorial.nsw.gov.au

公園的南邊，矗立著一座庫克船長(James Cook)雕像，以及宏偉的紐澳軍團紀念碑。紐澳軍團紀念碑是為了紀念一次世界大戰期間，參戰的120,000名新南威爾斯省軍人。

市中心商業區CBD

MAP ▶ P.63D4

澳洲博物館

Australian Museum

本土自然史為主軸

🚇搭城市鐵路於博物館站下，步行5~6分鐘可達　🏠1 William St　☎(02) 9320-6000　🕐週一~週日10:00~17:00(週三延長至21:00)　💲免費，特展需另外購票　🌐www.australianmuseum.net.au

澳洲博物館雖以「澳洲」為名，然而終究不是國家級博物館，其館藏和其名稱仍有一小段差距。一進博物館大廳，便能看到天花板懸吊著一副巨大的鯨魚骨骼，也預告了這座博物館的珍藏是以「自然史」為主題。

礦物、植物、動物骨骼標本都是博物館內的強項，當然這些動植物都是澳洲特有種。此外，博物館內也有相當大的面積以澳洲原住民為主題，包括他們的手工藝、肖像、藝術作品等。

帶動中國城的發展。

　　現今的中國城不再是破舊的社區，街上裝飾有牌樓與燈籠，許多中國餐廳也在門口設立露天座位，看起來十分熱鬧！面對雪梨強烈的餐飲競爭，中國城的餐廳有些還是物超所值，如果你是背包族，可以來這解解饞！其實不只中國菜，這裡已經是泰國、越南、馬來西亞等亞洲移民聚集之地，所以也可以吃到各地的亞洲美食。

達令港與中國城Darling Harbour & Chinatown

MAP ▶ P.63C7

中國城
Chinatown

經濟亞洲美食集中區

🚃搭輕軌電車於派迪思市集站下，步行3~5分鐘可達

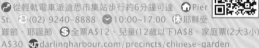

掃地圖

　　中國城原本只是集中在Dixon St.和Hay St.附近，不過目前已擴展到周邊商圈，由於越來越多的華人及東南亞移民到雪梨，也間接的

中國友誼花園Chinese Garden of Friendship

掃地圖

🚃從輕軌電車派迪思市集站步行約6分鐘可達　📍Pier St.　☎(02) 9240-8888　🕙10:00~17:00　🚫耶穌受難節、耶誕節　💲全票A$12、兒童(12歲以下)A$8、家庭票(2大3小)A$30　🌐darlingharbour.com/precincts/chinese-garden

　　雪梨與中國廣州為姊妹市，1988年中國政府特地贈送這座中國友誼花園給雪梨，以慶祝澳洲200年國慶。花園由中國廣州市園林局的建築師指導設計，以明代私家園林為摹本，還請中國的專業匠師前來參與建造，歷時一年多終於完成。園林以水、植物、石頭和建築四大元素為設計主軸，是在亞洲以外少有的傳統中國庭院之一；園內還有一間茶館，供應茶飲和點心。

達令港與中國城Darling Harbour & Chinatown

MAP ▶ P.63C8

派迪思市集
Paddy's Market Haymarket

中國城區便宜市集

🚃搭輕軌電車於派迪思市集站下，步行1~3分鐘可達；或搭免費接駁車Strathfield Connector　🏠9-13 Hay St Haymarket　🕙週三~週日10:00~18:00　🌐www.paddysmarkets.com.au

　　派迪思市集與台灣的夜市類似，不只商品多樣化，而且價格便宜，更因為位於中國城內，是當地市民購買生鮮食品蔬果的主要場所。

掃地圖

　　派迪思市集位於「Market City」購物中心1樓，主要分為兩部分，一部分為一般商品區，以T恤、包包、手錶、擺飾品、無尾熊等玩偶為主，大多非澳洲本地製，因此價格低廉，攤位主人大部分也以亞裔較多，其實派迪思市集的商品澳洲色彩並不濃厚，不妨抱著撿便宜的心態逛逛；另一部分的市場區則有許多物美價廉的新鮮蔬果，以及中國菜常見的原料，遊客可買些水果品嘗。

　　逛完派迪思市集後，可到Market City樓上看看，Market City為時裝直銷店，有一些名牌Outlet，可以挑到便宜的過季商品。

達令港與中國城Darling Harbour & Chinatown

MAP ▶ P.63B5

達令港

Darling Harbour

吃喝玩樂綜合港區

🚊 在市中心順著Market St.向西走，可達皮爾蒙特橋東端；搭輕軌電車於雪梨會議中心站下，即達港內西端 🔗 www.darlingharbour.com

達令港環繞著科克灣(Cockle Bay)，原本為雪梨對外貿易港，周邊林立著工廠、造船廠，直到1988年澳洲為慶祝移民200週年而進行大改造，變成一處集結了博物館、水族館、會議廳、賭場、貿易展覽場、購物中心、餐廳、公園的綜合休閒娛樂區。而跨越港灣的皮爾蒙特橋(Pyrmont Bridge)，聯繫了達令港的東與西，這是一條禁止車輛通行的人行橋，漫步橋上，達令港又呈現出不同的風景。

雪梨水族館Sea Life Sydney Aquarium

🚊 從城市鐵路Wynyard站步行11~12分鐘可達Aquarium Pier ⏰ 10:00~17:00 💲 全票A$49、兒童票A$36，上網購票另有8折；另有含WILD LIFE Sydney Zoo、Madame Tussauds和Sydney Tower Eye不同組合的優惠聯票；網路購票另有優惠 🔗 www.sydneyaquarium.com.au

迪士尼卡通《海底總動員》(Finding Nemo)，不僅讓全球的小朋友都知道雪梨這個城市，同時還讓雪梨水族館趁機昭告世人，來這裡就可以看到片中全部的海生物演員！

由於水族館就建在達令港的下方，所以當你在參觀時，需要步入海平面下觀看水中生物；澳洲的海洋生態資源相

當豐富，雪梨水族館中就有600多種澳洲生物，包括大堡礁、深海區、塔斯馬尼亞海域、岩岸區、紅樹林、雪梨港區等不同展覽館，各式各樣海洋生物讓遊客大飽眼福。

港灣購物中心Harbourside Shopping Centre

🚊 搭輕軌電車於雪梨會議中心站下，步行1~3分鐘可達 🏠 2-10 Darling Drive 📞 (02) 8398-5700 ⏰ 10:00~21:00(各商店不一) 🔗 www.harbourside.com.au

港灣購物中心位於達令港的西側，遊客除了可在此暢快購物外，還有多重的美食選擇。在雪梨尋找

便宜的餐廳不是太容易，位於港灣購物中心的美食街實在是個好地方，眾多國際口味的速食、小吃集結成美食區，難得大吃大喝時不太需要考量口袋裡的銀兩。

達令港與中國城Darling Harbour & Chinatown

MAP ▶ P.63A7

雪梨漁市場
Sydney Fish Market

生猛海鮮吃個過癮

🚊搭輕軌電車於漁市場站下，步行1~3分鐘可達 🏠Bank St, Pyrmont 📞(02) 9004-1100 🕐07:00~16:00；Behind the Scenes導覽06:40開始，約08:30結束 休耶誕節 💲Behind the Scenes導覽成人A\$50、兒童(10~13歲)A\$20 www.sydneyfishmarket.com.au

MOOK Choice

在雪梨吃海鮮不是有錢人的權利，去趟雪梨漁市場，不論是龍蝦還是生蠔，都讓你一次吃個夠！

雪梨漁市場自1989年成立以來，已經成為僅次於日本東京築地漁市的全球第2大漁貨市場，每天供應來自澳洲各地漁獲、南太平洋及亞洲各國，超過100種以上的各式海鮮，而這些海產經由著名的荷蘭拍賣系統，從雪梨漁市場送往澳洲各地或出口至其他國家。

漁市場公開標售時間為每天05:30開始，在此可參觀雪梨豐沛的漁獲量及標售盛況，以及此系統著名的拍賣時鐘(Auction Clock)。想現場體驗緊張的公開標售，可以參加漁市場的「Behind the Scenes Tour」。

在海風陽光下享用澳洲美酒與生猛海鮮，是雪梨漁市場最引人入勝的魅力，市場內有許多不同料理的餐廳，有些同時兼具生鮮市場和餐廳功用，除了可自行購買原料回家烹煮外，也可先在餐廳裡挑選喜好的美食，再到旁邊商店帶上一瓶葡萄酒，前往港邊的露天餐座，迎著海風品嘗。

Nicholas Seafood

🏠Shop 6, Waterfront Arcade, Sydney Fish Market 📞(02) 9660-4255 🕐06:30~16:00(週六~週日至16:30) 🌐nicholasseafood.com.au

愛吃海鮮的人，逛雪梨漁市場就會覺得很過癮，諸多漁販攤位架上滿滿的魚、蝦、蟹、貝、牡蠣、墨魚等，又大又新鮮，引人口水直流。幾乎每個攤位都有附設食肆，可以現場坐下來立即嘗鮮。

Nicholas Seafood是一個從1930年就開始經營的海鮮家族企業，每天供應給經銷商和一般消費者的海鮮量相當大，確保海鮮的品質、新鮮度能符合顧客的需求。食肆的海鮮料理可以現點現烹調，也有一些已經炸好或滷好的現成海鮮食物，2人份的海鮮盤大約A\$30左右，以雪梨的消費水準來說相當便宜實惠。

MAP ▶ P.63F5~F7

維多利亞街
Victoria St.

展現雪梨人咖啡文化

🚇 搭城市鐵路於列王十字(Kings Cross)站下即達

列王十字區近年來朝向時尚的方向發展，就連雪梨人都自稱它有如倫敦的蘇活區。Victoria St.上有一整排深具特色的咖啡館，像是Tropicana Caffe、Bar Coluzzi等，短短的一條街充滿表現出雪梨人的咖啡文化，每家的咖啡店店面不大，但街上的小木箱也可以成為咖啡座，據說，這些木箱原是裝牛奶的箱子，但因為店裡常客滿，雪梨人也就將它當成椅子，久了，反而成為這兒的特色！

除了咖啡廳，維多利亞街上也有許多背包客宿舍，如果想在住宿方面節省開銷，可以考慮考慮這裡喔～

MAP ▶ P.63E5

烏魯穆魯碼頭
Woolloomooloo Wharf

新興濱海餐飲酒吧區

🚇 搭城市鐵路於列王十字(Kings Cross)站下，步行約15分鐘可達

從維多利亞街穿過巷弄與階梯，下行至碼頭邊，一路上聚集愈來愈多的酒吧，尤其下班時間，路邊盡是上班族與三五好友聚在一起、把酒言歡。烏魯穆魯碼頭目前為私人遊艇碼頭，臨著港灣邊，則是舊時候船室改裝的精品旅館及高檔餐廳，愈晚愈熱鬧，想要來頓高檔晚餐，這裡是聚餐的好選擇。

而碼頭邊有一間雪梨十分著名的老店Harry's Café de Wheels，店內以「老虎派」(Tiger pie)最為有名，是牛肉派佐以豌豆泥、馬鈴薯泥和醬汁。目前該店在雪梨已有13間分店。

雪梨同性戀大遊行
The Sydney Gay & Lesbian Mardi Gras

雪梨同性戀大遊行始於1978年6月的一次集會遊行，超過千名的同志群聚雪梨，走上街頭表達同性戀欲爭取基本人權的心聲，現場與警方發生嚴重衝突，並有多人遭到逮捕。經過近40年，雪梨同性戀大遊行已經演變為國際性的嘉年華會，每年慕名而來，參與遊行及其他同性戀活動的遊客不在少數。

遊行自海德公園(Hyde Park)出發，經過牛津街、菲林德街等，最後抵達Moore Park附近的Driver Ave.解散，全程約4小時。現場樂聲震耳欲聾，各國隊伍華麗歌舞表演不斷，每個人都極盡所能打扮自己，希望自己成為遊行隊伍中最絢麗搶眼的一員。

熱歌勁舞之外，同志人權的伸張才是遊行精神所在。他們要求同志婚姻合法化、消除職場歧視、反對來自社會上的言語及肢體暴力、反對各種不公平待遇對年輕同志所造成的心理迫害等。

有人認為，雪梨同性戀大遊行已失去原當年發起時的精神，成為一場世界同性戀者自我主張的嘉年華會，然而只要以像參加其他祭典的心情去看待，一定能夠玩得開心盡興。

www.mardigras.org.au

達令赫斯特與帕汀頓區Darlinghurst & Paddington
MAP ▶ 63E7~F8

牛津街
Oxford St.

同志購物玩樂地

🚇 搭城市鐵路於博物館站下，步行3~10分鐘可達

牛津街一來是雪梨同性戀朋友的大本營，二來也是購物的重地。自Liverpool St.起頭的一段，以餐廳、酒吧和俱樂部為主，其中不乏有同志的專屬玩樂地，有些則採取開放態度，同性戀與異性戀皆歡迎。

牛津街進入帕汀頓之後，盡是各式各樣的個性商店或設計師品牌，這一路會讓愛逛街的人興奮到極點，若是適逢週末，還可以順道逛一下帕汀頓市集。

達令赫斯特與帕汀頓區Darlinghurst & Paddington
MAP ▶ P.63F8

帕汀頓市集
Paddington Market

具有流行感的購物區

🚌 從博物館站搭巴士380號於Oxford St after William St.站下，步行約2分鐘；或從博物館站搭巴士333號於Oxford St at Jersey Rd站下，步行約5分鐘可達 🏠 395-435 Oxford St. ☎ (02) 9331-2923 🕐 週六10:00~16:00 🌐 www.paddingtonmarkets.com.au

位於牛津街的帕汀頓市集，已成為雪梨頂尖的時髦週末市集，這裡和岩石區市集最大的不同在於岩石區以紀念品取勝，帕汀頓則多了流行感。

帕汀頓市集以聖約翰教堂為中心，共有200多個攤位散布周圍，除了各式各樣的藝術小品外，多樣化的服飾是帕汀頓市集的一大吸引力，不論是個性T恤、家居服、套裝，或是綴滿亮片的禮服、眩閃發亮的搭配單品，到性感內衣，都相當具有特色，許多還是新銳設計師的自創品牌。

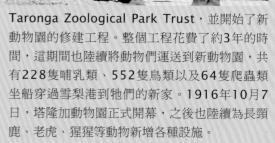

郊區Outskirts

MAP ▶ P.61C1

塔隆加動物園

MOOK Choice

Taronga Zoo

雪梨百年動物園

🎵 最快的方式是從環形碼頭4號碼頭搭渡輪F2線於動物園站下，再換乘巴士238號到動物園；若已上網購票，可下船後直接坐纜車(Sky Safari)到動物園 🏠Bradleys Head Rd, Mosman 📞(02) 9969-2777 🕐09:30~17:00，全年無休 💲全票A\$51、兒童票(4~15歲)A\$30、優待票A\$39，上網購票另有優惠；近距離的動物體驗需另外付費 🌐taronga.org. au/sydney-zoo

塔隆加動物園是澳洲最大的動物園，「塔隆加」(Taronga)在原住民語中意為美景(beautiful view)，這美景應該指的是從動物園望出去的雪梨港灣；而新開幕的動物園園中飯店Wildlife Retreat at Taronga也是欣賞港灣大橋跨年煙火的最佳位置！

新南威爾斯的第一個動物園並不是塔隆加動物園，而是由新南威爾斯皇家動物學會(Royal Zoological Society of NSW)於1884年在Moore Park成立的動物園。後來因為Moore Park的空間不足，新南威爾斯政府1912年將雪梨港以北的土地贈與皇家動物學會作為新動物園的園地。

到了1913年，動物園的管理權移交給

Taronga Zoological Park Trust，並開始了新動物園的修建工程。整個工程花費了約3年的時間，這期間也陸續將動物們運送到新動物園，共有228隻哺乳類、552隻鳥類以及64隻爬蟲類坐船穿過雪梨港到牠們的新家。1916年10月7日，塔隆加動物園正式開幕，之後也陸續為長頸鹿、老虎、猩猩等動物新增各種設施。

1967年起，塔隆加動物園改變經營理念，重點放在研究、保育和教育這三方面，建立了許多可以同時可以做研究，又能讓遊客和動物近距離接觸的設施，如鴨嘴獸之屋、雨林鳥園等。如今，塔隆加動物園動物裡有350餘種類、總數超過4,000隻動物，讓它不只是親子共遊的動物園，也是研究生態系統及動物保育的學術機構。

編輯筆記 ✍

近距離與動物相處Animal encounters

想親自近距離看無尾熊，或是當一日動物管理員嗎？塔隆加動物園也提供各種與動物的近距離體驗，如無尾熊、企鵝、大象、狐獴、和大烏龜，這些體驗都需再另外購票和預約時間。

而一日動物管理員(Keeper for a Day)是給讓你親自體驗管理員的工作，半天的體驗包含了動物園門票、早點和一件T恤。

郊區Outskirts

MAP ▶ P.61D1

曼利海灘
Manly Beach
雪梨北岸的度假天堂

🚢 從環形碼頭搭渡輪可達，船程約30分鐘；下船後再步行大約10分鐘左右可抵沙灘。🌐 www.manlyaustralia.com.au

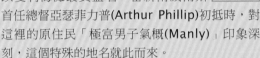

雪梨發展的重心幾乎都在南岸，北岸則有許多寧靜的海灘，其中又以曼利海灘最負盛名。當新南威爾斯首任總督亞瑟菲力普(Arthur Phillip)初抵時，對這裡的原住民「極富男子氣概(Manly)」印象深刻，這個特殊的地名就此而來。

曼利距離雪梨港只有7英哩，碼頭所在的曼利灣(Manly Cove)位在南側，光是坐渡輪前往的這趟旅程，沿途可從海面上欣賞雪梨大橋，又不時看到人們正在從事風帆、飛行傘等活動，整體充滿了悠閒的度假氣息。

下船後步行穿越當地最主要的商店街The Corso，即可抵達長達1.5公里的金黃色沙灘，夏季沙灘上擠滿戲水的人潮，沿途有許多咖啡館、餐廳、商店，還有街頭市集、假日跳蚤市場等。離The Corso不遠處的惠斯勒街(Whistler St.)有一片「拖鞋藝術牆(Flip Flop Art Fence)」，洋溢著隨興的創作氣氛，有興趣的人也可以把自己的拖鞋留下，參與創作的一部分。

曼利沿著海邊也開闢了許多單車道、散步道，是雪梨人假日最愛的休閒去處。

郊區Outskirts

MAP ▶ P.62D1

米爾森斯角
Milsons Point
從彼岸對望市區

🚶 如果有腳力，從岩石區沿著雪梨港灣大橋走到對岸，下橋後走到港邊即達；或是從環形碼頭搭乘渡輪到Milsons Point。

來到米爾森斯角。這裡就位於港灣大橋橋下，氣勢宏偉的大橋就在眼前，雪梨歌劇院則在遠方閃爍著光芒，與南岸看到的景色大異其趣，加上沒有環形碼頭的擁擠人潮，在此賞景又多了一分寧靜。

在雪梨港灣南岸，麥考利夫人之角(Mrs Macquaries Point)被公認是同時欣賞雪梨港灣大橋和歌劇院最好的角度，在北岸，則得

月神樂園Luna Park

🏠1 Olympic Drive, Milsons Point ☎(02) 9922-6644 🕐11:00~20:00(但因活動時間可能有所不同，詳見官網) 💲一日票全票A\$44~75、優惠票A\$34~65 🌐www.lunaparksydney.com

月神樂園是雪梨周邊最著名的遊樂園，從1930年代便開始營業，入口處極具戲劇性的小丑臉孔是其標誌。

MAP ▶ P.61D2

邦代海灘

Bondi Beach

充滿陽光的度假勝地

從環形碼頭的海關大樓對面、靠近2號碼頭的Alfred St.搭巴士333、380號可達，車程約45分鐘；或搭城市鐵路於Bondi Junction站下，再搭巴士333、380、381、382號到海灘，車程約15分鐘

邦代海灘是澳洲最著名與歷史悠久的衝浪海灘之一，當然衝浪者是這兒的常客，可以看到本地人與邦代海灘不可分離的悠閒生活方式。

邦代海灘一向是雪梨人最愛曬太陽、戲水弄潮

與衝浪的最佳地點之一，氣氛有點慵懶、有點嬉皮，近年來有越來越多的有趣商店在此開幕，從個性小店、專賣衝浪用具的器材店到餐廳與服飾店等，讓它換裝成功，讓這裡除了是個陽光度假勝地，也是一個充滿血拚樂趣的天堂！

邦代市集Bondi Market

⌂Campbell Parade(位於Bondi Beach Public School) ◑週日 10:00~16:00 ⓦwww.bondimarkets.com.au

邦代市集一開始是當地居民利用週日在此交換或販賣彼此物品的地方，隨著當地聚集越來越多的藝術家與喜歡海灘的嬉皮，邦代市集也發展得越有規模。

這裡的東西與帕汀頓市集有些不同，多數為販售者自己創作的商品，像是珠寶、鞋子、嬰兒的超迷你可愛衣服、手工蠟燭等；二手貨的攤位則多為復古的衣服、鞋子、皮包或仿古家具，價格還算中等。

這裡還有一個優點，就是大部分前來逛市集的人以雪梨人居多，你可以跟著隨性地逛街、看商品，沒有任何壓力，也沒有人把你當觀光客敲竹槓。

編 輯 筆 記

海洋雕塑節Sculpture by the Sea

每到假日，彎月型的邦代海灘上滿滿都是曬太陽的人群，而每年11月，固定舉辦的海洋雕塑節(Sculpture by the Sea)更是吸引大量人潮近悦遠來，但是由於邦代海灘實在太熱門了，所以展示的場地設定在南邊一點的塔瑪拉瑪海岸，它和邦代不一樣，是屬於礁岩地形，有了這些雕塑品的加持，固然畫龍點睛，然而就算平常日，從邦代海灘沿途散步而來的地形景觀也相當優美，頗值得走一遭。

⌂Tamarama Coast(從邦代海灘沿海岸線往南步行約10分鐘可達) ◑每年10、11月舉辦，日期詳見公告 ⓦwww.sculpturebythesea.com

岩石區與環形碼頭 The Rocks & Circular Quay

MAP ▶ P.62D3 **Aria**

🚇 搭城市鐵路於環形碼頭站下，步行3～5分鐘可達 📍1 Macquarie St. ☎(02) 9240-2255 🕐週二17:30~21:30，週三和週四12:00~13:30、17:30~21:30、週五和週六12:00~13:30、17:00~21:30 🚫週日和週一、耶誕節、送禮節 🌐www.ariasydney.com.au

掃地圖

　　位於雪梨港灣的Aria餐廳，不但可擁抱雪梨最棒的用餐景觀，而且老闆Matt Moran能深切掌握雪梨人的時代脈動，烹調出最能展出當地生活品味的可口佳餚，深獲當地和國際媒體的讀者肯定。Aria所有菜色都利用澳洲盛產的當季食材，運用不受拘泥的創意，變化出一道道結合傳統與時尚的佳餚，搭配頗受讚譽的系列酒單，用餐氣氛正式卻不失輕鬆。

岩石區與環形碼頭 The Rocks & Circular Quay

MAP ▶ P.62D4 **City Extra**

🚇 搭城市鐵路於環形碼頭站下，步行約1分鐘可達 📍Shop E4, East Podium Circular Quay ☎(02) 9241-1422 🕐24小時 🌐www.cityextra.com.au

掃地圖

　　位於環形碼頭3號和4號碼頭之間，直接看著人來人往穿梭不停，24小時營業的西式餐廳，是澳洲非常難得的全年無休餐廳。因為秉

持「永遠有好消息」(Always good news)的服務精神，City Extra的菜單做得就像是報紙一樣，服務人員所穿著的衣服也像是穿著報紙，非常具有創意。兩層樓的空間，運用玻璃鏡裝潢讓空間顯得比實際還要寬敞，氣氛活潑，食物口味也還不錯。平常日會推出特價的商業午餐。

岩石區與環形碼頭 The Rocks & Circular Quay

MAP ▶ P.62C4 **Bread & Fill**

🚇 搭城市鐵路於環形碼頭站下，步行約1分鐘可達 📍Ground Floor, Gateway Sydney, 1 Macquarie Place ☎(02) 8021-9444 🕐週一~週五07:30~14:00、週六08:00~13:00 🚫週日 🌐www.breadandfill.com

掃地圖

　　澳洲人非常注重早餐，隨便一家咖啡館供應的早午餐都非常豐富，尤其最有名的就是酪梨吐司(avocado toast)！Gateway Sydney是棟3層樓的美食中心，裡面有超過25家各種風格的咖啡館和餐廳，這裡也開了一家鼎泰豐喔！

　　位於Gateway Sydney底層的Bread & Fill有點像台灣的早餐店，現點現做的早餐：煎蛋、烤番茄、吐司…如果肚子非常餓的話，可以點一份「The Breakfast Box」，裡面包含了吐司、2顆煎蛋、培根、香腸、半顆烤番茄和蘑菇；不想吃那麼多的話，也可選擇簡單的「Breakfast In Bread」或自己任意搭配的「Cut Sandwiches」。

岩石區與環形碼頭 The Rocks & Circular Quay

MAP ▶ P.62D4 **Café Sydney**

🚇 搭城市鐵路於環形碼頭站下，步行約1分鐘可達 📍5F, 31 Alfred St. (海關大樓) ☎(02) 9251-8683 🕐12:00~16:00 🌐www.cafesydney.com

　　位於海關大樓頂樓的雪梨咖啡廳，擁有絕佳俯瞰雪梨港的景觀，長期以來都是雪梨人眼中的美食焦點餐廳。

掃地圖

　　雪梨咖啡廳成功的祕密武器之一，就是與食材供應商之間的緊密合作，總是能取得最新鮮美味的魚、蝦、蟹、貝類、牡蠣、牛羊肉等，透過主廚的巧手，烹調出一道道佳餚，伴著優美的音樂和環形碼頭的美麗港景，平常日和假日還能感受到不同的氣氛。

列王十字區Kings Cross

MAP ▶ P.63F6 **Pad Thai Chai Yo**

🚇搭城市鐵路於列王十字站下，步行約5分鐘可達　🏠1A - 1F Roslyn St, Potts Point　☎(02) 9357-2316　🕐11:00~22:00　🌐padthaichaiyo.com.au

Pad Thai Chai Yo是列王十字區的平價美食，每份餐點份量並不小，價格也非常親民，因此很受當地人和背包客的歡迎。Pad Thai是他們的招牌餐點，你可以選擇肉類(牛、豬、雞)或素食(蔬菜和豆腐)的口味，也能調整辣度。除此之外，他們的泰式酸辣湯也很值得一試，酸酸辣辣的味道非常開胃，愛吃辣的人會吃得很過癮喔！

餐廳店面並不大，用餐時刻幾乎座無虛席，若是多人一起用餐，建議可事先訂位。另外，它是一家BYO(Bring your own「wine」)餐廳，可以讓客人帶自己的紅酒、香檳…但餐廳會另外收取開瓶費。

列王十字區Kings Cross

MAP ▶ P.63F5 **Otto Ristorante**

🚇搭城市鐵路於St. James站下，步行12~15分鐘可達　🏠Area 8, 6 Cowper Wharf Road　☎(02) 9368-7488　🕐週三~週日12:00~15:30、17:30~20:45　🈹週一、週二　🌐www.ottoristorante.com.au

Otto Ristorante是頂級的義大利餐廳，尤其是戶外的露天座位，可以觀賞到港灣與遊艇的悠閒景致，再加上可口的義大利菜餚，因此在此出沒的客人不乏雪梨名人。

市中心商業區CBD

MAP ▶ P.63D6 **Hilton Glass Brasserie**

🚇搭城市鐵路於市政廳站下，步行約1分鐘可達　🏠2F, 488 George St.　☎(02) 9265-6068　🕐早餐週一~週五6:30~10:00、週六~週日7:00~11:00，午餐週三~週五12:00~15:00(週六~週一休息)，晚餐週三~週五18:00~21:30、週六17:30~21:30(週日~週二休息)　🌐www.glassbrasserie.com.au

位於雪梨希爾頓飯店2樓的Hilton Glass Brasserie，是來自紐約的名設計師Tony Chi的傑作，運用挑高的空間和大片的玻璃牆，營造明亮的用餐環境，一整片的酒窖牆，有時候取酒也需借重吊掛，活像是特技表演，窗外直接俯瞰雪梨最熱鬧的市中心，維多利亞女皇購物中心近在眼前。

由主廚Luke Mangan全權掌控的廚房，提供中西合璧的創意料理，著重簡單、品質與一致性的餐食要求，無論是前菜、主菜或甜點，都讓人心悅誠服。即使是平常日也經常高朋滿座。

市中心商業區CBD

MAP ▶ P.63C5 **O Bar and Dining**

🚇搭城市鐵路於Wynyard站下，步行約4分鐘可達；或於Circular Quay站下，步行約8分鐘可達　🏠Level 47 Australia Square, 264 George St.　☎(02) 9247-9777　🕐午餐週四~週六12:00起、晚餐週一~週日17:00起　🈹送禮節、新年　🌐www.obardining.com.au　❗需穿正式服裝，不接受球鞋、拖鞋、短褲、帽子、背心

想要一邊欣賞雪梨美景，一邊享用美味餐點，推薦來到位在Australia Square 47樓高處的高空旋轉餐廳O Bar and Dining，包準讓人滿意。從開胃菜至主食、甜點等，都是主廚Michael Moore特別設計的低糖低鈉料理，以易消化的食材配上簡單烹調，讓糖尿病患者也能夠品嘗美食。O Bar and Dining最大的賣點還是在其會旋轉的室內空間，約一個半小時轉一圈，用餐期間可以360度欣賞城市美景，雪梨港灣大橋、歌劇院等著名地標盡收眼底，晚上造訪更能感受到酒吧氛圍，是雪梨市區內數一數二的熱門餐廳。

達令港與中國城Darling Harbour & Chinatown

達令港與中國城Darling Harbour & Chinatown

MAP ▶ P.63C8 台北襟家餃子館
Cho Dumpling King

🚃搭輕軌電車於Paddy's Market站下，步行1～3分鐘可達 🏠Shop TG 6, Prince Centre, 8 Quay Street ☎(02) 9281-2760 ◐10:00～20:00

　雖然名為餃子館，但其實不是只有餃子，還有各式各樣在台灣可以吃到的麵、飯特餐，10澳幣以下就可以吃飽一餐，而且還是道地的台北口味，頗受當地華人歡迎，偶爾也出現西洋面孔。小小的店面每到用餐時間，門口就站滿了甘願花時間等待的食客，而店員們幫忙先點菜、請客人入內等步驟也井然有序。不過地址雖然是8 Quay St.，但其實是在這幢太子中心大樓的背面，比較靠近Thomas St.一側，找的時候會費點功夫。

MAP ▶ P.63C6 Nick's Seafood Restaurant

🚃搭輕軌電車於雪梨會議中心站下，步行約1～3分鐘可達 🏠102 The Promenade, Cockle Bay Wharf ☎1300-989-989 ◐午餐11:00～15:00、晚餐17:00～22:00 🌐 www.nicksgroup.com.au

　位在達令港科克灣碼頭的大道上，Nicks的人氣不只是來自觀光客，也是深受當地人好評的海鮮餐廳。由龍蝦、生蠔、淡菜、大蝦、炸魚、魷魚等豪華美味組成的海鮮拼盤份量極大，食材新鮮且烹調手法恰到好處，不管在味覺或是視覺都讓人大大滿足。來到雪梨想一邊眺望達令港的美麗水色，一邊大啖海鮮美食，Nicks的食物價格也許不低，但同值的食物新鮮美味，服務周到，滿足了每一位顧客對海鮮餐廳應有水準的期待。

達令赫斯特與帕汀頓區Darlinghurst & Paddington

MAP ▶ P.63F7 Bills

🚃搭城市鐵路於列王十字街站下，步行5～8分鐘可達；或從牛津街步行約8分鐘可達 🏠433 Liverpool St. ☎(02) 9360-9631 ◐週一～週日07:30～15:00 🌐www.bills.com.au

　這間餐廳位於達令赫斯特區，距離牛津街大約8分鐘路程，以平易親切的用餐環境聞名。最有名的招牌菜為老闆特製的鬆餅「Ricotta hotcakes, banana and honeycomb butter」，口感超級鬆軟，幾乎入口即化。Bills因為陽光充足，可以悠閒用餐，因此許多人選擇在此開始他們的一天：一杯香濃的拿鐵，配上玉米餅佐番茄、菠菜與培根，或是一杯現榨鮮果汁與優格，加上鬆餅或炒蛋，慢慢咀嚼著早晨的味道。Bills在邦代海灘和莎莉山也有分店。

郊區Outskirts

MAP ▶ P.61B3 **The Grounds of Alexandria**

🚇搭城市鐵路於環形碼頭站下，步行約1分鐘可達 🏠Building 7A, 2 Huntley Street ☎(02) 9699-2225 ⏰週二~週日 07:30~16:00 🚫耶誕節、送禮節、元旦 🌐thegrounds. com.au ❗12~1月開放時間有異，詳情請見官網

從外面看The Grounds of Alexandria，感覺很像華山文創院區，都是由1920年代的舊工廠改造成的咖啡館和市集，它的發想者Ramzey Choker和Jack Hanna當初的目的就是把這座舊工廠打造成讓人們聚會的設計空間。

The Grounds主要分為3個部分：結合咖啡館、烘焙坊的The Café、有吧檯的大庭園The Potting Shed，以及像在植物園裡辦市集的The Grounds Garden。這裡的設計不時會改變，如配合《黑魔女2》的上映，花園裡的一對黑翅膀吸引了許多人來這裡拍照打卡。另有一家咖啡館The Grounds of the City在雪梨市中心商業區(CBD)。

郊區Outskirts

MAP ▶ P.62C1 **Aqua Dining**

🚇從環型碼頭4或5號碼頭搭雪梨渡輪於Milsons Point站下 🏠Paul St.和Northcliff St.交叉口(Milsons Point) ☎(02) 9964-9998 ⏰午餐12:00起、晚餐18:00起 🌐www. aquadining.com.au ❗目前整修中，預計2023年重新開業

唯一可以讓雪梨歌劇院和雪梨大橋這兩個大地標重疊的角度，就在雪梨港北邊的Milsons Point，而Aqua Dining就建在Milsons Point的奧林匹克泳池上方，供應新式澳洲料理。餐廳內部3面牆皆以大型的透明玻璃為主，就算坐在室內也能盡覽雪梨灣的景致，右邊是月神樂園的摩天輪，中間是

幾艘來往航行在雪梨灣上的渡輪，左邊便是雪梨大橋橫跨在港灣的景觀，和遠處佇立在一群高樓大廈前的雪梨歌劇院。

郊區Outskirts

MAP ▶ P.61D3 **Speedo's Cafe**

🚌搭巴士380號在Campbell Pde. near Ramsgate Av.站下，步行約3分鐘可達。 🏠126 Ramsgate Ave, North Bondi ☎(02) 9365-3622 ⏰06:00~16:00 🌐www. speedoscafe.com.au

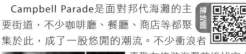

Campbell Parade是面對邦代海灘的主要街道，不少咖啡廳、餐廳、商店等都聚集於此，成了一股悠閒的潮流。不少衝浪者

喜歡在悠游海灘前後找家小店坐下歇息、用餐，而面對海灘的Speedo's Cafe便是其中一家聚集遊客的餐廳。看著報紙、吃份早午餐，是這裡最常見的畫面，一份便宜、分量又大的漢堡沙拉組合，足以提供海上活動所需的熱量，也有不少人推薦外帶一份培根蛋捲，到海灘以陽光佐餐，來個悠閒的野餐時光。

郊區Outskirts

MAP ▶ P.61D3 **Icebergs Dining Room and Bar**

🚌搭巴士333、380號在Campbell Pde. near Francis St.站下，步行約2分鐘可達。 🏠1 Notts Avenue, Bondi Beach ☎(02) 9365-9000 ⏰週三~週六12:00~00:00、週日 12:00~22:00 🚫耶誕節 🌐www.idrb.com

設計師Claudio Lazzarini和Carl Pickering將設計Icebergs的心情比喻成「就像是寫給雪梨一封情書」般的浪漫，設計靈感來

自60年代的威尼斯海灘小屋、Harry's Bar、伊斯坦堡的清真寺和義大利南方海岸的度假旅館。全環景的透明玻璃，提供十分厲害的邦代海灘全景；而玻璃帷幕之外的陽台，面對著整片的海洋，在這裡小酌一番，有如置身在暖和的南歐。餐點風格主要是以新地中海式為主，香醇的橄欖油調配新鮮的海鮮與食材，讓這裡每一道菜餚都獨具美味！

岩石區與環形碼頭 The Rocks & Circular Quay

MAP ▶ P.62C4　**雪梨免稅商店**
T Galleria by DFS, Sydney

🚇搭城市鐵路於環形碼頭站下，步行4~5分鐘可達　🏠
155 George St., The Rocks　☎(02) 8243-8666　
11:00~18:00　🎄耶誕節　🌐www.dfsgalleria.com

雪梨的全球連鎖免稅商店就位於岩石區的入口處附近，相當氣派的大樓裡，LV、Burberry、Fendi、C. D.、Chanel等國際名牌最時尚的產品雲集，當然也可買到UGG雪靴、綿羊油、羊毛製品、蜂膠、深海魚油等澳洲特有的產品，甚至連袋鼠肉乾、鱷魚肉乾等市區裡其實不太容易找到的產品，也可以在這裡尋獲。

雖然這裡的同類商品定價比市區內別的商店都要來得略高些，但顯然還是有很多人不在乎，是一站購足特產、紀念品的好地方。

市中心商業區 CBD

MAP ▶ P.63C6　**Jurlique**

🚇搭城市鐵路於市政廳站下，步行約7分鐘可達　🏠436 George St. (Myer百貨公司內)　☎(02)9160-9322　🕐週一~週四09:30~18:00(週四至20:00)、週日11:00~17:00　🌐www.jurlique.com.au

Jurlique是澳洲知名的保養品牌，其產品內添加阿得雷德高山森林的天然草本植物，或是從南澳生產的有機花草提煉出的純精油，產品天然完全對人體無害，不少空姐及貴婦都是其

愛用者。熱賣商品包括玫瑰或薰衣草護手霜，及牛奶味的身體乳液等。其他產品還包括百分之百純精油、薰香、混合精油、草本回春精華露、化妝品及按摩油等。

岩石區與環形碼頭 The Rocks & Circular Quay

MAP ▶ P.62C4　**蛋白石博物館**
The National Opal Collection

🚇從環形碼頭步行3~5分鐘可達　🏠60 Pitt St.　☎(02) 9247-6344　🕐10:30~17:30　💲免費　🌐www.nationalopal.com

這是一處由澳洲主要的蛋白石(Opal)開發公司所設立的私人博物館，展場裡展示著各式各樣的蛋白石，並有多種語言的影片詳細介紹蛋白石的形成過程與蛋白石好壞的區別，包括蛋白石分為黑蛋白石(Black Opal)、礫岩蛋白石(Boulder Opal)和白蛋白石(White Opal)等3大類。好的蛋白石本身顏色就多采多姿、而且不斷變換，照相技術很難一個鏡頭就表達出它渾然天成的美。

由於這家公司本身擁有蛋白石礦場，從開採、切割、拋光到製造成品等全線作業完成，在賣場中可以找到蛋白石商品。有興趣的人可以在這裡的賣場裡找找是否有心儀的寶石。

市中心商業區 CBD

MAP ▶ P.63D6　**The Tea Centre**

🚇搭城市鐵路於St. James站下，步行4~5分鐘可達　🏠Shop 16, Ground Level, 210 Pitt St. (Piccadilly Centre內)　☎(02) 9267-6292　🕐週一~週六09:00~17:00(週四延長至19:00)、週六9:00~16:00　🎄週日　🌐www.theteacentre.com.au

The Tea Centre是一家收藏有185種茶葉的茶葉店，包括有中國茶、日本綠茶、斯里蘭卡的錫蘭紅茶，以及印度的大吉嶺、阿薩姆紅茶，還有澳洲的有機花茶、水果茶，甚至還有台灣的凍頂烏龍茶等，應有盡有。此外，老闆並精心收集了多種造型小茶葉罐，顧客在店中選購了茶葉後，還可以選購喜愛的茶葉罐子，相當適合做為送給親友的小禮物。茶葉之外，茶壺也是店內的主要商品之一。

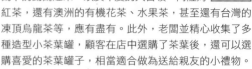

Where to Stay in Sydney
住在雪梨

岩石區與環形碼頭 The Rocks & Circular Quay

MAP ▶ P.62D4 **InterContinental Sydney**

🚇 搭城市鐵路於環形碼頭站下，步行3~5分鐘可達 🏠
117 Macquarie St. ☎(02) 9253-9000 🌐www.ihg.
com/intercontinental/hotels/gb/en/sydney/sydha/
hoteldetail

位於雪梨港灣的洲際飯店，輕鬆散步就
可以抵達雪梨歌劇院、皇家植物園，而且
建築本身即是一座風味十足的歷史建築，建於

1851年。

洲際飯店的每一間客房，
有的直接俯瞰雪梨歌劇院，
有的與雪梨港灣大橋近距離
相望，有的甚至同時擁抱這
兩大雪梨地標；總統套房曾
經號稱全雪梨最大的飯店套
房。位於頂樓的酒吧，擁有
360度的全方位視野，可把
整個雪梨港景一覽無遺。

岩石區與環形碼頭 The Rocks & Circular Quay

MAP ▶ P.62C4 **The Russell Boutique Hotel**

🚇 搭城市鐵路於環形碼頭站下，步行3~5分鐘可達 🏠143a
George St. ☎(02) 9241-3543 🌐www.therussell.com.au

在古意盎然的岩石區裡，把歷史建物改
裝成具設計風格的精品旅館，The Russell
Boutique Hotel算是其中的佼佼者。

The Russell旅館建築物本身已有百餘年歷史，可以回
溯到1887年，是19世紀末、大英帝國安娜女王(Queen
Anne)時代非常獨特的建築範例，在George St.和Gloobe
St.街角處，還有一座顯眼的新哥德式蘇格蘭男爵塔
(Scottish baronial tower)。1980年代，建築物內部許多細
節都被仔細修復並保留下來，再進一步改裝成一座精巧
的精品旅館。

岩石區與環形碼頭 The Rocks & Circular Quay

MAP ▶ P.62C4 **Four Seasons Hotel Sydney**

🚇 搭城市鐵路於環形碼頭站下，步行3~5分鐘可達 🏠199
George St. ☎(02) 9250-3100 🌐www.fourseasons.
com/sydney

雪梨的四季飯店因為位在環形碼頭、岩
石區與中央鬧區的交通要道上，可說是占
據雪梨最佳的地理位置。擁有531間客房，分
布在34層樓高的建築裡，有為數相當多間客房或套房的
窗景就是閃亮的雪梨港，左擁雪梨大橋、右抱雪梨歌劇
院，景觀無敵！

雪梨四季飯店雖然已有十餘年歷史，但是每年都不斷
翻修、更新，所以客房內空間寬敞、設施也一直走在時
代的尖端。休閒設施完善，擁有全雪梨市區飯店裡最大
的戶外泳池，連游泳時也可以欣賞雪梨歌劇院和大橋景
觀。附設的Spa水療中心，房客可自由使用各種先進的
健身器材、三溫暖等設備；多間芳療室也備有豐富的精
油按摩療程，幫旅客紓解身心的疲憊。

飯店的32樓設有一個行政俱樂部(The Executive Club)，
房客只要加付一點費用，就可以使用這裡的設施和
服務，包括更悠閒的早餐環境、更快速的Check-in與
Check-out流程，以及書報、雜誌、電腦上網設施等。

岩石區與環形碼頭 The Rocks & Circular Quay

MAP ▶ P.62C3 **Glenmore Hotel**

🚇 搭城市鐵路於環形碼頭站下，步行約8分鐘可達。🏠96
Cumberland St. ☎(02) 9247-4794 🌐theglenmore.
com.au

從街上看這間飯店，不過是一間看得出
有歷史痕跡的老飯店，但是來到屋頂上，
另有一番風光，被高樓大廈環抱的空間裡，可
以俯瞰雪梨港景、雪梨歌劇院與雪梨大橋，是非常受雪

梨人歡迎的屋頂啤酒園。
完成於1921年的Glenmore
Hotel至今仍保有第二次世
界大戰前的濃郁英國氣質，
建築本身雖然古老，但整體
氣氛年輕活潑。

市中心商業區CBD

MAP ▶ P.63D6 **Hilton Sydney**

🚃 搭城市鐵路於市政廳站下，步行約3分鐘可達　🏠488 George St.　📞(02) 9266-2000　🌐www.hiltonsydney.com.au

　　雖然打著老字號Hilton的名號，但雪梨希爾頓飯店絕對讓人耳目一新；從它簡潔優雅的設計，不難看見飯店迎合時尚奢華的企圖；工作人員雖然全面年輕化，但所呈現的細膩服務，卻又讓人印象深刻；晚上有時間別忘了到希爾頓玻璃小酒館(Hilton Glass Brasseries)用餐，這家由紐約知名設計師Tony Chi所設計的餐廳，可以讓你透過整片的落地窗欣賞到維多利亞女皇購物中心的優雅風貌。

市中心商業區CBD

MAP ▶ P.63D7 **Vibe Hotel Sydney**

🚃 搭城市鐵路於博物館站下，步行約2分鐘可達　🏠111 Goulburn St.　📞(02) 9356-5063；138-423　🌐vibehotels.com.au

　　Vibe Hotel Sydney外觀像是棟不起眼的大樓，一進去卻是別有洞天，明亮的大廳擺著色彩鮮豔的沙發座椅，一尊白色的彌勒大佛成為最搶眼的一景；房間小巧精緻，同樣以綠色、紅色和白色等鮮明色彩做為主調，再以簡單時尚的家飾予人溫馨的居家感；裡頭餐廳、健身房、泳池、會議室設計一應俱全。

市中心商業區CBD

MAP ▶ P.63C8 **Wake Up!**

🚃 搭城市鐵路於中央車站下，步行約7分鐘可達　🏠509 Pitt St.　📞(02) 9288-7888　🌐www.wakeup.com.au

　　與中央車站只有一條大道相隔，矗立著一幢頗具規模的紅磚建築，從它恢弘的外觀，實在看不出來是價格平易近人的廉價旅館。這裡提供雙人房、4人房、6~10人的通鋪等，環境維持得相當清潔，安全管理也自成體系，再加上中央車站就在附近，交通非常方便，可說是物超所值。

列王十字區Kings Cross

MAP ▶ P.63E5 **Ovolo Woolloomooloo**

🚃 搭城市鐵路於列王十字站下，步行約15分鐘可達　🏠6 Cowper Wharf Roadway　📞(02) 9331-9000　🌐ovolohotels.com.au

　　Ovolo Woolloomooloo被Trip Advisor票選為2019年澳洲與南太平洋的第1名飯店。這家飯店的建築非常特別，其形狀屬狹長型，這是因為這地方原本是碼頭，為世界上最長的碼頭，也因為長得像手指頭，所以被稱為Finger Wharf。飯店保留了碼頭原有的設計，如木樑、一些搬運用的器具，所以呈現出新舊融合的設計。

　　這飯店的每個房間都非常時髦，其中有兩間套房以澳洲著名的搖滾樂隊——AC/DC及INXS命名，與其他房間的設計風格完全不一樣，據說紅髮艾德曾經入住過其中一間套房。

郊區Outskirts

MAP ▶ P.61B3 | **Citadines Connect Sydney Airport**

🚇搭城市鐵路於Mascot站下,步行約15分鐘可達;從雪梨國內機場火車站,步行約15分鐘可達 📍121 Baxter Rd, Mascot ☎(02) 8303-8888 🌐www.citadines.com/en/australia/sydney/citadines-connect-sydney-airport

位於雪梨國內機場附近的Citadines Connect Sydney Airport,是一家精緻的小飯店。特別的是它的櫃台在頂層(penthouse),看出去就是機場的停機坪,不時就可以看到飛機起飛、降落。飯店共有150個房間,房型的種類和飛機的座位分配一樣:經濟(Economy)、豪華經濟(Premium Economy)以及商務(Business Class)。每種房型只有大小不一樣,其它基本設施都相同,如雙人床、熱水器、裝有Netflix的電視⋯

此外,這家飯店沒有提供room service,反而是設置了24小時的全自助吧「Grab & Go」,像一家小型的7-11,供應各種熱食、零食、飲料等,另外也有附微波爐可以自己加熱食品。

郊區Outskirts

MAP ▶ P.61C1 | **Wildlife Retreat at Taronga**

🚇從環形碼頭4號碼頭搭渡輪F2線於動物園站下,再換乘巴士238號到動物園;若已上網購票,可下船後直接坐纜車(Sky Safari)到動物園 📍Bradleys Head Rd, Mosman ☎(02) 9978-4791 🌐taronga.org.au/sydney-zoo/wildlife-retreat

你是否有在過動物園住過一個晚上的經驗呢?Wildlife Retreat是塔隆加動物園新開張的園內飯店,房間分為Bushland Room、Animal View Room、Harbour View Room以及Treetop Suites共4種房型。

只要有訂房,旅客就可以享有動物園的2日券、在Me-Gal餐廳的早餐和晚餐、以及3個導覽行程。導覽行程分為Sanctuary Tour、Daybreak Walk及Morning Tour。Sanctuary可以說是飯店外的庭園,像個小型的動物園,裡面住著無尾熊、沙袋鼠(Wallaby)、針鼴蝟(Echidna)等澳洲本土動物。

藍色海洋路

藍色海洋路
Grand Pacific Drive

文●趙思語　攝影●周治平

藍色海洋路全長約140公里，從雪梨南部的皇家國家公園(Royal National Park)出發，串聯新南威爾斯州第3大城市臥龍崗(Wollongong)，以及海港城市——蜆殼港(Shellharbour)、凱阿瑪(Kiama)和南部高原(Southern Highlands)。若大洋路的標誌是十二使徒岩，那海崖大橋(Sea Cliff Bridge)就是藍色海洋路的地標；巴爾德山觀景台(Bald Hill Lookout)是欣賞大橋的最佳位置。

這條自駕遊路線適合喜歡刺激活動的人，高空、海洋、雨林的活動任君選，可以一次玩完高空跳傘、滑翔翼、衝浪、叢林溜索等；也適合喜歡攝影和歷史文化的人，這裡有南半球最大的寺廟，也有超美的日出日落拍攝點，讓你怎麼拍怎麼美；當然還有旅遊少不了的美酒美食。集齊冒險、人文、美食的藍色海洋路，還不趕快啟程嗎？

INFO

如何到達——火車

新南威爾斯鐵路(NSW TrainLink)營運的遠郊鐵路(Intercity train)藍線——South Coast Line與藍色海洋路重疊，但由於火車站都在市區中心，部分景點在郊區，開車遊藍色海洋路還是比較方便。
NSW TrainLink
🌐 transportnsw.info/travel-info/ways-to-get-around/train#

如何到達——開車

開車是旅遊藍色海洋路的最佳方式，自雪梨開車走M1 Princes Motorway，在Helensburgh銜接Lawrence Hargrave Drive，一直往南走。

旅遊諮詢
藍色海洋路
🌐 www.grandpacificdrive.com.au
臥龍崗旅遊局Destination Wollongong
🌐 www.visitwollongong.com.au
皇家國家公園遊客中心
📍 2 Lady Carrington Drive, Audley
☎ (02) 9542-0648　🕐 08:30~16:30
Southern Gateway Centre
📍 Princes Motorway (M1), Bulli Tops
☎ (02) 4267-5910／1800-240-737
🕐 週一~週五09:00~17:00、週六~週日10:00~15:00
🚫 耶誕節
蜆殼港遊客中心
📍 Addison St與Wentworth St交接處, Shellharbour Village
☎ (02) 4221-6169／1300-656-169
🕐 09:00~17:00　🚫 耶穌受難日、耶誕節

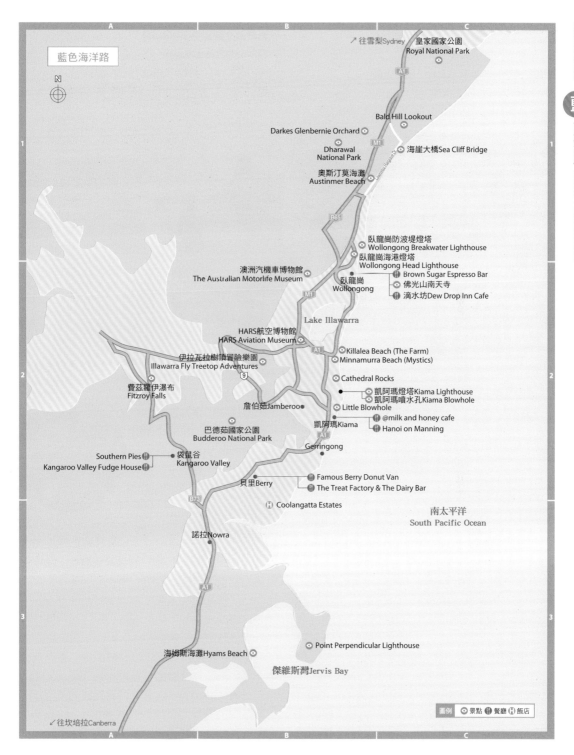

藍色海洋路

N

↗往雪梨Sydney
皇家國家公園
Royal National Park

Bald Hill Lookout

Darkes Glenbernie Orchard

Dharawal National Park

海崖大橋Sea Cliff Bridge

奧斯汀莫海灘
Austinmer Beach

臥龍崗防波堤燈塔
Wollongong Breakwater Lighthouse
臥龍崗海港燈塔
Wollongong Head Lighthouse

澳洲汽機車博物館
The Australian Motorlife Museum

臥龍崗
Wollongong

Brown Sugar Espresso Bar
佛光山南天寺
滴水坊Dew Drop Inn Cafe

Lake Illawarra

HARS航空博物館
HARS Aviation Museum

Killalea Beach (The Farm)
Minnamurra Beach (Mystics)

伊拉瓦拉樹頂冒險樂園
Illawarra Fly Treetop Adventures

Cathedral Rocks

費茲羅伊瀑布
Fitzroy Falls

凱阿瑪燈塔Kiama Lighthouse
凱阿瑪噴水孔Kiama Blowhole

詹伯茹Jamberoo

Little Blowhole

凱阿瑪Kiama

@milk and honey cafe
Hanoi on Manning

巴德茹國家公園
Budderoo National Park

Gerringong

Southern Pies
Kangaroo Valley Fudge House

袋鼠谷
Kangaroo Valley

貝里Berry

Famous Berry Donut Van
The Treat Factory & The Dairy Bar

Coolangatta Estates

南太平洋
South Pacific Ocean

諾拉Nowra

Point Perpendicular Lighthouse

海姆斯海灘Hyams Beach

傑維斯灣Jervis Bay

↙往坎培拉Canberra

圖例 景點 餐廳 飯店

103

凱阿瑪遊客中心

📍Blowhole Point Road, Kiama

☎(02) 4232-3322／1300-654-262

🕐09:00~17:00　休耶誕節

肖爾黑文遊客中心(Nowra)

📍Bridge Road Nowra

☎(02) 4421-0778／1300-662-808

🕐09:00~17:00(假日時間易變動，請上網查詢)

Where to Explore in Grand Pacific Drive
賞遊藍色海洋路

臥龍崗Wollongong

MAP ▶ P.103B1

MOOK Choice

Darkes Glenbernie Orchard

森林裡的大果園

🚗從雪梨開車走M1 Princes Motorway，約1小時可達；從臥龍崗開車走M1 Princes Motorway，約20分鐘可達 📍259 Darkes Forest Rd, Darkes Forest ☎(02) 4294-3421 🕐10:00~16:30 休國定假日 🌐www.darkes.com.au ❗需事先上網預約

Fahey家族從1939年就開始經營這家隱藏在Darkes Forest裡的果園，如今已經傳承到第4代了。Darkes Glenbernie Orchard大致可分為3個部分：果園(Orchard)、果園商店(Appleshack)以及釀酒(Darkes Brewing)，其中釀酒是他們於2013年才開始發展的副業。他們的第一款蘋果西打是The Howler，用了Delicious、Royal Gala和Pink Lady這3種蘋果釀製，並連續獲得2017~2018年World Cider Awards的金牌；之

掃地圖

後也推出了適合全家大小飲用的無酒精蘋果西打Little Blue。

果園以種植蘋果為主，包含Pink Lady、Granny Smith等品種，另外就是水蜜桃、油桃、李子、柿子等核果類(stone fruit)。他們家的水果除了在Appleshack販賣，也有批發到Woolworths、Coles 等超市。Darkes Glenbernie Orchard在水果最好吃的季節時，提供「Pick Your Own」的採水果體驗，園主先開著拖拉機，把參觀者載到果園裡，然後教導大家如何選擇和摘採水果。參觀者可以任意摘採水果，但這些水果並不包含在體驗費用裡，需按照市場價格以每公斤計算。

Appleshack除了新鮮蘋果和西打，也有賣蘋果汁、蘋果醋以及蜂蜜！蘋果汁分為過濾(clear)和無過濾(cloudy)，前者是清澈無渣的蘋果汁，後者在喝的時候可以吃到一些果肉；這2款蘋果汁都是100%用蘋果製成，喝起來非常爽口。

臥龍崗Wollongong

MAP ▶ P.103C1

MOOK Choice

巴爾德山觀景台
Bald Hill Lookout
海崖大橋的最佳取景位置

🚗 從雪梨開車走M1 Princes Motorway和Lawrence Hargrave Drive，約1小時可達；從Coalcliff火車站走路到海崖大橋約15分鐘

位於斯坦維爾公園(Stanwell Park)的巴爾德山觀景台是澳洲著名的觀景台之一，除了可以眺望獨一無二的海崖大橋，這裡也因地理位置的關係，非常適合玩滑翔翼(hang gliding)和滑翔傘(paragliding)。澳洲著名的發明家Lawrence

掃地圖

Hargrave 致力於研究飛行器，並於1894年11月12日，在這裡利用他發明的箱型風箏，成功飛行了約4.8公尺。這項實驗影響了後來人類飛行的歷史，據說澳洲人認為如果沒有Hargrave先生的研究，萊特兄弟都未必能成功發明飛機呢！

海崖大橋Sea Cliff Bridge

海崖大橋全長665公尺，耗資4,900萬澳幣建成，以取代部分因落石災害而關閉的Lawrence Hargrave Drive。除了可以一直開車到臥龍崗，大橋沿途也有停車場，把車子停好後，在橋上邊走邊欣賞南太平洋美麗海景。5~11月是賞鯨季節，在這裡如果運氣好的話，也可以看到鯨魚喔！

臥龍崗Wollongong

MAP ▶ P.103B2

澳洲汽機車博物館
The Australian Motorlife Museum
回顧澳洲機械的歷史

🚗 從雪梨開車走M1 Princes Motorway和Lawrence Hargrave Drive，約1.5小時可達 🏠Integral Energy Recreation Park, 94 Darkes Road, Kembla Grange ☎(02) 4261-4100 ⏰週三~週日09:30~16:30(15:30最後入場) 💲成人A$20、6~16歲A$5 ❌澳洲國慶日 🌐www.australianmotorlifemuseum.com

掃地圖

4,000平方公尺的澳洲汽機車博物館除了展示古董汽機車，還有腳踏車、加油機、留聲機、收音機、裁縫機、除草機…等各種機器。博物館有2項鎮館之寶，分別為最古老的收藏品——1904年製造的Innes汽車，以及製造於1903年至1910年之間的 12輛David Spencer機車。博物館也曾將館藏借給李奧納多狄卡皮歐主演的《大亨小傳》(The Great Gatsby)劇組拍攝。

臥龍崗Wollongong

MAP ▶ P.103B1

奧斯汀莫海灘
Austinmer Beach

高人氣海水浴場

🚗 從臥龍崗開車走M1 Princes Motorway，約20分鐘可達
🔄 每年9~4月有救生員巡邏

臥龍崗有17座救生員待命的海灘，其中最有名的除了斯坦維爾公園海灘，另一個就是奧斯汀莫海灘了，這座海灘取名自伊拉瓦拉採礦公司(Illawarra Mining Company)的主席——亨利·奧斯汀(Henry Austin)。從停車場看向海灘，左邊是浴室和更衣間，而往右邊的盡頭有2座天然的岩石泳池(rock pools)。如果注意到沙灘上插著2根旗子，那表示只有旗子中間的水域適合游泳，為了安全起見，這個範圍也禁止攜帶衝浪板。如果沒有看到旗子，表示當天沒有救生員當班，因此禁止游泳。

臥龍崗Wollongong

MAP ▶ P.103B1

臥龍崗燈塔
Wollongong Head Lighthouse

雙燈塔之城

🚗 從臥龍崗市區開車約10分鐘可達；從臥龍崗火車站步行約30分鐘可達

臥龍崗燈塔(Wollongong Head Lighthouse)與防波堤燈塔(Breakwater Lighthouse)相距不遠，讓臥龍崗成為澳洲東部唯一有2座距離這麼近的燈塔的城市。

臥龍崗燈塔位於旗桿山(Flagstaff Hill)上，因此也被稱為旗桿山燈塔。這座燈塔建於1936年，是澳洲第一座全自動的電動燈塔，並於2000年別列為古蹟建築。燈塔看出去是360度太平洋海景，四周無遮蔽物，是個看日出和滿月的好地方。

另一座防波堤燈塔1974年起停止運作，2002年修復完畢後被列為古蹟，如今會為了特別節日或活動亮燈。

凱阿瑪Kiama

MAP ▶ P.103B2

教堂岩石
Cathedral Rocks

最佳攝影點

🚗 開車至Moona Avenue 與North Kiama Drive交匯處附近的停車場，沿著沙灘步行至底 ❗ 建議退潮時前往

因海水腐蝕而形成教堂岩石，自19世紀起就是著名的打卡景點。這塊岩石估計已開始是顆大石頭，或是山壁的一部分，後來被海浪侵蝕出一個倒ㄇ型，從遠處看起來就像一座教堂。無論是日出、日落或夜晚，教堂岩石搭配太陽、海水、星空、月亮都可以拍出不同的模樣，難怪這裡從以前到現在都是畫家和攝影師的必去之地。

臥龍崗 Wollongong

MAP ▶ P.103B2

佛光山南天寺

MOOK Choice

Fo Guang Shan Nan Tien Temple

南半球最大寺廟

🚗 從臥龍崗市區開車走M1 Princes Motorway.，約10分鐘可達 🏠180 Berkeley Road, Berkeley ☎(02) 4272-0600 ⏰週二~週日及國定假日09:00~17:00(大門於16:30關閉) ⛔週一(國定假日除外) 💲免費 🌐www.nantien.org.au

　建於1995年的的南天寺，為南半球最大的佛寺，因其中國宮殿式的建築，讓南天寺在澳洲眾多旅遊景點中獨樹一幟。南天寺的主殿為供奉五方佛的大雄寶殿，殿內四面牆壁共嵌有一萬個小佛龕，鑲在小佛龕前的燈代表著人人皆有佛性；而大悲殿則供奉千手千眼觀世音菩薩，每一隻手都握有法器，每個法器有著不同的意義，如蓮花代表慈悲、杵代表戰勝敵人。南天寺還一座靈山塔，為8層樓高的納骨塔，中間供奉著地藏王菩薩。

　參拜後可以到滴水坊喝茶，若有住宿需求，香雲會館(Pilgrim Lodge)是個可以清淨優雅的小旅館。

蜆殼港 Shellharbour

MAP ▶ P.103B2

Killalea 海灘及 Minnamura海灘

國家衝浪保護區

🚗 從臥龍崗開車走B65高速公路或M1 Princes Motorway，約25分鐘可達 🏠Killalea Drive, Shell Cove ☎(02) 4237-8589 🌐reflectionsholidayparks.com.au/park/killalea-reserve、surfingreserves.org/killalea.php ❗12~1月有最低住宿天數的條件(如至少住3或4晚以上)，天數隨時變動，預訂前請留意

　位於Killalea 保護區(Killalea Reserve)裡的Killalea 海灘及Minnamura海灘是最受當地人歡迎的兩個衝浪海灘，甚至在2009年被列為國家衝浪保護區(National Surfing Reserve)。這兩座海灘也分別被暱稱為「The Farm」和「Mystics」。

　Killalea 保護區的面積約為250公頃，現由Reflections Holiday Parks集團管理，除了衝浪，也可以釣魚、野餐及露營。園區住宿可分為2種——無供電區(unpowered site)以及大通舖(bunkhouse)，前者可紮帳篷或停露營車，後者共有40個床位。

原來是這意思⋯
　Minnamura在原住民語中有「很多魚」的意思；而Killalea取自這塊土地的第1位主人——Edward Killalea。他可以說是個傳奇人物，有興趣的可以去找找關於他的故事。

凱阿瑪Kiama

MAP ▶ P.103B2

伊拉瓦拉樹頂冒險樂園

MOOK Choice

Illawarra Fly Treetop Adventures

澳洲最高的Zipline

🚗 從凱阿瑪市區開車約25分鐘可達 🏠 182 Knights Hill Rd., Knights Hill ☎ (02) 4885-1078 🕙 10:00~17:00(最後入場16:00) 🚫 耶誕節 💲 成人票A\$75、4~15歲兒童A\$45，票價含溜索及樹頂步道；網路購票另有優惠，溜索時段建議時先上網預訂 🌐 www.illawarrafly.com ❗ 溜索前需穿裝備、聽領隊講解，因此建議比預定時間提早30分鐘抵達

伊拉瓦拉樹頂冒險樂園的溜索離地面有35公尺，是澳洲最高的溜索(Zipline)！溜索體驗全程由2位領隊帶領，在樹林間「飛行」3次以及跨過2段吊橋。想要體驗更刺激的溜索，可以參加「夜間溜索」(After Dark Zipline Tour)，在伸手不見五指的

編輯筆記

Zipline注意事項

所有容易掉落的東西、物品都不能攜帶上溜索，如果想要帶手機、相機、GoPro玩溜索，則必須確保有掛繩可以套在手腕上。這裡也可以租借GoPro，每台A\$30。

情況下身在高處，測試自己的膽量！

這片樹林中還有一條20~30公尺高、1.5公里長的樹頂步道(Treetop Walk)，步道採用500公尺的鋼筋建成，因此遊客可以放心地在這樣的高度漫步在樹頂間，以不同的角度觀賞綠意盎然的伊拉瓦拉雨林。如果覺得溜索不夠高、不過癮，那麼可登上步道中高達45公尺的騎士塔(Knights Tower)，保證可以讓你一望無際地欣賞到腳下的雨林奇景，和享受這片除了鳥鳴外的寂靜大自然。

凱阿瑪Kiama

MAP ▶ P.103B2

凱阿瑪噴水孔

Kiama Blowhole

世界上最大的噴水孔之一

🌐 位於凱阿瑪燈塔附近,從凱阿瑪火車站步行約10分鐘可達

　　凱阿嬤噴水孔是世界上最大的噴水孔之一,最高可以噴至20公尺之高,隨著時噴出來的還有一聲巨響,這是因為當海浪沖進噴水孔裡的小石

凱阿瑪不只是一個噴水孔,還有另一個較小的Little Blowhole,這裡的人潮比凱阿瑪噴水孔少喔~

🏠 Tingira Cres, Kiama

道,把裡面的空氣擠出時,就會發出「彭」一聲。想要看到噴水柱的話,需要耐心等候,因為並不是每一次的噴水,都是一條水柱,有時可能只噴出幾滴水。如果遇上天時地利人和,還可以拍到從水柱折射出的彩虹呢!

貝里Berry

MAP ▶ P.103B3

MOOK Choice

Coolangatta Estate

從囚犯村改造的旅館、酒莊

🌐 從貝里市區開車約10分鐘可達;從凱阿瑪市區開車約25分鐘可達　🏠 1335 Bolong Road, Coolangatta　☎ (02) 4448-7131　🕐 酒窖:10:00~17:00、接待:09:00~16:00　🌐 www.coolangattaestate.com.au

　　Coolangatta 在原住民語中有「美景」之意,而位於此地的Coolangatta Estate可追溯到19世紀初:1822年,亞歷山大‧貝里(Alexander

Berry)與他的夥伴從當時的新南威爾斯政府獲得10,000英畝地與100名囚犯後,在這塊土地定居了下來。將近200年後,這裡已經化身為旅館、餐廳及葡萄酒莊。

　　Coolangatta Estate裡的建築物全部都有被保留下來,只有內部改裝成房間,分別為小木屋(The Cottage)、囚犯木屋(The Convict Cottage)、馬廄(The Stables)、僕人宿舍(The Servant's Quarters)、水電工坊(The Plumber's Shop)、木屋(The Lodge)、鐵匠工坊(Blacksmith's Shop)、軛具房(Harness Room)以及乳製品廠(The Dairy)。

臥龍崗Wollongong

MAP ▶P.103B2 **Brown Sugar Espresso Bar**

🚗從臥龍崗市區開車約7分鐘可達；從Coniston火車站步行約25分鐘可達 🏠Shop 2, 103 St Johns Ave, Mangerton 📞0434-205-277 🕐週一~週五06:00~14:00、週六日07:00~13:00 🌐www.brownsugarespresso.com.au

Brown Sugar Espresso Bar是家位於十字路口的小小咖啡館，一進門就聽到老闆娘熱情的問好，問你今天想吃和喝什麼。這裡固定的menu只有三明治，麵包類、糕點類則是每天都不同，如可頌、杯子蛋糕、肉桂卷…

這裡營業時間結束後，也會不時舉辦一些試吃會或品酒會，詳情請見Brown Sugar Espresso Bar的粉專。

臥龍崗Wollongong

MAP ▶P.103B2 **滴水坊Dew Drop Inn**

🚗位於南天寺內，從臥龍崗開車走M1 Princes Motorway，約10分鐘可達 🏠180 Berkeley Road, Berkeley 📞(02)4272-0600 🕐週二~週五10:00~16:00、週六~週日及國定假日09:30~16:30 🚫週一(國定假日除外) 🌐www.nantien.org.au

位於南天寺裡的滴水坊取名自「受人滴水之恩，當以泉湧的心意來報答」，提供簡單的素食料理和點心。茶坊空間不是很大，也沒有過多的裝飾，只有簡單的木製傢俱，以及旁邊販賣的佛教書籍以及精緻的茶具、餐具。參觀完寺院，不如到這個清淨的茶坊，點一壺招牌的蓮花茶，享有一個寧靜的下午。

凱阿瑪Kiama

MAP ▶ **P.103B2** **Hanoi on Manning**

🚗從臥龍崗開車走M1 Princes Motorway接A1 Princes Highway，約30分鐘可達；從蜆殼港開車走A1 Princes Highway，約15分鐘可達 🏠10 Manning St., Kiama ☎(02) 4232-3315 🕐週三～週一11:30~14:30、17:30~21:30 休週二 🌐www.hanoionmanning.com.au

於2009年開始營業的Hanoi on Manning，用平價、傳統的越南料理俘獲了不少當地人的胃，每到用餐時間都座無虛席。這家餐廳人氣非常高除了因為正宗的越式口味，另一個原因就是正餐、甜點都提供蔬食(vegan)和素食(vegetarian)的選擇，讓更多人可以吃到好吃的越南料理。若有選擇障礙不知道要吃甚麼的話，就來一碗牛肉河粉吧！

掃地圖

貝里Berry

MAP ▶ **P.103B2** **Famous Berry Donut Van**

🚗從臥龍崗開車走M1 Princes Motorway接A1 Princes Highway，約45分鐘可達；從蜆殼港開車走A1 Princes Highway，約30分鐘可達；從凱阿瑪開車走A1 Princes Highway，約20分鐘可達 🏠73 Queen St., Berry ☎(02) 4464-1968 🕐08:30~16:45 🌐www.facebook.com/berrydonutvan

這輛甜甜圈餐車已有50多年的歷史，以新鮮的肉桂甜甜圈聞名，如今是貝里必去的景點兼餐廳。現點現炸的甜甜圈，沾上滿滿的肉桂粉，吃起來軟軟QQ的，味道竟然和台式甜甜圈很相似！除了甜甜圈，也可以選擇熱狗或肉派，再搭配一杯咖啡或奶昔，就是一頓簡單的早餐或下午茶了。

掃地圖

貝里Berry

MAP ▶ **P.103B2** **The Treat Factory**

🚗從臥龍崗開車走M1 Princes Motorway接A1 Princes Highway，約50分鐘可達；從蜆殼港開車走A1 Princes Highway，約30分鐘可達；從凱阿瑪開車走A1 Princes Highway，約20分鐘可達 🏠Old Creamery Lane, Berry ☎(02) 4464-1112 🕐週一～週日09:30~16:30 🌐www.treatfactory.com.au

The Dairy Bar
🕐週一~週日09:30~16:30

貝里以前是澳洲主要出產乳製品的小鎮，The Treat Factory原是建於1895年的貝里中央乳製品加工廠(Berry Central Creamery)，如今已是傳承4代的家族產業，為肖爾黑文區(Shoalhaven)最大的調味醬料、傳統糖果糕點、巧克力、起司等供應商。

掃地圖

The Treat Factory前面為糖果店，而後面是開放式廚房，可以看到糖果或巧克力的製作過程。這裡可以看到在台灣看不到的糖果，以及各種口味和造型的巧克力，其中最特別的是如磚塊般的牛奶糖(fudge)，看起來硬邦邦但入口即化。

The Dairy Bar則是開在隔壁的咖啡館，提供早午餐、甜點、冰淇淋和咖啡。餐點所使用的調味醬料、開胃菜(relish)都是他們自己的產品，喜歡的話也可以到The Treat Factory購買。離開前也別忘了嚐嚐The Dairy Bar的招牌冰淇淋或奶昔，他們的冰淇淋都是用新南威爾斯州南岸(South Coast)最好的牛奶和奶油製作成的！

獵人谷
Hunter Valley

文●墨刻編輯部　攝影●墨刻攝影組

位於雪梨西北方約160公里處的獵人谷，是距離雪梨最近的酒鄉，也是全球知名的葡萄酒產地。獵人谷的釀酒歷史可追溯至菲力浦船長初抵雪梨之時，在現今岩石區的洲際飯店建立一個小花園，而許多移民者隨後也開始種植花草與葡萄，到19世紀初期時，雪梨已經成為澳洲葡萄酒的一大產區。

獵人谷因獵人河(Hunter River)穿越其間形成河谷而得名，又分為上下河谷兩部分，其中大多數的酒廠聚集在離雪梨較近的下河谷(Lower Hunter)。從雪梨前往獵人谷的門戶為塞斯諾克(Cessnock)，旅客可先到旅客中心索取相關旅遊資料。

INFO

如何到達——火車+巴士

先從雪梨搭火車到Newcastle(車程約3小時)或Morisset(車程約2小時)，然後搭Rover Coaches巴士到Cessnock的Vincent St.。塞斯諾克(Cessnock)為進入獵人谷前的最後小鎮，若非開車前往，可在此租車或自行車進入酒鄉，或在此參加旅行團。

Rover Coaches

⌂231-233 Vincent St., Cessnock

☏(02) 4990-1699

⬤從Newcastle搭Rover Coaches 160號週一~週五08:20、10:20、15:20、17:20出發，週六08:20、17:20出發，週日和國定假日不行駛，車程約1小時15分鐘；從Morisset搭Rover Coaches 163號週一~週五08:20、18:23出發，週六~週日和國定假日09:20、17:25出發，車程約55分鐘

🌐www.rovercoaches.com.au

如何到達——開車

由於獵人谷酒莊分散各處，自行開車前往比較方便，從雪梨出發沿M1 Pacific Motorway約100公里後，依往Cessnock的指標下高速公路可達。

建議參加品酒團，方便行動

獵人谷酒鄉區域沒有巴士通行，在當地旅遊最好的方式還是參加旅行團。雪梨有多家旅遊公司提供獵人谷1到多日的遊程，通常在遊客服務中心和各等級住宿設施都很容易看到品酒團的宣傳單，可直接從雪梨報名旅行團並搭巴士出發；在獵人谷亦有許多旅遊公司專門安排前往各個酒莊的旅程。他們通常會從下榻的旅館開始接送，對沒有開車的旅客非常方便。

旅遊諮詢

◎獵人谷酒鄉旅遊局暨遊客服務中心
⌂455 Wine Country Drv., Pokolbin
☏(02) 4993-6700
◉週一~週六09:00~17:00，週日及國定假日09:00~16:00
⊗耶誕節
⊕www.huntervalleyvisitorcentre.com.au、www.winecountry.com.au

獵人谷

↑往Upper Hunter

Tuscany Wine Estate
Binnorie Dairy
磨坊餐廳
The Mill Restaurant & Cafe
The Mill Wine Bar

Blueberry Hill
B&B&vineyard

獵人谷品酒學校
Hunter Valley Wine School
品酒劇院
Wine Theatre

The Cellar Restaurant
獵人谷花園Hunter Valley Garden
The Rothbury Estate

Tyrrell's
Vineyard
McGuigan
Wines
獵人谷起士公司
Hunter Valley
Cheese Company
Broke Rd.

Thompsons Rd.
Brokenwood   Circa 1876

Audrey
Wilkinson
Vineyard
Cypress Lakes Resort &
Golden Door Resort Spa
Debeyers Rd.

Lindemans

胡椒樹酒莊
Pepper Tree Wines

遊客服務中心
The Crowne Plaza Hunter Valley

塞斯諾克Cessnock

圖例 ● 景點 🛍 購物 🍴 餐廳 Ⓗ 飯店 酒莊

MAP ▶ P.113A2

獵人谷花園

MOOK Choice

Hunter Valley Gardens
愛麗絲夢遊仙境成真

🚗從Cessnock開車走Wine Country Drv.，左轉Broke Rd.可達 ⌂Broke Rd., Pokolbin ☏(02) 4998-4000 ◉09:00~17:00 ⊗耶誕節 💲全票A\$32、兒童票A\$25、三歲以下免費入場 ⊕www.hvg.com.au

掃地圖

占地25公頃的獵人谷花園是新南威爾斯州最大的迷宮花園，整個花園設計十來種不同的庭園，如玫瑰園、義式花園、日本庭園、英式庭園、童書花園…遊客可在這裡欣賞來自全世界各式風情的庭園設計。

在這些庭園中，最具創造力的就屬童書花園(Storybook Garden)，以《愛麗絲夢遊仙境》的童話故事為腳本，將故事人物打造成與人一樣大的模型，每個模型前都有一本放大的模型故事書，呈現當頁的故事場景，活生生地將主角與故事書拉到現實生活中！在這裡，你可以隨意到處走走，或是參加園內特別安排的徒步導覽之旅，亦可坐上遊園小火車，以最輕鬆的方式遊覽這個花花世界。

McGuigan Wines

MOOK Choice

備受國際獎項肯定

🚗從Cessnock開車走Wine Country Drv.左轉Broke Rd.再左轉Mcdonalds Rd.可達 🏠Corner of Broke & McDonalds Roads., Pokolbin 📞(02) 4998-4111 ⏰10:00~17:00 休耶穌受難日、耶誕節 🌐www.mcguiganwines.com.au

McGuigan Wines位在獵人谷中心地帶，曾多次奪下國際葡萄酒釀酒師大獎，在獵人谷各酒莊中具有舉足輕重的地位。McGuigan Wines主要以口感輕柔的

掃地圖

Shiraz為主，另外Cabernet Sauvignon也頗受歡迎。在入口處以各國國旗點綴的販賣處可以試飲多款紅白酒，讓服務人員解說各款酒品的特色並品嘗過後再購買。由於知名的獵人谷起士公司就位在附近，所以在這裡可以一同學習起司與紅酒的搭配。

The Cellar Restaurant

MOOK Choice

澳洲最佳當代佳餚

🚗從Cessnock開車走Wine Country Drv.，左轉Broke Rd.可達 🏠Hunter Valley Gardens Village, Broke Rd., Pokolbin 📞(02) 4998-7584 ⏰週一~週日午餐12:00起、週一~週六晚餐18:00起 休週日 🌐www.the-cellar-restaurant.com.au

The Cellar Restaurant的座位舒適，中央有一座巨大火爐，提供的是現代澳洲菜餚，主廚堅持採用來自獵人谷的本地新鮮食材，烹調出一道道令人稱讚的佳餚，連續多年贏得澳洲最佳當代餐廳的獎項。

菜單上從前菜、主菜、佐菜、甜點一應俱

掃地圖

全。當然別忘了選上一瓶好酒下菜！The Cellar Restaurant精心挑選了風味絕佳的葡萄酒，讓你在享用美食之餘，也能領略到獵人谷的美酒。

MAP ▶ P.113A2

獵人谷起士公司
Hunter Valley Cheese Company
搭配美酒最佳佐食

從Cessnock開車走Wine Country Drv.，左轉Broke Rd.再左轉Mcdonalds Rd.可達 447 Mcdonalds Rd. (02)4998-7744 09:00~17:30 www.huntervalleycheese.com.au

獵人谷雖然是酒鄉，在葡萄園之間，多有私人的農莊製作農產品，如巧克力、橄欖和手工起士等，其中獵 人谷起士公司算是最大的一家，也是最多旅遊團遊客停留的地方。

遊客在這裡除了可以參觀起士製造過程，還可以在商店內選購、試吃各式的起士或農產品。

MAP ▶ P.113A2

Tyrrell's Vineyards

MOOK Choice

百年先驅之一

從Cessnock開車走Wine Country Drv.，左轉Broke Rd.可達 1838 Broke Rd., Pokolbin (02) 4993-7000 週一~週六10:00~17:00、週日與國定假日10:00~16:00，每天10:00有五梯次酒莊導覽行程：10:00、11:15、12:30、13:45、15:00(需事先預約) 耶誕節、送禮節、元旦及耶穌受難日 酒莊導覽成人A\$15，孩童免費；6人以上團體須事先電話預約 www.tyrrells.com.au

Tyrrell's是獵人谷超過百年歷史的酒莊之一，是由Tyrrell家族自1858年便開始經營。歷年來也得過大大小小的獎項，不過他們很驕傲地宣稱：Tyrrell's是澳洲第一個出產Chardonnay、Pinot Noir和香檳酒的酒廠。Tyrrell's目前還保留傳統的酒窖與橡木桶存酒方式，也提供導覽服務。

獵人谷的招牌葡萄品種
——Semillon和Shiraz

若說到獵人谷最知名的兩大葡萄品種，不可不提白葡萄的Semillon和紅葡萄的Shiraz。原產自法國的早熟白葡萄品種Semillon有著金黃色果皮，雖平凡無奇且易於種植，但很適合澳洲的氣候，於是在1970年代獵人谷開始大量種植，原本不受重視的Semillon透過釀酒師的釀製技巧展現獨特果香，隨著時間推移不斷成熟，散發不同香氣，因此也讓獵人谷的白葡萄酒一炮而紅。另外，同樣原產自法國、風味濃厚的Shiraz也是一大招牌，更可說是全澳洲最好的Shiraz葡萄酒。

除了上述兩款葡萄酒之外，在獵人谷常見的還有Chardonnay、Cabernet Sauvignon。

MAP ▶ P.113A1

獵人谷品酒學校
Hunter Valley Wine School

品酒速成班

🚗從Cessnock開車走Wine Country Drv.，左轉Broke Rd.再右轉Hermitage Rd.可達 🏠Hermitage Road & Mistletoe Lane交叉口, Pokolbin ☎(02) 4998-7777 🕘9:00~11:00 休耶誕節 💲每人A$60 🌐www.hunterresort.com.au/wine-school ❗需預約，最少2人起

不同於一般的莊園僅提供品酒體驗，走一趟品酒學校，才能對整個製酒過程有深入的瞭解。

每年生產至少6百萬公升酒的獵人谷，品酒學校顯然在獵人谷就是扮演這樣重要的角色。整個課程一趟約2小時，解說員會帶領遊客進入葡萄園，詳細地解釋獵人谷地區的氣候與土壤狀況、適合種植什麼樣的葡萄，然後再來到釀酒區一一講解葡萄收成後釀酒的過程。有初步的認識後，解說員會領著學員到教室去，教大家從欣賞酒的色澤、搖動酒杯、聞酒到品酒的4個基本動作。在解說員的講解下，比較能了解該杯酒的特色。

MAP ▶ P.113A1

品酒劇院
Wine Theatre

專業品酒體驗

🚗從Cessnock開車走Wine Country Drv.左轉Broke Rd.再右轉Hermitage Rd.可達(位於Hunter Valley Resort內) 🏠Cnr Hermitage Road & Mistletoe Lane, Pokolbin ☎(02) 4998-7777 🕘每天10:00、15:00兩梯次，每一場次時間約30分鐘 💲每人A$40 🌐www.hunterresort.com.au/wine-theatre

來到品酒劇院，首先觀賞一段葡萄酒從栽培至收成的影片。由於葡萄採收與釀製有其季節性的限制，並不是每次造訪都能親眼目睹，所以透過影片也能讓人更加了解獵人谷的葡萄酒釀造歷程與傳統方法，從栽培、採收、釀造、裝瓶，每個品種、每種酒的製程微妙不同，更是讓人稱奇。

當然重頭戲便是用口腔來品嘗葡萄酒的特性；觀賞完影片後由專業品酒師帶領著品嘗桌上4款風韻明顯不同的酒，利於初學者從直覺下去辨別，藉由專業品味葡萄酒的技巧，從顏色、香氣、前韻、後韻等不同角度切入，帶領遊客一同步入葡萄酒世界中的知識殿堂。

酒　後　不　開　車　，　安　全　有　保　障　。

MAP ▶ P.113A1

磨坊餐廳
The Mill Restaurant

坐享葡萄園美景

🚗 從Cessnock開車走Wine Country Drv.，左轉Broke Rd.再右轉Hermitage Rd.可達 🏠 Hermitage Rd., Pokolbin和Mistletoe Lane交叉口 ☎ (02) 4998-7288 🕐 早餐08:00~10:00、晚餐18:00起，午餐週五~週日 12:00~15:00(需預約) 🌐 estatetuscany.com.au/eat/the-mill/

位在托斯卡尼酒莊(Tuscany Wine Estate)的The Mill Restaurant，分為室內與戶外兩部分，就算是坐在室內，也能享受大型窗戶外的葡萄園景觀！午餐及晚餐主要供應兩道及三道式套餐，午餐可選擇包括海鮮、豬、羊、雞、牛等，當然酒莊內的葡萄酒也是佐餐的最佳搭檔。

掃地圖

MAP ▶ P.113A3

Audrey Wilkinson Vineyard

MOOK Choice

景觀絕佳經典老牌

🚗 從Cessnock開車走Wine Country Drv.，左轉Broke Rd.再左轉Mcdonalds Rd.，遇DeBeyers Rd.再左轉可達 🏠 DeBeyers Rd., Pokolbin ☎ (02) 4998-1866 🕐 10:00~17:00 🚫 耶誕節、送禮節 🌐 www.audreywilkinson.com.au

位居高點的Audrey Wikinson Vineyard擁有極佳的葡萄園視野。雖然說它是屬於小型的經典酒莊，不過歷史

掃地圖

有百年之久，是Pokolbin這區最早的葡萄園。就是因為這個緣故，在現代建築的酒莊內還有一個小博物館，裡面收藏有早期製作葡萄酒的器具與史跡。

Lindemans

MOOK Choice

醫生所創百年老牌

📍從Cessnock開車走Wine Country Drv.左轉Broke Rd.再左轉Mcdonalds Rd.可達 🏠119 Mc Donalds rd, Pokolbin ☎(02) 4993-3700 🕙10:00~16:00 🌐www.lindemans.com ❗醸酒廠及咖啡廳目前不開放，詳見網站公告。

創業於1843年的Lindemans，是獵人谷超過百年的醸酒廠，商品於日常超市中隨處可見，也是這裡的代表品牌之一。這裡的酒類價格親民，更有許多酒莊才有販售的限定品，值得親走一趟。

來自英國的創始人Lindeman原來是一位醫生，由於英國人向來鍾情於蒸餾酒，醫生擔心飲酒過度有害身心，在朋友的介紹下認識了葡萄酒的醸製，來到澳洲後，便專心研究醸造品質較佳的葡萄酒，沒想到一舉成名！

酒莊裡的1843 Harvest Café，以創業年代命名，也提供各式適合搭配紅白酒的料理；午間提供三道式餐點，隨著前菜、主菜、甜點，搭配上餐前酒、紅白酒、甜點酒等，讓人以美酒佐上佳餚，在酒莊中盡情享受Semillon所呈現的不同風韻, 唯因目前受

疫情影響暫時停業，重新開放時間請上網查詢。

胡椒樹酒莊

MOOK Choice

Pepper Tree Wines

表現卓越後起之秀

📍從Cessnock開車走Wine Country Drv.，左轉Broke Rd.再左轉Halls Rd.可達 🏠86 Halls Rd., Pokolbin ☎(02) 4909-7107 🕙週一~週五09:00~17:00、週六~週日及國定假日09:30~17:00 💲品酒會每人A$10(45分鐘，需事先預約) 🌐www.peppertreewines.com.au

這個於1991年創立的胡椒樹酒莊，已經獲得澳洲及國際葡萄酒大獎超過200個獎項與徽章，成績十分驚人。

來這裡，可以先來上一堂品酒課，老板分別會將酒廠裡Grand Reserve Range、Reserve Range、Limited Release Range…等各個系列，各選幾隻紅、白酒讓客人品酌，並講解它的產地、年份、口感和特色，讓你有基本的認識，如果覺得喜歡，再自行選購。

MAP ▶ P.113B2

Circa 1876

在地美味佐美酒

從Cessnock開車走Wine Country Drv.，左轉Broke Rd.再左轉Halls Rd.可達 64 Halls Road, Pokolbin (02) 4998-4999 週五~週日午餐12:00~14:30、週一~週六晚餐17:30~21:00 www.circa1876.com.au

得獎無數的Circa 1876，不光是幽靜典雅的餐廳裝潢讓人印象深刻，新鮮的料理再搭配美酒，常讓人即便是午餐，就有要大快朵頤的貪念。從沾上橄欖油和紅醋的餐前麵包開始，就足以讓人食慾大開；主餐中以牛排的評價最高，如果敢嘗鮮，也有袋鼠肉等野味可以品嘗；當然，佐餐時搭配一杯美酒，更是相得益彰。

MAP ▶ P.113B2

The Crowne Plaza Hunter Valley

青山旅水環抱

從Cessnock開車走Wine Country Drv.，直行可達 430 Wine Country Drive Lovedale (02) 4991-0000 www.crowneplazahuntervalley.com.au

The Crowne Plaza Hunter Valley被大自然與高爾夫球場包圍，四周景色開闊，綠意令人心折。單人房位在本館，若是一群友人同行，建議可以入住別墅區。一間間的獨棟別墅分為上下兩室，寬敞的空間除了寢室外更劃分出客廳、廚房，日常生活機能完備；另外SPA、泳池、餐廳等設備也頗具水準。

MAP ▶ P.113A2

Brokenwood

混合品種嘗試有成

從Cessnock開車走Wine Country Drv.，左轉Broke Rd.再左轉Mcdonalds Rd.可達 401-427 McDonalds Rd., Pokolbin (02) 4998-7559 週一~週五11:00~17:00、週六和週日及國定假日10:00~17:00，品酒會每半小時一次，最後一場16:00 元日、耶穌受難日、耶誕節、送禮節 每人A$25

1970年成立的Brokenwood，在澳洲算是一個品質不錯的酒莊，除了招牌的Graveyard Shiraz外，自1978年起開始嘗試混合來自不同產區與不同品種葡萄的酒，幾款有名的是Chardonnay、Harlequin White、Harlequin Red、Cricket Pitch White、Cricket Pitch Red、Cabernet Sauvignon和Shiraz。

藍山
國家公園

藍山國家公園
Blue Mountains

文●墨刻編輯部　攝影●墨刻攝影組

藍山位於雪梨西方約70公里處，天氣晴朗時，在雪梨市區就可望見藍山的蹤跡，它是逃離都市的最佳選擇之一。

「藍山國家公園」是澳洲世界遺產「大藍山區域」(The Greater Blue Mountains Area)內7個國家公園中最出名的一個，因為擁有面積廣大的尤加利樹林，空氣中經常懸浮著大量尤加利樹所散發出的油脂微粒，在經過陽光折射之後，一片淡藍氤氳，引人入勝。

藍山以廣闊的自然景觀著稱，因此有許多偏愛大自然的澳洲人來此健行，大致屬於大眾路線，只要穿上適當的衣服與簡單的裝備，就可上路！路程從1小時到整天都有，難易程度完全憑自己選擇。此外，整個山區散布著許多小鎮，不妨前往拜訪尋幽，相信也會有意外的收穫。

INFO

如何到達——火車+巴士

可從雪梨中央車站搭火車前往，依前往目的地於Lapstone、Glenbrook、Woodford、Lawson、Bullaburra、Wentworth Falls、Leura或Katoomba等鎮下車。

📞131-500
🔽雪梨到Glenbrook車程約1~1.5小時，到Leura或Katoomba約2~2.5小時；每日班次頻繁
💲到藍山持澳寶卡全票A$5.95、優待票A$2.5~2.97
🔗www.transportnsw.info

如何到達——開車

由於藍山國家公園景點分散各處，等待大眾交通工具費時又不便，不妨自行開車前往。自雪梨走M4的公路可抵Lapstone，或是利用環形道路經Windsor和Richmond也可達，車程約2小時。

如何到達——旅行團

藍山區域並沒有大眾交通工具，前往當地旅遊可以參加旅行團，對沒有開車的遊客非常方便。雪梨有多家旅遊公司提供藍山1到多日的遊程(如環型碼頭附近

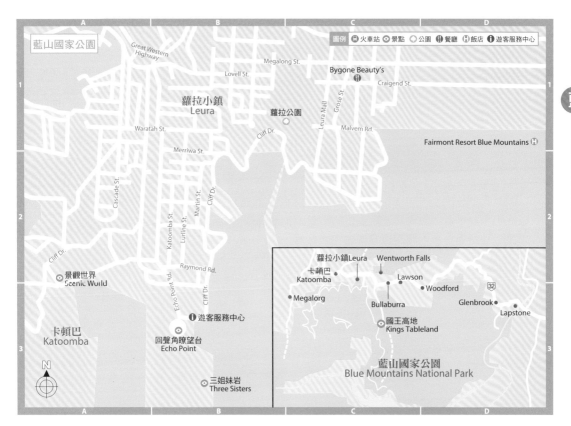

藍山國家公園

圖例　🚉火車站　◉景點　🌳公園　🍴餐廳　🏨飯店　ℹ️遊客服務中心

Great Western Highway
Lovell St.
Megalong St.
Bygone Beauty's 🍴
Craigend St.
蘿拉小鎮
Leura
蘿拉公園
Leura Mall
Grose St.
Malvern Rd.
Fairmont Resort Blue Mountains 🏨
Waratah St.
Cliff Dr.
Merriwa St.
Cascade St.
Katoomba St.
Lurline St.
Martin St.
Cliff Dr.
Cliff Dr.
Raymond Rd.
Cliff Dr.
Echo Point Rd.
景觀世界
Scenic World
卡頓巴
Katoomba
ℹ️ 遊客服務中心
回聲角瞭望台
Echo Point
N
三姐妹岩
Three Sisters

蘿拉小鎮Leura　Wentworth Falls
卡頓巴
Katoomba
Lawson
Woodford
Megalorg
Bullaburra
32
Glenbrook
Lapstone
國王高地
Kings Tableland
藍山國家公園
Blue Mountains National Park

可以找到多家旅行社），可直接從雪梨報名並搭巴士出發；在藍山亦有許多旅遊公司專門安排前往各景點的旅程。
AAT Kings 🌐www.aatkings.com
Gray Line 🌐www.grayline.com.au
長青旅遊 🌐extragreen.com.au
宏城旅遊 🌐grandcitytours.com

優惠票券

◎Explorer Pass
持有Explorer Pass，在1日內可以不限次數搭乘Blue Mountains Explorer Bus，在藍山區域31個主要景點的停靠站自由上下車，如景觀世界(Scenic World)、三姐妹岩與回聲角瞭望台(The Three Sisters & Echo Point)、蘿拉鎮(Leura)及Bygone Beauty's等地。
🚏於Katoomba火車站出發。最方便的方式是在官網訂票，或在車上、Blue Mountains Explorer的辦公室

(283 Main St.，即Katoomba火車站樓上)等地購票
🔽首班09:00，約1小時一班；末班車16:00
📞(02) 4700-1866(假日)、(02) 4780-0700(平日)
💲一日券全票A\$49、兒童免費、家庭票(2大5小) A\$98
🌐www.explorerbus.com.au

◎Scenic World
可使用於Blue Mountains Explorer Bus，和搭乘景觀世界的空中台車(Scenic Skyway)、輕便台車(Scenic Railway)和空中纜車(Scenic Cableway)。
💲全票A\$99、青少年票(16~17歲)A\$55、兒童票(3~15歲)A\$33；購買處同Blue Mountains Explorer Bus

旅遊諮詢

◎藍山國家公園遊客服務中心
🚏在Glenbrook、蘿拉、Katoomba和回聲角瞭望台(Echo Point)都有遊客服務中心。
📞1300-653-408
🌐www.bluemts.com.au/tourist

MAP ▶ P.121B3

三姐妹岩與回聲角瞭望台

MOOK Choice

The Three Sisters & Echo Point

藍山必遊地標

📍搭Blue Mountains Explorer Bus於Echo Point – The Three Sisters站下。

掃地圖

三姐妹岩可說是藍山國家公園最重要的代表景點,當地原住民對它有一段這樣的傳說:回聲角這地方從前住著非常美麗的三姐妹,但是過人的容貌卻引起了魔王的覬覦,想把她們占為己有,三姐妹得知後,驚慌地向法師求援,法師便暫時先將她們變為岩石,以逃避魔王的魔掌;然而,三姐妹雖然逃過災難,但由於法師也遭魔王毒手,所以她們無法還原成人形,必須永遠佇立在回聲角仰望遠方。

而回聲角瞭望台便是遊客觀賞三姊妹岩的最佳地點,同時也可欣賞整片藍山的壯觀景致。瞭望台一旁有遊客服務中心,中心後方的步道則會引領你到三姊妹岩。

MAP ▶ P.121A2

景觀世界

MOOK Choice

Scenic World

空中欣賞藍山風光

搭Blue Mountains Explorer Bus於Scenic World站下 Violet St.和Cliff Dr.交叉口 (02) 4780-0200 非假期週一~週五10:00~16:00、週六~週日09:00~17:00，寒暑假09:00~17:00 全票約A\$49.9、兒童票約A\$29.9、家庭票（一大一小）約A\$79.8(票價每日略異，建議事先上網查詢、預約)；Unlimited Discovery Pass，可不限次數搭乘Railway、Skyway、Cableway和Walkway www.scenicworld.com.au

　　「景觀世界」絕對是來藍山不能錯過的景點，因為你可以用不同的方式和角度欣賞藍山風采。你可以輕鬆地漫步於約2.4公里的景觀步道(Scenic Walkway)，穿梭充滿自然風情的侏羅紀雨林(Jurassic Rainforest)，以雙腳感受藍山最清新的一面；也可以搭乘景觀台車(Scenic Railway)穿越隧道和雨林，循著2公里的木板路欣賞傑米森峽谷(Jamison Valley)和三姐妹的優美身影，並步行於山谷叢林間，聽著蟲鳴鳥叫，享受自然芬多精。

掃地圖

　　你也可以選擇空中纜車(Scenic Cableway)，居高臨下掌握藍山萬千美景；空中台車(Scenic Skyway)的設計是在720公尺長的車程中，將台車底部開放為透明玻璃，只要站在車上就可欣賞270公尺深的山谷、溪流、瀑布等風光，景致令人嘆為觀止。

MAP ▶ P.121C3

國王高地

MOOK
Choice

Kings Tableland

賞景觀星好去處

🚶 從Wentworth Falls往南沿小路前行可達

在藍山這樣廣大的土地上，有許多可以登高望遠欣賞美景的地方，國王高地就是其中之一。開車或搭城市

掃地圖

鐵路(CityRail)在抵達蘿拉小鎮前會先經過溫特沃斯瀑布(Wentworth Falls)，從這裡沿著往南的小路，便會到達國王高地。

國王高地位於布拉哥朗(Burragorang)湖邊500公尺的高處，從這裡望出去視野遼闊，可以270°眺望傑米森(Jamison)和美加隆(Megalong)峽谷景致，尤其是晴朗的午後來到這裡，眼前的藍山真的帶著一種淡藍氤氳。另外，這裡因無光害，夜晚也是觀星的好去處。

💡 **世界最陡的景觀台車**

你坐過傾斜52度的森林列車嗎？號稱世界最陡的景觀台車就在這裡！以前肩負運煤重任的台車，轉身一變成為遊客必搭的景觀台車(Scenic Railway)，不僅傾斜度達到52度，2013年重新設計的透明包廂更讓遊客可以飽覽熱帶雨林風光及壯闊的傑米森峽谷(Jamison Valley)。乘客還可以調整座位傾斜度，將角度調整至20度享受平穩舒適，或者調至極限的64度斜度，勇敢穿越森林的快感！

MAP ▶ P.121C2

蘿拉小鎮
Leura
夢幻山之城

🚌搭Blue Mountains Explorer Bus於Leura Village站下
www.leurabluemountainsguide.com

進入藍山國家公園的景點區前，遊客一般會選擇在蘿拉小鎮停留一陣子。這個聽起來就很夢幻的山中小鎮，以餐廳、藝廊和精品店、具有歷史的建築物吸引遊客的目光，其中蘿拉購物街(Leura Mall)上的每間商店都具有特色，再加上兩旁開滿了花的樹，像置身在童話般的浪漫國度。

Bygone Beauty's

📍P.121C1　🏠20-22 Grose St., Leura　📞(02) 4784-3117　🕐週四~週一10:00~17:00　休週二~週三、耶誕節、送禮節、耶穌受難日、元旦
www.bygonebeautys.com.au

掃地圖

這家帶著濃濃英式風格的餐廳，整家店都是老板的精心收藏，有各種茶壺、瓷器、玩偶、藝品和骨董、家具，這些美的裝飾品，增添典雅的英式用餐氣息，而且部份還可以購買回去。

Bygone Beauty's最有名的就是傳統英式下午茶，在3層高的點心塔，有內餡夾著火腿、起士、鮭魚或沙拉的鹹味三明治，也有各式香甜的英式鬆餅(Scone)、餅乾、蛋糕，同時搭配濃郁的英國茶或咖啡。用完下午茶後，還可在店內逛逛，購買紀念品。

Fairmont Resort Blue Mountains

📍P.121D1　🏠1 Sublime Poing Rd., Leura　📞(02) 4785-0000　🌐www.fairmontresort.com.au
掃地圖

為了與藍山美景相呼應，Fairmont Resort Blue Mountains提供充滿田園鄉村風格的住宿環境，住在這裡，綠意環繞四周，幽幽藍色山谷則在不遠處，即使不出門，光是欣賞眼前變化多端的雲影流轉，也是愜意。

飯店提供212間住宿客房，每間都可欣賞到峽谷、湖泊、花園景致；而且除了舒適客房，飯店還提供游泳池、Spa、三溫暖及高爾夫球等設施，因此也適合全家來此同樂。晚間，可以到Eucalypt或Jamison's餐廳用餐，這裡的美食水準可媲美雪梨餐廳，絕對讓你大嘆滿足。

蘿拉花園節

每年的9月底到10月初適逢澳洲的春季，這時候來到蘿拉小鎮，可以看到百花齊放的盛況，且有各式大大小小花園的特色裝飾邀你進入，這也是鎮民每年的大活動之一——蘿拉花園節，從1965年開辦，已經傳承超過50年！

🕐💲每年9月底~10月初，日期及票價詳見網站公告
🌐leuragardensfestival.com.au

中央海岸與史蒂文斯港
Central Coast & Port Stephens

文●墨刻編輯部
攝影●墨刻攝影組

位在雪梨北端近郊的中央海岸,擁有美麗的沙灘、叢林、河流與河谷,不論是坐船遊河、餵塘鵝、騎馬,都很適合親子共遊。這裡最受歡迎的活動是坐遊艇遊霍克伯瑞河,還可以看到鵜鶘(又名塘鵝)跟在遊艇後面;而格蘭沃詩谷還有一座全澳洲最大的馬場,面積廣達2,500公頃,大部分是原始的尤加利森林。

史蒂文斯港位於尼爾森灣(Nelson Bay),是新南斯威爾省的一個天然海港,豐富的自然生態與優美環境,還有許多有趣活動可以參加,如賞豚、滑沙、潛水、品嘗生蠔大餐等。

中央海岸&史蒂文斯港

恩純斯鎮 The Entrance
恩純斯鎮紀念公園 The Entrance Memorial Park
獵人谷 Hunter Valley
格蘭沃詩谷 Glenworth Valley
格蘭沃詩谷馬場 Glenworth Valley Horse Riding
史蒂文斯港 Port Stephens
中央海岸 Central Coast
霍克柏瑞河 Hawkesbury
雪梨 Sydney
藍山國家公園 Blue Moutains National Park
Stanwell Park
臥龍崗 Wollongong
南天寺 Nan Tien Temple
金巴如行動公園 Jamberoo Action Park
塔斯曼海 Tasman Sea

圖例 ◎景點 ○公園 ━公路

INFO

如何到達——長途巴士

從雪梨中央車站Eddy Ave.搭Sydney Express巴士前往尼爾森灣(Nelson Bay),每天13:45發車,車資全票A$43、兒童票A$33。耶誕節當日未營運。

如何到達——火車+巴士

從雪梨中央車站搭中央海岸暨Newcastle線(Central Coast & Newcastle Line)火車,在Gosford站下可達中央海岸;若在Hamilton站下,然後轉巴士130號可達史蒂文斯港。

如何到達——開車

中央海岸位於雪梨以北約80多公里處,從雪梨可開車走M1 Pacific Motorway,約1小時左右可抵達;若走M1 Pacific Motorway到底,右轉接Hexham後,跨過大橋後右轉,即可依照指標前往尼爾森灣或安娜灣等地,車程約2.5小時。

如何到達——旅行團

前往中央海岸與史蒂文斯港除非自行開車,否則轉車、等車等過程會浪費掉不少時間,建議不妨參加旅行團,可省掉許多時間。

AAT Kings 🔗www.aatkings.com
Gray Line 🔗www.grayline.com.au
長青旅遊 🔗extragreen.com.au
宏城旅遊 🔗grandcitytours.com

旅遊諮詢
◎史蒂文斯港旅客中心
📍60 Victoria Parade, Nelson Bay
📞1800-808-900
🕐9:00~16:00(7~8月冬季10:00~14:00)
🚫元日、耶誕節、國慶日、耶穌受難日
🔗www.portstephens.org.au

Where to Explore in Central Coast & Port Stephens
賞遊中央海岸與史蒂文斯港

MAP ▶ P.126B2

恩純斯鎮紀念公園

MOOK Choice

The Entrance Memorial Park

有趣新鮮餵食塘鵝

從雪梨或Newcastle開車走M1公路約1小時可達 ⌂Marine Parade, The Entrance ☎(02) 4334-4213 ◯原每天15:30餵食秀因疫情暫時停止 ⓢ免費 ⓦwww.lovecentralcoast.com/memorial-park-event-precinct

這座公園位於恩純斯鎮上，據說一開始是當地魚販在每天15:30收市後，會將剩下的魚給塘鵝(又名鵜鶘)吃，久而久之，這些野生的塘鵝就越聚越多，每天此時一定要到公園裡集合，如果沒有人餵牠，牠還會穿過長長的街道來討魚吃。

掃地圖

後來自願性的義工將每天剩下的魚收集起來，在固定時間餵給塘鵝，同時為現場觀眾進行解說，而產生了今日的塘鵝秀，吸引了許多父母帶小孩前往觀賞。

MAP ▶ P.126A1

格蘭沃詩谷馬場

Glenworth Valley Horse Riding

騎馬馳騁草原森林裡

從雪梨或Newcastle開車約1小時可達；或從雪梨搭火車到Gosford車站，再搭計程車前往，車資約A$50 ⌂69 Cooks Rd., Peats Ridge, Glenworth Valley ☎(02) 4375-1222 ◯08:30~17:00；騎馬時間依課程不同，請上網查詢 ⓗ耶誕節、元旦 ⓢ1小時約A$60~70，價格因課程不同，詳見官網 ⓦwww.glenworth.com.au

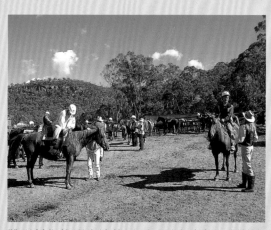

格蘭沃詩谷馬場擁有約200匹訓練有素的駿馬，占地2,500公頃的馬場中，處處高聳入雲的樹木、青翠的草原，以及原始的自然雨林，同時也是澳洲最大的開放式騎馬中心，經過澳洲馬術協會認證。

掃地圖

初次騎馬的人也不必擔心，教練會依你的身高體型幫你挑選合適的馬匹，馬兒也都是訓練有素；在騎馬散步的過程中，也有教練全程陪伴。也提供專業的馬術訓練課程，有多種時段的組合，也有針對18歲以下孩童的馬術課程。

史蒂文斯港

MOOK Choice

Port Stephens

賞豚、滑沙、啖生蠔

史蒂文斯港被譽為澳洲海豚的故鄉，許多海豚聚集於此，使得賞豚成為史蒂文斯港招牌的旅遊節目。尼爾森灣有許多遊艇公司推出賞豚之旅，通常以「保證看到海豚(Dolphins Guaranteed)」為號召，有專門為觀賞海豚設計的甲板，以及船頂的露天甲板和室內空調艙房，經驗豐富的船長會隨著海豚經常出沒點，帶領乘客尋找海豚的蹤跡。

除了海豚之外，史蒂文斯港也可看到鯨魚，賞鯨季節從5月中開始一直到11月，船公司會推出3個半小時的賞鯨之旅。

此外，史蒂文斯港的生蠔遠近知名，是雪梨與外銷的主要生蠔供應處之一。到生蠔養殖場不只可以參觀蠔類的採捕與後續處理過程，還可以直接品嘗最新鮮美味的生蠔，是老饕大快朵頤的天堂。

甘甘山觀景台
Gan Gan Lookout

掃地圖

從史蒂文斯港Nelson Bay開車由Church St轉Lily Hill Rd，約25分鐘可達 　Lilly Hill Rd, Nelson Bay, Port Stephens

甘甘山(Gan Gan Hill)海拔雖只有160公尺，但已經是尼爾森灣的制高點，來到觀景台能眺望史蒂文斯港的全景外，往南望去是新堡(Newcastle)，向北則是梅亞湖(Myall Lakes)國家公園，居高臨下欣賞的湖光山色美不勝收。Gan Gan在當地為「海鷹」之意，運氣好說不定也能在觀景台上遇見野生海鷹。

濱海沙丘滑沙去
Let's go sandboarding

🚗 從史蒂文斯港Nelson Bay開車從Nelson Bay Rd轉Gan Gan Rd接James Paterson St停車，向沙灘走到紅色的接駁車即達 🏠James Paterson St, Anna Bay 📞(02) 4984-4760 🕐滑沙行程每天09:30~15:30 💲滑沙行程成人A\$30、兒童(4~14歲) A\$25 🌐www.portstephens4wd.com.au

安娜灣(Anna Bay)位在史蒂文斯港的南邊，由於長年疾風不斷將海岸沙粒吹至岸上，造就了這海洋與沙漠並存的瑰麗奇景。望去沒有盡頭的沙丘沿著海岸線分佈，長達35公里，據說還在擴大中，是南半球最大的移動沙丘。這裡的沙子十分細緻，在陽光下顯得金黃透亮，輕輕一踩腳便會陷入其中；參加安娜灣的滑沙活動必須帶著滑板吃力地登上有5層樓高的沙丘頂端，然後乘著板子向下滑衝，簡單卻趣味十足。

追逐鯨豚英姿
Dolphin & Whale Watch

🚗Nelson Bay港口乘船處即達 🏠Shop 3, 35 Stockton Street, Nelson Bay, Port Stephens 📞(02) 4984-9388 🕐Dolphin Watch Cruise(1.5小時)每天10:30、12:15；Dolphin Discovery Cruise(1.5小時)每天10:30、13:30、15:30 💲Dolphin Watch Cruise成人A\$25、兒童(4~14歲)A\$13；Dolphin Discovery Cruise成人A\$35、兒童A\$20 🌐www.moonshadow-tqc.com.au

史蒂文斯港是著名的賞鯨豚勝地，由於野生寬吻海豚居住於港灣附近，一年四季皆會見到海豚逐船悠遊的畫面，出航能看到海豚的機率高達99%；每年到了冬春(5~11月)則較有機會能看到鯨魚。

月影遊輪是史蒂文斯港最大的遊輪公司，專門從事賞鯨豚的遊船行程，每天都有船班出海，若是參加賞鯨行程當天卻沒有看到鯨魚，還會免費再提供一次遊船。

澳洲首都特區

坎培拉

Canberra Australian Capital Territory(ACT)

文●墨刻編輯部　攝影●墨刻攝影組

坎培拉雖然全境被包圍在新南威爾斯省的土地範圍之內，然而它就像「國中之國」，不但不受新南威爾斯管轄，反而以首都特區之姿，統領新南威爾斯、維多利亞、昆士蘭、西澳、南澳、塔斯馬尼亞、北領地等七大區。

坎培拉是世界上第一座人工城市，經過人工精密規畫、建設而成，在雪梨和墨爾本爭奪首都之際脫穎而出，成為澳洲的政治中心。坎培拉城市現貌完成於1988年，雖然只有36萬人居住在此，街道上卻聚集了大量的餐廳和飯店，而來往頻繁的政經人士，造就了這座城市多元且繽紛的美食文化。

坎培拉是澳洲原住民語「聚會的地方」，從1820年歐洲移民踏上這片土地開始，到1908年成為澳洲的首都。坎培拉獨特的城市景觀出自美國芝加哥的建築名師格里芬(Walter Burley Griffin)之手。

INFO

基本資訊

人口：36萬
面積：814.2平方公里
區域號碼：(02)
時區：澳洲東部標準時間，比台灣快2小時，夏令時間(10月第一個週日～4月第一個週日)撥快1個小時

如何到達──航空

　　從台灣沒有航班直飛坎培拉，要從澳洲各大城市如墨爾本或雪梨等其它城市轉機。從坎培拉到雪梨，搭乘飛機需45分鐘，到墨爾本則要一個小時的飛行時間。

　　並非所有航空公司都飛往坎培拉，主要航空公司有澳洲航空(Qantas Airways)、維珍澳洲航空(Virgin Australia)、新加坡航空、卡達航空、澳洲虎航等。

🕸www.canberraairport.com.au

◎**機場巴士**

　　坎培拉國際機場位於市區東邊7公里處，機場和市區之間之前有機場快捷巴士(Airport Express)往返，但已於2017年9月停駛。可以搭乘ACTION Rupid 3市區巴士往返市區，平日約15分鐘一班，假日約30分鐘一班，車程約25分鐘。

💲單程全票A$5、優待票A$2.5；1日券全票A$9.6、優待票A$ 4.8

❗疫情期間不接受現金，需自行至自動售票機購票

如何到達──火車

　　從雪梨可以搭乘火車CountryLink前往，一天2班，車程約4.5小時，但火車站位於市區之外，需轉搭市區巴士進城。

新南威爾斯鐵路New SouthWales TrainLink
🕸transportnsw.info/travel-info/places-to-visit

如何到達──長途巴士

　　除了飛機之外，長途巴士是前往坎培拉最方便的交通工具，巴士總站(Canberra Coach Terminal)就在市中心的Jolimont Centre，主要有Greyhound Australia和Murrays兩家巴士公司行駛，和雪梨之間車程3.5小時，墨爾本8～9小時。上網購票往往可以取得比較優惠的價格。

Greyhound Australia
☎1300473946
🕸www.greyhound.com.au

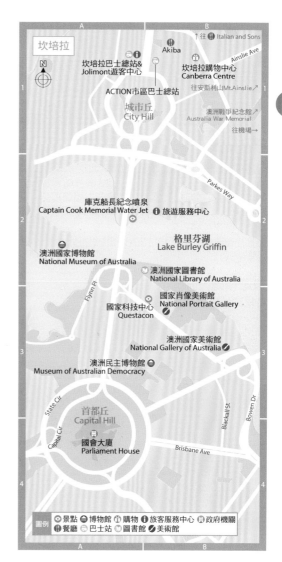

坎培拉

坎培拉巴士總站&Jolimont遊客中心
坎培拉購物中心 Canberra Centre
ACTION市區巴士總站
往安斯利山Mt.Ainslie
城市丘 City Hill
澳洲戰爭紀念館 Australia War Memorial
往機場
Akiba
往 Italian and Sons
Ainslie Ave
Parkes Way
庫克船長紀念噴泉 Captain Cook Memorial Water Jet
旅遊服務中心
格里芬湖 Lake Burley Griffin
澳洲國家博物館 National Museum of Australia
澳洲國家圖書館 National Library of Australia
國家肖像美術館 National Portrait Gallery
國家科技中心 Questacon
澳洲國家美術館 National Gallery of Australia
澳洲民主博物館 Museum of Australian Democracy
Flynn Pl
State Cir
Capital Cir
Blackall St
Bowen Dr
首都丘 Capital Hill
國會大廈 Parliament House
Brisbane Ave

圖例　◉景點　🏛博物館　🛍購物　ℹ旅遊服務中心　🏛政府機關　🍴餐廳　🚌巴士站　📖圖書館　🎨美術館

Murrays
☎13 22 51
🕸www.murrays.com.au

市區交通

◎**市區巴士ACTION**

　　坎培拉的主要景點非常分散，點與點之間的距離動輒1～2公里，步行幾乎不可行，若沒有自行開車，市區巴士ACTION是唯一的代步方式，不過巴士路線、行駛時間、各路線停靠的站號都有些許複雜，需花點

功夫研究；總之要前往不同景點，幾乎都得回到市中心公車總站(City Bus Station)，再換不同路線前往。把握一個原則：首都山是1號巴士、澳洲博物館7號、戰爭紀念館為10號。

💲單程全票A$5、優待票A$2.5；1日券全票A$9.6、優待票A$4.8

🌐www.transport.act.gov.au

優惠票券

◎MyWay

如果在坎培拉逗留較多天數，建議可以買當地的MyWay卡，亦即類似台北的悠遊卡，視使用量而隨時加值，每段票價會有折扣。MyWay卡空卡全票A$5、優待票A$2.5。

💲單程全票A$3.22、優待票A$1.61；非尖峰時間搭乘亦享優惠

旅遊諮詢

◎坎培拉旅遊中心

🏠Regatta Point, Barrine Drive

🕐週一~週五09:00~17:00、週六~週日及國定假日09:00~16:00

🚫耶誕節

📞1300-554-114、(02) 6205-0044

🌐visitcanberra.com.au

城市概略City Guideline

從海拔824公尺的安斯利山(Mt.Ainslie)往下望，馬上對這座由人工計畫完成的城市有了大致的輪廓與印象。沒有車水馬龍的快速道路，沒有參天的高樓大廈，在規劃出來的政府機構區，所有建築都不能比只有兩層樓高的國會大廈高，放眼所及都是平房。

人工湖格里芬湖(Lake Burley Griffin)把市區隔成南北兩區，北邊是以城市丘(City Hill)為核心的市中心，購物中心、餐廳、飯店、車站等重要生活機能都位於此；而南區則是以首都丘(Capital Hill)為核心的聯邦政府機構與各國大使館。

Where to Explore in Canberra
賞遊坎培拉

MAP ▶ P.131B2

格里芬湖
Lake Burley Griffin
城市休閒活動中心

🚌從市中心公車總站搭乘7、10等號公車可達 ⏱噴泉時間每日14:00~16:00

格里芬湖把坎培拉一分為二，北邊是海拔824公尺的安斯利山(Mt. Ainslie)和住宅、百貨公司等生活區，南邊則是以國會大廈為主的使館區以及政府機構區。

掃地圖

這是一座以建築師格里芬命名的人工湖泊，湖水來自史克里夫納大壩(Scrivener Dam)所攔截的莫隆格羅河(Molonglo River)河水，33公尺高的大壩於1963年完工。如今，格里芬湖長達35公里的湖岸，是坎培拉大多數文化機構的所在地，也是坎培拉居民休閒運動的主要去處。

湖中有一座可噴發高達147公尺水柱的庫克船長紀念噴泉(Captain Cook Memorial Water Jet)，是1970年時，為紀念庫克船長登陸200週年而設，岸邊有一座地球儀，上面標示了庫克三次大航海的路線。

MAP ▶ P.131A4

國會大廈

MOOK Choice

Parliament House
澳洲全國政治中心

🚌從市中心公車總站搭乘57、58等號公車搭至Federation Mall即可到達 🏠Parliament House ☎(02) 6277-5399 ⏱09:00~17:00，另有不同主題導覽，可先至官網預約(部分付費) 🚫耶誕節 💲免費 🌐www.aph.gov.au

建築只有兩層樓高的國會大廈，從全球28國、329件設計圖中脫穎而出，由美國的Mitchell、Giurgola和澳洲的Richard Thorp三位建築師共同設計，耗時10年，於1988年落成，大量使用白色大理石建材，以挑高的空間營造出議事殿堂的莊重氛圍。

掃地圖

國會大廈由5棟建築構成，裡面圍出17座庭院。大廳裡經常可見一群群參觀國會的遊客，連正在開會的參議院和眾議院都可以安靜地入內旁聽，感受唇槍舌戰的政治畫面。

國會大廈裡頭收藏了許多政治人物的肖像畫，以及來自各國的藝術畫作，最特別的是樓頂高掛的81公尺大旗杆，光是國旗就寬12.8公尺、高6.4公尺，比英國的雙層巴士還要大。

國會大廈裡就像觀光景點一樣，除了有遊客中心可以預約導覽，還有紀念品店，以政治人物作為圖像的馬克杯、T恤，或是跟政治相關的書籍，向來嚴肅的政治在這裡變得很好親近。

澳洲國家美術館
National Gallery of Australia

澳洲國家級藝術殿堂

🚌 從市中心公車總站搭乘2、6等號公車可達 🏠Parkes Pl, Parkes ☎(02) 6240-6411 ⏰10:00~17:00 🚫耶誕節 💲常設展免費 🌐nga.gov.au

相較於各省的美術館都有其侷限性，這座國家級的美術館收藏了全澳洲最全面性、也最具藝術價值的藝術品，其中又以受到高度推崇的原住民藝術家，包括Arthur Streeton、Sidney Nolan和Arthur Boyd等人的作品最受矚目。

原住民之外，還有澳洲本土從殖民時期到當代的藝術家作品，以及印度、東南亞、中國、日本、中亞、太平洋島嶼等地的藝術。當然，歐美大師的作品也不可少，例如羅丹(Rodin)、畢卡索(Picasso)、波洛克(Pollock)、沃霍爾(Warhol)等。

美術館共有13個展廳，除常設展之外，也有不定期的特別展。地面樓則是咖啡廳及紀念品店，另有免費的導覽，時間及地點可上網查詢。

國家肖像美術館
National Portrait Gallery

集澳洲名人之大成

🚌 從市中心公車總站搭乘2、6等號公車可達 🏠King Edward Tce, Parkes ☎(02) 6102-7000 ⏰10:00~17:00 🚫耶誕節 💲免費 🌐www.portrait.gov.au

這是一座以臉孔來說故事的博物館，凡能在肖像博物館裡出現的人物，都一定是曾經在澳洲這塊土地上有某種程度的知名度和貢獻，從原住民部落人物、殖民時期建設這個國家的歷史人物，到當代知名人物都有，包括流行歌手凱莉米洛(Kylie Minogue)、奧林匹克田徑冠軍原住民運動員弗里曼(Cathy Freeman)，甚至是無價之寶庫克船長的肖像畫等。

美術館坐落格里芬湖南岸，建築設計簡單俐落，附設咖啡廳的室外區享有極佳景觀。

MAP ▶ P.131B3

澳洲民主博物館
Museum of Australian Democracy

舊國會大廈原址

🚍 從市中心公車總站搭乘4、7、10號等公車可達 🏠18 King George Tce, Parkes ☎(02) 6270-8222 ◑09:00~17:00 休耶誕節 💲全票A\$2、優待票A\$1 ⓤwww.moadoph.gov.au ❗目前關閉中，預計2023年年底開放

　位於首都丘下方的這棟白色建築，乍看讓人誤以為是國會大廈的翻版，其實他的前身正是舊國會大廈，從1927到1988年之間，這裡也是政府所在地。如今博物館裡記錄了澳洲及其他國家民主歷史的軌跡，除了5個展廳的展示之外，也可以看到最原始的議院以及首相辦公室。

MAP ▶ P.131B2

澳洲國家圖書館
National Library of Australia

珍藏珍貴歷史資產

🚍 從市中心公車總站搭乘2、6等號公車可達 🏠Parkes Pl, Parkes ☎(02) 6262-1111 ◑寶藏藝廊：週末09:00~17:00，週間08:30~20:00 休耶誕節 💲免費 ⓤwww.nla.gov.au

　宏偉的圖書館建築大致仿自希臘的帕德嫩神殿(Parthenon)，而從1901年成立以來，澳洲國家圖書館號稱擁有超過500萬冊藏書、50萬份地圖、照片、手繪稿等，這些書大部分都可以在閱覽室看到。不過最珍貴的，要數寶藏藝廊(Treasures Gallery)裡的展示，其中包括庫克船長奮進號(Endeavour)上所印製的刊物，寶藏藝廊每天11:30有免費的志工導覽。

MAP ▶ P.131B3

國家科技中心
Questacon

MOOK Choice

寓教於樂的博物館

🚍 從市中心公車總站搭乘2、6等號公車可達 🏠King Edward Tce, Parkes ☎(02) 6270-2800 ◑09:00~17:00 休耶誕節 💲全票A\$23、優待票A\$ 17.5 ⓤwww.questacon.edu.au

　國家科技中心坐落在格里芬湖南岸、澳洲國家圖書館和國家肖像美術館之間，是最受兒童歡迎的地方，既有娛樂效果，又具教育意義。7個展間裡，大約200多個展品都是以高科技設計的互動式遊戲，你可以在裡面探索各種運動的物理學，海嘯、龍

捲風、打雷閃電如何形成，如何從地震、颶風等災害中尋找掩護等，工作人員也會在一旁導覽解說。這裡同時有劇場表演，是以自然災害、太空等為主題的木偶劇或話劇表演。

澳洲國家博物館

National Museum of Australia

澳洲精神具體而微

🚌從市中心公車總站搭乘2、6等號公車可達 🏠Lawson Cres., Acton Peninsula ☎(02) 6208-5000 ⏱09:00~17:00 🚫耶誕節 💲免費；導覽行程成人A$15，兒童A$10 🌐www.nma.gov.au

　　光從名稱便可以知道這是一座代表澳洲的國家博物館，是澳洲為了紀念澳洲聯邦政府成立100週年而打造，另一方面，當然也肩負了解構及分析國家認同及身份的任務。

　　博物館位於格里芬湖畔的阿克頓半島(Acton Peninsula)上，造型十分具有現代感。博物館裡的展品龐雜，館方顯然是刻意避開傳統博物館的陳列及展覽方式，展覽主題則著重在原住民文化、生態環境變遷及國家圖騰等澳洲經常關注的議題。不要錯過Circa劇院所播放的12分鐘影片，內容生動，讓你快速理解澳洲的歷史。

澳洲戰爭紀念館

Australia War Memorial

澳洲首屈一指的博物館

🚌從市中心公車總站搭乘3、5等號公車可達 🏠Treloar Cres., Campbell ☎(02) 6243-4211 ⏱10:00~16:00 🚫耶誕節 💲免費，語音導覽每人A$10 🌐www.awm.gov.au

　　澳洲戰爭紀念館既是一座忠烈祠，也是一座博物館，凡是來到坎培拉，沒有人會錯過這裡。

　　走進紀念館，迎面是一座紀念中庭(Commemorative Courtyard)，庭院兩旁的走廊，刻著一列列戰爭犧牲者的名字；中庭後方為飾著彩繪玻璃的紀念大廳(Hall of Memory)，也是無名戰士的墓塚。

　　博物館裡以澳洲和紐西蘭曾經參與過的戰役史蹟作為各展廳的內容，包括第一次世界大戰、第二次世界大戰、韓戰、越戰…並收集了所有相關的戰服配備、史料、照片、幻燈片等。博物館裡的每樣陳列都是真品，從各場戰役榮退的戰車、戰機、直昇機、大砲等，同時藉由各種動態的聲光秀，重現戰爭的情境。

　　由於展廳大且複雜，你可以參加固定時間由志工導覽的免費行程，從入口處附近的Orientation Gallery出發，或是買一本自助導覽手冊。

　　傍晚17:00閉館時，號手和風笛手會在紀念大廳演奏，以令人動容的樂音，悼念所有在戰爭中罹難的澳洲士兵，氣氛肅穆且莊重。而每年的4月25日，戰爭紀念館前的紐澳軍團大道(Anzac Parade)還會舉行盛大的紀念大遊行。

MAP ▶ P.131B1

坎培拉購物中心
Canberra Centre
全方位購物休閒中心

🚇從市中心公車總站步行4~5分鐘可達 🏠148 Bunda St.
☎(02) 6247-5611 🕐週一~週四09:00~17:30、週五
09:00~21:00、週六09:00~18:00、週日10:00~17:00 🚫
耶誕節 🌐www.canberracentre.com.au

　　想要一探坎培拉的日常生活，
就到坎培拉購物中心逛逛。這裡
聚集了超過300家店舖，包括 David
Jones、Myer、Big W、Target等百貨公司與
大型賣場、超市、服飾店、書店文具店、咖啡
廳、美食街、家居…走逛一圈，所有食衣住行
的需求都滿足到了。

　　坎培拉聚集了不少無國界料理，有的餐廳不
僅是用餐的空間，還會推出不同的烹飪課程讓
客人參與；在坎培拉，人人都可享受料理帶來
的無限可能。

MYER

MAP ▶ P.131B1

Akiba
日式創意fusion料理

🚇從市中心公車總站步行6~7分鐘可達 🏠40 Bunda Street
☎(02) 6162-0602 🕐11:30~00:00 🚫耶誕節 🌐www.
akiba.com.au

　　只看店名會以為這是一般的日本
料理餐廳，但Akiba主打的是結合
日式與其它亞洲料理的創意料理。除
了日本拉麵，還可以吃到燒烤和生海鮮，這裡
的餃子也很特別，有vegan叻沙和北京烤鴨的
內餡。除此之外，週末的早上時段還特別提供
港式飲茶！

　　Akiba的酒吧也有豐富的選擇，除了一般的
紅白酒、香檳喝雞尾酒，這裡也能和到日式清
酒及梅子酒。Akiba這麼多特色美食和酒品，
難怪2016年會被票選為澳洲人最喜愛的餐廳！

維多利亞

Victoria

維多利亞

P. 140　墨爾本Melbourne
P. 178　亞拉河谷Yarra Valley
P. 184　菲利普島Phillip Island
P. 190　大洋路Great Ocean Road
P.196　巴拉瑞特及戴樂斯佛Ballarat & Daylesford

位於澳洲大陸東南端的維多利亞州，為澳洲面積僅次於塔斯馬尼亞的第二小州，但人口卻占全國的1/4，其首府墨爾本則是全澳第2大城市。

有「花園之州」美譽的維多利亞，全州共計有32座國家公園，景觀包括了高山、海岸、雨林與沙漠，大雪覆蓋的高山距離沙漠和海邊只有幾小時的車程，對比的景觀隨處可見，因此有「澳洲縮影」之稱。

由於新移民眾多，多元的民族結構，造就出維多利亞繽紛的生活方式與藝術文化，在墨爾本更能感同身受。而從墨爾本出發，不論是前往亞拉河谷品酒、到摩林頓半島度假、在大洋路欣賞壯麗景致，或是觀賞菲利普島的企鵝遊行、體驗巴拉瑞特的淘金文化和戴樂斯佛的溫泉風情，都十分便利。

維多利亞輪廓圖

維多利亞之最Top Highlights of Victoria

墨爾本Melbourne
　墨爾本是個融合世界各民族、多采多姿的友善城市，宜人的氣候、豐富又奇妙的自然景觀、方便甚至免費的交通，「世界最宜人居城市」當之無愧！(P.140)

大洋路Great Ocean Road
　蜿蜒崎嶇的公路，沿途行經許多可愛的濱海小鎮與漁村，搭配著奇石美景與壯闊的海洋，是澳洲最著名的景觀公路。(P.190)

菲利普島Phillip Island
　宛如一座自然生態公園，島上有全世界最小的神仙企鵝，最吸引遊客的就是看小企鵝成群結隊摸黑回家。(P.184)

亞拉河谷Yarra Valley
　亞拉河谷聚集了50多家酒莊，最棒的體驗無非拜訪不同的酒莊，試喝多款美味的葡萄酒；天氣許可的話，乘熱氣球俯瞰谷地，更是過癮。(P.178)

墨爾本
Melbourne

文●蒙金蘭・林志恆・墨刻編輯部
攝影●蒙金蘭・周治平・墨刻攝影組

墨爾本是一個因金礦致富的城市，在西元1929年前曾一度是澳洲聯邦政府的首都，歷經200多年歐洲移民的文化洗禮，墨爾本散發的是現代中不失典雅的都會氣質。

除了早期遺留至今的古老石材建築、占據全市達1/4以上的公園綠地、口味豐富的數千家美味餐廳，墨爾本更是世界上少數兼有河流及海濱的城市，藍色清新的亞拉河滋養著墨爾本，就是這些得天獨厚的條件，讓墨爾本多次榮登「世界上最適合人類居住的城市」。

墨爾本有許多令人嘆為觀止的購物商場和百貨公司，遊客可以充分享受購物的樂趣；另外，全澳洲最大的賭場也在這裡，墨爾本皇冠賭場娛樂中心可以讓人試試手氣。

不過，最有情趣的墨爾本卻是藏在街道裡，這裡的每一條街都有自己的個性，甚至每一條街當中還隱藏了更美、更好逛的拱廊，所以來到墨爾本，不論是「一條可以欣賞別人，同時也可以被別人欣賞」的雅痞街、散發波希米亞頹廢風格的布朗史維克街、比伊甸園更充滿甜膩誘惑的艾藍街、或是藝術創意無限的維多利亞藝術中心市集，都精采得超乎想像。期待你一定要到街上走走，漫步街道，自然可以感受這個城市獨特的魅力。

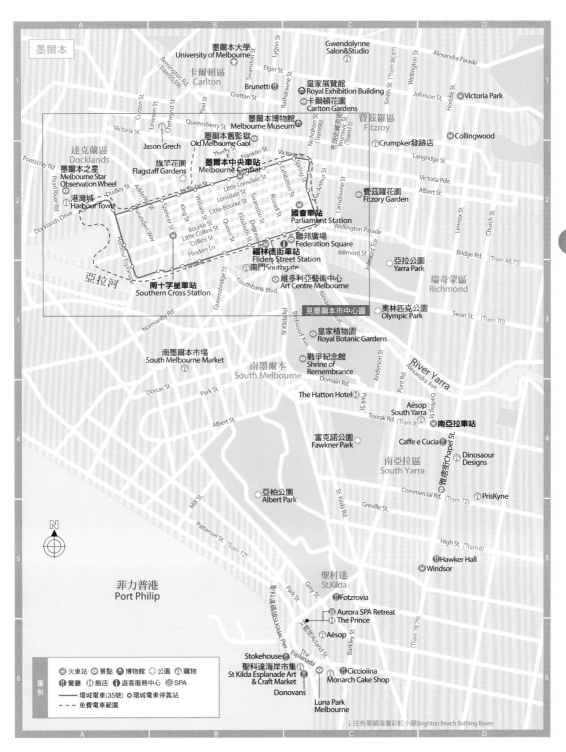

墨爾本

卡爾頓區 Carlton

達克蘭區 Docklands

費茲羅區 Fitzroy

亞拉河

亞拉河

南墨爾本 South Melbourne

瑞奇蒙區 Richmond

南亞拉區 South Yarra

菲力普港 Port Philip

聖科達 St.Kilda

墨爾本大學 University of Melbourne

Gwendolynne Salon&Studio

皇家展覽館 Royal Exhibition Building

卡爾頓花園 Carlton Gardens

Victoria Park

墨爾本博物館 Melbourne Museum

Collingwood

墨爾本舊監獄 Old Melbourne Gaol

Crumpker發跡店

Jason Grech

旗竿花園 Flagstaff Gardens

墨爾本中央車站 Melbourne Central

墨爾本之星 Melbourne Star Observation Wheel

費茲羅花園 Fitzory Garden

港灣城 Harbour Town

國會車站 Parliament Station

聯邦廣場 Federation Square

亞拉公園 Yarra Park

菲林德街車站 Fliders Street Station

南門Southgate

維多利亞藝術中心 Art Centre Melbourne

奧林匹克公園 Olympic Park

南十字星車站 Southern Cross Station

見墨爾本市中心圖

皇家植物園 Royal Botanic Gardens

南墨爾本市場 South Melbourne Market

戰爭紀念館 Shrine of Remembrance

The Hatton Hotel

Aēsop South Yarra

南亞拉車站

富克諾公園 Fawkner Park

Caffe e Cucia

Dinosaour Designs

亞柏公園 Albert Park

PrisKyne

Hawker Hall

Windsor

Fotzrovia

Aurora SPA Retreat

The Prince

Aēsop

Stokehouse

Cicciolina

Monarch Cake Shop

聖科達海岸市集 St Kilda Esplanade Art & Craft Market

Donovans

Luna Park Melbourne

↓ 往布萊頓海灘彩虹小屋Brighton Beach Bathing Boxes

圖例

🚉 火車站　◎ 景點　🏛 博物館　○ 公園　🛍 購物
🍴 餐廳　H 飯店　ℹ 遊客服務中心　SPA SPA
—— 環城電車(35號)　◎ 環城電車停靠站
--- 免費電車範圍

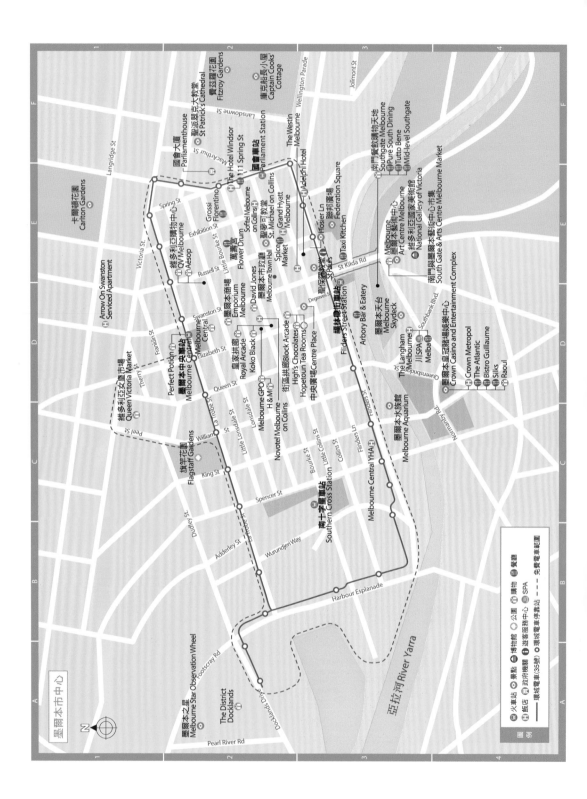

墨爾本市中心

N

卡爾頓花園
Carlton Gardens

Arrow On Swanston
Serviced Apartment

費茲羅碧花園
Fitzroy Gardens

庫克船長小屋
Captain Cooks'
Cottage

聖派翠克大教堂
St Patricks Cathedral

國會大廈
Parliamenthouse

Parliament Station

The Hotel Windsor

111 Spring St

國會車站
Parliament Station

The Westin
Melbourne

AdelphI Hotel

南門賽飲購物天地
Southgate Melbourne
Pure South Dining
Tutto Bene
Mid-level Southgate

維多利亞區購物中心
QV Melbourne
Aesop

Grossi
Florentino

Sofitel Melbourne
on Collins

萬壽宮
Flower Drum

聖麥可教堂
St. Michael on Collins

Spice 墨爾本君悅酒店
Market Grand Hyatt
Melbourne

Hosier Ln

聯邦廣場
Federation Square

Taxi Kitchen

聖保羅教堂
St Pauls

墨爾本
藝術中心
Art Centre Melbourne

維多利亞國家美術館
National Gallery of Victoria

南門與墨爾本藝術中心市集
South Gate & Arts Centre Melbourne Market

墨爾本中央車站
Melbourne Central

維多利亞女皇市場
Queen Victoria Market

Perfect Potion

Russell St

David Jones

墨爾本商場
Emporium
Melbourne

墨爾本市政廳
Melbourne Town Hall

皇家拱廊
Royal Arcade

Koko Black

街區拱廊Block Arcade

High's Chocolates
Hopetoun Tea Rooms

中央廣場Centre Place

Arbory Bar & Eatery

墨爾本天台
Melbourne
Skydeck

JIISPA

The Langham
Melbourne

Melba

墨爾本皇冠賭場娛樂中心
Crown Casino and Entertainment Complex

Crown Metropol
The Atlantic
Bistro Guillaume
Silks
Raoul

旗誌花園
Flagstaff Gardens

Melbourne GPO

H & M

Novotel Melbourne
on Collins

弗林德街車站
Flinders Street Station

墨爾本水族館
Melbourne Aquarium

南十字星車站
Southern Cross Station

Melbourne Central YHA

墨爾本之星
Melbourne Star Observation Wheel

The District
Docklands

亞拉河 River Yarra

Harbour Esplanade

Pearl River Rd

圖
例

火車站   景點   博物館   公園   購物   SPA
飯店   政府機關   遊客服務中心   環城電車停靠站
環城電車(35號)   －－－－ 免費電車範圍

142

INFO

基本資訊

人口：大墨爾本區約496萬
面積：大墨爾本區約8,806平方公里
區域號碼：(03)
時區：澳洲東部標準時間，比台灣快2小時，夏令時間(10月第一個週日~4月第一個週日)撥快1個小時

如何到達——航空

從台灣出發

目前華航提供直航班機往返於台北和墨爾本之間，航程約9.5小時；亦可搭國泰、新航、澳航、泰航等其他航班經第三地抵達墨爾本。

從澳洲其他城市

從雪梨或布里斯本可搭乘澳洲航空(Qantas Airways)、捷星航空(Jetstar)、澳洲虎航(Tiger Airways)或維珍澳洲航空(Virgin Australia)等航班前往；從雪梨起飛航程約1.5小時，從布里斯本起飛航程約2.5小時。

◎機場至市區交通

墨爾本國際機場(Melbourne International Airport / Tullamarine)距離市區西北方約25公里，國內外航廈都在同一個地方；Qantas和Jetstar航空位於第1航廈、國際線航空位於第2航廈、Virgin Australia和Regional Express航空位於第3航廈。請留意Jetstar有部分航班，是於墨爾本西南邊的Avalon Airport起降。

🌐www.melbourneairport.com.au

Skybus接駁巴士

從機場到市區最方便的方式就是搭乘Skybus，巴士會停靠在市區的南十字星車站(Southern Cross Station)的地下巴士轉運站Coach Terminal，之後還可以再搭乘Skybus免費提供的飯店接駁巴士到各飯店。車上有提供免費無線上網。

🚪可於車上或網站購買
☎(03)9335-2811
🕐04:00~01:00；9:00~17:00每10分鐘一班，其它時間每15分鐘一班；從機場到市區車程約20分鐘
💲全票單程A\$19.95、來回A\$32
🌐www.skybus.com.au
❗免費飯店接駁巴士週一~週五06:00~22:30、週六~週日07:30~17:30

計程車

💲從機場到墨爾本市中心單程約A\$60~70，有3人以上

搭計程車可能比Skybus划算

如何到達——火車

長程線的火車會停靠在墨爾本市區西南方的南十字星車站(Southern Cross Station)。從雪梨到墨爾本可搭新南威爾斯鐵路(New SouthWales TrainLink)，車程約11小時；從布里斯本到墨爾本，車程約14小時。

南十字星車站Southern Cross Station

🌐southerncrossstation.com.au

新南威爾斯鐵路New SouthWales TrainLink

🌐transportnsw.info/regional

◎奢華跨州鐵路Journey Beyond Rail Expeditions

Journey Beyond Rail Expeditions (前身為大南方鐵道公司Great Southern Rail (GSR))的The Overland豪華列車提供墨爾本和阿德雷德的行程。(見P.29)

Journey Beyond

🌐journeybeyondrail.com.au

如何到達──長途巴士

從雪梨或布里斯本到墨爾本可搭乘灰狗巴士(Grey-hound)，長程線的巴士會停靠在南十字星車站(Southern Cross Station)的地下巴士轉運站Coach Terminal。從布里斯本到墨爾本約28小時(不含在雪梨轉車時間)，從雪梨約12~14小時。

灰狗巴士Greyhound

📞1300-473-946

🌐www.greyhound.com.au

市區交通

墨爾本的大眾交通系統通稱為The Met，主要包含了電車、巴士和火車。

🌐www.metlinkmelbourne.com.au

◎Myki

分成Myki Money和Myki Pass兩種。

Myki Money如台灣的悠遊卡，裡面儲值多少錢，就有多少錢可以用，墨爾本依區域範圍分成免費區、Zone 1+2和Zone 2三區，如果僅在同一區活動，則只會收一區的錢，如果跨區了，則收Zone 1+2的費用。

Myki Pass在購買時則需要選擇區域(Zone)以及天數，可以選擇7日票、28天~325天之間的日數票，一旦購買Myki Pass，則可以在選擇的區域及天數內無限次搭乘。

🎧分記名和非記名兩種，前者只能用於網路或Myki電話購買中心以信用卡購買，後者則還可以至火車站和專賣店並以現金購買。

💲Myki卡全票A\$6，優待票、孩童和老人A\$3(優待票及老人票僅限本地人購買)，購買時需同時儲值。

Myki Money
(單位：澳幣)

		Zone2	Zone1+2
2小時	全票	3.1	4.6
	優待票	1.55	2.3
一日票	全票	6.2	9.2
	優待票	3.1	4.6

Myki Pass
(單位：澳幣)

		Zone2	Zone1+2
一週票(7日)	全票	31	46
	優待票	15.5	23
28~325天之間的天數票	全票	3.72	5.52
	優待票	1.86	2.76

🌐www.ptv.vic.gov.au/tickets/fares/metropolitan-fares

◎電車Tram

墨爾本的電車四通八達，密集穿梭在各條大道上，無疑是市區內最主要、最方便的交通工具。

墨爾本很早就推出免費的環城電車(City Circle Tram)，行經Flinders St.、Harbour Esplanade、Docklands Drive、La Trobe St.、Victoria St.、Nicholson St.、Spring St.等街道，提供免費繞行市區一圈，遊客可利用環城電車抵達墨爾本市中心主要的景點與購物中心，包括聯邦廣場(Federation Square)、國會(Parliament House)、維多利亞女皇市場(Queen Victoria Market)、墨爾本水族館(Melbourne Aquarium)、甚至墨爾本舊監獄(Old Melbourne Gaol)和達克蘭(Docklands)等地，利用環城線加上雙腳，不用花1毛錢交通費就可以玩遍市區。

2015年元月起則更進一步，不只環城線，擴及市區內所有電車通通免費，範圍大致南起Flinders St.，北到La Trobe St.，東達Spring St.、西至Harbour Esplanade，讓旅行者不必再用體力來省錢，玩得更輕鬆愉快。

電車在市區內的停靠站很密集，下車時需在下車處

超出免費範圍記得感應票卡！

墨爾本電車免費的範圍大致呈長方形，在這個區域內搭乘不必做任何感應票卡的動作；但是如果超出這個範圍，記得上下車都要感應一下車票，證明自己有付費搭乘，以免被罰款。在免費區域外的電車站牌，會看到提醒的告示圖文，以免遊客忘記感應票卡，相當貼心。

按下「Press to open the door」按鈕，車門才會開啟。

◎ 週日～週四約05：00~24：00、週五～週六約05：00~01：00(依路線不同時間略異)；環城電車週日～週三10：00~18：00、週四～週六10：00~21：00，約每12分鐘一班

◎巴士Bus

在墨爾本約有300條巴士路線，與電車共同形成綿密的大眾交通網絡。

◎火車Train

墨爾本沒有地下鐵，但是有便利的火車系統，聯繫市區與郊區之間的交通，光是市區內就有福林德街車站(Flinders Street Station)、墨爾本中央車站(Melbourne Central Station)、國會車站(Parliament Station)、弗拉格斯塔夫車站(Flagstaff Station)與南十字星車站等5個火車站，是當地居民重要的通勤工具。其中郊區線以福林德街車站為核心，而往返其他州的長程線則以南十字星車站為核心。

◎計程車Taxi

墨爾本的市區有很多計程車招呼站，亦可打電話叫車。

◎ 09：00~16：59起跳A$4.2，每1公里A$1.62，車停時間每小時A$34.08；夜間17：00~08：59起跳A$5.2，每1公里A$1.8，車停時間每小時A$37.86；尖峰時刻週五～週六22：00~03：59起跳A$6.2，每1公里A$1.986，車停時間每小時A$41.70。電話叫車加價A$2；從機場叫車加A$4.5

◎ www.victaxi.com.au

Arrow Taxi Service
◎ 132-211

Frankston Taxis
◎ (03) 9786-3322

優惠票券

◎iVenture Card

iVenture Card是一種國際發行的旅遊卡，可選擇自己想拜訪的景點或想從事的活動，亦可結合交通，組合成比分別購買起來便宜一些的套餐，還可免去一站站購票的麻煩。

墨爾本的相關通行證可用於包括墨爾本天台、墨爾本之星、墨爾本水族館、觀光巴士、普芬比利蒸汽火車等處，不同通行證有不同優惠，除了下列3種通行證之外，還有一種包含大洋路、菲利浦島行程的套票(Melbourne Day Tours Combo)，詳見網站。

◎ 票卡可於墨爾本機場、聯邦廣場遊客服務中心，以及位於市政廳的Halftix Melbourne購買，亦可於網路購票

◎ (03) 8326-3348、(03) 9928-0000
◎ www.iventurecard.com

◎墨爾本通行證
Melbourne Unlimited Attractions Pass

這張通行證可以使用參加超過24種博物館、景點和城市行程，分為2日、3日、5日卡，購買起一年的時間皆可用。

◎ 2日卡全票A$175、兒童票A$129，3日卡全票A$239、兒童票A$179，5日卡全票A$329、兒童票A$259

◎墨爾本彈性通行證
Melbourne Flexi Attractions Pass

這個通行證主要分為3日、5日和7日卡的選擇，持卡者可以參加當地旅遊行程、進入博物館或動物園等，有超過30種景點或優惠選擇，能獲得至少6折優惠，購買起3個月內皆可用。

◎ 3日卡全票A$99、兒童票A$79，5日卡全票A$149、兒童票A$119，7日卡全票A$199、兒童票A$159

◎澳洲綜合通行證
Australia Multi City Flexi Attractions Pass

一種可於全澳洲含墨爾本的70個景點和行程之中，任選5、7或10個免費通行的通行證。票卡自購買起的3個月內皆可使用。

◎ 5景點全票A$199、兒童票A$149，7景點全票A$265、兒童票A$195，10景點全票A$339、兒童票A$249

旅遊諮詢
◎墨爾本遊客服務中心
Melbourne Visitor Information Centre

◎ Federation Square, Melbourne
◎ (03) 9658-9658
◎ 10：00~14：00
◎ 聖誕節
◎ www.visitmelbourne.com

城市概略
City Guideline

　　亞拉河(Yarra River)貫穿整個墨爾本市區，並以北岸的聯邦廣場(Federation Square)為地理中心，遊客服務中心就位於廣場上。市中心商業區(CBD)以聯邦廣場上的Flinders街為南界，東邊是Spring街，北邊為La Trobe街，西邊則是Spencer街，這4條街道圍出約2公里見方的區域，街道呈棋盤式分布，商店、購物中心林立，也是墨爾本最繁華的區域。而長途車站南十字星車站(Southern Cross Station)就位於西界的Spencer街。

　　CBD之外，東邊和南邊是一大片綠意盎然的公園，像是費茲羅花園(Fitzroy Gardens)、皇家植物園(Royal Botanic Gardens)等；北邊是卡爾頓區(Carlton)，以墨爾本博物館與卡爾頓花園(Melbourne Museum & Carlton Gardens)為核心；西邊則是新興的達克蘭區(Docklands)。

　　向南跨過亞拉河，臨著河畔是著名的皇冠賭場娛樂中心(Crown Entertainment Complex)、南門餐飲暨購物天地(Southgate Restaurant & Shopping Precinct)及維多利亞藝術中心 (Victorian Arts Centre)，一路往南來到郊區，則是墨爾本市郊臨海最著名的度假區聖科達(St. Kilda)。

墨爾本行程建議
Itineraries in Melbourne

◎如果你有3天
　　不論在墨爾本待幾天，墨爾本的中央商業區(CBD)絕對是精華中的精華，幾乎所有能代表墨爾本精神的商業和文化活動都集中在這裡。聯邦廣場是探索墨爾本市中心的最佳起點，以此為核心，鄰近的亞拉河畔、維多利亞藝術中心、墨爾本水族館，以及商業中心的拱廊和街區，光是穿街過巷之間就可以耗上一整天。

第二天一早，別忘了一定要到維多利亞女皇市場朝聖一番，也可把腳步往外圍延伸到幾座悠閒的公園，例如費茲羅花園、墨爾本博物館與卡爾頓花園、皇家植物園等。

第三天可以再把活動範圍往外延伸，像是雅痞街及南邊郊區的聖科達海岸。

◎**如果你有5-7天**

如果在墨爾本不只待三天，除了市區之外，鄰近墨爾本周邊的每一條路線都可以安排一日遊。亞拉河谷是澳洲知名酒鄉；走一趟壯闊的大洋路，永生難忘；菲利普島看企鵝則是墨爾本的招牌，這些都是維多利亞州最引以為傲的世界級景區。還有巴拉瑞特及與戴樂斯佛，除了見證墨爾本的淘金史，也欣賞維多利亞州的田野風光。

墨爾本散步路線
Walking Route in Melbourne

墨爾本的中央商業中心(CBD)原本就是一個非常適合散步的區域，餐館、咖啡館、購物中心林立，可以不必規劃路線，自在閒晃，也可以依照這條路線，走完所有精華區。

就像雪梨的歌劇院一樣，墨爾本的精華路線少不了以①**聯邦廣場**作為開端，在玻璃帷幕搭建的遊客服務中心取得相關旅遊資訊，並好好端詳這座奇特的建築物之後，便可以開始往東走，首先會碰到②**議論劇院**，順著Russell街向北走，在Collins街會看到兩座教堂隔街相對，分別是Scots教堂和St Michael's Uniting教堂，沿著這些棋盤式的街道向東、向北拐彎，最後就會碰上中央商業中心(CBD)的東緣，宏偉

墨爾本散步地圖

的③**國會大廈**矗立在Spring街上。

在國會大廈前的階梯休息片刻，經過④**公主劇院**，然後沿著Little Bourke街慢慢逛回市中心，在Swanston街看到那鮮明的牌樓，就知道進入了⑤**中國城**。中國城周邊就是墨爾本市中心的核心，到處都是購物中心，包括⑥**布爾克街購物中心**、⑦**皇家拱廊**、⑧**街區拱廊**絕不能錯過，不過也很容易就迷失在這一條條拱廊購物商場裡。如「有幸」從中心區脫困，一路向南，就會回到與聯邦廣場隔街相對的⑨**弗林德斯街火車站**，一現代，一古典。穿過火車站地下人行道，就來到亞拉河畔，並以⑩**南門**作為這條散步路線的終點，這裡是解決飢腸轆轆的好地方。

距離：3公里
所需時間：70分鐘

市中心商業區CBD

MAP ▶ P.141C2

聯邦廣場

MOOK Choice

Federation Square

探索墨爾本的起點

🚋 搭環城電車或電車16、67、70等號於Swanston St./Flinders St.或Russell St./Flinders St.站下,步行約1分鐘可達 🏠 位於Swanston和Flinders St.交會處 ☎ (03) 9655-1900 🌐 www.fedsquare.com

這裡是探索墨爾本的最好起點,廣場上幾個鑲嵌著幾何圖形沙岩板、傾斜扭曲的鍍鋅架、大片玻璃帷幕包覆的超現實建築體,恰與一街之隔、屬新古典主義風格的弗林德斯街車站(Flinders Street Station)和聖保羅教堂(St Paul's)呈鮮明對

比。有別於一般廣場的開闊形象,這裡結合了遊客服務中心、國家藝術館、室內表演廳、媒體大樓、旅館、藝廊、餐廳、商店,以及戶外表演廣場諸多功能於一身。

掃地圖

當初負責設計打造聯邦廣場的實驗室建築工作室(Lab Architecture Studio)從倫敦來到墨爾本,不僅僅是要蓋一座奇特的建築,而是「藉由這個極具爭議性的實驗作品,進一步重新定義都會市民的文化空間」。

面積廣達3.6公頃的廣場「架設」在原本的火車調度車場之上,為了隔絕底下醜陋的鐵軌,廣場地面用掉了3,000噸的鋼樑、1.4公里長的廢水泥牆,以及4,000個防震圈和橡皮墊。如此一來,廣場成功地結合了亞拉河北岸與南岸,把車水馬龍的中央商業區和悠閒自在的公園綠地連成一氣,同時翻轉城市軸心,成為墨爾本真正的市中心。

由於遊客服務中心就位於巨大玻璃體的下方,因而成為遊客探索墨爾本的第一站,而同時可容納15,000人的廣場上,一年超過500場、彷彿接力賽般的街頭表演,從白天到深夜,更是不時聚集圍觀捧場的市民和遊客。

市中心商業區CBD

MAP ▶ P.142D2

墨爾本中央郵局

Melbourne's GPO

郵局變身品牌專賣店

🚋 搭電車86、96等號於Bourke St./Elizabeth St.站下,步行約1~3分鐘可達 🏠 350 Bourke St. (和Elizabeth St.交叉口) ☎ (03) 9290-0200 ⏰ 週一~週三10:00~19:00、週四~五10:00~21:00、週六和週日10:00~19:00 🌐 www.melbournesgpo.com

Melbourne's G.P.O.原本是墨爾本的中央郵局,始建於1841年,目前呈3層樓的新文藝復興式建築完成於1859到1867年間,內部還保留著一座當時所建

掃地圖

的透明電梯,堪稱走在時代的尖端。

Melbourne's G.P.O.從2004年10月開始改變型態,委外經營,一度作為高級名牌雲集的購物中心,目前則整幢都是H&M的天下。建築裡外純白的主調、精心設計的燈光照明,和H&M簡潔典雅的設計風格倒是不謀而合,營造出迷人的購物環境。

市中心商業區CBD

MAP ▶ P.142D3

迪格拉弗街

MOOK Choice

Degraves Street Mall

巷弄風情經典代表

🚃搭電車19、57、59等號於Collins St./ Elizabeth St.站下，步行約1分鐘可達；搭城電車或電車35、70、75號於Flinders St Station站下，步行約3~5分鐘可達 ⏰Centre Place & Degraves St. 🕐08:00~18:00(各家不一)

在繁華的Flinders Lane與Collins St.之間，有一條小巷子，兩旁布滿許多咖啡廳、麵包店、湯品專賣鋪等，看得出來都是當地人正和朋友小聚，或是正在享受早餐準備上班前流連的地方。這條小巷名為「中央廣場」但是一點都不廣，是墨爾本很典型

掃地圖

的巷弄風情代表地之一，每間店面都小巧但各具特色，想貼近當地人生活況味的人來這裡就對了。

Degraves St.是一條很小很小的街道，夾在Flinders St.和Flinders Lane間，跨過Flinders Lane就是中央廣場了。

和中央廣場類似，這條也是墨爾本很典型的「巷子裡的」私房路線，短短幾公尺的街上都是小巧精緻的書店、麵包店、咖啡廳、美髮院等，雖然位在鬧區之中，但是幾乎都只有熟門熟路的內行人才會來逛，充滿了當地生活的腳步、氣息。

墨爾本巷弄與拱廊之旅
Melbourne Lanes & Arcades Tour

由專人帶領穿梭在熱鬧的巷弄和拱廊之間的個性小鋪，一方面可以藉此認識墨爾本獨立品牌，暢快購物、試吃各種食物和品酒；一方面也可以觀察講品味的墨爾本人，如何自在地生活。

一趟3小時的巷弄與拱廊之旅，熱心的導遊帶領遊客時而鑽入地下室，時而爬上閣樓，有時講解拱廊建築，有時穿梭在歷史巷弄。而超過50家墨爾本獨有的個性小鋪，從男女時裝、配件、珠寶、文學、音樂、美容、文化、文具、巧克力、糖果糕點、到酒品…包羅萬象的創意商店，經常讓旅客來不及捕捉。導遊通常會「好心的」留一段時間，讓遊客自己順著原路再走一遍，導遊也會告誡遊客謹記一個原則：「穿小巷弄，不走大馬路。」

⏰Federation Square(需事先預約) 📞(03) 9663-3358 🕐週一~週六每日兩場10:00(夏季09:00)、14:00、全程3小時(含午餐4小時) 💲A\$99 🔗
https://hiddensecretstours.com/tour/lanes-arcades/

市中心商業區CBD

MAP ▶ P.142E3

聖保羅大教堂

St Paul's Cathedral

英國國教主座教堂

🚃搭環城電車或電車16、67、70等號於Swanston St./ Flinders St.或Russell St./Flinders St.站下，步行約1分鐘可達 ⏰209 Flinders Lane 📞(03) 9653-4333 🕐平日10:00~18:00、週六10:00~15:00、週日07:30~17:00 💲免費 🌐cathedral.org.au

建於1892年的聖保羅大教堂，是墨爾本的英國國教(Anglican)主座教堂，屬19世紀末的新哥德式建築，

掃地圖

為英國建築師威廉·巴特菲爾德(William Butterfield)的重要作品之一。教堂外有一座航海家馬修·弗林德斯(Matthew Flinders)的雕像，他曾於1801~1803年之間航海繞行澳洲一圈，為世界第一人。

市中心商業區CBD

MAP ▶ P.142D2

皇家拱廊

MOOK Choice

Royal Arcades

墨爾本歷史最悠久的拱廊

🚇 搭電車86、96等號於Bourke St./Elizabeth St.站下，步行約1~3分鐘可達 🏠 335 Bourke St. Mall ☎ 0438-891-212 🌐 www.royalarcade.com.au

掃地圖

皇家拱廊是墨爾本歷史最悠久的拱廊，建於1869年，外觀以紅色和金色為主調，入口上方的巨大時鐘兩旁立著兩尊7呎人像Cog和Magoa，從1892年就開始為遊客整點報時。

獨特購物及美食空間—拱廊

墨爾本市區有許多大型的百貨賣場，可滿足遊客不同需求，但若想要體驗當地最具特色的購物空間，一定不能錯過造訪特有的拱廊及巷弄。

拱廊據說是因為市區建築間的街道太過寬敞，街道與街道間的路段就被腦筋動得快的商人開發成商店街，形成獨特的購物空間；而商人更利用市區的小巷子，開發成露天咖啡座區。

他們藏身於市區摩天大樓中，為墨爾本添加了精緻悠閒的風情，漫步其中，不但可欣賞精雕細琢的拱廊建築，亦可逛小巧精緻的珠寶店、糖果屋、精品店…逛累了就在露天咖啡座喝杯香醇的咖啡，讓逛街成為一種兼具觀賞與休閒的享受。

拱廊是19世紀維多利亞時代留下來的建築，它們隱身在市區大樓之間，當年這裡就是墨爾本主要的購物商店街，總共十餘條拱廊，以街區拱廊和皇家拱廊最為著名。

Koko Black

🏠 Shop 4 ☎ (03) 9650-1303 🕐 週一～週六09:00~18:00(周邊延長至19:00)、週日10:00~18:00 🌐 www.kokoblack.com

掃地圖

Koko Black是2001年在墨爾本發跡的手工巧克力品牌，創辦人曾遠赴德國學習巧克力藝術，其原料是來自比利時的高級巧克力，發展出多樣化的甜點，在墨爾本家喻戶曉。除了這裡，在墨爾本的維多利亞女皇市場和Collins St.，一樣可以找到這家店。

MAP ▶ P.142D2

街區拱廊

MOOK
Choice

Block Arcade

墨爾本最美麗的拱廊

🚃搭電車19、57、59等號於Collins St./Elizabeth St.站下，步行約1分鐘可達 🏠282 Collins St. & 96 Elizabeth St. ☎(03)9654-5244 🌐theblock.com.au

街區拱廊是墨爾本最美麗的拱廊，建於19世紀末，從其建築風格可以看出受到義大利的影響，兩旁精雕細琢的鍛鐵和原木廊柱支撐著鑲嵌玻璃屋頂，地板則是絢麗的馬賽克拚貼，也是全澳洲面積最大的馬賽克鑲嵌地板。拱廊內的商店街以Hopetoun茶館最受歡迎。

Hopetoun Tea Rooms

🏠Shops 1 & 2 ☎(03) 9650-2777 ⏰週一~週六08:00~17:00、週日09:00~17:00 🌐www.hopetountearooms.com.au

若在墨爾本想喝下午茶，當地人幾乎異口同聲推薦Hopetoun茶館！自從1892年街區拱廊正式開幕以來，Hopetoun茶館就屹立至今，堂堂邁過125年。

Hopetoun茶館每天從早餐即開始營業，除了從櫥窗就可看到的各式各樣美味糕餅、甜點外，也有輕食餐點，伴著古典建築的優雅氣息，非常吸引人。內部空間不大，時時高朋滿座，因為不接受預約，所以店外總是排著長長的人龍，渴望入內品嘗一下享譽超過百年的甜美滋味。

Haigh's Chocolates

🏠Shops 7& 8 ☎1300-424-447 ⏰週一~週五09:00~18:00、週六09:00~17:00；週日11:00~17:00 🌐www.haighschocolates.com.au

澳洲有許多巧克力品牌，其中Haigh's的能見度相當高，在墨爾本隨處可見，而位於街區拱廊的這家分店規模比較大，配合著拱廊建築而設計的櫥窗，散放著無窮的吸引力。

Alfred E. Haigh於1915年在南澳的阿得雷德開設第一家Haigh's巧克力，研發不少獨家口味，1917年更推出內裏水果的巧克力，大受歡迎；在50年代前後，第三代傳人更遠赴瑞士、美國等地取經，甚至藉著電影把巧克力行銷到全世界。Haigh's目前已經傳承至第四代，是全澳洲歷史最悠久的家族經營手工巧克力。

MAP ▶ P.142D2

墨爾本
中央車站

MOOK Choice

Melbourne Central

交通樞紐兼休閒中心

搭環城電車或電車12、19、30、35、57、59、109等號在Elizabeth St/La Trobe St.站下，亦可搭電車1、3、6、16、30、35、64、67、72等號在Swanston St./La Trobe St.站下，步行約1分鐘可達 Cnr LaTrobe and Swanston Streets (03) 9922-1122 購物中心週六～週三10:00~19:00(週四、週五至21:00)；各店家營業時間有異，詳情可上網查詢 www.melbournecentral.com.au

掃地圖

墨爾本沒有地鐵，對周邊城鎮大眾交通除了倚重巴士、電車外，火車也是很重要的交通工具。

墨爾本中央車站位於市中心繁華地段的北緣，地底下是火車軌道，地面上則開闊成頗具規模的綜合休閒中心，有各式商店、餐廳、咖啡廳、電影

院等設施齊全，澳洲具代表性的品牌幾乎都可以在裡面找到。位於地面層的旅客諮詢中心本身就設計得很有特色，舉凡品牌、樓層、交通、旅遊各方面相關的疑問都可以向他們請教，獲得解答。

墨爾本中央車站建築本身曾經是一幢子彈工廠的遺址，刻意保留下來的紅磚塔樓為現代化的購物中心增添不少復古的氣息，塔樓周圍被圓錐狀的玻璃屋頂保護住，天然採光絕佳，成了購物中心裡最矚目的焦點之一。此外，還有一座掛在牆上的大鐘，據說重達兩千公斤，每到整點都會鳴鐘，也是中央車站人潮聚集的所在。

Perfect Potion

掃地圖

Shop 019, Ground Floor (03) 9639-4786 週一～週日10:00~18:00(週四、週五至20:00) www.perfectpotion.com.au

Perfect Potion是澳洲知名的護膚保養品牌，專業提供最天然、萃取自植物的香氛、精油、身體各部位的保養產品，給予身體溫和而全面性的呵護。由於非常注重自然有機生產的一貫性，所有產品都經過有機認證(ACO)、天然化妝品認證(BDIH)、免於殘酷認證(CCF)等多重把關，所以消費者使用起來分外安心。

墨爾本商場

MOOK Choice

Emporium Melbourne

市中心最大購物暨美食中心

🚃搭電車86、96等號於Bourke St./Elizabeth St.站下，步行約1~3分鐘可達 🏠287 Lonsdale St. ☎(03) 8609-8221 🕐購物中心週日~週三10:00~19:00(週四、週六至21:00，週五至22:00)；各店家營業時間有異，詳情可上網查詢 🌐www.emporiummelbourne.com.au

掃地圖

墨爾本市中心的商場多如過江之鯽，幾經整合，2014年全新開幕的墨爾本商場成為鬧區裡規模最大的流行、美食及文化中心。

墨爾本商場共有8個樓層，包括Uniqlo的旗艦店和原有的Myer百貨，而且一些原先在David Jones、Melbourne's G.P.O.、Melbourne Central等商場設有專櫃的國際和當地品牌紛紛改到這裡設櫃，包括Leona Edmiston、SABA、Yellow Earth等澳洲知名的本土設計師品牌都有進駐，餐飲的選擇也很豐富，非常好逛。

Aēsop

🏠shop1-023 ☎(03) 9650-6040 🌐www.aesop.com

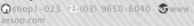
掃地圖

創始於1987年的Aēsop，是澳洲知名的植物性護膚產品，著重以簡明、有智慧、高效能的成分，幫助身體各部位的肌膚迅速獲得平衡。目前已研發出40餘種專用於臉部、頭皮、頭髮、身體各部位的獨特產品，使用多種植物萃取方式包括蒸餾的精油、冷軋法的完全植物油、冷凍的粉末和液態的萃取物等，具有優異的產品效果、令人愉悅的味道與使用的安全性，每項產品都可以幫助調理特定的失衡狀況。

tea too (T2)

🏠shopG-044 ☎(03) 9671-4124 🌐www.t2tea.com/en/au

掃地圖

tea too(T2)是一家具有重組創意的茶行，店內擅長將來自中國、印度、斯里蘭卡、日本、南美、印尼進口的茶，加以重新烘培、調味，製成屬於tea too的風格口味；有趣的是，店內貼滿了中文報，還使用了大量的中國式家具，甚至連冥紙也不小心被用上了，構成了一種屬於澳洲的異國氣息。

SABA

🏠shop2-019 ☎(03) 9671-4492 🌐www.saba.com.au

掃地圖

創立於1965年的SABA，最早是在墨爾本佛林德斯巷一間名為Joseph SABA Shirt Shop的小店，1996年參加了賓士公司舉辦的第一屆澳洲時尚周活動，被評為領導澳洲時尚的商標；同年又獲得澳洲年度時尚男裝的首獎，以及動力屋博物館(The Powerhouse Museum)時尚館的推薦，從此聲名鵲起，已經躍升為澳洲引導流行的品牌之一。

SABA的女裝與男裝並重，風格簡約中見繁複，最主要的獨特之處在於能以漂亮的布料轉變成高貴的剪影，每項設計除了講究質感，還要兼重舒適、耐久與多樣性。在墨爾本街頭有多家店面。

市中心商業區CBD

MAP ▶ P.142D2

大衛瓊斯百貨公司
David Jones
澳洲老字號百貨公司

🚃搭電車86、96等號於Bourke St./Elizabeth St.站下，步行約1~3分鐘可達 🏠310 Bourke St. ☎133-357 ⏰週日~週三10:00~19:00、週四~週五10:00~21:00、週六09:00~19:00 🌐www.davidjones.com.au

David Jones是澳洲最老字號的百貨公司，尤其在墨爾本市中心這家規模特別龐大，橫跨三條街，衣飾、配件、皮鞋、電器、音樂、文具等應有盡有。女

士用品與男士用品分屬兩幢不同的大樓，女性專屬大樓裡的化妝保養品區各家品牌齊聚，有如最新潮流的先鋒；地下樓層還有占地頗廣的居家用品賣場。總之不論想找什麼產品、什麼品牌，來David Jones應該錯不了。

市中心商業區CBD

MAP ▶ P.142C3

墨爾本水族館
Melbourne Aquarium
與海底生物共舞

🚃搭環城電車或電車35、70、75等號於Melbourne Aquarium/Flinders St.站下，步行約1分鐘可達 🏠位於Flinders St.和King St.的轉角 ☎1800-026-576 ⏰09:30~17:00(時間易變動，請上網查詢) 💲全票A$47、優待票A$34、兒童票A$30；網路購票另有優惠 🌐www.melbourneaquarium.com.au

在墨爾本水族館裡約有500種、4,000隻以上的海洋生物。館內各種珊瑚、魚貝類，被安排在超大型的透明

帷幕玻璃內，你可以很清楚地觀察到來自澳洲周圍海域特殊魚類悠游的姿態，還可以看到潛水員與魚群共舞。還可近距離觀察可愛的小企鵝、國王企鵝，看牠們在水中優游。

在墨爾本水族館除了視覺體驗外，還能以觸覺感受海底世界的奧妙，在貝類的區域裡，解說員很有耐心地一一解答民眾的疑問，並讓你親手觸摸，了解造物者的神奇。此外，在海底世界的樓層裡，有許多類似電動玩具的模擬器，藉由這些高科技遊戲機，可以很容易了解魚類的習性與生態環境；最有趣的莫過於3D海底模擬機，它可以讓你化成一條魚，學習如何避開危險、尋覓食物，體驗魚類生活。

市中心商業區CBD

MAP ▶ P.142C1

維多利亞女皇市場

MOOK Choice

Queen Victoria Market

南半球最大露天市集

🚃 搭環城電車或電車24、30等號於Queen St./La Trobe St.站下，步行約5~8分鐘可達；或搭電車55號於Queen Victoria Market/Peel St.站下即達 🏠 位於Therry St.、Queen St.、Victoria St.、Elizabeth St. 4條街間 ☎ (03) 9320-5822 🕐 週二和週四和週五06:00~15:00、週六06:00~16:00、週日09:00~15:00 ㊡ 週一、週三、國定假日 🌐 www.qvm.com.au

維多利亞女皇市場被稱為墨爾本的「購物麥加」，這個南半球最大的露天市集，多年來一直是遊客必定朝聖之地。占地7英畝的維多利亞女皇市場，是墨爾本的傳統市集，若是錯過這裡，也就錯失認識墨爾本的機會，以及一處可大撿便宜的好地方！

維多利亞女皇市場1878年營業迄今，已有130多年的歷史，是墨爾本著名的地標及觀光勝地；市場分為三大部門，分別為生鮮、蔬果及日常用品部門。生鮮、蔬果部門販售當地的肉品、乳酪、各種蔬菜、義大利Pizza和沙拉食品等，每當中午拍賣時間，各攤位無不使出渾身解數努力叫賣，非常熱鬧。日常用品部門則販售各種便宜的衣服和鍋碗瓢盆等日常用品。逛累了，市場

掃地圖

💡 **終極美食之旅Ultimate Foodie Tour**

為了讓遊客能深入瞭解維多利亞女皇市場，當地文史工作者推出「終極美食之旅」，由行家帶領前往造訪大約10個當地著名的店家，慢慢品嘗市場內販售的傳統起士、開胃菜、通心粉、麵包、熟食、紅酒等，一趟下來足以飽餐一頓，還可帶回紀念品和折價券。
🏠 於67 Victoria Street集合，需事先預約 🕐 週五、六10:00出發，全程約120分鐘 ☎ (03) 9320-5835 💲 全票A\$99、兒童票(5~14歲)A\$59 🌐 www.qvm.com.au/tours

一側是可容納400人的餐飲區，當你一邊享受美式、義式、中式等餐飲的同時，還可欣賞室外街頭藝人的表演。

市中心商業區CBD

MAP ▶ P.142E2

聖麥可教堂

St. Michael on Collins

鬧中取靜心靈殿堂

🚃 搭環城電車或電車35、70、75等號於Russell St./Flinders St.站下，步行約3~5分鐘可達；或搭電車11、12、48、109等號於Collins St.站下，步行約1分鐘可達 🏠 120 Collins St. ☎ (03) 9654-5120 🕐 週一~週五09:00~17:00 💲 免費 🌐 www.stmichaels.org.au

與Grand Hyatt Melbourne飯店隔著Collins

掃地圖

St.相對的聖麥可教堂，已有超過200年歷史，建築本身固然頗有可觀之處，更特別的是教堂刻意在建築的一隅為忙碌在城市生活的人們提供了一個靜室(Mingary)，以岩石、水池和昏暗的燈光布置成一個頗有禪意的寧靜空間，每個人都可以進來駐足，坐在椅子上稍作冥想、沉澱心靈，重新獲得生活的靈感。

MAP ▶ P.142D3

南門餐飲暨購物天地

Southgate Restaurant & Shopping Precinct

河彼岸的藝術休閒娛樂區

🚃 搭電車1、3、6、64、67、72等號於Arts Precinct/
St Kilda Rd站下，步行約3~5分鐘可達；或搭環城電車
於Swanston St./Flinders St.站下後過橋，步行約8~12
分鐘可達 🏠 3 Southgate Avenue ✆
(03) 9900-8100 🍴 各店家不一 🌐 www.
southgatemelbourne.com.au

早在1940年以前，墨爾本的亞拉河南岸都是一些老房子、倉庫與公家的廢棄地，遠比北岸落寞沉寂，直到60年代維多利亞國家美術館(The National Gallery of Victoria)在此出現後，帶動了附近的發展，有心人士開始計畫把南岸建設成集合墨爾本各方特色於一爐的休閒娛樂中心。

1992年完成的南門餐飲暨購物天地，坐落於福林德街車站的對岸，是沿著河岸而建的長方形建築體，集結眾多不同風格的餐廳、酒吧、咖啡廳、商店，也有開放式的美食街，經常可見街頭藝人在空曠處表演，鎮日充滿蓬勃的朝氣，走幾步路就可抵達墨爾本藝術中心、維多利亞國家美術館等，果然成功打造一處藝術氣息濃厚的日常生活休閒區。

Pure South Dining

🏠 River-level Southgate ✆ (03) 9699-4600
🕐 午餐週日~週五12:00~14:30、晚餐週三~週六
17:00~00:00 🈺 週日和週一 🌐 www.puresouth.com.au

從福林德街車站漫步過橋來至南門，率先映入眼簾的就是這幢時髦又典雅的餐廳，兩層樓的空間，樓下是悠閒的酒吧，全天候都有提供餐飲，樓上是較正式的餐廳，不但景觀絕佳，廚藝更獲得一頂廚師帽的肯定。

Pure South Dining顧名思義，就是提供來自墨爾本南方食材烹調的美食，指的就是來自塔斯馬尼亞、國王島(King Island)、福林德島(Flinders Island)等以及這之間遼闊海域的天然食材，無論是生鮮的海產、牡蠣，或是自然放牧的牛、羊甚至袋鼠，主廚都善加運用融合東、西方各國的烹調手法，變化出一道道創意佳餚，再搭配本土釀造的啤酒或葡萄酒，讓食客獲致滿足的飲食體驗。

Tutto Bene

🏠 Mid-level Southgate ✆ (03) 9696-3334
🕐 午餐週四~週日12:00~15:00、晚餐週三~週六
17:00~00:00 🌐 www.tuttobene.com.au

Tutto Bene中文意思是「每樣東西都很棒」！1998年義大利總統訪問澳洲時，就是由這裡的澳籍行政主廚為總統烹調義式米飯(Risotto)。

被譽為澳洲義式米飯之王的主廚Simon Humble，曾經榮獲在義大利廚藝競賽多次獎項，他深受義大利傳統烹調訓練，卻又能將它發揮得淋漓盡致，可說是位備受尊敬的義式料理澳洲籍廚師。

Tutto Bene提供十多種義式米飯料理，是這裡必嚐的美食，尤其是以紅酒醋和兩年老的帕馬爾起士，所烹調出的總統義式米飯，更是經典之作。這裡除了義式米飯外，還有各式各樣的義大利料理可選擇；至於甜點，一定不能錯過義式冰淇淋，它道地美味連義大利人也讚不絕口！

由於餐廳位在南門的2樓，戶外座位擁抱著美麗的亞拉河和高樓景觀，尤其是黃昏之際前來用餐，可說是享受一場視覺與味覺皆完美的盛宴。

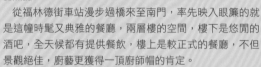

墨爾本藝術中心
Arts Centre Melbourne
亞拉河畔藝術地標

🚃搭電車1、3、6、64、67、72等號於Arts Precinct/St Kilda Rd站下,步行約1~3分鐘可達 🏠100 St Kilda Rd. ☎1300-182-183 ⏰每週日11:00有90分鐘的導覽行程 💲導覽全票A\$25、優待票A\$15 🔗www.artscentremelbourne.com.au

望著亞拉河的另一邊,立刻就被一根宛如芭蕾舞裙造型的尖塔吸引住,這就是墨爾本藝術中心,也是墨爾本的著名地標。

墨爾本藝術中心一直扮演著提供墨爾本市民的藝術精神指標,舉凡大型的音樂會、戲劇或是舞蹈表演,都會選在這裡演出。藝術中心一共分為三部份,一是高162公尺尖塔的劇院,一是墨爾本音樂廳(Hamer Hall),另一是維多利亞國家美術館(National Gallery of Victoria)。

尖塔下的劇院就建在聖科達路(St. Kilda Rd.)上,6層樓的建築有5層在地下,其中3座表演廳在地下層,最大的劇院(State Theatre)可容納2,067人,主要提供歌劇、芭蕾及音樂劇演出;其次表演劇場(Playhouse)可容納880人,主要為戲劇表演而設計,休息室中並有原住民藝術展覽;另外最小的一座實驗劇場(George Fairfax Studio)可容納350~450人,是一多功能設計表演室。

掃地圖

維多利亞…墨爾本 Melbourne

南門與墨爾本藝術中心市集
South Gate & Arts Centre Melbourne Market

很多人到墨爾本藝術中心,並不只是為了看戲而已,在中心旁的假日市集,其實才是讓藝術中心門庭若市的主因。

墨爾本藝術中心假日市集和隔鄰的南門假日市集相連,是墨爾本市民在週日打發時間的熱門去處,在市集裡,你可以找到一些手工製的木製相框、玻璃燭台、陶藝器、花花草草,如果想選購一些別具特色的紀念品,不妨到這裡來尋寶。這裡的攤販主要來自墨爾本各地的工匠或藝術家,將自己創作的商品搬出來販賣,價格平實之外,最難能可貴的是創意。除了商品攤販,市集旁還不時可看到街頭藝人的逗趣表演,美妙的樂音和閒適的氣氛,正是藝術中心市集最吸引人之處。

⏰週日10:00~16:00

MAP ▶ P.142D3

墨爾本天台

MOOK Choice

Melbourne Skydeck

登高觀景試膽量

🚊 搭電車1、3、5、6、8、16、64、67、72等號於Arts Centre站下，步行約3~5分鐘可達；或搭環城電車於Swanston St./Flinders St.站下後過橋，步行約8~12分鐘可達 🏠7 Riverside Quay, Southbank 📞(03) 9693-8888 🕐10:00~22:00(21:30最後入場)，12/31及聖誕節10:00~17:00(16:30最後入場) 💲全票A\$28、兒童票A\$18、懸崖箱A\$12、兒童票A\$9 🌐www.Melbourneskydeck.com.au

位於亞拉河南岸的尤利卡塔(Eureka Tower)，為世界最高的住宅大樓，樓高297.3公尺、共92層樓，儘管與508公尺的台北101高度遠遠無法相比，然而那神奇的「墨爾本天台」，卻顛覆了一般人對超高大樓的想像，當它與旅遊體驗相結合，更是噱頭十足。

掃地圖

走進天台專用電梯，只要37秒，便可從地面直達海拔285公尺的88樓天台。這個可以360°俯瞰全墨爾本市的觀景台，地板鋪設了LED，沿著資料投射方向，便可找到遠方的地標建築，此時背景音響便會根據遊客注視的方向同步發出環境音效。而既然名為「天台」，天花板也不能馬虎，經過特殊設計的燈光，可以隨著天候變換出藍天、白雲、打雷、閃電、暴風雨等效果。

除此之外，尤利卡塔上有兩樣設計獨步全球：一是「偶遇奇緣知識桌」(Serendipity Knowledge Table)，一是「懸崖箱」(Edge)。

位於1樓的偶遇奇緣知識桌是一片長6公尺、寬2公尺的巨大互動觸控式電腦螢幕，裡面灌入許多與墨爾本和維多利亞相關的小故事，只要一觸摸，故事箱便會打開，跳出各種歷史、體育、文化、建築的圖片和詳細文字資料。

所謂的「懸崖箱」是鑲嵌在第88層大樓的一個巨大玻璃櫃，當透明的玻璃櫃像火柴盒一般由裡向外推出，人彷彿置身懸崖；為了營造出恐怖

懸疑效果，懸崖箱也是經過特殊設計，其中重2噸、厚度達45公釐的玻璃便是一大學問，這是一種「轉換玻璃」，當箱子漸漸從大樓推出，四周玻璃壁還是一片霧狀，當玻璃箱完全伸出後，玻璃瞬間變得透明若無物，兩腳就懸空在285公尺高的大廈外頭。

MAP ▶ P.142D4

Crown Entertaiment Complex

MOOK Choice

紙醉金迷的奢華享受

🚊搭電車12、96、109號於Casino/MCEC/Clarendon St.站下，步行約1分鐘可達；或搭環城電車於Market St./Flinders St.站下，穿過火車站地下道過人行道橋往右，步行約3分鐘可達 🏠8 Whiteman St., Southbank 📞(03) 9292-8888 🕐24小時；聖誕節、耶穌受難日及澳紐軍團日(Anzac Day)04:00~12:00休息 🌐www.crownmelbourne.com.au

掃地圖

墨爾本頂級飯店不少，其中位在河畔的皇冠賭場娛樂中心，包含了3間星級飯店、電影院、夜總會、一個大型的賭場以及超過40家餐廳和咖啡廳，可說是超級奢華的住宿設施和休閒娛樂中心。

Crown Towers的房間金光閃閃，從大理石到鑲金邊的鏡子，都讓住客備受尊榮。而這裡最讓人傾心的是面對亞拉河的大型落地窗，可將入夜後的墨爾本燈火輝煌景色一覽無遺！非住客則可以在晚上前來觀賞賭場大廳的雷射音樂燈光秀，和飯店門口沿著河岸的火把秀，光是這兩個噱頭，肯定讓你對這間飯店留下深刻的印象！

墨爾本熱氣球之旅
Hot Air Ballooning

微曦，墨爾本市郊臨著亞拉河口的開曠草地上，幾具熱氣球一字排開，蓄勢待發、準備升空；咇咇作響的瓦斯加熱器噴出火焰，沸騰了熱空氣，逐漸撐開球體，當漲起老高的熱氣球拉起球籃，「嗯」地一聲離開地面。

緩緩飄動的熱氣球載著一行人，一路越過蜿蜒的城市靈魂亞拉河，飄過港闊水深的墨爾本港灣，還有從1,000餘公尺「低空」俯瞰那棋盤狀的市中心，世界最高住宅大樓尤利卡塔、維多利亞藝術中心、墨爾本皇冠賭場娛樂中心、聖派翠克教堂、國會大廈等幾個地標性建築，一一從腳底下穿過。還沒甦醒過來的城區，在晨光下閃爍著幾列街燈，原本該是電車流動、行人匆匆的街頭，此刻仍闃靜無聲。

順著風勢，氣球繼續往郊區飄動，玻璃帷幕的高樓大廈換成了19世紀的維多利亞式平房，皇家植物園、亞拉公園、維多利亞女王花園、費茲羅花園…一碧萬頃的公園、林地、水塘，正是300多萬墨爾本市民的後花園；而墨爾本板球場、亞伯特公園的賽車場、墨爾本公園裡的競技場，更是這個體育大城的鮮明標誌。

世界上少有大城市適合熱氣球飛行，墨爾本卻是少數中的佼佼者，一個小時的飛行，不但有美麗豐富的地景、建築相襯，還能從空中全覽整個墨爾本城市的巧妙布局。

這個巧妙布局，在於它有河流、有海岸，有大片的公園綠地，更有充足的運動文化休閒場館，也因此墨爾本在各項評比中，連續奪得「全球最適合人類居住城市」的頭銜。先天的環境優勢固然加分不少，屬於墨爾本獨有的性格正在為這個城市不斷注入新活力。

📞(03) 9428-5703 🕐日出前1小時從飯店接送，熱氣球之旅全程約1小時 💲全票A\$495起、兒童票A\$395起 🌐www.globalballooning.com.au

南墨爾本South Melbourne

MAP ▶ P.141C3

皇家植物園

MOOK Choice

Royal Botanic Garden

全澳最棒的植物園

搭電車3、6、16、64、67、72等號於亞拉河南岸
Coventry St./ Kilda Rd.站下；搭墨爾本觀光巴士可達 Birdwood Ave., South Yarra (03) 9252-2300
07:30~日落 免費 www.rbg.vic.gov.au

被譽為澳洲最好的植物園，就算是全世界，也是數一數二。皇家植物園就位於亞拉河岸邊，所種植的植物種類非常多，從全澳洲到全世界各地都有，也算是英國殖民的遺產之一。園區裡動植物豐富，鴨子、野雁、天鵝、鳳頭鸚鵡、袋貂自在穿梭植物園的湖泊和叢林之間，生態自成一格。

植物園環繞著一條長達4公里的步道，也是墨爾本市民最喜愛的慢跑和散步場所。

南墨爾本South Melbourne

MAP ▶ P.141C3

戰爭紀念館

Shrine of Remembrance

紀念世界大戰犧牲官兵

搭電車3、6、16、64、67、72於亞拉河南岸
Coventry St./ Kilda Rd.站下；搭墨爾本觀光巴士可達 St Kilda Rd, Kings Domain (03) 9661-8100
10:00~17:00(16:30最後入場)；11:00及12:45有導覽服務 耶穌受難日、聖誕節 免費 www.shrine.org.au

位於皇家植物園內的戰爭紀念館儘管非歷史建築，然而為了紀念第一和第二次世界大戰犧牲的戰士，澳洲這個年輕國家對歷史所投注的關懷，遠遠超出許多歷史悠久的國家。

這座戰爭紀念館聳立於St Kilda路旁的Kings Domain山丘上，其建築形式非常特別，對古文明有興趣的人應覺得它似曾相識，它乃模仿自古代世界七大奇蹟之一的哈里卡納蘇斯莫索洛斯陵墓(Mausoleum of Halicarnassus)。

南墨爾本South Melbourne

MAP ▶ P.141B3

南墨爾本市場

South Melbourne Market

MOOK Choice

精緻小農產物雲集

🚋 搭電車96在South Melbourne站下，或搭電車12於York St.站下，或搭電車1在Park St.站下，然後步行可達 🏠Cr. Coventry & Cecil Streets, South Melbourne ☎(03) 9209-6295 🕐週三、六、日08:00~16:00、週五08:00~17:00 🌐southmelbournemarket.com.au ❗每月第3個週六09:30~10:30有導覽，每人A\$25包含試吃食品及購物袋，建議線上預約

　　有別於維多利亞女皇市場的熱鬧氛圍，距離市中心不到20分鐘車程距離的南墨爾本市場集結了各種精緻栽培農牧作物的商家，產品強調在地生產、獨特性

和優越的品質，是當地人最愛的食品主題市場。來這裡如果不是抱著「找便宜」、而是抱著「找好東西」的心情，應該會豐收而歸。

　　南墨爾本市場最早出現在1867年，以食品為主，各式各樣的蔬菜、水果、漁產、肉品、乳製品、寵物食品等應有盡有，因為強調產地直送，所以新鮮、品質頗有口碑。除了買回家烹調的食材外，也有不少熟食鋪，可以坐下來直接享用現場烹調的美食，甚至在海鮮攤位上大啖生蠔，和正式餐廳比起來又便宜又過癮。

　　這個經營超過150年的歷史市集，目前有上百個固定攤位，除了食品外，也吸引到不少服裝、文具、飾品、保養品、手工香皂、家具、按摩、美容美髮等其他種類的店家，環境維持得清爽乾淨，逛起來舒適有質感。

卡爾頓區Carlton

MAP ▶ P.141C1

卡爾頓花園和 皇家展覽館

Carlton Gardens & Royal Exhibition Building

歷史建築世界遺產

搭電車86或96號在Cnr. Nicholson & Gertrude St.站下；或搭環城電車或電車12、30、35、109號於La Trobe St/Victoria St站下即達 ⏴ 9 Nicholson St. Carlton ☎ (03) 9270-5000 ◷ 09:00~17:00 ⑤ 導覽全票A$29、兒童票A$15；預約電話131102 ⑩ museumvictoria.com.au/reb ❗ 皇家展覽館導覽行程14:00於墨爾本博物館集合出發，全程約1小時

位於墨爾本市中心北方，卡爾頓花園是為了1880~1888年在墨爾本舉辦的國際性展覽會而特別設計的。花園裡的皇家展覽館(Royal Exhibition Building)以紅磚、木材、鋼鐵和石板瓦建成，建築設計融合了拜占廷、羅曼式和義大利文藝復興風格，與花園於2004年被列為世界遺產。

卡爾頓區Carlton

MAP ▶ P.141C1

墨爾本博物館

Melbourne Museum

關心主題包羅萬象

搭電車86或96號在Cnr. Nicholson & Gertrude St.站下；或搭環城電車或電車12、30、35、109號於La Trobe St/Victoria St站下即達 ⏴ 11 Nicholson St. Carlton ☎ (03) 8341-7777 ◷ 09:00~17:00 ⊗ 聖誕節、耶穌受難日 ⑤ 全票A$15；16歲以下免費 ⑩ museumsvictoria.com.au/melbournemuseum

墨爾本博物館位於皇家展覽館對面，這座採用最新觀念、寓教於樂的博物館，玻璃帷幕的外觀採光良好，且造型現代。館內目前開放的主要區域有「森林館」、「兒童博物館」、「科學與生活館」以及「原住民館」等。

在森林館，可以近距離觀察動植物，了解大自

然循環生生不息的道理，或是在科技與生活館透過視聽設備，了解科技的發展歷程，以及對生活的重大影響；兒童博物館內，讓孩童透過鮮豔的色彩、各種形式的玩具以及標本，吸引他們動手操作、觀察以獲得新知，無論是大人、小孩都能樂在其中。

卡爾頓區Carlton
MAP ▶ P.141B1

墨爾本舊監獄

MOOK Choice

Old Melbourne Gaol

進看守所體驗罪與罰

🚋搭環城電車或電車12、30、35、109號於La Trobe St/Victoria St站下即達 🏠377 Russell St. ☎(03) 9656-9889 🕙10:00~17:00 休週一、週二、聖誕節、耶穌受難日 💲全票A\$33、兒童票A\$20 🌐www.oldmelbournegaol.com.au

墨爾本在19世紀中葉即開始發光發熱，主要拜附近發現金礦所賜，但也因為世界各地、各階層的人們爭相湧入淘金，龍蛇雜處，使得當時墨爾本的監獄成為人滿為患、也最先進的監獄之一。

掃地圖

「退役」多年的墨爾本舊監獄，內部刻意保持早年的格局，在狹小的牢房裡還陳列著曾經蹲過的犯人的檔案資料，甚至還有他們臨受吊刑前的臉部石膏像，陰森的氣氛讓人不寒而慄。有趣的是位在監獄隔壁的舊警局看守所(City Watch House)從2008年底開始也開放給大眾參觀，並且推出異想天開的「罪與罰體驗」(Crime & Justice Experience)，讓每位參觀者都變身為被抓進看守所的嫌疑犯，嘗嘗看關禁閉的感覺是什麼。

踏進看守所，一位身穿制服的警察就會擺出審問的架式，疾言厲色地要大家一個口令、一個動作，看起來每個「嫌犯」也都會乖乖配合，彷彿深怕一個不小心，就平白被羅織莫名其妙的罪名。由於看守所拘留的，多半是酒醉鬧事、行竊等小罪，所以這裡的活動空間比監獄寬敞些、也明亮多了。只是一旦被關進密不透光的禁閉室，還是令人覺得恐懼、無助。

從「自投羅網」排隊進入看守所到重見天日，其實大約只有半個小時左右的過程，想想我們這些觀光客真是好笑，沒事參加這種鬼體驗。打量身邊眾「嫌犯」，以西方人佔絕大多數，一來可能由於語言的隔閡，二來民族性真的很不一樣，年長的東方人應該很排斥這種觸眉頭的體驗。如果你也心生好奇，有機會倒是不妨進去瞧一瞧。

卡爾頓區Carlton
MAP ▶ P.141C1

布朗史維克街

Brunswick St.

二手店設計商品好去處

🚋搭電車19號於Brunswick Rd/Sydney Rd沿站下即達；或搭環城電車或電車24、30、86、95、96於Victoria Parade/Nicholson St站下，步行約3~5分鐘可達

布朗史維克街是墨爾本最特立獨行的一條街，在這裡，二手衣飾、蒐奇小店、書局、咖啡館、風味餐廳以及新銳設計師所開的店家比比皆是；到了夜晚，

掃地圖

Live酒吧、Jazz Bar、拉丁風情俱樂部陸續登場，黑夜和白晝一樣美麗。

物美廉價的二手衣、手工生活雜貨、珠寶首飾、世界各國工藝品、復古風的服飾皮件、骨董家具，就散落在這條街上；逛街的同時，還可以看看街頭藝人的表演。

MAP ▶ P.142F2

費茲羅花園

MOOK Choice

Fitzroy Garden

市區東側遼闊優美綠地

🚃 搭電車48、75號於Jolimont Rd/Wellington站下，步行約1分鐘可達；或搭環城電車於Spring St/Flinders St站下，步行約5分鐘可達 🏠230-298 Wellington Parade，位於Wellington Parade、Claredon St.、Lansdowne St.和Albert St.間 ☎(03) 9658-9658 🌐www.fitzroygardens.com

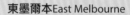

　　費茲羅花園最早是大約26公頃的天然保護區，慢慢地增加植物種類與逐步規劃出一些步道系統，1862年以澳大利亞殖民時期一位新南威爾斯州州長查爾斯費茲羅(Charles Augustus Fitzroy)之名正式改為現在的名稱，某種程度來說，費茲羅花園有如皇家植物園的縮影，它們都是因為淘金熱吸引了大批移民，而發展出來的建設，綠草如茵、花木扶疏，目前是墨爾本市內最大的公園，提供墨爾本市中心和東區之間相當廣大的休閒空間。

　　費茲羅花園裡對觀光客最具吸引力的，除了偏南側的庫克船長小屋外，還有一個1930年所建的溫室(Conservatory)，全年度都可看到多樣化欣欣向榮的熱帶植物，也非常受當地人喜愛。

庫克船長小屋
Cook's Cottage

🏠Wellington Parade ☎(03) 9658-9658 🕐週一~週日10:00~16:00 ❌耶誕節 💲全票A$6.2、兒童票A$3.2 🌐https://whatson.melbourne.vic.gov.au/PlacesToGo/CooksCottage/Pages/CooksCottage.aspx

　　園內的庫克船長小屋大有來頭，那是西元1755年一亦即超過兩個半世紀之前，庫克船長的父母在英國所蓋的住家，裡面記錄著這位偉大航海家成長的軌跡，並於1933年千里迢迢地從英國一磚一瓦拆解搬運過來，連小屋上的長春藤，都是從原址剪枝種下的，堪稱全澳洲最古老的房子。

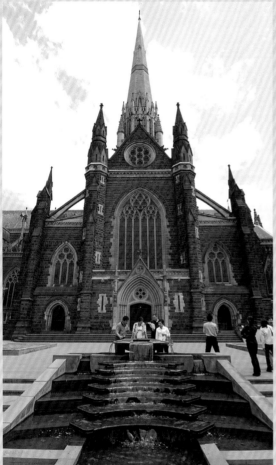

東墨爾本East Melbourne

MAP ▶ P.142F2

聖派翠克大教堂
St Patricks Cathedral
全澳洲最大教堂

🚃搭電車35、86、96號於國會(Parliament)站下,步行約5分鐘可達 🏠1 Cathedral Pl. ☎(03) 9662233 🕐平日07:00~16:00、週六和週日09:00~17:30 💲免費 🌐www.cam.org.au/cathedral

始建於1858年,花了82個年頭才完工的聖派翠克大教堂,屬於新哥德式建築風格,由3座高塔構成,中央塔高105.8公尺、寬56.4公尺、長103.6公尺,不論高度或規模,都是全澳洲最大的教堂建築,與聖保羅教堂和南亞拉區的聖約翰教堂並列墨爾本三大哥德式教堂,也是墨爾本的羅馬天主教主座教堂。

由於早年墨爾本不少移民都來自愛爾蘭,這座教堂就是獻給他們的守護神聖派翠克,教堂從周邊的綠蔭公園、入口的「河流」水池,到內部的彩繪玻璃、管風琴等,都具有可看性。

維多利亞…墨爾本 Melbourne

墨爾本市區單車之旅Real Melbourne Bike Tours

不同於一般市區觀光的行程,踩著腳踏車也是認識墨爾本的方式之一。將單車之旅商業化的人是莫瑞‧強森(Murray Johnson),他曾是墨爾本當地的記者,因為熱愛自行車運動,退休後便展開了單車出租和單車導遊的工作。

騎著單車在市區的大小道路上穿梭,從亞拉河畔到市中心區,再轉入具有SOHO風格的費茲羅區(Fitzroy),渴了就停下來喝杯果汁、嘴饞了就到咖啡館喝咖啡吃點心,真是一派悠閒恬適的都市慢活調調。中午時分來到維多利亞女皇市場,學著和墨爾本的居民一起,點了德國香腸、熱狗和可樂,在溫暖的陽光下大口享用午餐,一種全然不同的城市體驗。

🏠Vault 14 Federation Wharf, Federation Square (聯邦廣場河岸層) ☎(03) 9654-2762;0417-339-203(需事先預約) 🕐10:00~17:00 💲租金1小時A$20、2小時A$30,之後每小時A$5,上限A$50;1日A$35;另有多種導覽行程,價格請上官網查詢 🌐www.rentabike.net.au/biketours

MAP ▶ P.142A2

達克蘭

MOOK
Choice

Docklands

港灣風情新興住商區

🚋 搭環城電車或電車35、70、86號於New Quay/Docklands Dve或Waterfront City站下即達

位於墨爾本市區中心西面，由亞拉河口所延伸而成的達克蘭區，隨著整個城市的規畫和發展，呈現煥然一新的面貌。

達克蘭區占地相當大，東起Spencer St.、西止於波特大橋(Bolte Bridge)、北達Footscray Rd.、南抵Lorimer St.，區域內大量擺設裝置藝術，所以氣質十分清新前衛，中央碼頭(Central Pier)附近也有許多餐廳，假日便吸引不少遊客。整個區域裡最熱鬧的部分，應屬中央碼頭北側的水濱新市鎮(Waterfront City)，這裡綜合了住宅區、辦公大樓、購物商店與美食餐廳等，不單純為了觀光而存在。

The District Docklands

🏠440 Docklands Dr, Docklands ☎(03) 9328-8600 🕐大致每日10:00~18:00、各店家略有不同
🌐www.thedistrictdocklands.com.au

掃地圖

達克蘭區裡最能集結人氣的地方，就在港灣城，這是一個集結眾多品牌的過季商品折扣店(Outlet)，雖然絕大部分都是以Cotton On、Colette、General Pants Co.等澳洲本土的品牌為主，缺乏亮眼的國際名牌，但是仍不乏Bossini、UNIQLO、Skechers、H&M等一些大家熟悉的產品，逛一圈，也許有機會找到心儀又價格迷人的商品。

墨爾本之星
Melbourne Star

🏠101 Waterfront Way, Docklands ☎(03) 8688-9688 🕐9~4月11:00~22:00、5~8月11:00~19:00；聖誕節及澳紐軍團日(Anzac Day)13:00~22:00 💲全票A\$36、兒童票A\$22，網路訂票另有優惠；白天加黑夜雙行程全票A\$46、兒童票A\$32 🌐www.melbournestar.com

掃地圖

這裡原本有一座南方之星 (The Southern Star) 觀景摩天輪，可惜啟用不久後就出現問題，經過拆除重建，於2013年12月23日重新啟動，且改名叫墨爾本之星。

墨爾本之星目前是全南半球最高的觀景摩天輪，共有21個空調座艙，寬敞得同時容納20個人都還可以在裡面自在走動，而且以非常緩慢的速度一邊旋轉、一邊上升，最高處離地超過120公尺，坐在裡面即使完全不動，也可以藉著大面積的玻璃窗，把方圓40公里以內的風景360度盡收眼底。

墨爾本之星的位置正好在機場往返市區的動線上，扼市區西端的菲利普灣港(Port Philip Bay)，距離市中心區約6公里，天氣好的時候不但可以望見丹頓農山脈(Dandenong Ranges)，甚至可遠眺到摩林頓半島(Mornington Peninsula)。

而在夜晚，墨爾本之星本身會有LED燈散放色彩變化的光芒，所以也成了代表性的夜景之一。無論白天或夜裡，緩緩升空後從高處俯瞰墨爾本西側的港灣景色，是欣賞墨爾本很與眾不同的角度。

聖科達海岸市集 St. Kilda Esplanade Market

掃地圖

鄰近艾藍街的海岸路Esplanade擁有燦爛的陽光與湛藍的海水，每逢週日更定期舉辦市集，不但吸引各種手工藝品工作者到此設攤，甚至有不少知名藝術家也樂意在此展出他們的作品，不但熱鬧還洋溢著強烈的藝術氣息，週日別忘了來湊熱鬧！

🚃搭電車3a、16、96號於The Esplanade站下，步行約1~3分鐘可達 🏠The Esplanade, St Kilda ⏰週日10:00~17:00(各家不一，冬天僅到16:00) 📅二月第2個週日 🌐www.stkildaesplanademarket.com.au

---

聖科達St. Kilda

MAP ▶ P.141C5,C6

聖科達

> MOOK Choice

St. Kilda

位於郊區的陽光海岸

🚃搭電車3a、16、96號於Luna Park/The Esplanade站下
🌐www.stkildamelbourne.com.au

聖科達是墨爾本郊區最著名的海岸，因為有優良的海水浴場，旅館、舞廳、劇院、藝廊林立，成了墨爾本市民、乃至各地遊客假日最喜歡聚集之地。

鄰近聖科達海岸的艾藍街(Acland St.)，是墨爾本非常著名的糕點街，這裡有許多猶太糕餅和東歐風味甜點的店家，販賣著核桃千層派、新鮮水果布丁、芝士蛋糕、巧克力蛋糕及各種招牌點心；此外，別具情調的咖啡館也不在少數。

艾藍街同時也聚集了許多美食、書店、唱片行、服飾店以及小巧可愛的禮品店，街屋鮮明的色彩，穿梭在人群中的自行車騎士與滑板族，露天咖啡座悠閒吸飲著咖啡的帥哥靚妹，艾藍街處處洋溢著動感與活力。

聖科達海灘及碼頭
St. Kilda Beach & St. Kilda Pier

掃地圖

🚃搭電車3a、16、96號於The Esplanade，步行約3~5分鐘可達 🏠Pier Rd., St Kilda

想要看大自然裡小企鵝返家，通常都得前往菲利普島(Phillip Island)，但是在距離墨爾本市區只要半小時以內車程的聖科達海邊，也發現了神仙企鵝們的住處，對時間有限的觀光客而言實在是意外的驚喜。

聖科達海灘有一座長長的堤岸，堤岸的盡頭又延伸出眾多石塊形成的堤岸，看似平凡無奇，然而每當黃昏時分、天黑以前，會發現有的石塊之間居然出現神仙企鵝的身影，避開眾人的守候下已經悄無聲息地「回家」了。

自從1986年發現有企鵝「定居」之後，這塊區域也被架起圍籬、設定為保護區，以免企鵝的生命安全受到威脅。

和菲利普島比較起來，這裡的神仙企鵝為數不多，也沒機會看到牠們從沙灘上搖搖擺擺回家的可愛模樣，但是觀察的距離更近、光線也更明亮清楚。但請遵守不要喧嘩吵鬧、拍照時不要用閃光燈的原則，盡量勿打擾小企鵝們的清靜。

溫莎區Windsor

MAP ▶ P.141D4

雅痞街

Chapel St.

流行時尚購物大街

🚃 從弗林德斯街車站搭火車到Windsor站下，或搭電車78、6等號於High St./Chapel St.或Duke St./Chapel St.等站下車即達
🔗 chapelstreet.com.au

掃地圖

　雅痞街位於墨爾本市區南方的溫莎區，它除了是墨爾本時尚流行區域之外，也是骨董店、藝廊的集中區，當然也少不了許多知名的餐廳及咖啡座。

　在國際時裝界享有盛名的澳洲知名品牌在此皆有設店，提供墨爾本與世界同步的流行資訊。住在這裡的人除了重視穿著之外，對於生活品質、住居環境，也是相當重視。雅痞街上有為數不少的家飾、古物店、藝廊，正好提供了墨爾本人創造優質家居氛圍的素材。

布萊頓Brighton

MAP ▶ P.141C6外

布萊頓海灘彩虹小屋

Brighton Beach Bathing Boxes

全世界最貴的海濱更衣室

🚃 從弗林德斯街車站(Flinders Street Station)搭火車到Middle Brighton站，然後往海濱方向步行約14分鐘可達　🏖 Dendy St. Beach、Middle Brighton Beach

　聖科達南方，還有一個布萊頓海灘，因為距離墨爾本市區更遠，以往觀光客很少把行程拉到這邊。但是自從海灘上的彩虹小屋在網路上廣為吸睛，成為大眾矚目的焦點後，這裡成為觀光客嚮往的新景點。

　布萊頓這一帶屬於富人聚居的區域，海灘旁有一排整齊的小木屋，格局相同，但每間都漆上不同的顏色、圖案，彩色繽紛一字排開，煞是好看。其實這些小木屋原本很單純，就是讓人在裡面換衣服的海濱更衣室，所以裡面只有簡單的架

掃地圖

子，沒水、沒電，很陽春；但是外觀各自表述，各成吸引人的裝置藝術。

　小木屋共有82間，都是私人產業。因為數量固定，所以分外搶手，據說一間最新的成交價高達30萬7千澳幣，堪稱全世界最貴的房地產。

　正因為這麼貴，不是人都買得起，所以據說有不少屬於一些知名的好萊塢巨星，所以哪天忽然看到明星從小屋裡走出來，也不用太驚訝。

Where to Eat in Melbourne
吃在墨爾本

市中心商業區CBD

MAP ▶ P.142E2 **Florentino**

🚃搭電車86、96號於Spring Street站下,步行約1分鐘可達 🏠80 Bourke St. ☎(03) 9662-1181 ⏰午餐週一~週五12:00起、晚餐週一~週六18:00起;建議事先訂位 🌐www.florentino.com.au/florentino

1900年開幕的Florentino義大利餐廳,是墨爾本的百年老店,曾獲《The Age Good Food Guide》評為3頂帽子的殊榮,名列墨爾本最高級的義大利餐廳之一。

Florentino餐點精緻不在話下,餐廳的裝潢亦非常有看頭,不論雕花玻璃、古典吊燈、宮廷壁畫以及手工木雕牆飾等,洋溢著十足的義大利風味,來此用餐彷彿走入中世紀的義大利宮廷,環境高雅尊貴。

客人來此晚餐,店方會先端上一道免費的今日推薦前菜,及7~8種口感不同的麵包任你選用,在義大利歌劇音樂和銀製餐具的襯托下,用餐氣氛絕佳;身著黑色西裝、白手套,面帶微笑的服務員隨時隨侍在側,每一個服務的小動作,都讓用餐者備感禮遇。

市中心商業區CBD

MAP ▶ P.142E2 **Spice Market**

🚃搭環城電車或電車35、70、75號於Russell St./Flinders St.站下,步行約3~5分鐘可達;或搭電車11、12、48、109號於Collins St.站下,步行約1分鐘可達 🏠Beaney Lane off Russell ☎(03) 9660-3777 ⏰週四~週日,開放時間不定,詳情請上官網查詢 🌐www.spicemarket.net.au

這間酒吧的構思靈感來自古老的絲路,所以內部裝潢融合了小亞細亞與東亞的異國風情,酷愛周遊世界的店主,把自己蒐羅的骨董作為酒吧的擺飾;為了符合墨爾本特有的巷弄文化,酒吧的入口故意設計為從Beaney巷進入。酒吧裡的餐食也以中東和地中海式的烹調為主,添加現代的西洋創意,符合店名Spice Market(香草市場)的主題,頗受當地人推崇。男士入場請著正式服裝。

市中心商業區CBD

MAP ▶ P.142E3 **Taxi Kitchen**

🚃搭環城電車或電車1、3、3a、5、6、16、64、67、72等號於Federation Square/Swanston St.或電車35、70、75等號於Swanston St and Flinders St站下,步行約2分鐘可達 🏠Level 1 Transport Hotel, Federation Square ☎(03) 9654-8808 ⏰午餐週六~週日12:00~16:00、晚餐週二~週六17:30~22:00 🌐taxikitchen.com.au

位在Transport Hotel裡的Taxi餐廳,結合摩登澳式及日式料理而得名,更曾榮登澳洲維多利亞州美食權威雜誌《The Age Good Food Guide》最佳餐廳。挑高空間讓陽光恣意灑落進極具設計感的餐廳內,身著白制服的專業服務人員來回穿梭,在這裡用餐可說是味蕾與視覺的雙重享受。

餐廳就位在聯邦廣場西南方的角落,之所以命名為Taxi,是因為極佳的位置點,讓它同時坐擁亞拉河南岸、聯邦廣場、墨爾本市區的重要建築景觀和廣場前的計程車亭,而設計師也將此概念延伸到餐廳,讓餐廳能夠融入窗外景觀。餐廳的主廳採挑高設計,搭配金屬支架的整片透明玻璃,讓戶外的景觀與室內的節奏融合;不僅如此,開放式的廚房也讓Taxi增加不少用餐的樂趣——看著新鮮的刺身擺放在玻璃櫃中,廚師熟練的刀工讓人誤以為來到了東京的料理屋,而一旁色彩鮮豔的食材,更是讓人看了食指大動。

市中心商業區CBD

MAP ▶ P.142E2 **萬壽宮Flowers Drum**

🚃搭電車86、96號於Russell St/Bourke St站下,步行約1分鐘可達;或搭環城電車於Spring St/Bourke St站下,步行約3~5分鐘可達 🏠17 Market Lane ☎(03) 9662-3655 ⏰週一~週六12:00~15:00、18:00~23:00,週日18:00~22:30 ❌耶穌受難日、耶誕節(耶誕節至元旦之間不定休,詳情請上官網查詢) 🌐flowerdrum.melbourne

墨爾本的萬壽宮位於中國城的一條小巷裡,外觀沒有特別起眼,卻是當地名氣響叮噹的粵菜餐廳,1975年開業至今,在各大國際媒體雜誌票選中獲獎無數,曾經被紐約時報評選為

「中國國外最棒的中國料理餐廳」,既高貴也昂貴,但是全球各地的老饕們仍趨之若鶩,所以門口看見的食客多半衣香鬢影,東方和西方面孔都有。

維多利亞···**墨**爾本 Melbourne

市中心商業區CBD

MAP ▶ P.142E2 **The Hotel Windsor**

🚃搭電車86、96號於Spring St./Bourke St.站下,步行約1分鐘可達 🏠111 Spring St. ☎(03) 9633-6004 ◐早餐週一~週日07:00~10:00;下午茶週一、二11:30~14:00,週三~日11:30~16:30;晚餐平日17:00~00:00,週末18:00~00:00;皆須事先預約 ⓦwww.thehotelwindsor.com.au

The Hotel Windsor是一家英國維多利亞風格的酒店,從1883年開幕後,附設的餐廳除了正餐之外就推出英式下午茶,包含多種口味選擇的茶品或咖啡,小三明治、英式鬆餅、精緻蛋糕等西點擺設在三層的銀架上,尊貴的排場和豐富的內容非常受歡迎,周末假日還會出現巧克力噴泉。時至今日,這裡的下午茶仍是墨爾本當地人的最愛。

市中心商業區CBD

MAP ▶ P.142D3 **Arbory Bar & Eatery**

🚃搭環城電車或電車70、75等號於Swanston St./ Flinders St.站下,然後穿越地下道步行至河濱即達 🏠1 Flinders Walk ☎(03) 9614-0023 ◐07:30~凌晨 ⓦarbory.com.au

與南門餐飲暨購物天地相對望的Arbory,是全天候營業的酒吧,除了三明治、漢堡等簡餐外,也提供融合東西方烹調特色的創意餐點,飲料選擇眾多。因為地理位置優越,生意非常好,尤其周末夜晚更是摩肩擦踵,即使燈光幽微,連找到自己的座位都有些困難,仍然每個角落都擠滿人,讓人倍覺墨爾本是個充滿活力的城市。

南岸Southbank

MAP ▶ P.142D4 **The Atlantic**

🚃搭環城電車於Market St./Flinders St.站下,穿過火車站地下道過人行道橋往右,步行約3分鐘可達 🏠8 Whiteman St, Southbank ☎(03) 9698-8888 ◐平日午餐12:00~15:00、晚餐18:00~22:00(週五至23:00),週六晚餐18:00~23:00,週日午餐12:00~15:00、晚餐18:00~23:00,之間的時間不提供正餐,但有點心及酒吧;生蠔吧台週日~週四12:00~23:00、週五12:00~01:00、週六16:00~01:00 ⓦtheatlantic.com.au

整個皇冠娛樂中心裡有近50家餐廳,其中的The Atlantic最是飽受饕客讚譽。既以「大西洋」為名,副標題又是「海洋入碟」(Ocean to Plate),可見頗以海鮮料理為傲。The Atlantic從生蠔吧台到單點菜單,每個細節毫不馬虎;秉持同樣的精神,餐廳從裝潢、空間設計、服務到氣氛的經營,無不力求最好,成為亞拉河畔一顆閃耀的明星。

南岸Southbank

MAP ▶ P.142D3 **Melba Restaurant**

🚃搭電車1、3、3a、5、6、16、64、67、72等號於Arts Precinct/St Kilda Rd站下,步行約7分鐘可達;或搭環城電車於Swanston St./Flinders St.站下後過橋,步行約8~12分鐘可達 🏠1 Southgate Ave. Southbank ☎1800-641-107 ◐早餐週五~週五6:00~10:30、週六~週日6:30~11:00,午餐週三~週日12:30~15:30,晚餐週一~週四18:00~22:30 ⓦmelbarestaurant.com.au

Melba是墨爾本朗廷酒店(The Langham, Melbourne)裡的主餐廳,從早餐開始提供各式各樣的美食。由於墨爾本從19世紀發現金礦開始,持續吸引全世界的淘金客、移民,成為民族大熔爐,所以各國美食齊聚,Melba集合多位專精不同國家風味料理的主廚,各式口味都很道地;加上墨爾本近海,漁獲海鮮豐富又鮮美,晚間自助餐提供的生蠔、龍蝦和眾多海鮮,讓人吃得吮指再三,不想錯過的話請記得及早訂位。

南岸Southbank

MAP ▶ P.142D4 **Bistro Guillaume**

🚊搭環城電車於Market St./Flinders St.站下，穿過火車站地下道過人行道橋往右，步行約3分鐘可達 🏠8 Whiteman St, Southbank ☎(03) 9292-5777 ◐週二~週四和週日12:00~22:00、週五~週六12:00~23:00 🌐www.crownmelbourne.com.au/restaurants/premium/bistro-guillaume/

Bistro Guillaume是間法式小酒館，由在澳洲頗享盛名的法國籍大廚Guillaume Brahimi所經營。浪漫的大廚全力營造一個氣氛輕鬆自在的用餐環境，讓食客們可以盡情享受精心烹調的美味佳餚。至於佐餐酒，Bistro Guillaume精選了10款白酒、10款紅酒，其中一半來自法國、一半產自維多利亞州本地知名的酒莊，最能彰顯出本餐廳佳餚的特色。

南岸Southbank

MAP ▶ P.142D4 **Silks**

🚊搭電車58號於Casino East//Queens Bridge St.站下，步行約1分鐘可達；或搭環城電車於Market St./Flinders St.站下，穿過火車站地下道過人行道橋往右，步行約3分鐘可達 🏠8 Whiteman St, Southbank ☎(03) 9292-5777 ◐午餐週一~週四12:00~14:30，晚餐週日~週四18:00~22:00、週五~週六17:30~22:00，週日17:30~22:30 🌐www.crownmelbourne.com.au/restaurants/premium/silks/info-booking

位於Crown Towers酒店的Siliks，是墨爾本當地人頗推崇的中國料理餐廳，經典菜單包括四川、廣東、上海、北方等一系列來自中國各地不同區域的代表佳餚，以及琳瑯滿目的茶飲選擇，不但口味很被當地的華人和西方人所接受，而且部分包廂用餐時正好俯瞰亞拉河港景，晚餐還可欣賞定時出現的火把秀，極盡味覺、視覺、聽覺等全方位感官享受。

卡爾頓區Carlton

MAP ▶ P.141B1 **Brunetti Carlton**

🚊搭電車1、6號於Elgin St/Lygon St站下 🏠380 Lygon Street ☎(03) 7034-7066 ◐週日~週四05:00~22:00、週五~週六05:00~00:00 🌐www.brunetti.com.au

Lygon St.是墨爾本市區內歷史相當悠久的美食街，也是擁有「小義大利」美稱的餐廳街。如果偏好義大利佳餚，那麼，Brunetti是其中頗具知名度的餐廳，其簡約明亮的裝潢風格，還有道地美味的義式料理大受好評。餐廳所供應

的義大利麵和披薩，讓當地人都豎起大拇指稱讚不已。其中海鮮義大利麵是最推薦的料理，它在義大利麵中加入了大量海鮮的料理，像是鮮蝦、蜆、蚌和干貝等，嚼勁香Q的麵條和新鮮食材，讓人口水直流；而經改良後成為適合澳洲人口味的披薩，具有濃厚的起士芳香，也讓人回味不已。

溫莎區Windsor

MAP ▶ P.141D5 **Hawker Hall**

🚊從弗林德斯街車站搭火車到Windsor站下，再步行約2分鐘可達；或搭電車78號於Duke St.站下，再步行約1分鐘可達 🏠98 Chapel St. ☎(03) 8560-0090 ◐週日~週四12:00~22:00、週五~週六12:00~23:00 🌐hawkerhall.com.au

從外表看，以為它是家新潮的餐廳，登堂入室後，才發現它是把舊時的馬廄改建而成的歷史空間。Hawker Hall的老闆來自東南亞，所以餐廳布置得很像小攤販雲集的新加坡或馬來西亞街頭。這裡的食物也很東南亞，包括各式各樣的熱炒、咖哩、麵食、海南雞飯等，連口味都帶有家鄉味，難怪生意興隆、東西方面孔都有，想念東方食物很適合來這裡。

溫莎區Windsor

MAP ▶ P.141D4　Caffe e Cucina

🚃從弗林德斯街車站搭火車到South Yarra站下，再步行約4分鐘可達；或搭電車等58、78號於Toorak Rd./Chapel St.站下，步行約1分鐘可達 🏠581 Chapel St ☎(03) 9827-4139 ⏰12:00~23:00 🌐www.caffeecucina.com.au

掃地圖

　　Caffe e Cucina曾經被公認為是墨爾本最好的咖啡館，在墨爾本《時代報》(The Age)每年評選出的Good Food Guide中，它從不缺席。

　　Caffe e Cucina店內寫著今日特餐的大黑板、擁擠的座位、桌上的小檯燈，以及服務人員熱情的招呼，在在散發出濃濃的義式風情。

聖科達St. Kilda

MAP ▶ P.141C6　Cicciolina

🚃搭電車96號於Acland St.站下，步行約1分鐘可達 🏠130 Acland Street, St Kilda ☎(03) 9525-3333 ⏰12:00~22:00 🌐cicciolina.com.au

掃地圖

　　位在艾藍街的Cicciolina是家以地中海料理聞名的小餐館，說它是小餐館可是一點也不為過，整個餐廳大約只擺了20張的桌子，且每張餐桌都緊緊而鄰，遇到用餐時間，這裡總是坐滿客人，氣氛可說既溫馨又熱鬧。

　　曾經榮獲《The Age Good Food Guide》1頂帽子獎項的Cicciolina，其料理當然有一定的口碑，事實上，這裡就連最簡單的波菜辣椒義大利麵，都能讓人念念不忘，也難怪不接受預約的Cicciolina就算得排隊數個小時，也還是有人願意等待。

特別推薦義式米飯和佐以檸檬調味橄欖油的鮪魚，以及塔斯馬尼亞的生蠔，飯後再點份巧克力舒芙蕾和咖啡拿鐵，以中等的價位就可品嘗到鮮美的地中海料裡。

聖科達St. Kilda

MAP ▶ P.141C5　Fitzrovia Restaurant and Cafe

🚃搭電車3、3a、16等於Princes St. / Fitzroy St.站下，步行約2分鐘可達 🏠155 Fitzroy St, St. Kilda ☎(03) 9537-0001 ⏰週一~週五07:00~15:00、週六~週日08:00~15:00 🌐fitzrovia.com.au

掃地圖

　　Fitzrovia店面是採光明亮的咖啡廳，後側是氣氛輕鬆的餐廳，主廚非常擅長運用在地的食材，以義大利式和英式食物為基礎，變

化出融合多種文化的創意佳餚，口味細膩、層次豐富，並且隨著季節食材而經常變換菜單，即使是常客也能一直保持新鮮感，頗受當地人推崇。

編輯筆記 ✏

　　與艾藍街垂直的費茲羅街(Fitzroy St.)，這幾年蓬勃發展，各國口味的特色餐廳、酒吧、飯店、咖啡廳等一家挨著一家，成為墨爾本當地人和觀光客覓食和享受夜生活的最佳去處。

🌐discoverstkilda.com.au

聖科達St. Kilda

MAP ▶ P.141C6　Donovans

🚃搭電車3、3a、16、96等於Luna Park/The Esplanade站下，步行約3~5分鐘可達 🏠40 Jacka Bvd, St Kilda ☎(03) 9534-8221 ⏰週三~週日12:00~15:00、18:00~23:00 🌐www.donovans.com.au

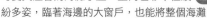

　　Donovans位於聖科達海岸，它就像間可愛又溫馨的海灘小屋，室內色彩不但繽紛多姿，臨著海邊的大窗戶，也能將整個海灘

掃地圖

景色送進眼底。

　　主人Kevin 與Gail將原本是海灘邊沖澡用的公共浴室重新裝潢後，改裝成宛如自家般的餐廳，不但親自挑選餐桌、餐盤、家具，牆上還掛著自己與朋友或家人的照片，因此，與其說是到Donovans用餐，不如說是來作客更為貼切。

　　Donovans曾獲得《The Age Good Food Guide》2頂帽子的評價。主廚以受義大利影響的澳洲式料理饗客，最受矚目的有多種海鮮料理與超大塊BBQ牛排，另外美味的義大利麵也很受歡迎。

Where to Buy in Melbourne
買在墨爾本

費茲羅區Fitzroy

MAP ▶ P.141C3 **Crumpler發跡店**

搭電車86號從Smith St./ Gertrude St.站下，步行約1分鐘可達 87 Smith Street, Fitzroy (Smith Street和Gertrude Street的交叉口) (03) 9417-5338 11:00~17:00 www.crumpler.com

被粉絲暱稱為「小野人」的Crumpler，是澳洲非常知名的包包品牌，創立於1992年，最早以大大的帆布郵差包發跡，因為設計簡潔、堅固耐用而大受歡迎，之後又推出一系列相機包、減壓背帶、後背包、行李箱等，都頗有設計感，而且都有一些有趣的命名，像是the Considerable Embarrassment、the Budgie Smuggler等。Crumpler的第一家店位在市區東北方的費茲羅區，因為展售空間比較寬敞，貨色相當齊全；如果不想跑那麼遠，市中心的墨爾本商場、大衛瓊斯百貨公司等多處也都看得到專賣店。

費茲羅區Fitzroy

MAP ▶ P.141C1 **Gwendolynne**

搭電車11號於Leicester St/Brunswick St站下，步行約1~3分鐘可達 71 Kerr St, Fitzroy (03) 9415-7687 精品店週三~週五10:00~17:30、週六10:00~17:00，需事先預約；工作室週二12:00~17:30、週三~週四10:30~17:30、週五10:30~17:00、週六11:00~14:30 精品店週日~週二；工作室週六~週一 www.gwendolynne.com.au

Gwendolynne Salon & Studio滿室的禮服都是設計師Gwendolynne特別手工訂製，室內營造的靜謐、舒適空間，讓客人可以慢慢享受這裡的設計感，在服飾裡、也在氛圍中，喜愛法國蕾絲的她，融合日本設計師的理念，設計歷久彌新、不

易落伍的款式，這裡的禮服經改裝後，仍適合在其它公共場合例如賽馬穿著，所以雖然價格約在2,500到3,000澳幣之間，但絕對經得起流行的考驗。Richard Nylon則是專門設計帽子的設計師，兩人聯手打造的精品店，非常受建築師、設計師及模特兒的青睞。

可憐街Collins St.

Swanston街以東的Collins St.，一向被暱稱為墨爾本的「巴黎」區，沿途國際精品名牌店一家接著一家，包括LV、Bvlgari、Emporio Armani、Hermes、Channel、CD等，當地華裔男子笑稱果然是「可憐街」，女伴隨便看中一件商品，他就可憐得大失血了～～

卡爾頓區Carlton

MAP ▶ P.141B1 **Jason Grech**

搭電車57號於Chetwynd St/Victoria St站下，步行約3分鐘可達 29-31 Little Leveson St. (03) 9329-3559 必須事先預約 jasongrech.com

這間曾獲墨爾本市長創新獎項的服飾店，運用剪裁及具塑身效果的材質，讓每個女孩都能展現自己與生俱來的性感魅力。

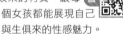

面對數不清的服飾，拿不定主意嗎？這裡有從頭到腳幫你做整體造型的服務，設計師Jason以完美展現女人外在為興趣，針對不同身材、比例設計出不同的款式，每件手工製作的衣裳只出4、5件，讓客人沒有撞衫的困擾，難怪許多名人及電視台主持人是他們最重要的客戶。

溫莎區Windsor

MAP ▶ P.141D4 **Dinosaur Designs**

搭電車58、78號於Toorak Rd/Chapel St站下，步行約1~3分鐘可達 562 Chapel St. (03) 9827-2600 週一~週六10:00~17:00、週日11:00~16:00 國定假日 www.dinosaurdesigns.com.au

多次獲得如《Vogue》、《Living》、《Marie Claire》等雜誌介紹的Dinosaur Designs，於1986年在雪梨發跡，是這條街上相當醒目的一家店，在21世紀的今天，已經進軍美、加、港、日、新加坡、紐西蘭、南非等國，儼然世界設計業界的新寵；店內利用樹脂所開發出的餐具、時鐘、容器及耳環、項鍊等配件商品，設計活潑、色彩大膽，非常符合澳洲大陸的性格。

市中心商業區CBD

MAP ▶ P.142E2 **The Hotel Windsor**

搭環城電車或電車86、96號於Spring St./Bourke St.站下，步行約1~3分鐘可達 ⬛111 Spring St. ☎(03) 9633-6000 ⬛www.thehotelwindsor.com.au

創立於1883年的The Hotel Windsor，當年名為Grand Hotel，是全墨爾本最古老的豪華酒店，比巴黎的Ritz酒店、紐約的Waldorf Astoria酒店歷史還要悠久。整體建築格式與裝潢洋溢英國風，1923年當年的威爾斯親王入住之後，便改名為The Hotel Windsor。大明星凱薩琳赫本、費雯麗、葛雷哥萊畢克、安東尼霍普金斯、梅莉史翠普等人也都曾經先後入住。

The Hotel Windsor共有180間客房或套房，分布在5個樓層裡，由於時常更新整修，仍維持如新，硬體設施也都跟著時代的腳步，並且每間客房都有不同的裝潢風格，搭配頗具歷史的骨董家具。酒店裡仍保留著當年所建高雅的迴旋樓梯，與1980年代的早期電梯，整體風韻十足，連墨爾本當地人都喜歡入住，感受一下英國維多利亞式的貴族享受。

市中心商業區CBD

MAP ▶ P.142E3 **Adelphi Hotel**

搭環城電車或電車35、70、75等號於Russell St./Flinders St.站下，步行約1~3分鐘可達 ⬛187 Flinders Lane ☎(03) 8080-8888 ⬛www.adelphi.com.au

走進聖保羅大教堂後側的巷子，別看它又窄又小，這裡可是臥虎藏龍，隨便一間小小的店面或地下室，都可能是令人驚艷的寶窟。其中Adelphi Hotel的外觀同樣不起眼，裡面卻是新潮前衛、各方設計體貼周到的溫馨住宿設施。

Adelphi Hotel是間小巧、精緻的風格飯店，最早是一幢1938年的倉庫建築，80年代晚期，建築師Denton Corker Marshall把它改建成精品飯店，獨特的美感在90年代相當引領風騷；2013年，攜手創立Iconic飯店集團以及獲獎無數的Hachem設計工作室的Dion, Ozzie和Simon接手Adelphi，又把它改頭換面一番，Adelphi成為全世界第一家「甜點」主題飯店。

Adelphi Hotel只有34間客房或套房，地毯、沙發、抱枕、掛畫等用色大膽，空間布置得像個誘人的調色盤，新潮又不按牌理出牌的設計和家具，散發出青春活力。

值得一提的是：為了讓房客盡情享用房裡的一切，mini-bar已經包含在房費裡，冰箱裡所有飲料和桌上眾多糖果、點心，都不用擔心價格，想吃就吃個開心；甚至房間很多地方都布置著許多糖果，同樣想吃就吃，像在自己的家裡一樣。還有，尖端科技的大螢幕電視，所有電影都可「無料」觀賞，各種需求應有盡有，讓人進了房間就不太想出門。

市中心商業區CBD

MAP ▶ P.142D2 **Novotel Melbourne on Collins**

🚊搭電車19、57、59號於Collins St./ Elizabeth St.站下，步行約1分鐘可達；或搭環城電車或電車1、3、3a、5、6、11、12、16、48、64、67、72、109號於Town Hall站下，步行約3~5分鐘可達 📍270 Collins St. ☎(03) 9667-5800 🌐www.novotelmelbourne.com.au

位於柯林斯街(Collins St.)上，靠近Elizabeth St.口，Novotel Melbourne on Collins可說占據市中心的最佳地理位置，Myer、David Jones、G.P.O.等大型百貨和購物中心還有中央廣場、Degraves St.等風情巷弄都只要走幾步路就到了，酒店底下還是Australia on Collins購物中心，血拚族逛街購物完全不用搭車！Novotel Melbourne on Collins共有380間舒適的客房或套房，俯瞰市區街景視野佳，附設的酒吧餐廳也頗享盛名。

市中心商業區CBD

MAP ▶ P.142E2 **Grand Hyatt Melbourne**

🚊搭電車11、12、48、109號於Collins St.站下，步行約1分鐘可達；或搭環城電車或電車35、70、75號於Russell St./Flinders St.站下，步行約3~5分鐘可達 📍123 Collins St. ☎(03) 9657-1234 🌐melbourne.grand.hyatt.com/en/hotel/home.html

Swanston街以東的Collins St.，一向被暱稱為墨爾本的「巴黎」區，沿途國際精品名牌店一家接一家，Grand

Hyatt Melbourne正位於巴黎區的中心地帶，樓下有LV、Bvlgari、Emporio Armani，隔壁是Hermes、對街是Channel，豪華高貴不言可喻。

Grand Hyatt Melbourne擁有548間客房或套房，分布於33層樓裡，房裡同時備有獨立的浴缸和淋浴，相當舒適。健身俱樂部、水療中心等設施齊備。

市中心商業區CBD

MAP ▶ P.142E2 **Sofitel Melbourne on Collins**

🚊搭環城電車或電車11、12、48、109號於Spring Street/ Collins St.站下，步行約1分鐘可達 📍25 Collins St. ☎(03) 9653-0000 🌐www.sofitel-melbourne.com.au

位於Collins St.上的Sofitel Melbourne on Collins，是澳洲最豪華的五星級飯店之一，光是接待大廳恢弘的氣勢和典雅的藝術飾品就讓人精神振奮，難怪獲得「藝術飯店」(Hotel for the Arts)的美稱。

363間豪華客房和套房從第36層樓開始展開，所以每間房都有很棒的俯瞰市區視野。「No.35」餐廳位於35樓，窗景美、食物佳，頗受推崇；還有嶄新的會議室與宴會廳，可容納1,200人，運用最先進的多媒體設備，大量利用玻璃採光的屋頂，晚上則燈光變化多端，無論住宿、餐飲或會議條件，都是墨爾本市中心的佼佼者。

市中心商業區CBD

MAP ▶ P.142E2 **The Westin Melbourne**

🚊搭電車1、3、3a、5、6、16、64、67、72等號於Collins St/Swanston St站下，步行約1分鐘可達；或搭環城電車或35、70、75號於Swanston St/Flinders St站下，步行約3分鐘可達 📍205 Collins St. ☎(03) 9635-2222 🌐www.westinmelbourne.com

The Westin Melbourne一邊面臨最熱鬧喧嘩的Swanston街，另一頭進入寧靜高雅的名牌精品購物區，無論是逛街、血拚、享受美食、電車或火車的交通銜接，地理位置都非常方便。

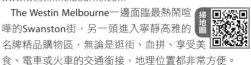

鬧中取靜的The Westin Melbourne共有262間客房或套房，擁有陽台的窗景直接俯瞰墨爾本鬧區，視野絕佳，內部空間寬敞，每間都配備有威斯汀飯店系統引以為傲的豪華威斯汀天夢之床，還有寬大的辦公桌、先進的通訊設施與獨立的浴缸及淋浴設施，整體建築裝潢充滿時尚的設計感，健身中心、游泳池、三溫暖、水療中心等休閒設施一應俱全。

市中心商業區CBD

MAP ▶ P.142C3 **Melbourne Central YHA**

🚋 搭環城電車或電車35、70、75號於Spencer St站下，步行約1分鐘可達 🏠 562 Flinders St. ☎(03) 9621-2523 🌐 yha.com.au

國際青年旅社(Youth Hostel Association，簡稱YHA)在墨爾本附近共有3間分社，其中位於佛林德斯街上的Melbourne Central YHA是最新的一家，地理位置也最棒，最受歡迎。

掃地圖

Melbourne Central YHA距離墨爾本重要的大門南十字星車站(Southern Cross Station)只有900公尺的距離，從機場搭巴士抵達後，步行即至。環城電車的車站就在門前不遠處，交通可謂方便至極。有通鋪及獨立的雙人房可供選擇。

卡爾頓區Carlton

MAP ▶ P.142D1 **Arrow On Swanston Serviced Apartment**

🚋 搭電車1、3、3a、5、6、16、64、67、72號於Queensberry St./Swanston St.站下，步行約1分鐘可達 🏠 488 Swanston St., Carlton ☎(03) 9225-9000 🌐 www.arrowonswanston.com.au

Arrow On Swanston屬於澳洲相當普遍的公寓式飯店，除了提供客房、客廳外，還有簡單的廚房設備，讓房客可以自己料理食物，而且有長期住宿的特惠價，很適合較長時間停留、需要寧靜空間的獨立旅客。Arrows On Swanston的所在位置雖然不屬於鬧區，但是就在離鬧區不遠的北端，門前不遠處有多線電車的車站，步行即可抵達環城電車站

掃地圖

和墨爾本交通樞紐之一的中央車站，勤勞一點走到中國城和鬧區也只要大約十來分鐘腳程，整體而言仍然相當方便，不失為價格便宜又交通便利的好選擇。

南岸Southbank

MAP ▶ P.142D3 **墨爾本朗廷酒店
The Langham, Melbourne**

🚋 搭電車1、3、3a、5、6、16、64、67、72等號於Arts Precinct/St Kilda Rd站下，步行約7分鐘可達；或搭環城電車於Swanston St./Flinders St.站下後過橋，步行約8~12分鐘可達 🏠 1 Southgate Ave. Southbank ☎(03) 8696-8888 🌐 www.langhamhotels.com/en/the-langham/melbourne

墨爾本朗廷坐落在亞拉河的南岸，既是繁華的市中心，和逛街的人潮卻又能保持若即若離的距離；從房間往下望，東側是醒目

掃地圖

的福林德街車站和聯邦廣場，前方是格局方正得不能再方正的棋盤式街道，西側可以通往達克蘭區和墨爾本之星摩天輪，亞拉河就像條腰帶似地繫在腰間，讓人不必出門就能擁抱整個秀麗的墨爾本。

墨爾本朗廷屬於朗廷酒店集團的一員，秉承源自英國倫敦1865年以來的尊榮傳統，裡裡外外散發一股高雅的氣息，無論是硬體的裝潢設施、還是軟體的服務，都令人覺得自己好像是英國來的貴族般，被呵護得舒適又很自在。

位於酒店9樓的川(Chuan)Spa，結合中國傳統的陰陽、五行與西方的按摩與芳香療法，為顧客提供不一樣的東西療癒體驗，是澳洲第一個獲選為Leading Spas of the World的Spa中心。

川Spa特別以風水的概念來營造整體氛圍，並且在西式的建築中加入中國元素，讓它流露出濃濃的東方風情，提供包含按摩、去角質、芳療、臉部保養和手足保養等多達40餘種療程，並且研發獨家專屬的系列護膚產品。享受Spa療程之後，還可以使用蒸汽室、烤箱、按摩池、游泳池、健身房等，度過愜意的休閒時光。

南岸Southbank

MAP ▶ P.142D4 **Crown Metropol**

🚃搭電車12號於City Road站下，步行約1分鐘可達；或搭環城電車於Market St./Flinders St.站下，穿過火車站地下道過人行道橋往右，步行約13分鐘可達 🏠8 Whiteman St., Southbank ☎(03) 9292-6211 🌐www.crownmetropol.com.au

Crown Metropol是皇冠賭場娛樂中心旗下最新的酒店，房間數達658間，堪稱全澳洲客房數最多的觀光酒店。

儘管規模龐大，然而在高效率的服務管理下，整體氣氛悠閒、寧靜，完全沒有匆忙或擁擠的感覺。Crown Metropol的主要客層，鎖定經常旅行的商務客，建築外觀有如一架漆黑閃亮的鋼琴，簡潔的流線造型令人眼睛一亮；接待大廳同樣時尚而典雅，充滿摩登的藝術氣息。客房的布置，同樣明亮大方，除了舒適的床枕外，還有便利的辦公桌與先進的通訊設備，以方便到此還需要工作、聯繫的人士。

Crown Metropol的休閒設施完善，健身中心、室內泳池、水療中心等一應俱全，並且特別在28樓設置了一個貴賓專屬的休閒廳，房客只要加付少許費用，即可進入28樓享受快捷的check-in與check-out服務、寧靜的早餐、免費的晚餐前小酒、以及居高臨下的美麗窗景等。

Crown Metropol除了本身附設的餐廳外，有空橋可與皇冠賭場娛樂中心相連，裡面有近50家不同風格的餐廳以及方便的各國風味美食街可供選擇。

聖科達St. Kilda

MAP ▶ P.141C5 **The Prince Hotel**

🚃搭電車3、3a、16、96號於Jacka Blvd站下，過Acland St.可達 🏠2 Acland St. St Kilda ☎(03) 9536-1111 🌐www.theprince.com.au、www.aurorasparetreat.com

The Prince Hotel曾被國際知名旅遊雜誌《Condé Nast Traveller》評選為21世紀最熱門的飯店，除了有40間各具特色的客房之外，還擁有澳洲最具規模的頂級Spa──Aurora Spa Retreat，以及鹽水游泳池、Circa餐廳、伏特加酒吧(Vodka Bar)、Wine Store等。在這裡，各處家具、擺飾與色彩調性，均依場所氣氛安排，時而沉靜，時而粗獷，是一家擁有多張面孔的飯店。

紅色的迴光與黑色的櫃檯及走道，讓客房區洋溢一股獨特的氛圍，在前往客房的路上，時高時低、忽左忽右迷樣的通道，令人摸不著方向，但在客房門開啟的剎那，所有不安頓時消失，充滿陽光的起居室、鬆軟的大床、線條簡潔明亮的衛浴設施，讓人像是有收到禮物般的驚喜。Aurora Spa Retreat是墨爾本郊區最大的Spa養生中心，就位在Prine的2樓。低調又幽靜的氣氛，結合19世紀歐洲的水療和澳洲原住民的大地元素，並且推出針對不同季節與個人身心的獨特療程，讓顧客能夠按照時節的變化，來選擇適合自己身體狀況的療程。此外，搭配顏色療法、儀式、水晶、脈輪、瑜珈、冥想與自然時節，來平衡、排毒、舒緩與增加能量精力，也是Aurora Spa Retreat的特色。這裡的療程種類繁複，包含了按摩、雨淋、水療、身體去角質與敷裹、臉部保養療程等，其中Kitya Karnu和Guku Cocoon是這裡的招牌療程。

亞拉河谷
Yarra Valley

文●蒙金蘭．墨刻編輯部
攝影●蒙金蘭．墨刻攝影組

亞拉河谷位在墨爾本東北部40公里外，而亞拉河下游則流經墨爾本市區，「亞拉」源於澳洲原住民的語言，意指「從山谷中湧出的清泉」。受到了豐富河水的滋潤，再加上充分的陽光與溫和的氣候，所以早在1860年，來自歐洲的移民就在此開墾葡萄園。

亞拉河谷聚集了50多家酒莊，每一家都出產風味獨特的葡萄酒，有些品牌還獲得許多國際大獎，就連世界聞名的釀酒專家，都紛紛選擇這個地方作為開拓他們全球市場的釀酒業產地。在這裡，每年都會舉行一次為期兩天的酒食節，當地居民會獻出最好的葡萄、食品和葡萄酒來慶祝這個特別的節日。

遊覽亞拉河谷最棒的事，莫過於拜訪不同的酒莊、試喝各家招牌的葡萄酒、逛逛當地的農產品店，然後找間超優的餐廳，來頓美味的午餐。如果有機會搭乘熱氣球，從另一個角度欣賞這個迷人的酒鄉的話，就更完美不過了。

INFO

如何到達——開車

由於亞拉河酒莊分散各處，最好自行開車前往，亞拉河谷位於墨爾本東邊，從墨爾本市區開車走Eastern Freeway，在Springvale Rd.出口處下交流道，右轉 Springvale Rd.，之後在Maroondah Highway左轉，就可以抵達Lilydale和希斯維爾(Healesville)，車程約1小時。

旅遊諮詢
◎亞拉河谷遊客服務中心
Yarra Valley Visitor Information Centre
visityarravalley.com.au

建議參加品酒團，方便行動

對遊客而言，如果不自行開車，前往亞拉河谷並不方便，尤其如果志在品酒，就更不方便了。所以建議最理想的方式，就是報名參加品酒團前往，通常在遊客服務中心和各等級住宿設施都很容易看到品酒團的宣傳單，可電話或網路報名；怕溝通不良的話，可請遊客服務中心或住宿飯店幫忙代為報名，確認好價格、集合時間、集合地點等即可。這類品酒團以西方人佔多數，小團體行動，最好具備基礎程度以上的英語聽力。

此外，在墨爾本的Swanston St.北端有眾多旅行社的門市店，團費通常比較便宜，有當地導遊幫忙解說，不過團體也會比較龐大，而且因為參加者以華人為大宗，所選擇的酒莊也會以華人偏好的口味為主，和西方面孔為主的團會略有差異。

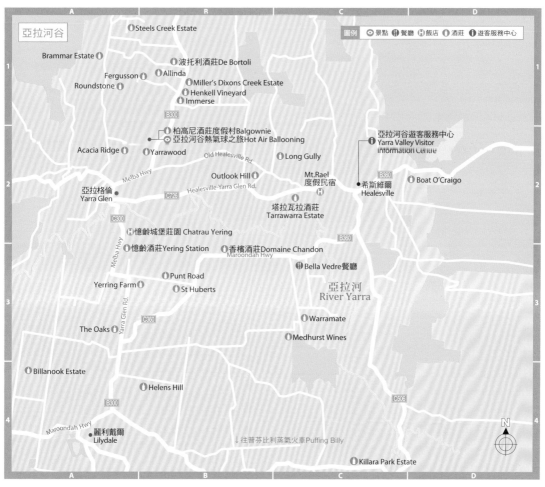

亞拉河谷

圖例 ◎景點 ⓘ餐廳 ⓗ飯店 ⓘ酒莊 ⓘ遊客服務中心

ⓘSteels Creek Estate

Brammar Estate ⓘ

ⓘ波托利酒莊De Bortoli

Fergusson ⓘ　ⓘAllinda
Roundstone ⓘ
　　　　　ⓘMiller's Dixons Creek Estate
　　　　　ⓘHenkell Vineyard
　　　　　ⓘImmerse

ⓘ柏高尼酒莊度假村Balgownie
ⓘ亞拉河谷熱氣球之旅Hot Air Ballooning

亞拉河谷遊客服務中心
ⓘYarra Valley Visitor
Information Centre

Acacia Ridge ⓘ　ⓘYarrawood　　Old Healesville Rd.　ⓘLong Gully

Melba Hwy
　　　　　　Outlook Hill ⓘ　　Mt.Rael　　　　B360
亞拉格倫 ⓘ　　　　　　　　　度假民宿　希斯維爾　ⓘBoat O'Craigo
Yarra Glen　C726　Healesville-Yarra Glen Rd.　ⓗ　Healesville

C300　　　　　　　　　　　塔拉瓦拉酒莊
　　　　　　　　　　　　　Tarrawarra Estate

ⓗ憶齡城堡莊園 Chatrau Yering　　　　　B360

ⓘ憶齡酒莊Yering Station　ⓘ香檳酒莊Domaine Chandon
Melba Hwy　　　　　Maroondah Hwy
　　　　　　　　　　　　ⓘBella Vedre餐廳

Yerring Farm ⓘ　ⓘPunt Road　　　　　亞拉河
Yarra Glen Rd.　ⓘSt Huberts　　　River Yarra

The Oaks ⓘ　C360　　　ⓘWarramate

　　　　　　　　　ⓘMedhurst Wines

ⓘBillanook Estate

ⓘHelens Hill

B300　　　　　　　　　　　　C506

Maroondah Hwy　ⓘ麗利戴爾
　　　　　　　　Lilydale　　↓往普芬比利蒸氣火車Puffing Billy

N

　　　　　　　　　　ⓘKillara Park Estate

MAP ▶ P.179B3

香檳酒莊

Domaine Chandon

(MOOK Choice)

以法式香檳氣泡酒為主

🚗 從希斯維爾開車走Maroondah Hwy.可達 🏠 727 Maroondah Hwy., Coldstream ☎ (03) 9738-9200 🕙 11:00~16:30 休 耶誕節、送禮節 🌐 www.chandon.com.au

　香檳酒莊是法國悅酩香檳(Moet & Chandon)在澳洲投資的酒莊。酒莊的葡萄園位在亞拉河谷的正中央,砂岩的土壤生產出高品質的葡萄,種植了夏多內、黑皮諾、席拉茲(Shiraz)和皮諾莫尼耶(Pinot Meunier)等葡萄品種。在附設的餐廳內,可直接欣賞到美麗的葡萄園景致。

　遊客來到酒莊,從簡單明瞭的釀酒簡報和釀酒方式介紹開始,讓人能初步了解葡萄酒的釀製過程,接著就品嘗幾款不同的葡萄酒和當地的起士。

　一定要試試以法國香檳傳統方式釀製的氣泡酒NV Brut和Vintage Brut,或是混合黑皮諾和席拉茲品種的Sparkling Pinot Noir Shiraz。

掃地圖

酒　後　不　開　車　,　安　全　有　保　障　。

亞拉河谷熱氣球之旅Hot Air Ballooning

坐在熱氣球上，正為居高臨下俯視這個到處是葡萄園的酒鄉而興奮不已，飛行長忽然說看到了袋鼠群，並把熱氣球緩緩轉向袋鼠出沒的方向，但是因為距離實在太遠，眼力不佳的人很難抓到袋鼠的身影，這時飛行長搞笑地說：「我可以遙控牠們喔！」於是加足熱氣球的火力，「轟」地一聲，便看到草原上幾個小黑點清楚地跳了一下；再加一次火力，袋鼠們便又跳了一下，有趣

極了，果然是遙控的袋鼠！之後出現的牛群則是驚慌奔逃。這樣的景象、這樣的角度和袋鼠清晨對望，應該是到亞拉河谷搭熱氣球才能獲得的體驗。

當天的雲層又低又厚，熱氣球很快就升到雲層之上，本來還怨嘆天公不作美，沒想到卻欣賞到日出和雲海在眼前展開精彩的變幻，和晴空萬里自是不一樣的景象，其它熱氣球同時高高低低地點綴在天空、雲海、山水間，美不勝收。

搭乘熱氣球是項充滿不確定性的活動：首要條件是穩定的氣候，如果天氣狀況不佳，很有可能取消飛行；一旦確定要飛，就得趕在氣流最穩定的日出前起床、集合，做好各項準備工作，還得確認風向等條件，決定出發的地點。

此外，熱氣球也是一項需要借重團隊力量的活動，在升空前，飛行長會動員壯丁們合力，讓熱氣球順利升空；落地後，更呼籲所有人一起，把熱氣球摺疊好回到原狀，雖然每個人都是小螺絲釘，積極的參與感讓搭乘熱氣球的激情更加分。

☎(03) 9428-5703；需事先預約 ◐日出前2小時從飯店接送，熱氣球之旅全程約1小時 ⑤全票A\$405、孩童票A\$325；含香檳早餐全票A\$440、孩童票A\$345
🌐www.globalballooning.com.au

MAP ▶ P.179B1

波托利酒莊

MOOK Choice

De Bortoli

所產酒量名列澳洲前茅

🚗從希斯維爾開車走Healesville-Yarra Glen Rd.，右轉Melba Hwy.再左轉接Pinnacle Lane可達 🏠58 Pinnacle Lane, Dixons Creek ☎(03) 5965-2271 ◐10:00~17:00 🌐www.debortoli.com.au

這個由義大利家族經營的酒莊，是在1928年由來自北義大利的移民Vittorio De Bortoli和妻子一同創辦的，90年來，酒莊愛好與親朋好友分享好酒、美食與時光的家族傳統，一直都沒改變過。

掃地圖

波托利酒莊出產的酒行銷到全球，它在澳洲設有3家酒莊，分別位於新南威爾斯州的獵人谷、必布爾(Bilbul)和亞拉河谷，其產量占了澳洲葡萄酒市場的前幾名；波托利酒莊旗下有一隻招牌甜酒——Noble One，是澳洲甜酒的代表作，具

有豐富的乾杏桃、檸檬果香，並具獨特的柑橙、蜂蜜甜味與橡木桶風味，可說是經典之作！除了甜酒外，波托利酒莊亦出產皮諾混夏多內的氣泡酒、口感較乾的白酒和多款紅酒。

維多利亞…亞 拉河谷 Yarra Valley

憶齡酒莊
Yering Station

MOOK Choice

本區最古老酒莊

📍從希斯維爾開車走Healesville-Yarra Glen Rd.，左轉Melba Hwy.可達 🏠38 Melba Hwy, Yarra Glen ☎(03) 9730-0100 ⏰週一~週五10:00~17:00、週六~週日及國定假日10:00~18:00 🌐www.yering.com

掃地圖

憶齡酒莊是亞泣河谷歷史最悠久的酒莊，不過目前現代化的建築是1999

年才正式啟用的，裡面包含了地下酒窖、葡萄酒展示場，和一個可以全覽戶外葡萄園景觀的挑高餐廳。

酒莊的歷史可追溯到1838年，所種植的葡萄曾於1889年榮獲巴黎的葡萄產區獎項；不過到了20世紀，葡萄酒產業面臨不景氣的壓力，亞拉河谷曾經轉成畜牧地，直到1998年，才又開始大量種植葡萄園，酒莊也在1992年首次開放遊客品嘗葡萄酒；舊的酒莊建築則改建成賣酒商店，同時也提供試喝葡萄酒的小酒吧。

這裡生產的葡萄酒經常榮獲國際性與澳洲本土大獎，酒莊根據不同的葡萄品種創造出數個各具特色的品牌，其中「Yering Station」完全採用由亞拉河谷種植的葡萄，特別強調豐富的味覺和平衡感，是酒莊的招牌；採用傳統香檳釀酒技術的「Yarra Bank」，混合黑皮諾和夏多內葡萄，並存放至少3年才會開封；其餘還有Estate、Village等產品線。

如果有空一定要在酒莊附屬的餐廳用餐，不僅景觀五星級，餐飲也頗令人讚賞。

憶齡城堡莊園
Chateau Yering

復古莊園的溫馨體驗

📍從希斯維爾開車走Healesville-Yarra Glen Rd.，左轉Melba Hwy.可達 🏠42 Melba Highway, Yering ☎(03) 9237-3333 🌐www.chateauyering.com.au

憶齡城堡莊園的歷史可追溯到180年前，當時的屋主即是憶齡酒莊的開墾者，後來隨著葡萄酒業的衰微，莊園也陸續出售給別人，一直到1996年換了新主人，才為它注入新生命。

掃地圖

為了反映百年前的迷人氛圍，設計師不但收集了國內外骨董家飾品，並且興建了新的房舍來擴增莊園的面積，營造出今日擁有36間套房的奢華復古旅館，每間套房都擁有各自的名稱和獨特

設計。莊園內的每一角落都散發著濃濃的溫馨氣氛，不論是大廳、閱讀室還是餐廳，雕刻著精細線條的高挑天花板、水晶吊燈、花布骨董沙發、真實的火爐、實木書櫃、吧台等，在在表露出維多利亞時期的美好時光。

莊園有兩個餐廳，一是以法式料理為主的Eleonore Restaurant，既優雅又高貴；一是採輕鬆氣氛的Sweetwater Café，提供了花花草草的景觀和新鮮的在地食材。

塔拉瓦拉酒莊

MOOK Choice

TarraWarra Estate

藝術氣息包圍

🚗 從希斯維爾開車走Healesville-Yarra Glen Rd.可達 🏠 311 Healesville Yarra Glen Rd., Yarra Glen ☎(03) 5957-3510 🕐 週二～週日11:00~17:00（供餐時間週三～週日11:00~15:00）休週一 ⓦwww.tarrawarra.com.au

　　1983年成立的塔拉瓦拉酒莊是個年紀較輕的酒莊，坐落在四周種滿葡萄樹的山丘上，擁有美麗的葡萄莊園景致，加上建築十分具現代設計感，與一旁的私人美術館，形成一個具有藝術氣息的酒莊氣氛。

　　塔拉瓦拉酒莊占地 400公頃，葡萄園則是種植在面北100公尺高的坡地上，其中12公頃的葡萄園是種植夏多內、17公頃種植黑皮諾，而這兩種葡萄品種就是塔拉瓦拉酒莊最經典的葡萄酒。再加上這裡的土壤涵蓋兩種黏土，帶有酸性的黏土不僅能保持土壤的水分，同時能減少葡萄樹的葉子量，讓養分進入果實中，因此每種精心釀造出來的酒，都具有優雅的平衡口感和與眾不同的深度與個性。

　　此外，明亮又具設計感的餐廳也是吸引品酒客的主要原因，在晴朗的日子，可以坐在戶外一邊享受四周葡萄園的美景，一邊品嘗新鮮的在地食物。

柏高尼酒莊度假村

Balgownie Estate Vineyard Resort & Spa

全方位後起之秀

🚗 從希斯維爾開車走Healesville-Yarra Glen Rd.，右轉Melba Hwy.可達 🏠1309 Melba Hwy., Yarra Glen ☎(03) 9730-0700 🕐 酒窖週日～週四09:00~17:00、週五～週六09:00~18:00；餐廳早餐週六～週日07:00~10:30、週一～週五7:00~10:00，午餐12:00~15:00，晚餐18:00~21:30 💲 非住宿客品酒費每人A＄5，可折抵消費 ⓦwww.balgownieestate.com.au

　　柏高尼是2003年11月開幕的酒莊度假村，大量落地玻璃窗的明亮建築環繞在葡萄園中，既是酒莊、餐廳，也包含4.5星級的豪華飯店，還附設Spa水療中心，全方位供應觀光客的需求，當地人也很愛到此舉辦婚禮等宴席。

　　柏高尼在亞拉河谷算是年輕的酒莊，但它其實早在40年前就已在附近的Bendigo開設了酒莊，產出的Cabernet Sauvignon和Shiraz品質都享有盛名，亞拉河谷算是第二個據點，這區又以種植Chardonnay, Pinot Gris, Pinot Noir等為主。附設的Rae's餐廳運用在地食材烹調出配合節令的美食，環境氣氛也很迷人。

維多利亞…
亞
拉河谷 Yarra Valley

菲利普島

菲利普島
Phillip Island

文●蒙金蘭·墨刻編輯部
攝影●周治平·蒙金蘭·墨刻攝影組

菲利普島在墨爾本東南方135公里處，約90分鐘的路程，是一座被港灣環繞的海島。

嶙峋崎嶇的海岸線和眾多的野生動物，讓菲利普島成為一個自然生態的區域。菲利普島自然公園面積廣達2,400公頃，園內自然景觀包羅萬象，其中最受遊客青睞的就是看小企鵝遊行！

小企鵝又稱為神仙企鵝，是全世界最小的企鵝，牠們的一大特點就是在登岸時總是成群結隊依序上岸，好像有個路隊長走在最前面，負責點名與維護隊形的整齊；而菲利普島就是小企鵝的故鄉，來這裡看牠們以可愛的模樣緩緩前行，是絕對不能錯過的活動。

另外，這裡也有座無尾熊保育中心，可以看到為數眾多的無尾熊。

INFO

如何到達──長途巴士

從墨爾本Southern Cross車站搭V/Line Coach先到Koo Wee Rup鎮轉車，再到菲利普島的考斯(Cowes)。

☎(03) 9662 2505／1800-800-007

⏷V/Line Coach週一~週五從墨爾本06:25~21:00約8班、週六~週日08:50~17:50約4班；車程含轉車時間約2~2.5小時

🌐www.vline.com.au

如何到達——渡輪

從墨爾本郊區摩林頓半島的Stony Point可搭渡輪前往菲利普島的考斯，航程約50分鐘，航班時間可上網查詢。

Western Port Ferries

☎(03) 5257-4565

🌐westernportferries.com.au

如何到達——開車

從墨爾本走Monash Freeway (M1)公路，接著走South Gippsland Hwy. (M420)，循往菲利普島的指標接Bass Hwy. (A420)，在Anderson右轉Phillip Island Tourist Rd. (B420)；再往San Remo方向，過橋後就可抵達菲利普島，車程約1.5~2小時。

如何到達——旅行團

可於墨爾本報名參加旅行團。

AAT Kings

🌐www.aatkings.com；www.australiasightseeingdaytours.com.au

Gray Line 🌐www.grayline.com.au

長青旅遊 🌐extragreen.com.au

宏城旅遊 🌐grandcitytours.com

長城旅遊 🌐cn,odyssey-travel.com.au

建議參團簡化交通問題

墨爾本市區內的大眾交通系統非常方便，但是出了市區就沒那麼輕鬆了。不打算自行開車的人，與其花時間在等車、轉車上，不如參加旅行團，解決交通的煩惱。

墨爾本當地短期旅遊團(Day Tours)的選擇相當多，可以直接線上報名、線上繳款。此外，墨爾本的Swanston St.北端有眾多旅行社的門市店，可以登門洽詢、挑選再報名，生意相當好，幾乎天天出團、天天客滿。因為參加的旅客以華人為主(包括來自臺灣、中國、馬來西亞、新加坡等)，所以導遊會以華語解説，團費也通常比英語導覽團便宜近半，對臺灣遊客而言相對方便。

島上交通
◎計程車

☎(03) 5952-2200

旅遊諮詢
◎菲利普島遊客服務中心

📍895 Phillip Island Road, Newhaven

☎1300-366-422

⏷09:00~17:00(夏季延長至18:00) ❄耶誕節

🌐www.visitbasscoast.com.au

MAP ▶ P.185A2

菲利普島自然公園

MOOK Choice

Phillip Island Nature Parks

看可愛企鵝夜間遊行

🏠 1019 Ventnor Rd., Summerlands ☎(03) 5951-2800 ⏰10:00開門至企鵝歸巢完畢；聖誕節14:00才開始營業 💲可各園區分別購買，亦有多種組合聯票，其中4園區聯票(4 Parks Pass)可用於觀看企鵝遊行、無尾熊保育中心、諾比斯中心和邱吉爾島，全票A$55、兒童票A$30 🌐www.penguins.org.au

菲利普島自然公園包括企鵝遊行 (Penguin Parade)、無尾熊保育中心(Koala Conservation Centre)、邱吉爾島(Churchill Island)和諾比斯中心(The

掃地圖

Nobbies Centre)，其中最不容錯過的莫過於每天傍晚開始的看企鵝遊行。

觀看世界上體型最小的神仙企鵝(又名小企鵝)自海裡返回陸地歸巢，是菲利普島最知名，也最受遊客歡迎的活動，整個過程不但新鮮有趣，同時也讓遊客學習到小企鵝的相關知識，可說是寓教於樂的一項活動。

©維多利亞旅遊局

無尾熊保育中心Koala Reserve

掃地圖

🏠1810 Phillip Island Road ☎(03) 5951-2800 ⏰2～4月第一週10:00～17:30；4～10月10:00～17:00；送禮節(12/26)～1月底10:00～18:00；聖誕節14:00才開始營業 💲全票A\$13.5、兒童票A\$6.78

無尾熊在維多利亞州生存的歷史已經不可考，不過可以肯定的是，這裡擁有大量無尾熊所食的尤加利樹，在過去幾十年來，菲利普島不斷接收鄰近區域送來的無尾熊，讓其數量不斷增加，為了不忍無尾熊常常死於非命，當地居民與學者促成一塊60公頃的無尾熊保育中心，不僅讓無尾熊在這裡享有充足的食物和安全的生活環境，同時也讓遊客可以在設計好的步道中，近距離觀賞無尾熊，看牠們或坐或趴地出現在尤加利樹叢間。

©維多利亞旅遊局

企鵝遊行Penguin Parade

🏠1019 Ventnor Rd., Summerlands ⏰17:15～20:45不等（各月份不一，自然公園每天會公布預估的企鵝歸巢時刻，可隨時上網查詢）💲全票A\$27.25、兒童票A\$13.5

企鵝自海裡返回陸地歸巢的地方位在島上西南方的夏之地半島(Summerland Peninsula)，小企鵝的祖先們在沙丘中建造了洞穴，讓這些可愛的小企鵝有了棲息之地，也讓今日的我們有機會親見到小企鵝的生態環境。

小企鵝又被稱為神仙企鵝，在這裡約有數萬隻，牠們是全球17種企鵝種類中體型最小的一種，身高約33公分，體重約1公斤，只在澳洲東南沿海或西南沿海的海島及懸崖峭壁上出沒，鐵藍色的背套與雪白色的胸袍，讓牠們看起來可愛又帥氣。

小企鵝個子雖小，卻是游泳好手，牠們可以睡在海上並且在海中覓食數週也不需要上岸，每天可以游個20公里遠去捕魚，最深則可以潛入65公尺處的海底，其獨特的防水羽毛讓小企鵝的身體可以保持乾燥。當小企鵝回到陸地上後，會在沙丘上挖築下蛋用的巢穴，深約1公尺，裡面並會鋪上草根或樹枝當作內墊。

愛牠，請放下照相機

以往觀看企鵝遊行時，只要不使用閃光燈，遊客是可以拍照的，但是一直以來，不斷有遊客忘記或故意使用閃光燈，造成企鵝的驚嚇，甚至不敢回到巢中，以致許多小企鵝雛鳥成為棄嬰，造成很大的問題。所以現在菲利普島自然公園規定，禁止所有照相及錄影設備。為了維護小企鵝的自然生態，這是不得不的手段，希望所有遊客在觀賞小企鵝遊行時可以遵守規定，讓這些可愛的小企鵝能生生不息，繼續健康快樂地生活在澳洲這片土地上。

若想看到企鵝孵蛋，最佳的季節是在每年8～3月，雛鳥的孵育期是35天，由母鳥與公鳥輪流孵蛋，孵出的雛鳥需要8～10週才能入海，不過牠們天生就會游泳與覓食，毋須父母教導；神仙企鵝每一年都會回到原來的棲息地，而且通常是一夫一妻制。

小企鵝每天清晨出海覓食遊玩，到了夜幕低垂的時候，就會集體返回巢穴，數以百計、成群結隊的小企鵝，從陣陣浪花中現身，然後踩著搖擺的步伐，回到自己溫暖的家，場面相當壯觀，每年都有數以百萬計的觀光客前來此處，爭睹小企鵝可愛的身影。

諾比斯中心Nobbies Centre

⌂1320 Ventnor Road, Summerlands ⏰10:00~日落前1小時(春季約18:00、夏季約20:00、秋季約17:00、冬季約16:00);聖誕節14:00才開始營業 💲免費

　　菲利普島自然公園除了企鵝和無尾熊可看之外,還有可愛的海豹可以觀賞。距離企鵝遊行地點僅5分鐘車程的諾比斯中心,設計成南極生態的主題館,運用先進的多媒體科技,讓遊客可以與各種南極附近的生物相遇。

　　透過巨型銀幕,在立體聲音效的襯托下,可以欣賞多種企鵝、鯨、海豹的英姿;更有趣的是,有個虛擬實境的角落,企鵝、鯨、海豹等隨時躍出水面,此時你如果站在銀幕的範圍裡,就會發現自己站在浮冰之上,而這些生物活像是衝著你跳出來、或是親切地窩在你身邊,彷彿一伸手就可以摸到;如果你正忙著拍照,鏡頭裡就會出現自己專注拍照的模樣,非常有趣!

　　諾比斯中心備有高倍望遠鏡,可以欣賞距這裡1.5公里外海豹岩(Seal Rocks)上超過16,000隻海豹的活潑模樣。如果這樣還嫌不夠,則可以參加「海豹岩快艇巡弋」(Wildlife Coast Cruises),搭船近距離欣賞。

海豹岩快艇巡弋Wildlife Coast Cruises

　　從考斯鎮搭乘快艇出海，頑皮的駕駛員一路上看到浪頭就衝上去，好像是用快艇來衝浪的樣子，典型的澳洲人性格，似乎尖叫聲越大，越能讓船長高興。好不容易終於抵達菲利普島西南2公里的海豹岩，整塊大岩石上密密麻麻地都是海豹，在海中游泳覓食的也不在少數，其數量之多、氣味之臭，都讓人印象深刻。

　　這裡是澳洲最大的海豹棲息地，1.5平方公里的小島上，除了部分研究用的設施之外，上上下下全被海豹所占據，可以說是海豹的快樂天堂。船上的解說員同時會詳細介紹此地海豹的各項數據和特性，讓人大開眼界。

掃地圖

⌂11/13 The Esplanade, Cowes(從考斯碼頭出發)　(03) 5952-3501／1300-763-739　每日14:00出發，夏季會增加航班；須預約，詳情可隨時上網查詢　全票A$92、優待票A$82.5、兒童票A$64　www.wildlifecoastcruises.com.au

大洋路

大洋路
Great Ocean Road

文●蒙金蘭・墨刻編輯部
攝影●周治平・蒙金蘭・墨刻攝影組

大洋路是澳洲最著名的景觀公路，它位在維多利亞州南部，自托基(Torquay)到華南埠(Warrnambool)之間的海岸範圍，綿延300多公里，蜿蜒崎嶇的公路搭配著壯觀的海洋景觀，行經許多可愛的濱海小鎮與漁村，而沿岸的奇石美景，如果沒有身歷其境，難以體會。

儘管海景是這裡的重頭戲，但是順著公路穿梭於奧特威山脈，大洋路頓時從壯觀的景致，轉變成青蔥翠綠的草園與森林的田野風情。其實，大洋路也蜿蜒於澳洲最豐饒的放牧地——西區平原。西區平原原本是火山地區，如今這裡是一片遼闊的荒原，只留下幾個醒目的火山錐和火口湖；再加上因豐富水氣的南冰洋吹來的西南風，受到奧特威山脈所阻隔，降下地形雨，並形成相當濕涼的氣候，讓這裡成為富饒之地。

INFO

如何到達——火車

從墨爾本Southern Cross車站搭V/line火車先到吉隆，車程約1小時，週一~五每日05:00~23:30(週二~週五末班車至01:15)、週六07:00~01:15、週日07:00~01:10；再轉搭V/Line巴士前往大洋路的托基(Torquay)、安格爾西(Anglesea)、隆恩(Lorne)和阿波羅灣(Apollo Bay)等地。V/Line還有巴士繼續從阿波羅灣前往華南埠(Warrnambool)和坎貝爾港(Port Campbell)等地。
☎(03)9662-2505、1800-800-007

🌐www.vline.com.au

如何到達——開車

開車是旅遊大洋路的最佳方式，自墨爾本開車走Princes Hwy.，在吉隆銜接大洋路公路。

如何到達——旅行團

可於墨爾本報名參加旅行團。
AAT Kings 🔗www.aatkings.com、www.australiasightseeingdaytours.com.au
Gray Line 🔗www.grayline.com.au
長青旅遊 🔗extragreen.com.au
宏城旅遊 🔗grandcitytours.com
長城旅遊 🔗cn.odyssey-travel.com.au

旅遊諮詢
◎吉隆和大洋路遊客服務中心
📍Princess Hwy, Little River
☎(03) 5283-1735、1800-755-611
🕐09:00~17:00
🌐www.visitgreatoceanroad.org.au
◎托基遊客服務中心
📍Surf City Plaza, 77Beach Rd, Torquay
☎(03) 5261-4219
🕐009:00~17:00
◎隆恩遊客服務中心
📍15 Mountjoy Parade, Lorne
☎(03) 5289-1152
🕐09:00~17:00
◎阿波羅灣遊客服務中心
📍100 Great Ocean Road, Apollo Bay
☎(03) 5237-6529、1300-689-297
🕐09:00~17:00
◎十二使徒岩遊客服務中心——坎貝爾港
📍26 Morris St., Port Campbell
☎1300-137-255
🕐09:00~17:00

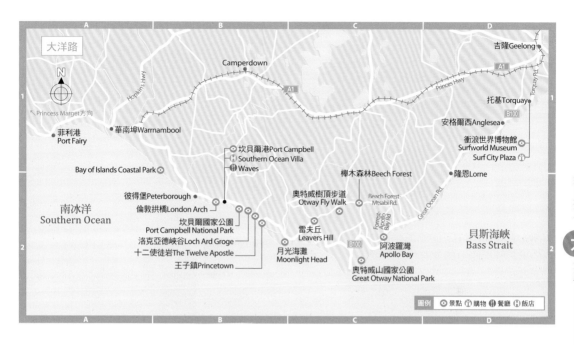

大洋路

N

↖Princess Marget方向

Hopkins Hwy

Camperdown

A1

Princes Hwy

吉隆Geelong

A1

托基Torquay

Torquay Rd

B100

安格爾西Anglesea

衝浪世界博物館
Surfworld Museum

Surf City Plaza

菲利港
Port Fairy

華南埠Warrnambool

坎貝爾港Port Campbell
Southern Ocean Villa
Waves

櫸木森林Beech Forest

隆恩Lorne

Bay of Islands Coastal Park

Beech Forest
Mtsabi Rd.

Great Ocean Rd.

南冰洋
Southern Ocean

彼得堡Peterborough

倫敦拱橋London Arch

坎貝爾國家公園
Port Campbell National Park

洛克亞德峽谷Loch Ard Groge

十二使徒岩The Twelve Apostle

王子鎮Princetown

奧特威樹頂步道
Otway Fly Walk

雷夫丘
Leavers Hill

月光海灘
Moonlight Head

B100

Forrest
Apollo
Bay Rd

阿波羅灣
Apollo Bay

奧特威山國家公園
Great Otway National Park

貝斯海峽
Bass Strait

圖例　◎景點　🛍購物　🍴餐廳　H飯店

Where to Explore in Great Ocean Road
賞遊大洋路

MAP ▶ P.191B2

十二使徒岩

**MOOK
Choice**

The Twelve Apostles

神秘的海中巨石奇觀

🚗 從坎貝爾港開車走Great Ocean Rd.，約10分鐘可達

　　過了大洋路的中心城市王子鎮(Princetown)，映入眼簾的第一個精采奇觀是十二使徒岩。這裡不僅是澳洲著名的地標，同時也是大洋路中最富盛名的景觀，不論是在晨曦之中、在迷霧的籠罩下、在洶湧浪濤中，或是在黃昏的夕陽照射下，十二使徒岩的風景都美得令人屏息。

　　這些立在南冰洋(Southern Ocean)中的巨石，其實是1~2千萬年前、陸地上的沉積岩斷崖經過海水與南冰洋所帶來的強風沖蝕所形成的，岩石的中間底部漸漸被侵蝕掉，形成拱形的中空形狀，當中間的空洞越來越大，無法支撐岩石的重量，於是就逐漸坍塌，形成今日我們看到的海中巨石奇觀。

　　儘管這些年岩柱一根根耐不住風吹雨打而斷裂損毀，僅存的8個海底沉積岩景觀似乎一點也不受到影響，照樣吸引著來自各地的遊客欣賞。站在岬角邊的步道上，一面吹著強風，一面伴隨著海浪拂岸的聲響，這種神秘的氣氛只有親臨現場才能感受。

掃地圖

MAP ▶ P.191B2

洛克亞德峽谷

MOOK Choice

Loch Ard Gorge

船難倖存者的求生岩洞

🚗 從坎貝爾港開車走Great Ocean Rd.，約5~8分鐘可達

　　1878年，一艘載滿來自英國移民的船航行了將近3個月，就在抵達墨爾本的前幾天，在Mutton bird Island

的外海遇上暴風雨，撞上了懸崖而沉船，52名乘客死於船難，唯獨兩名18歲的年輕人幸運地漂流到洛克亞德峽谷的沙灘上，因此，這裡才以這艘船洛克亞德號命名，以紀念這椿慘烈的船難。

　　今日遊客在這裡，可以順著木製的階梯步行下到峽谷的沙灘，看看這個當年他們曾停留過的洞穴，和順著沙灘步行想像當年波濤洶湧的船難情景。這裡還有一個小墓園，紀念往生者。

MAP ▶ P.191B2

倫敦拱橋

MOOK Choice

London Arch

佇立海上的橋孔

🚗 從坎貝爾港開車走Great Oecan Rd.，約5分鐘可達

　　這裡原本不叫倫敦大橋，只是一個大海崖，但是海浪在崖底穿透，使得這個崖壁變成一座雙橋孔的大陸橋。因為澳洲多來自英國的移民，墨爾本許多地名都直接引用自英國，所以大家就稱這個地方是「倫敦大橋」。然而在1990年的夏天，這座橋最終被衝垮，海崖便離開了陸地，只剩下一個橋孔佇立在海上，又成了「倫敦拱橋」。

MAP ▶ P.191B2

坎貝爾港
Port Campbell

大洋路最佳留宿點

從吉隆搭V/Line巴士經阿波羅灣轉車，至坎貝爾港站下；或開車往坎貝爾港方向 ⓤvisit12apostles.com.au

掃地圖

由於著名的十二使徒岩、洛克亞德峽谷、倫敦大橋等著名的景觀都在坎貝爾港附近，因此成為欲在大洋路留宿的最佳停留點。

坎貝爾港周遭的石灰岩懸崖非常壯觀，也是攝影師最鍾愛的澳洲自然景致。此石灰岩懸崖長達40公里，最遠至華南埠(Warrnambool)外數公里之處，而坎貝爾港本身被懸崖所庇護著，僅有一條主街、十分精緻，馬路邊林立著多采多姿的建築與商店，還有些不錯的餐廳供應著附近漁港的新鮮魚獲。

喜愛大自然的遊客，也可以此為出發點，順著懸崖邊的自然步道健行，尤其在春天時刻，沿途可觀賞到20多種野生蘭花、14種百合花和坎貝爾港國家公園內的獨特鳥類。當然在這裡健行的重頭戲，還是那些令人屏息的大洋路壯觀景致，一個接著一個的峽谷與懸崖，就如同海上的紀念碑般，永久佇立於海中。

大洋路直升機飛行
Great Ocean Road Helicopters

搭直升機欣賞大洋路的精華，是轉換角度體驗大洋路的另一種精采遊程。短短15分鐘的航程中，可以看到十二使徒岩、洛克亞德峽谷、倫敦大橋等大洋路上最壯觀的海岸地貌，儘管時間很短，但是保證絕無冷場。

直升機升空後，眼前立刻呈現出一幅幅令人屏息的美麗畫面，整條海岸線看起來曲折蜿蜒，海中岩石形狀千奇百怪，就像是造物者精心打造的傑作。遊客無不緊握著相機，透過鏡頭抓狂似地取景拍攝，按快門的手怎麼也停不下來。

☎(03) 5598-8283 ⓢ不同方案價格不同，請上官網查詢 ⓤwww.12apostleshelicopters.com.au

MAP ▶ P.191D2

隆恩
Lorne

大洋路上的度假小鎮

從吉隆搭V/Line巴士至隆恩站下，或開車往隆恩方向可達
ⓤwww.lornevictoria.com.au

掃地圖

隆恩因緊靠著海灘，是大洋路上最著名的度假小鎮，度假飯店、餐廳、咖啡廳、精品店林立，整座城鎮充滿悠閒的衝浪度假氣氛，每年的耶誕節到新年這段假期是人滿為患的旺季，不少遊客得一年前就先預訂好住房。

隆恩小鎮本是個幽靜的漁村，小鎮旁的潟湖是大洋路沿岸潟湖之最，潟湖區長又寬，海鳥和各種候鳥特別多，隨便一個角落，就可以坐下來寫生、拍照。

隆恩可以玩水，也可以玩山，這裡也是前往奧特威山國家公園的起點，可享受雨林漫步的樂趣。

阿波羅灣
Apollo Bay
大洋路的中繼站

🚌 從吉隆搭V/Line巴士至阿波羅灣站下；或開車往阿波羅灣方向可達 🔗 visitapollobay.com

位在奧特威山脈下的阿波羅灣是大洋路的中點站，以這個據點向東或向西，都是景觀相當美麗的海灣，而海岸邊的潟湖景觀更是充滿詩意，蘆葦長在潮間帶，海鳥散步其中，偶有白天鵝和黑天鵝優游其間。

阿波羅灣的主要街道，就在離海濱不遠處，因為每天來來往往的客車、遊覽車通常會在此停留，享用午餐，所以飯店、餐廳選擇眾多。

奧特威山國家公園
Great Otway National Park
登高坐擁優美的森林綠意

🔗 www.parks.vic.gov.au/places-to-see/parks/great-otway-national-park

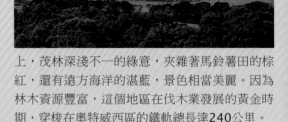

自大洋路往內陸行駛，這裡的景觀立即變換成老樹參天的森林景觀，從櫸木森

林(Beech Forest)綿亙至雷爾斯山(Lavers Hill)，就是奧特威山國家公園。奧特威山脈是由沙岩與頁岩所構成，坡勢相當平緩。站在山頂上，茂林深淺不一的綠意，夾雜著馬鈴薯田的棕紅，還有遠方海洋的湛藍，景色相當美麗。因為林木資源豐富，這個地區在伐木業發展的黃金時期，穿梭在奧特威西區的鐵軌總長達240公里。

奧特威樹頂冒險樂園Otway Fly Treetop Adventures

🚌 從阿波羅灣開車北走Forest-Apollo Bay Rd.，再左轉接Beach Forest-Mtsabi Rd.，過櫸木森林(Beach Forest)可達。遊客抵達後得先自行穿越雨林，才會到步道的入口 🏠 360 Phillips Track, Weeaproniah ☎ (03)5235-9200、1800-300-477 🕐 10:00~17:00(16:00最後入園) 🚫 週二、週三、耶誕節 💰 成人票A$26、兒童票A$21.5 🔗 www.otwayfly.com

在這片樹林中有一條25公尺高、600公尺長的樹頂步道(Treetop Walk)，蜿蜒在雨林般的樹海中，包括高聳的白幹山梨樹、巨大的黑檀木、山毛櫸、樹蕨等，遊客可以在這樣的高度漫步在樹頂間，以不同的角度觀賞綠意盎然的雨林。

如果覺得還不過癮，那麼可登上步道中高達45公尺的展望台，保證可以讓你一望無際地欣賞到腳下的雨林奇景，和享受這片除了鳥鳴外的寂靜大自然。此外，還可以從事溜索(Zipline)等其它活動。

MAP ▶ P.191D1

吉隆
Geelong
大洋路上的花園城市

🚗 從墨爾本搭V/Line至吉隆站下，或開車走Princes Hwy.，約1小時可達 🌐www.geelongaustralia.com.au

吉隆市是維多利亞州的第2大城，位於菲利普港灣的西南角，也是大洋路東邊的起點。

本身是著名海港的吉隆，過去主要以出口羊毛著稱，整座城市像個大花園，市內到處都是綠

地和花園，為壯盛動人的大洋路景致，奏出美麗的序曲。

科里歐灣(Corio Bay)是促進吉隆繁榮的一大功臣，當地政府耗資千萬將原來的海港打造成具有休閒娛樂的水岸區域，讓這裡不但有海灣步道、骨董旋轉木馬車，還有碼頭、沙灘、游泳池等設施，其中最引人注目的是佇立在水岸區域的彩色木頭人，這是由當地藝術家Jan Mitchell以吉隆的澳洲原住民、歐洲移民者和澳洲人歷史作為靈感，創作出不同形式的彩色人形木雕。

MAP ▶ P.191D1

托基
Torquay
知名衝浪勝地

🚗 從吉隆搭V/Line巴士至托基站下，或開車往托基方向可達

托基也可說是大洋路的開端，這裡的貝勒斯海灘(Bells Beach)是澳洲鼎鼎大名的衝浪勝地，而在1993年成立的衝浪世界博物館，更是全球最大的衝浪博物館。博物館隔壁的Surf City Plaza，是專賣衝浪用品的大型購物中心，可以買得到許多著名的澳洲品牌如Quicksilver、Rip Curl、Beach Crew等。

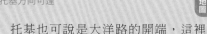

衝浪世界博物館Surfworld Museum

🏠 Surf City Plaza, 77Beach Rd, Torquay 📞(03) 5261-4606 🕐09:00～17:00 🚫耶誕節 💲成人票A\$12、兒童票A\$8 🌐australiannationalsurfingmuseum.com.au

博物館中展示著自1919年起，約130個大大小小衝浪板、澳洲衝浪名人簡介、衝浪裝、衝浪海報等，同時還有海洋模擬機展示著衝浪原理，不論是對於衝浪高手還是一般遊客，都具有相當的教育性。

博物館內區分為6個展示間，擁有500多件衝浪相關物品：海浪室(Wave Room)是利用模擬機模擬海浪衝上沙灘時，如何破壞海浪的結構因而形成巨浪的原理；衝浪板室(Board Room)展示從早期的大塊木頭製成的衝浪板，到現今改良過的輕型衝浪板；電影放映室持續播放著衝浪高手挑戰巨浪的驚險影片；名人室則記錄著澳洲歷年的衝浪高手的照片和簡介；最後則是展示著海灘文化物件與模型的地方。

戴樂斯佛
巴拉瑞特

巴拉瑞特與戴樂斯佛
Ballarat and Daylesford

文●蒙金蘭‧墨刻編輯部
攝影●蒙金蘭‧墨刻攝影組

巴拉瑞特是一個因淘金熱興起、也因淘金熱夢醒而沒落的小鎮，現今鎮上仍留有100年前風貌的礦場，也有自然動物等原野景致，是墨爾本郊區一個適合親子同遊的知名觀光鎮。

至於戴樂斯佛周遭是一片宜人的森林及湖泊，由於附近有知名的赫本(Hepburn)溫泉，因而這個區域也被稱為維多利亞州的Spa中心。

INFO

如何到達──火車加巴士

從墨爾本Southern Cross車站搭V/Line火車至巴拉瑞特，每天至少10班車，車程約1.5小時。若從墨爾本要前往戴樂斯佛，需先搭V/Line火車到巴拉瑞特或Woodend，再轉V/Line巴士前往。巴拉瑞特和戴樂斯佛間也有V/Line巴士。

📞(03)9662-2505 /1800-800-007
🌐www.vline.com.au

如何到達──長途巴士

從墨爾本開往阿得雷德間的灰狗巴士(Greyhound)，中途會停靠在巴拉瑞特，車程約1小時50分鐘。

📞1300-473-946
🌐www.greyhound.com.au

巴拉瑞特市區交通

◎巴士

凡是搭V/Line火車抵達巴拉瑞特的人，出示V/Line火車票即可免費搭乘巴拉瑞特市區巴士，其中21號巴士可以前往疏芬山，每30分鐘一班；15或20號可以前往巴拉瑞特野生動物園，各每60分鐘一班。

旅遊諮詢

◎巴拉瑞特遊客服務中心Ballarat Visitor Information Centre

📍225 Sturt Street, Ballarat (市政廳內)
📞1800-44-66-33
🕐週一～週五08:30~17:00、週六～週日10:00~16:00
🚫耶誕節
🌐www.visitballarat.com.au

巴拉瑞特Ballarat

MAP ▶ P.197B1

巴拉瑞特野生動物園

MOOK Choice

Ballarat Wildlife Park

與小動物近距離接觸

從巴拉瑞特車站搭巴士15或20號可達；距離巴拉瑞特車站3.5公里，步行約45分鐘可達 ○250 Fussell Street, East Ballarat (York Street與Fussell Street交叉口) ☎(03) 5333-5933 ◐09:00~17:00 休耶誕節 $成人票A\$36、兒童票A\$19.5 ⓤwww.wildlifepark.com.au

掃地圖

1985年，澳洲保育人士葛雷格‧帕克(Greg Parker)規畫出巴拉瑞特野生動物園，占地16公頃。葛雷格原本就對澳洲本土的野生動物及生態保育擁有極濃的興趣，還經常到各地攝影並搜集野生動物，所以園中有非常多的脊椎爬行動物展示，最著名的是園中的大蟒蛇；也有一堆色彩鮮豔的小蛇。此外，新近亦增加了企鵝區，可以看到可愛的小企鵝。

袋鼠和無尾熊是澳洲最具代表性的動物，在巴拉特野生動物園裡，只要拿起園方準備的麵包，袋鼠便會從四面八方跑來，但是切記不可餵食自己帶來的食物。

巴拉瑞特Ballarat

MAP ▶ P.197A1

疏芬山

MOOK Choice

Sovereign Hill

戶外體驗淘金樂

從巴拉瑞特車站搭巴士21號可達，車程15~20分鐘；從巴拉瑞特車站步行約30分鐘可達 ○39 Magpie Street, Ballarat (遊客入口處在Bradshaw Street) ☎(03) 5337-1199 ◐週二~週日10:00~17:00(夏令時間至17:30) 休週一、耶誕節 $成人票A\$49、兒童票A\$29(含黃金博物館) ⓤwww.sovereignhill.com.au

疏芬山這座戶外採金博物館不但頗受觀光客喜愛，連當地的小朋友都興高采烈的在河邊捲起衣袖，親身體驗淘金的樂趣。

掃地圖

到了這裡，遊客可以淘金、欣賞拓荒劇場、嘗試金礦食物、參觀地底礦坑、乘馬車遊覽、參觀黃金博物館等等。然而它最吸引人的地方，便是這裡所有的工作人員都穿著百年前的服飾在郵局、打鐵店、糖果店、麵包店…工作，連華語導遊也穿上清朝的服裝，活脫脫的歷史景觀呈現在眼前，是最好的學習教材，所以這兒除了是旅行團必到之處，也是當地學校舉辦校外教學的重要地點。

戴樂斯佛Daylesford

MAP ▶ P.197B2

修道院藝廊
Convent Gallery

平易近人的藝術中心

🚶從戴樂斯佛遊客服務中心步行約10~15分鐘可達 🏠Hill Street與Daly Street的交叉口 ☎(03) 5348-3211 ◐週四~週一10:00~16:00 休週二、週三聖誕節、耶穌受難日、送禮節、新年 💲全票A$10、優惠票A$5~8 🌐conventgallery.com.au

極富維多利亞建築風味，由英國教會聖十字修道院(Holy Cross Convent)重新整建的修道院藝廊，展出的藝術品不是名家作品，而是來自澳洲本地藝術工作者的創作，相當本土化而且平易近人。

掃地圖

在4層樓的建物中，分為藝廊、餐廳和紀念品店3大部分。藝廊內的油畫、家具、雕塑、陶藝品、珠寶等許多都是附近藝術家的作品，傳統與當代藝術皆有，偶有國際性的展覽。

戴樂斯佛Daylesford

MAP ▶ P.197A3

湖之屋
Lake House

私密的Spa住宿體驗

🚶從戴樂斯佛遊客服務中心步行約6~10分鐘可達 🏠4 King Street, Daylesford ☎(03) 5348-3329 🌐www.lakehouse.com.au

從1984年開始，湖之屋就成為戴樂斯佛地區一個最具指標性的景點，舉凡這裡所提供的住宿、餐飲、甜點及Spa，都成為遊客專程來到戴樂斯佛的目的之一。

掃地圖

顧名思義，湖之屋坐落在一座湖畔，共有33個景觀套房、一座享譽維多利亞州的餐廳、一座擁有一萬瓶藏酒的酒窖，並附設一座Spa。它的高知名度，經常吸引墨爾本人專程開車前來，無論是喝杯咖啡、吃一頓飯、或是住上一晚，只為享受都市所沒有的寧靜。住宿設施備受《Conde Nast Traveler》等專業雜誌的推崇，餐廳也曾經獲得兩頂廚師帽的肯定。

昆士蘭

Queensland

P.202　布里斯本Brisbane
P.216　黃金海岸Gold Coast
P.231　凱恩斯及其周邊Cairns and Around

昆士蘭州位於澳洲的東北部，是面積僅次於西澳的第二大州，人口排名全澳第三；第一大城市與首府為布里斯本，第二大城是觀光重鎮黃金海岸。由於昆士蘭有相當廣大的地區位於熱帶，一年約有300天以上是陽光普照的日子，所以又有「陽光之州」的別稱。

昆士蘭人口聚集在東邊的沿海處，從凱恩斯一路南下到陽光海岸、布里斯本、黃金海岸，再到新南威爾斯州的邊界，都是十分熱鬧且具高度旅遊地位的區域。而全澳洲12個被列為「世界自然遺產」的地方，就有5個位於昆士蘭州，足見其自然景觀的獨特性。古老的熱帶雨林分散在各個國家公園內，雨林內珍貴的生態環境，可以讓遊客觀賞到許多珍貴的動植物，或是幾千萬年前挖掘出的化石。至於昆士蘭州廣大的海域，擁有綿延2千多公里的大堡礁，以及無數誘人的度假島嶼。

昆士蘭輪廓圖

珊瑚海 Coral Sea
苦難角Cape Tribulation
叢林衝浪之旅 Jungle Surfing Canopy Tours
大堡礁Great Barrier Reef
庫蘭達 Kuranda
道格拉斯港Port Douglas
Karumba
凱恩斯Cairns
Normanton
但克島 Dunk Island
帕羅尼拉公園 Paronella Park
Mt. Isa
Townsville
Cloncurry
Charters Toweers
Hughenden
降靈群島Whitsunday Island (漢密爾頓島Hamilton Island)
Djarra
Mackay
南太平洋 South Pacific Ocean
Boulia
Winton
Clermont
Longreach
Rockhampton
摩頓島 Moreton Island
Windorah
Bundaberg
Warrego
Quilpie
布里斯本 Brisbane
Miles
Toowoomba
衝浪者天堂Surfers Paradise
黃金海岸Gold Coast
雷明頓國家公園Lamington National Park

昆士蘭之最Top Highlights of Queensland

衝浪者天堂Surfers Paradise
綿延數十公里長的金黃色海灘和絕佳的衝浪場地，沿著海灘興建的高樓度假公寓與旅館，繽紛的商店、購物商場，是一處具有都會摩登氣息的度假勝地。(P.219)

黃金海岸遊樂園Gold Coast Theme Parks
黃金海岸共聚集了30多個主題式遊樂園，其中又以海洋世界、夢幻世界、華納電影世界、澳野奇觀、天堂農莊等最具人氣。(P.223~226)

龍柏無尾熊動物園 Lone Pine Koala Sanctuary
全球最大、最早成立的無尾熊動物園。遊客來到這裡的第一要務，就是親自抱著可愛的無尾熊拍照。(P.211)

庫蘭達Kuranda
位在凱恩斯西北邊的熱帶雨林中，是一處小巧可愛具原住民色彩的小鎮，高人氣的天空之軌和庫蘭達景觀火車都在此交會。(P.238)

布里斯本
Brisbane

文●蒙金蘭・墨刻編輯部　攝影●墨刻攝影組

身為昆士蘭州的首府，同時也是澳洲第三大城的布里斯本，不像雪梨或墨爾本那般商業氣息濃厚，所呈現的是昆士蘭普遍的悠閒。遊客來到這裡，可以感受到這個城市散發出來的優雅閒適氣質。

布里斯本河貫穿整個城市，市中心精巧細緻，你可以花一點時間，到植物園、南岸河濱公園走走，也可以到皇后街購物中心享受血拚的樂趣。喜歡戶外活動的人，不妨試試攀爬故事橋，感受爬到80公尺處，盡覽布里斯本城市美景的快意；也可以到戶外冒險中心，報名划獨木舟、攀岩、繩索垂降、有氧運動等課程，讓自己的假期充滿活力。

INFO

基本資訊

人口：246萬
面積：15,826平方公里
區域號碼：(07)
時區：澳洲東部標準時間，比台灣快2小時，無夏令時間

如何到達──航空

從台灣出發，可搭華航和長榮航空的班機直飛布里斯本。

布里斯本機場(Brisbane Airport)距市區約13公里，國內外航廈相距約2公里，轉機乘客可以免費搭乘接駁巴士(Terminal Transfer Bus)往返於兩航廈之間，車程約10分鐘，每10~25分鐘一班；23:00之後，可以改搭AirPark Transfer Bus，每15~25分鐘一班。

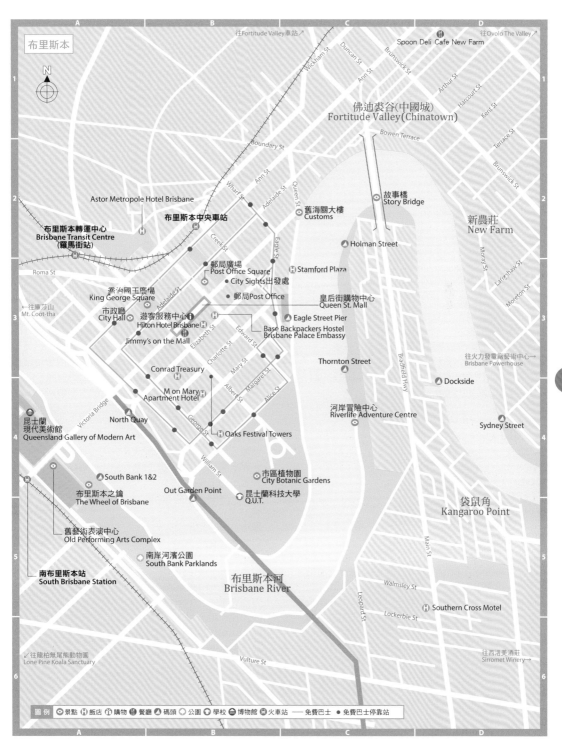

布里斯本

往Fortitude Valley車站↗

Spoon Deli Cafe New Farm

往Ovolo The Valley↗

佛迪裘谷(中國城)
Fortitude Valley(Chinatown)

Bowen Terrace

故事橋
Story Bridge

新農莊
New Farm

Astor Metropole Hotel Brisbane

布里斯本中央車站

舊海關大樓
Customs

Holman Street

布里斯本轉運中心
Brisbane Transit Centre
(羅馬街站)

郵局廣場
Post Office Square

Stamford Plaza

City Sights出發處

Roma St

喬治國王廣場
King George Square

郵局Post Office

皇后街購物中心
Queen St. Mall

往庫莎山
Mt. Coot-tha

市政廳
City Hall

遊客服務中心

Hilton Hotel Brisbane

Eagle Street Pier

Base Backpackers Hostel
Brisbane Palace Embassy

昆士蘭
…
布
里斯本 Brisbane

Jimmy's on the Mall

Thornton Street

Conrad Treasury

Dockside

M on Mary
Apartment Hotel

河岸冒險中心
Riverlife Adventure Centre

昆士蘭
現代美術館
Queensland Gallery of Modern Art

North Quay

Sydney Street

Oaks Festival Towers

South Bank 1&2

市區植物園
City Botanic Gardens

袋鼠角
Kangaroo Point

布里斯本之鑰
The Wheel of Brisbane

Out Garden Point

昆士蘭科技大學
Q.U.T.

舊藝術表演中心
Old Performing Arts Complex

南布里斯本站
South Brisbane Station

南岸河濱公園
South Bank Parklands

布里斯本河
Brisbane River

Southern Cross Motel

往龍柏無尾熊動物園
Lone Pine Koala Sanctuary

Vulture St

往西洛美酒莊
Sirromet Winery→

圖例 ◎景點 ⒽBH飯店 ⑰購物 ⑪餐廳 ⚓碼頭 ⬢公園 ⬡學校 ⬛博物館 ⬡火車站 ── 免費巴士 • 免費巴士停靠站

☎(07) 3406-3000
🌐bne.com.au
◎機場線火車Airtrain
　　可搭乘機場線火車到市區；亦提供往返國內外航廈及到黃金海岸的服務。
☎(07) 3216-3308
●週一~週五05:08~22:04，尖峰時間每15分鐘一班；週六~週日及國定假日06:08~22:04，尖峰時間每30分鐘一班；從機場到市區車程約20分鐘，到黃金海岸約1.5小時
$市區單程A$19、來回A$36；黃金海岸單程A$39.3起、來回A$76.6起
🌐www.airtrain.com.au
◎機場巴士Con-x-ion
　　藍、白車身，已有30年歷史的Con-x-ion由機場出發，可選擇前往布里斯本市區，沿途停靠多家飯店。從機場到市區車程約15~20分鐘，到黃金海岸約105分鐘。
　　回程如果事先預約，可以到指定的飯店接送。在網路上訂購來回票，亦有折扣。
☎(07) 5556-9888、1300-934-853
●巴士時間表配合飛機起降時間，所以班次很多
$依目的地不同有不同票價。市區單程全票A$20起、來回A$38起；黃金海岸單程全票A$40起、來回A$80起
🌐www.con-x-ion.com
◎計程車
$從機場到市區約A$40~45
Black and White Cabs
☎133-222
🌐www.blackandwhitecabs.com.au
13cabs
☎132-227
🌐www.book.13cabs.com.au

如何到達──火車
　　長程線火車和巴士，皆停靠在市區西方羅馬街上的布里斯本轉運中心(Brisbane Transit Centre)內(請注意不是在中央車站)，火車站位於1樓。
　　從墨爾本到布里斯本可搭XPT(Express Passenger Train)列車(經雪梨轉車)，從墨爾本到雪梨，車程約11小時；從雪梨到布里斯本可搭XPT或CountryLink Coach Network列車，車程約14小時；從凱恩斯到布里斯本可搭Spirit of Queensland列車，車程約25小時。
Brisbane Transit Centre
☎(07) 3238-4511、0466-778-068
🌐www.brisbanetransitcentre.com.au

新南威爾斯鐵路New SouthWales TrainLink
🌐transportnsw.info/regional
昆士蘭鐵路
🌐www.queenslandrail.com.au

如何到達──長途巴士
　　各大巴士公司停靠在布里斯本轉運中心，巴士站位於3樓。從雪梨到布里斯本約16小時、從墨爾本約28小時(不含在雪梨轉車時間)、從凱恩斯約30小時。
Greyhound
☎1300-473-946、(07) 3155-1350
🌐www.greyhound.com.au
Murrays
☎132-251、132-259
🌐www.murrays.com.au
Premier
☎133-410、(02) 4423-5233
🌐www.premierms.com.au

市區交通
◎大眾交通系統Translink
　　大眾交通工具包括巴士、火車、電車和渡輪4種，由Translink統一營運，車票在有效時間內皆可互相轉乘共用，各詳細時刻表和停靠點可上網查詢。
　　Translink大眾交通系統範圍，闊及整個昆士蘭州的東南地區，以布里斯本市區為中心，向西、南(包括黃金海岸)、北(包括陽光海岸)延伸，共分8個區段，票價視移動多少個區域而變動。車票可在車上、渡輪上、火車站櫃台，或火車、巴士轉運站的自動售票機上購買；但基本上買單程票不如買Go Card來得划算。
$1區全票A$5、優待票A$2.5；2區全票A$6.1、優待票A$3.1
🌐translink.com.au
◎巴士Bus
　　布里斯本有一般巴士和免費巴士(Free City Loops)兩種。前者網絡密集，維繫中心鬧區與郊區之間的動線；後者有3條路線，分別是在中心鬧區順時針方向行駛的40號、反時針方向行駛的50號，路線經過昆士蘭科技大學(Queensland University of Technology，簡稱Q.U.T.)、植物園、皇后街購物中心(Queen St. Mall)、市政廳、中央車站、河濱區(Riverside)、Eagle St Pier等，以及聯繫市中心與Spring Hill區的Spring Hill Loop。
　　免費巴士車體使用環保的天然瓦斯，行駛路線幾乎囊括市區內主要景點，對遊客而言相當方便，不妨多加利用，唯只有週間才行駛。

◎一般巴士06:00~23:30，每10~15分鐘一班；免費巴士週一~週五07:00~18:00，每10分鐘一班

◎市區火車Train

有10條線共139個停靠站，連結整個布里斯本市區和市郊，也包括連結布里斯本機場到市區和黃金海岸的機場線火車；市區的中央車站、羅馬街站及Brunswick St. Station這3站所有火車路線都會經過，是主要的轉乘點。

◎渡輪Ferry

可搭乘渡輪通行於布里斯本兩岸間，City Cat從市區西南方昆士蘭大學(University of Queensland)往返於東北方的Hamilton的Bretts Wharf碼頭，中間主要的停靠點包括North Quay(可前往皇后街購物中心)、南岸(South Bank)、河濱區(Riverside)、新農莊(New Farm)。

◎平日05:19~11:41、週末及國定假日05:49~11:41，約每20~30分鐘一班

◎輕軌電車G:Link

2014年開始，黃金海岸多了一項大眾交通工具，就是輕軌電車G:Link，路線南北縱貫市區到郊區，從布羅德沙灘南端(Broad Beach South)，經衝浪者天堂(Surfers Paradise)、主灘(Main Beach)、南港(Southport)等一直到黃金海岸大學醫院(Gold Coast University Hospital)為止，對遊客來說更加方便了。

◎ridetheg.com.au

◎計程車Taxi

布里斯本的市區有很多的計程車招呼站，或可打電話叫車。

◎05:00~18:59起跳A$2.9、19:00~23:59起跳A$4.3、00:00~04:59起跳A$6.3，每個時段皆為每1公里A$2.17，車停時間每2分鐘A$0.8；電話叫車皆加A$1.5，機場叫車加A$3.5

◎www.taxifare.com.au/rates/australia/brisbane

優惠票券

◎Go Card

使用這張卡可以使用於巴士、火車、渡輪和電車這4種交通工具，它就像是台北的悠遊卡，具儲值功能；最重要的是車資比使用一般票可節省至少30%的費用。

車票可於網站、便利商店、市政廳遊客服務中心、車站和電話購買。

◎131-230

◎1區全票尖峰時間A$3.45、離峰時間A$2.76，優待票尖峰時間A$1.73、離峰時間A$1.38；2區全票尖峰時間A$4.21、離峰時間A$3.37，優待票尖峰時間A$2.11、離峰時間A$1.68。首次購買Go Card需收手續費A$5，全票押金A$10、優惠票押金為A$5，第一次儲值至少A$5(依購買處不同不一)，用畢後可退回押金

◎translink.com.au

◎尖峰時間為週一~週五(國定假日除外)06:00~8:30、15:30~19:00，離峰時間為週一~週五08:30~15:30、19:00~6:00和週六、週日及國定假日全天

旅遊諮詢

◎布里斯本遊客服務中心Brisbane Visitor Information Centre

◎167 Queen Street Mall, Queen St.

◎(07) 3006-6290

◎週一~週五09:00~16:00、週六10:00~16:00

◎週日、耶穌受難日、澳紐軍團日、耶誕節

◎www.visitbrisbane.com.au

城市概略City Guideline

　　布里斯本河蜿蜒過布里斯本市中心，把市區分為南北兩岸，主要景點多位於北岸，以喬治國王廣場(King George Square)為中心，地標市政廳和鐘塔就矗立在廣場旁。這裡的街道以棋盤狀分布，景點十分集中，包括最熱鬧的皇后街徒步購物區。不妨把握一個原則：凡是通往布里斯本河的街道，都是以女性英國皇室名稱命名，與之垂直的街道則為男性皇室名。

　　沿著皇后街往西南走，跨過維多利亞橋(Victoria Bridge)就來到南岸，現代美術館和南岸河濱公園都位於這區。

　　回到北岸，市中心東邊為佛迪裘谷(Fortitude Valley)，也就是中國城所在地，地標故事橋在這裡連結南北兩岸；再往東走，即是受當地年輕人喜愛的新農莊(New Farm)。

布里斯本行程建議
Itineraries in Brisbane

如果你有3天

　　布里斯本市中心不算大，大約一整天便可以把布里斯本和南北兩岸的主要景點逛完，包括皇后街購物中心、市政廳、市立植物園、故事橋、河岸冒險中心、南岸河濱公園、昆士蘭現代美術館、布里斯本之輪等，都是步行可達。

　　第二天可以選擇市中心外圍幾個比較有風格的區域悠閒逛逛，例如佛迪裘谷(中國城)、新農莊、帕汀頓區、米爾頓區等。

　　再有餘裕時間，就可依個人興趣，再往周邊區域走，例如西洛美酒莊、龍柏無尾熊動物園、庫莎山、摩頓島等，但受限於交通，大概一天只能挑選一至兩個地點。

布里斯本散步路線
Walking Route in Brisbane

　　布里斯本雖然提供免費巴士，但以走路的方式遊布里斯本，可以看到的景致可能更為不同；這條經典精華路線主要造訪布里斯本北岸的景點，從如詩如畫的①**市立植物園**，再轉往②**皇后街購物中心**，在長達半

公里的人行步道區享受購物樂趣；一旁具有英式新古典風格的③**市政廳**，是遊客樂於拍照的地方。

　　喜歡藝術的人，過了橋就可來到澳洲最大的現代美術館——④**昆士蘭現代美術館**，再往下走，便來到布里斯本河南岸的地標——⑤**布里斯本之輪**，坐上摩天輪登高俯瞰美景，讓人驚豔難忘；而同一地點的⑥**南岸河濱公園**，原本是1988年萬國博覽會會址，現在則是大家休閒放鬆的好去處。

距離：3公里
所需時間：70分鐘

市中心商業區CBD

MAP ▶ P.203B3

皇后街購物中心

MOOK Choice

Queen Street Mall

人氣鼎盛的購物大道

🚊 從布里斯本轉運中心步行約10~15分鐘，或搭巴士66、88、345、385、444可達；亦可搭免費巴士於Queen Street Mall站下 🏠位於Edward St.和George St.間 ⏰各家不一。一般商店週一~週四09:30~18:00、週五09:30~21:00、週六009:00~17:00、週日10:00~17:00；David Jones週一~週三09:30~19:00、週四~週五09:30~21:00、週六09:00~18:00、週日09:30~18:00；Myer週一~週六09:30~18:00(週五~21:00)、週日10:00~17:00

皇后街購物中心是布里斯本市區最熱鬧的購物街，長達半公里的皇后街，雖然比起雪梨或墨爾本來說算是小巫見大巫，不過，這裡聚集了David Jones和Myer兩大百貨公司，還有多家購物中心、時裝店、書店、紀念品店…幾乎可以滿足每位購物者的慾望。

由於皇后街已經規畫成行人徒步區，因此馬路上也設立了許多露天餐廳和咖啡廳，不論白天或晚上，總是聚集許多在地人或遊客。而遊客服務中心就位在皇后街的中心點，對欲洽詢或索取旅遊資料的遊客來說，十分便利。

昆士蘭⋯布里斯本 Brisbane

市中心商業區CBD

MAP ▶ P.203A3

市政廳

City Hall

充滿古典氣息的優美地標

🚊 從布里斯本轉運中心步行約10分鐘，或搭巴士333、340、345、385號可達；亦可搭免費巴士於City Hall站下 🏠64 Adelaide St. ☎(07) 3403-8888 ⏰週一~週五09:00~17:00

這棟具有英式新古典風格的市政廳，建於1920年代，在當時是澳洲聯邦政府中最醒目的地標性建築之一，也成為布里斯本少見的古典建築。

整體包含市政廳、市政廳藝廊、布里斯本行政中心、鐘塔和前方的喬治國王廣場(King George Square)。1樓大廳挑高的天花板和具古典氣息的壁畫，以及磨得發亮的大理石階梯、馬賽克地磚、水晶吊燈等，給人一股華麗又優雅的氛圍；一旁高92公尺的鐘塔是座美麗的新文藝復興式建築，在當時是布里斯本最高的建築，雖然如今與鄰近的摩天高樓相比已不再突出，但是遊客還是喜歡搭乘復古的電梯上去瞧瞧，感受當年的情景。

市中心商業區CBD

MAP ▶ P.203B4

市立植物園
City Botanic Gardens
如詩如畫的城市綠州

🚌搭巴士333、345、385、444號可達；或搭免費巴士於City Botanic Gardens站下 🏠Alice St. ☎(07) 3403-8888 ⏰24小時 💲免費

掃地圖

歷史悠久的市立植物園設立於1855年，不但是布里斯本居民最熱愛的休憩場所，也成為遊客欲觀賞昆士蘭原生植物的最佳去處。公園內四處可見百年的榕樹和熱帶植物，漫步其中，很容易感受到獨特的熱帶雨林風情。

植物園內有熱帶雨林區、花園區，還有1909年老宅所改造的植物園咖啡和紅樹林步道區，其中沿著布里斯本河興建的紅樹林步道非常值得一探，夜晚時刻還會亮燈。植物園內不僅提供每日兩次的免費導覽解說，還有租借腳踏車的服務。

袋鼠角Kangaroo Point

MAP ▶ P.203C2

故事橋

MOOK Choice

Story Bridge
娓娓訴說城市故事

🚌搭巴士124、174、199、375號可達 🏠170 Main St., Kangaroo Point

故事橋是由澳籍工程建築師John Bradfield所設計的，他同時也是雪梨港灣大橋的設計者，因此故事橋常被拿來和雪梨港灣大橋相較。

掃地圖

落成於1940年的故事橋，長1,072公尺、寬24公尺、高74公尺，並且採用百分之百澳洲鋼鐵，比起採用外國建材的雪梨大橋來說，故事橋可說是澳洲人的驕傲。

圖片／昆士蘭旅遊局提供

攀爬故事橋冒險之旅Story Bridge Adventure Climb

☎(07) 3188-9070 ⏰每梯次限12人，可隨時上網查詢時段並預約 💲全票A\$129~159、優待票A\$116.1~143.1 (各時段不一) 🌐storybridgeadventureclimb.com.au/

掃地圖

繼雪梨港灣大橋、紐西蘭的奧克蘭大橋後，布里斯本的故事橋也在2005年10月推出攀登活動。

遊客可以任意選擇黎明、白天、黃昏和晚上4個時段(黎明只有週六開放)攀爬，其中以黃昏時段最為熱門，因為遊客可欣賞到白天、黃昏及夜晚3種不同的景觀。爬橋前會先進行20分鐘的裝備訓練和酒測，之後在教練的帶領下，一步步地展開2小時的爬橋之旅。

爬橋途中，遊客可以一面欣賞周遭的風景，一面聽著教練的導覽，基於安全，遊客無法攜帶相機拍照，因此教練會選擇4個固定點，一一幫大夥拍照留念。當大家爬到故事橋的最高處時(距河面約80公尺)，可360°欣賞布里斯本的城市景觀，蜿蜒的布里斯本河和遠方的內陸山景與海洋，全都盡收眼底。

袋鼠角Kangaroo Point

MAP ▶ P.203C4

河岸冒險中心

MOOK Choice

Riverlife Adventure Centre

挑戰有趣的體能課程

🚢 從市區Eagle Street Pier搭Thornton Street Ferry渡輪到對岸的Thornton Street碼頭下，步行約3~5分鐘可達 🏠 Naval Stores Lower River Terrace, Kangaroo Point ☎(07) 3517-4954 🕐 週三~週日09:00~17:00 💲獨木舟和繩索垂降每人A\$65起、攀岩每人A\$79起 📶 www.riverlife.com.au

　　這裡提供著許多好玩又刺激的課程，包含了划獨木舟、攀岩、繩索垂降、有氧運動等課程；你只要預先報名喜愛的課程，就可以前來體驗。

　　以獨木舟為例，教練會先教導學生認識獨木舟、學習操作划槳、如何在水中轉彎等技巧，之後學員就可以在河裡練習；如果完成獨木舟的課程，之後就可以單獨租賃器具，和好朋友一同在布里斯本河划個過癮。

掃地圖

　　其他活動也是如此，尤其是攀岩活動，還可以選擇在夜間進行課程，以避開炎熱的太陽。

南岸Southbank

MAP ▶ P.203B5

南岸河濱公園

MOOK Choice

South Bank Parklands

萬博會址變身休閒樂園

🚌 搭巴士66、111、222、345、385號可達；或搭City Cat渡輪於South Bank站下；亦可搭市區火車於南布里斯本站(South Brisbane Station)下 🕐 05:00~24:00

　　原本是1988年萬國博覽會的會場位址，展覽結束後，市政當局原本想改建成公寓住宅，但遭市民反對，所以改弦易轍，建成一座親水公園，裡頭除了餐飲與停車費之外，完全不收費，是所有市民休閒開放鬆的好去處。

掃地圖

　　南岸河濱公園裡除了有廣大的草地與樹林、露天音樂台、餐廳外，還有一處人工沙灘，細綿沙灘襯著湛藍海水，大人小孩都玩得很開心。池邊還有烤肉區，許多人全家出動，一片和樂融融。

布里斯本之輪The Wheel of Brisbane

🏠 Russell St., South Bank ☎(07) 3844-3464 🕐 週日~週四10:00~22:00、週五~週六10:00~23:00 💲全票A\$22、孩童票A\$14.5 📶 thewheelofbrisbane.com.au

　　位於南岸河濱公園裡的布里斯本之輪，是為了紀念1988年布里斯本世界博覽會20週年，與昆士蘭省成立150週年所建，2008年8月正式啟用，對布里斯本居民來說意義相當重大。

　　雖然60公尺的高度在世界摩天榜上排不上名，但因為視野開闊，坐上摩天輪能把布里斯本廣場、舊省立圖書館、舊總督府、加巴體育場等著名景點盡收眼底。布里斯本之輪共有42個空調座艙，每個座艙約可容納6名大人和2名兒童，旋轉一圈約為12分鐘。

掃地圖

南岸Southbank

MAP ▶ P.203A4

昆士蘭現代美術館

Queensland Gallery of Modern Art

澳洲最大現代美術館

搭巴士340、345、385、444號可達；或搭市區火車於南布里斯本站(South Brisbane Station)下 Stanley Place, South Bank (07) 3840-7303 每日10:00~17:00；澳紐軍團日12:00~17:00 耶誕節、送禮節、耶穌受難日 免費 www.qagoma.qld.gov.au

昆士蘭現代美術館是澳洲最大的現代美術館，耗資3億澳幣的布里斯本土地重新開發，整座美術館就屬於其中一部分。昆士蘭現代美術館展覽範圍包括了過去30多年的電影和多媒體，以及澳洲當代藝術、澳洲原住民藝術和亞太地區等國際作品。可參加館內每日定時的免費導覽行程。

市郊Outskirts

MAP ▶ P.203C1

佛迪裘谷(中國城)

Fortitude Valley (Chinatown)

新興時髦的文化區域

搭巴士66、196、203、305、375、470、475號可達；或搭市區火車於Fortitude Valley站下

位於市區東北方約1公里的佛迪裘谷，原本只是一處普通的住宅區，1849年以抵達布里斯本的新移民所搭乘的一艘船佛迪裘(Fortitude)號命名。這裡也是布里斯本中國城的所在地。

1960年代之前，這裡都是以販賣各種商品的大盤商為主，一直到1990年代之後，佛迪裘谷才慢慢發展出具有獨自特色的商圈文化；如今，佛迪裘谷代表的是市中心外，另一處具有多變性的時髦文化區域，從精品店、家飾店到餐廳、咖啡廳，都讓布里斯本的居民喜愛不已。

以布朗史維克街購物中心(Brunswick Street Mall)為起點，附近有復古且具個性的時裝小舖或精品店；這一帶保存許多百年的古蹟建築，像是位在Ann St.和Ballow St.交叉口的老郵局、Mc Whirters百貨公司等。

市郊Outskirts

MAP ▶ P.203D2

新農莊

MOOK
Choice

New Farm

高級住宅區的美感體驗

🚇搭City Cat渡輪於New Farm下；或搭巴士196、197、199號可達

掃地圖

新農莊位在市區東邊的碼頭旁，是布里斯本近郊的高級住宅區，一上岸後就會被

火力發電廠藝術中心農產市集
Brisbane Powerhouse Farmers Market

公園旁的火力發電廠藝術中心(Brisbane Powerhouse)是以舊發電廠改建而成的藝術中心，提供獨立性質的海內外表演團體演出。每週六上午，藝術中心旁會有盛大的農產品市集，喜愛品嘗美食的人不可錯過。

掃地圖

📍119 Lamington St., New Farm ⊙每週六06:00~12:00 🌐www.janpowersfarmersmarkets.com.au

偌大的美麗公園所吸引，尤其春天會看到公園內盛開著紫色花海，這是南半球常見的紫薇花(Jacaranda)，垂落著一片片紫色的花團，隨著微風的吹拂，宛若從天空飄下的紫色雨。

詹姆士街(James St.)是此區的核心地帶，濃郁都會氣息令人感受到布里斯本的現代生活節奏，摩登卻輕盈。這裡散布著大大小小的獨立藝廊，以及許多生活家飾小店。

布里斯本周邊Around Brisbane

MAP ▶ P.202A1

龍柏無尾熊動物園

Lone Pine Koala Sanctuary

愛的抱抱無尾熊

🚌搭巴士430、445號，車程約1小時；或10:00從布里斯本市區Cultural Centre Pontoon搭Mirimar遊艇，船程約75分鐘(回程14:15出發)；若搭計程車，車程約15分鐘，車資約A\$30~45
📍708 Jesmond Road, Fig Tree Pocket ☎(07) 3378-1366
⊙每日09:00~1.7:00；澳紐軍團日13:30~17:00 💲全票A\$49、孩童票A\$35 🌐koala.net/en-au

位在布里斯本郊區的龍柏無尾熊動物園，是全球最大、最早成立的無尾熊動物園。從當初僅有2隻無尾熊開始，到現在已孕育出130多隻的數量，這裡無疑是親近無尾熊的最佳地點。

掃地圖

無尾熊是這裡的招牌明星，遊客來到龍柏的第一要務，就是親自抱著可愛的無尾熊拍照——因

為全澳洲都已禁止遊客抱無尾熊了，僅剩昆士蘭還開放，所以機會難得要好好把握。

除了無尾熊外，在動物園內還有許多獨特的澳洲原生動物，像是袋鼠、七彩鸚鵡、丁狗、袋熊等。遊客不僅可觀賞牧羊犬趕羊表演、摸蛇、也可以購買飼料近距離餵食袋鼠，幸運的話，還會看到袋鼠育兒袋內的小寶寶！

由於龍柏幾乎是台灣旅遊團必訪的遊點，園方還貼心聘有中文解說員，讓遊客更能深入瞭解無尾熊和獲取動物知識。

布里斯本周邊Around Brisbane

MAP ▶ P.203D6外

西洛美酒莊
Sirromet Winery

得獎無數的優質酒莊

🚗 從布里斯本開車走22號公路(Old Cleveland Rd.)往東，遇分岔繼續走22號公路(Moreton Bay Rd.)到45號公路(Mount Cotton Rd.)右轉，往南走約3.7公里可達；或從黃金海岸走Pacific Motorway往北，在30號出口下交流道，靠右側車道(往Cleveland)，沿Beenleigh-Redland Bay Rd.東行，過2個圓環後上47號公路，到45號公路(Mount Cotton Rd.)左轉，往北走約9.6公里可達 🏠 850 Mount Cotton Rd., Mount Cotton ☎(07) 3206-2999 🕐 試酒週一~週五10:00~16:30、週六~週日10:00~17:00 💲 試酒每人A$5，試酒導覽每人A$20起；皆可品嘗6款酒 🌐 www.sirromet.com

西洛美酒莊位於布里斯本和黃金海岸之間的棉花山(Mount Cotton)上，其命名由來是酒莊老闆Terry Morris名字的倒寫。2000年才成立的西洛美，出產的葡萄酒在短短17年之內便奪下海內外超過885項大獎，早已成為昆士蘭的傳奇！

西洛美除了自然條件適合葡萄生長外，還有完善的設備、純熟的技術與精確的配酒，都是登峰造極的重要因素；而回收廢氣轉化為動能的生產方式，也讓這裡的釀酒過程非常環保。

來到西洛美，你可以參加酒莊的導覽行程，在專業人員帶領下參觀收成中的葡萄園以及一系列的釀酒過程，認識昔日的釀酒工具和學習葡萄酒的品嘗祕訣。如果參加的是高級品酒之旅，還能喝到從橡木桶中直接倒出的新鮮葡萄酒，並有機會向釀酒師討教一番。

此外，由澳洲名廚Andrew Mirosch坐鎮的Lurleen's餐廳，更是酒莊不容錯過的重頭好戲，這間餐廳已連續兩年獲得「昆士蘭年度最佳餐廳」頭銜，不同凡響的料理，配上卓越的得獎餐酒，哪還有比這更享受的？

布里斯本周邊Around Brisbane

MAP ▶ P.202A1

庫莎山
Mt. Coot-tha

遠眺布里斯本好風光

🚌 搭巴士471號，車程約40分鐘；若搭計程車，車資約A$22~31 🏠 Brisbane Lookout, Mt. Coot-tha

庫莎山位於布里斯本近郊，距離市中心7公里，海拔約323公尺，山頂的觀景台是眺望布里斯本市區的好地方，山上並有餐廳與咖啡屋，來杯飲料與三明治，選個視野良好的露天座位，你更能感受到布里斯本純樸中蘊含著濃厚自然風情的特色。

酒　　後　　不　　開　　車　　安　　全　　有　　保　　障

MAP ▶ P.201

摩頓島

MOOK Choice

Moreton Island

滑沙餵海豚樂無窮

📍 從布里斯本附近的Holt Street Wharf搭渡輪，船程約75分鐘；亦可從布里斯本機場搭乘小飛機，航程約15分鐘。可事先聯絡唐格魯瑪島安排布里斯本陸地及島上接送事宜 💲船資來回全票A\$84、半票A\$46 🌐adventuremoretonisland.com

距離布里斯本外海約40公里的摩頓島是全世界第二大沙島，比起第一大的芬瑟島，摩頓島交通相對方便，非常適合安排定點旅遊。

摩頓島全島均為細沙，島上大部分為未開發的原始風光，想一探究竟只能參加四輪傳動車之旅；遊客除了可在細柔的沙灘戲要外，更可在一座座將近5層樓高、又篷又陡的沙丘進行刺激的滑沙活動。

昆士蘭 布 里斯本 Brisbane

唐格魯瑪島嶼度假村Tangalooma Island Resort

☎ (07) 3637-2000 🌐 www.tangalooma.com

唐格魯瑪假村位於島中央，其實只占摩頓島極小的部分，不但提供住宿、餐飲，也安排許多活動，是島上唯一的度假中心，遊客可以按自己的喜好選擇行程。

由於地理位置的關係，唐格魯瑪海岸旁終年都會有野生海豚聚集，6月底到10月還可以賞鯨，不論是喜歡自然生態、冒險活動，或是只想休息偷閒一番，在唐格魯瑪都能如願以償。

摩頓島有常駐的海豚研究隊，長期追蹤野生海豚的生態。島上每晚進行的餵海豚活動，即是在研究隊的指導下進行；摩頓島的海豚是野生的而不是人工豢養，可以看到海豚最純真的一面。

賞鯨則是摩頓島冬季時的另一高潮，以座頭鯨為主，每年固定期間群體北上，吸引成千遊客前來觀賞。

掃地圖

市郊Outskirts

MAP ▶ P.202B1 **Mary Ryan's Books Music & Coffee**

🚃搭火車到Milton站下，再步行約4分鐘可達 📍32 Park Rd., Milton ☎(07)3510-5000 🕐週一~週五06:30~17:00、週六7:00~15:00 🚫週日 🌐www.maryryan.com.au

作為布里斯本人的約會熱點，米爾頓(Milton)區揮別了英式情懷，往浪漫的巴黎風倒去，一來到中心街道Park Rd. 視線即會被座落在餐廳、咖啡館中的迷你版艾菲爾鐵塔給吸引，加

上街道旁手捧著碗碟的白石雕像，營造出別有味道的歐式街頭即景。曾獲選為最佳書店的 Mary Ryan's 有超過40年歷史，在澳洲共有5家分店。以類圖書館的概念來管理書店，藉著明確的書類規劃和舒適的沙發座位，並提供現沖咖啡，因而成為許多人午後補充精神食糧的首選；書籍之外，店內也有豐富的影音商品、綠色概念文具可以選購。

市郊Outskirts

MAP ▶ P.203D1 **Spoon Deli Cafe New Farm**

🚌搭巴士300、302、305等號至Ann St at James Street或Ann St at Bridge Street站下，再步行約5分鐘可達 📍Shop B3, 22 James St, Fortitude Valley ☎(07) 3257-1750 🕐週一~週日07:00~17:00、國定假日08:00~16:00 🚫耶誕節 🌐www.spoondeli.com.au、www.spoonnewfarm.com.au

Spoon的店名來自一種概念：像湯匙一樣：簡單，但線條優雅，與店裡的食物相呼應。這裡早餐供應鬆餅、貝果、法式吐司、可頌麵包、沙拉盤、水果盤及蛋類早餐，午間則有三明治、漢堡、派餅等，無論何種餐點，都是現點現做、簡單但精緻美味。而這裡的現打新鮮果汁與現煮咖啡也值得推薦。

市中心商業區CBD

MAP ▶ P.203B3 **Jimmy's on the Mall**

🚶從布里斯本轉運中心步行10~12分鐘可達 📍Queen St. Mall ☎(07) 3077-7126 🕐24小時 🌐www.jimmysonthemall.com.au

皇后街無疑是布里斯本最熱鬧的商業街道，在這條行人徒步街中央，開著許多小型酒吧與餐館，其中以Jimmy's on the Mall最有名。這間餐館的菜單選擇眾多，主餐囊括漢堡、海鮮、義大利麵、牛排、派餅等各大類，連星州炒麵、泰式咖哩、馬來沙嗲等亞洲口味都不放過，而餐後甜點也多達10餘種，更別提品項繁多的啤酒和雞尾酒了。另外，Jimmy's 24小時不打烊，無論何時肚子餓，都能在此飽餐一頓。

市郊Outskirts

MAP ▶ P.202B1 **The Barracks**

🚶從布里斯本轉運中心步行約7分鐘可達；或搭巴士61、375、385等號至Paddington，車程約5分鐘 📍61 Petrie Terrace ☎(07) 3368-4999 🕐05:00~01:00 🌐www.thebarracks.info

布里斯本市中心西側的帕汀頓(Paddington)區，留有古老的維多利亞式殖民建築，但在看似靜默、充滿歲月古韻的外表下，卻流動著個性鮮明的新鮮感。年輕經營者來此開設理想中的小店，結合著70年代自由的嬉皮精神與80年代的雅痞品味，非常迎合當地中產階級追求舒服與獨特的消費特性。

前身為軍營的 The Barracks，如今已是帕汀頓區的熱門娛樂場所，入駐著多家個性Bistro，從早到晚都有時髦的年輕人約在這兒與朋友聚會，享受忙裡偷閒的不拘束風情。

市中心商業區CBD

MAP ▶ P.203B3 **Oaks Festival Towers**

🚉 從布里斯本轉運中心步行12~15分鐘可達；或搭巴士111、330、333等號至King George Square站下，再步行約6分鐘可達 🏠108 Albert St. ☎(07) 2100-0594 ⓦwww.minorhotels.com/en/oaks

Oaks是紐澳連鎖的公寓式酒店，住在這裡最大的感覺是：真的比家還要像家！舉凡生活所需的一切器具，這裡一應俱全，尤其是整套廚房設備，包括電爐、烤箱、微波爐、咖啡機、大冰箱等，可能連自己家都不見得這麼齊全，讓人忍不住想上市場買菜回來下廚。

Oaks Festival Towers就位於布里斯本CBD最熱鬧的中心，步行到皇后街也不過幾分鐘的距離，附近有不少餐廳可選擇。如果要欣賞市中心的夜景，這裡每間房都有一處幾乎和臥室一樣大的室內陽台，陽台上有整面落地玻璃窗，可以飽覽城市美景。而在酒店樓下，也有健身房、游泳池、三溫暖、Spa等公共設施。

市郊Outskirts

MAP ▶ P.203D1外 **Ovolo The Valley**

🚉 搭巴士60號至Wickham St at Light Street站下 🏠1000 Ann Street, Fortitude Valley ☎(07) 3253-6999 ⓦovolohotels.com.au/ovolothevalley

Ovolo The Valley與其它Ovolo集團旗下的飯店一樣，結合強烈的顏色和藝術的設計風格，以及Ovolo的招牌服務——免費早餐、網路、minibar、自助洗衣、happy hour飲料。這裡共有103間客房，其中有2間主題套房分別為「The Valley Suites」及「Rockstar Suites」。前者擁有頂層私人陽台，可以一覽佛迪裘谷(中國城)；後者可以說是Ovolo The Valley的精華版，房間設計結合了音樂、藝術和流行文化。

另外，飯店裡也有一家中東及地中海餐廳「ZA ZA TA」，靈感來自於以色列的特拉維夫(Tel Aviv)，室內設計結合了中東文化與英國殖民時期的建築風格。

黃金海岸

黃金海岸
Gold Coast

文●蒙金蘭・墨刻編輯部　攝影●墨刻攝影組

黃金海岸是澳洲最負盛名的度假勝地,從布里斯本以南綿延70多公里的海岸線均屬之,由於地屬亞熱帶氣候,終年陽光普照。

黃金海岸除了有26個熱鬧繽紛的沙灘之外,沿線還有很多國際水準的高級度假飯店、30多個主題式遊樂園、12座熱帶雨林國家公園,以及50座以上的高爾夫球場等,可說是個完善的度假天堂。

台灣的觀光客就特別偏愛這裡的主題遊樂園和表演節目,許多有趣刺激的遊樂設施和熱鬧精采的演出老少咸宜,也適合全家大小一起來度個歡樂假期;而對歐美國家的人來說,他們最迷戀的還是潔淨細白的沙灘,和刺激好玩的水上活動。

INFO

基本資訊

人口：約60萬
面積：414.3平方公里
區域號碼：(07)
時區：澳洲東部標準時間，比台灣快2小時，無夏令時間

如何到達──航空

從台灣出發，可搭華航和長榮航空的班機直飛布里斯本。布里斯本機場距離黃金海岸約88公里。

從雪梨、墨爾本或澳洲其它城市可搭乘澳洲航空(Qantas Airways)、捷星航空(Jetstar)或Virgin Australia等航空，前往黃金海岸機場Coolangatta Airport，從雪梨航程約1.5小時、從墨爾本航程約2小時。黃金海岸的Coolangatta Airport離衝浪者天堂約30公里。

布里斯本機場 🌐bne.com.au
黃金海岸機場 🌐www.goldcoastairport.com.au

◎從布里斯本機場

機場線火車Airtrain

可直接從布里斯本機場搭乘機場線火車，到黃金海岸的Helensvale、Nerang、Robina和Varsity Lakes等火車站，如果事先安排好，可直接轉搭AirtrainConnect前往下榻的飯店或指定地址。

☎(07) 3216-3308；AirtrainConnect 1800-119-091

🕐週一～週五05:04~22:04，尖峰時間每15分鐘一班；週六、週日及國定假日06:04~22:04，尖峰時間每30分鐘一班；從機場到黃金海岸約1.5小時

💲A\$35.9起、來回A\$69.8起
🌐www.airtrain.com.au

機場巴士Con-x-ion

可從布里斯本機場直接搭載至黃金海岸住宿的飯店，車程約105分鐘；回程如果事先預約，可以到指定的飯店接送。在網路上訂購來回票，亦有折扣。

☎1300-934-853

🕐巴士時間表配合飛機起降時間，所以班次很多

💲單程全票A\$40起，來回A\$80起；依目的地不同有不同票價

🌐www.con-x-ion.com

◎從黃金海岸機場

SkyBus Gold Coast Airport Shuttle

可直接從機場接送到住宿的飯店；如需從飯店到機場，也可於24小時前預約。

☎1300-759-287

🕐配合飛機起降時間

💲單程成人票A\$19.95、兒童票(4~16)A\$4；來回成人票A\$32、兒童票(4~16)A\$6

🌐www.skybus.com.au

機場巴士Con-x-ion

可從機場接送到住宿飯店。

💲單程全票A\$15起，來回全票A\$30起；隨終點不同而有不同票價。直接在官網上輸入起訖站，可計算票價

🌐www.con-x-ion.com

市區交通

◎大眾交通系統Translink

大眾交通工具包括巴士、火車、輕軌電車和渡輪4種，由Translink統一營運，車票在有效時間內皆可互相轉乘共用。Translink大眾交通系統範圍，闊及整個昆士蘭州的東南地區，以布里斯本市區為中心，共分8個區段，票價視移動多少個區域而變動，黃金

圖例：⊙景點　H飯店　🅃購物　✈機場　🍷酒莊

摩頓島 Moreton Island
黃金海岸
唐格魯瑪島嶼度假村 Tangalooma Island Resort
✈**布里斯本國際機場** Brisbane Airport
摩頓灣 Moreton Bay
布里斯本 Brisbane
庫倫角海洋度假島 Couran Cove Resort
西洛美酒莊 Sirromet Winery
史德瑞布洛克島 Stradbroke Island
南太平洋 South Pacific Ocean
華納電影世界 Warner Bros. Movie World
天堂農莊 Paradise Country
坦莫寧山 Tamborine Moutain
澳野奇觀 Outback Spectacular
水世界Wet 'n' Wild Water World
夢幻世界Dreamworld
海洋世界 Sea World
海港城暢貨中心 Harbour Town
衝浪者天堂 Surfers Paradise
主灘Main Beach
Mairina Mirage購物中心
SkyPoint景觀台
香檳帆船之旅 Champagne Sailing
庫倫賓生動物保育區 Currumbin Wildlife Sanctuary
凡賽斯宮殿旅館 Palazzo Versace
迪威角Tweed Heads
迪威河遊船 Tweed Eco Cruises
黃金海岸水翼飛機 Gold Coast Seaplanes
布羅德沙灘 Broad Beach
雷明頓國家公園 Lamington National Park
黃金海岸之星 The Star Gold Coast

海岸屬於4~6區範圍。車票可在車上、渡輪上、火車站櫃台，或火車、巴士轉運站的自動售票機上購得；但基本上買單程票不如買Go Card來得划算。

💲1區全票A$5、優待票A$2.5；2區全票A$6.1、優待票A$3.1

🌐translink.com.au

◎**輕軌電車G:Link**

2014年開始，黃金海岸多了一項大眾交通工具，就是輕軌電車G:Link，路線南北縱貫市區到郊區，從布羅德沙灘南端(Broad Beach South)，經衝浪者天堂(Surfers Paradise)、主灘(Main Beach)、南港(Southport)等一直到黃金海岸大學醫院(Gold Coast University Hospital)為止，對遊客來說更加方便了。

🌐ridetheg.com.au

◎**Con-x-ion**

有行駛於黃金海岸主題樂園和各大飯店間的Theme Park Transfers；另外有一種Roopass®，依客人的需要從布里斯本機場往返於黃金海岸，加上1~14次(個)主題樂園之間。

☎1300-934-853

🌐www.con-x-ion.com；www.con-x-ion.com/bookings/passes

優惠票券

◎**Go Card**

這張卡可以使用於巴士、火車、渡輪和電車這4種交通工具，它就像是台北的悠遊卡，具備儲值功能，重要的是車資比每趟買單程票可節省至少30%的費用。車票可於網站、便利商店、市政廳遊客服務中心、車站等處購買。

首次購買Go Card需收手續費A$5，全票押金A$10、優惠票、兒童票押金為A$5，第一次儲值至少A$5(依購買處不同不一)，用畢後可退回押金。

☎131-230

💲1區全票尖峰時間A$3.45、離峰時間A$2.76、優待票尖峰時間A$1.73、離峰時間A$1.38；2區全票尖峰時間A$4.21、離峰時間A$3.37、優待票尖峰時間A$2.11、離峰時間A$1.68

旅遊諮詢

◎**黃金海岸遊客服務中心**
Gold Coast Tourism Visitor Information Centre

📍2 Cavill Ave., Surfers Paradise

☎1300-309-440

🕐週一~週六09:00~17:00、週日09:00~16:00

🌐www.destinationgoldcoast.com

城市概略City Guideline

顧名思義，黃金海岸的重心都在那條金黃色的海灘，而中心點、也是最熱鬧的區域，都集中在衝浪者天堂(Surfers Paradise)。緊挨著海灘、呈南北走向的馬路，就是海岸大道(The Esplanade)，往內陸退一點、與之平行的，則為車流量大的衝浪者天堂大道(Surfers Paradise Blvd.)。與這兩條大道垂直交叉，最繁華的中心地帶則為卡維爾購物中心徒步大街(Cavill Ave.)，遊客中心位於此，熱鬧的商店、餐廳以此為核心往外擴散出去。最高大樓Sky Point就在中心區域的南邊。

衝浪者天堂的北邊區域以主海灘(Main Beach)為核心，多家主題樂園集中於此；衝浪者天堂以南的區域，最知名的就是木星賭場。除了海灘之外，黃金海岸內陸地區還有青翠的雷明頓國家公園(Lamington National Park)、坦莫寧山(Tamborine Mountain)，以及無數酒莊待你探尋。

黃金海岸行程建議
Itineraries in Gold Coast

如果你有3天

以衝浪者天堂為中心的黃金海岸市區，包括海灘、購物中心等，就足以讓你玩一整天還意猶未盡；第二天不論往南或往北，眾多主題樂園和野生動物保護區，看你對哪類主題有興趣，不妨挑一兩座入園盡情玩樂；第三天再往內陸走，有別於海景，以山景為主的國家公園或酒莊，可以讓讓你看到不一樣的黃金海岸。

市中心商業區CBD

MAP ▶ P.217B3

衝浪者天堂
Surfers Paradise

MOOK Choice

熱鬧的海灘度假勝地

🏊 位於黃金海岸市中心，步行可達 🏠 2 Cavill Ave. ☎ (07) 5592-0155 ⏰ 09:00~00:00 (各店家不一) 🌐 www.paradisecentre.net.au

幾乎與黃金海岸齊名的衝浪者天堂，是每位遊客到這裡的必訪景點。綿延數十公里長的金黃色海灘和絕佳的衝浪場地，聚集了許多慕名前來的衝浪客，再加上沿著海灘興建的高樓度假公寓與旅館，與熱鬧繽紛的商店、購物商場，讓衝浪者天堂成為一處具有都會摩登氣息的度假勝地。

衝浪者天堂的主要區域集中在卡威爾商街(Cavill Ave.,又稱Cavill Mall)的周遭，這裡有許多購物商場、餐廳、咖啡廳和紀念品店，順著卡威爾商街往濱海大道(The Esplanade)方向前進，就會抵達衝浪者天堂海灘。海灘上總是擠滿了享受日光浴的度假遊客，不時還會看到衝浪客拿著衝浪板準備一試身手，而慕名前來的觀光客也多半集中在此。

到了夜晚，衝浪者天堂的人潮似乎沒有減少，這裡是許多人吃晚餐的地方，再加上多半的商家為了服務眾多遊客，商店也是營業到很晚。而每週三和五晚上，自Hanlan St.到Elkhorn Ave.這一段的濱海大道上有熱鬧的海灘夜市，販售著具有當地色彩的飾品、食品、護膚產品、音樂等手工藝品。

昆士蘭…**黃**金海岸 Gold Coast

市中心商業區CBD

MAP ▶ P.217B3

SkyPoint景觀台

MOOK Choice

SkyPoint Observation Deck

登高望遠看全景

🚶 從遊客服務中心步行約7~10分鐘可達　🏠Level77, 3003 Surfers Paradise Blvd.　☎(07) 5582-2700　🕐週日~週四 07:30~18:30、週五07:30~19:30、週六07:30~15:30　🈺週 日　💲1日票全票A\$29、優待票A\$21；3、7日票全票A\$33起 🌐www.skypoint.com.au

掃地圖

　　SkyPoint景觀台所在的Q1大樓，是黃金海岸最高的建築，也是昆士蘭州第一高樓，身在衝浪者天堂的任何角落，幾乎都可看到它聳入雲霄。

　　標高235公尺的Q1是結合娛樂、旅館與私人住宅的大樓，於2002 年開始興建，使用了9,000噸的鋼鐵和超過9,000片的玻璃，只要42.7 秒就可搭乘電梯直上77樓的景觀台。

　　擁有360°景觀的SkyPoint景觀台，可以好好享受黃金海岸的美麗景致，不妨在77樓的Seventy7 Café & Bar喝杯飲料，享受這難得的高空景觀。如果覺得還不過癮，可以再爬上一層樓試試可否看到更遠的天際。

Q1 Resort & Spa

🏠9 Hamilton Avenue　☎(07) 5630-4500　🌐www.Q1.com.au

　　景觀台樓下就是擁有526間客房的Q1 Resort & Spa，所有的客房皆設計成白色色調，再搭配大型的落地玻璃窗與時尚的家具，待在房間內，也能飽覽黃金海岸的壯觀風景。

💡 **哈雷之旅Harley Davidson Ride**

　　黃金海岸那綿長寬闊的濱海公路，向來是重機騎士恣意馳騁的日光大道，當地旅遊業者於是結合這些資源，讓重機騎士載著遊客來趟哈雷機車之旅。你不需重機駕照，也無需準備頭盔、皮衣，只要穿戴上為你準備好的裝備，跨上閃亮坐騎，就可以任由穿戴著皮衣、皮手套的專業騎士，奔馳在如畫的黃金海岸。當呼嘯的風伴隨著雷鳴般的引擎聲，你可以感受到全身的腎上腺素也跟著飆速。如果你有重機駕照的話，當然也可租車自己馳騁。

🌐 www.wildfiretours.com

香檳帆船之旅Champagne Sailing

沿著Broadwaters內灣畔，佇立著許多獨棟的別墅豪宅，這些都是當地有錢人家的私人住宅，因此一旁的Marina Cove碼頭總是停滿了私人的遊艇或帆船。遊客也可從碼頭搭乘遊艇至內灣遊覽。

一般來說，2小時的黃昏之旅是最受遊客青睞的行程，因為這段時間可以欣賞到黃昏與夜晚的兩種景致，每位乘客上船後可以選擇自己喜愛的位置，一邊啜飲著香檳一邊迎著海風，然後一面欣賞著內灣的風景。船主也會順道為乘客講解內灣著名的地標，和他們環遊世界的奇妙經歷，此外，船主也會貼心為乘客準備鮮美的海鮮拼盤，裡面有螃蟹、蝦子、沙拉和水果，讓遊客吃吃喝喝海上逍遙遊。

📞0410-214-531　💲每人A\$89起　🌐www.champagnesailingcruises.com

市中心商業區CBD

MAP ▶ P.217B3

濱海幻象購物中心

Marina Mirage

高檔的購物餐飲天堂

🚌搭705號巴士於Marina's Cove站下；或從衝浪者天堂搭計程車，約A\$10　🏠74 Seaworld Drive, Main Beach　📞(07)5555-6400　🕐商店10:00~18:00；餐廳10:00~夜晚(各家不一)　🌐www.marinamirage.com.au

位在Broadwater內灣畔的Marina Mirage，是個結合餐飲與商店的綜合休閒中心，這裡沒有衝浪者天堂那般的熱鬧與喧雜，取而代之的是優雅的氛圍。面對碼頭的Marina Mirage，一旁是知名的凡賽斯精品旅館，另一面則連接著豪華的喜來登大飯店，出沒於此的遊客多半是住宿於這兩家旅館的，也因此Marina Mirage的餐廳和商店也都走高級路線。

這裡擁有超過50間精品店與設計師品牌，包

[掃地圖]

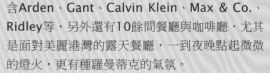

含Arden、Gant、Calvin Klein、Max & Co.、Ridley等，另外還有10餘間餐廳與咖啡廳，尤其是面對美麗港灣的露天餐廳，一到夜晚點起微微的燈火，更有種羅曼蒂克的氣氛。

凡賽斯宮殿旅館

MOOK Choice

Palazzo Versace

時尚名牌打造的奢華飯店

搭705號巴士於Marina's Cove站下；或從衝浪者天堂搭計程車，約A$10 ⌂94 Sea World Drive, Main Beach ☎(07) 5509-8000 🌐 www.palazzoversace.com

凡賽斯宮殿旅館是全球第一家以名牌概念行銷的旅館，以歐洲的宮殿和羅馬典雅建築為設計主軸，搭配義大利高級時尚品牌——凡賽斯(Versace)的精品，成功地將流行時尚與旅遊結合，讓這個遠在義大利的時尚教主也在澳洲發光發熱！

稱之「宮殿」可是一點也不為過：鋪滿義大利進口大理石地磚的挑高大廳，散發著光芒四射的貴氣；天花板是鑲金的古典設計，中間垂吊著閃閃發亮的大型水晶燈，再加上高貴的巴洛克式圓柱，彷彿金碧輝煌的歐洲宮殿；大廳中央的4個圓形座椅，更是以凡賽斯的布料做裝飾；就連員工也是穿著凡賽斯圖騰的制服，每個人看起來時尚感十足。

凡賽斯擁有200多間採光明亮的客房及套房，房內所有的用品皆使用凡賽斯的精品，從沙發、抱枕、杯盤、浴袍、盥洗用具、窗簾、床罩、床單…都會看到經典的蛇頭女神梅杜莎(Medusa)標誌，就連走廊間也是掛滿凡賽斯的女裝設計圖或是照片，完全貫徹這個品牌的精神。

除了房間外，還可以在旅館內的餐廳見到鑲有梅杜莎標誌的餐具。這裡有4間餐廳，其中以面對游泳池的Vanitas最受青睞，不但提供400多種的酒單，同時還有合格的侍酒師貼身服務；Le Jardin以英式下午茶聞名，頗受貴太太們喜愛；而Il Barocco則是時尚的新式澳洲料理餐廳。

黃金海岸直昇機之旅 Gold Coast Helitours

黃金海岸不只有海岸沙灘，還有蓊鬱森林覆蓋的內陸地區(Hinterland)，離市中心約1~2個小時車程，若不想搭車在山區耗時盤繞，搭直昇機俯瞰黃金海岸，也是另一種選擇。

黃金海岸直昇機之旅的基地就位於繁忙的遊艇碼頭邊。每架直昇機搭載5名乘客，團員依序秤過體重、依重量平均分配座位；詳細的安全講解過後，穿上救生背心，便來到水上平台。踩跨起落架，鑽進機艙，關上艙門，不停轉動的主旋翼震天價響，海面掀起水波紋，戴上抗噪耳機，不一會兒，飛機騰空而起，從外海直奔內陸。腳底下，綿長的海灘、林立的高樓、繁複的水道、五彩的遊樂園，隨著飛行路線移動，視窗慢慢變成草皮、水塘、綠樹構成的高爾夫球場，青翠的山谷間偶爾點綴著紅瓦農莊，滿山遍野的綠呈現出和海岸邊截然不同的面貌。

🐵 www.goldcoasthelitours.com.au

昆士蘭⋯ **黃** 金海岸 Gold Coast

市郊Outskirts

MAP ▶ P.217B2

海洋世界

MOOK Choice

Sea World

澳洲最大海洋生物樂園

🚌搭705號巴士於Sea World站下，步行約12分鐘可達 🏠Sea World Dr., Main Beach ☎(07) 5588-2222 ⏰大門09:00~18:00、遊樂設施09:30~18:00；澳紐軍團日13:30~17:00 休耶誕節 💲全票A\$129、優待票A\$119；上網購票另有優惠 🐵seaworld.com.au

海洋世界位於衝浪者天堂以北3公里處，號稱全澳洲最大的海洋生物遊樂園，面積有20多公頃，除了大人小孩皆喜愛的遊樂設施外，還兼具生態保育和教

掃地圖

學功能。

來到這裡，一定要看鯊魚、北極熊、海豹、海豚和企鵝。這裡的鯊魚養殖在鯊魚灣(Shark Bay)內，是世界最大養鯊魚的人造礁湖，透過大型玻璃水族館，可看到鯊魚自在悠游。在北極熊海岸(Polar Bear Shores)則可觀賞到澳洲僅見的北極熊，4隻熊居住在凍土的環境裡，是世界上技術最先進的北極熊展示場所之一。

而天然沙底環形湖的海豚灣(Dolphin Cove)，包括5個湖區和海豚表演場地，每個湖區都精細地設計了自然的生態系統。你可以與海豚共進早餐，早餐之後，海豚秀立刻上演；精采的海豚表演常見於各地海洋公園，但能一邊吃早餐，一邊看表演，卻又顯其獨特。

市郊Outskirts

MAP ▶ P.217B2

華納電影世界

MOOK Choice

Warner Bros. Movie World

最具戲劇效果的超級攝影棚

🚌 搭720號巴士於Movie World站下，步行約5分鐘可達 🏠 Pacific Motorway, Oxenford ☎133-386 ⏰大門09:00~18:00、遊樂設施09:00~18:00 🚫澳紐軍團日、耶誕節 💲全票A\$129、優待票A\$119；上網購票另有優惠 🌐movieworld.com.au

黃金海岸最具戲劇效果的地點，非華納電影世界莫屬。裡頭結合了聲光效果、電影場景、巧扮電影主角的人物，走入華納電影世界，就像走進結合多部電影、融合電影史上眾多名角的超級攝影棚。

華納電影世界裡有各種驚險刺激的遊樂設施，最受歡迎的便是各式各樣的瘋狂雲霄飛車，像是超人脫險飛車(Superman Escape)，以及讓雙腳從5˚騰空翻轉到360˚的雲霄飛車，都讓人嚇到最高點；如果小孩身高在95公分以上，不妨試試瘋狂西部歷

險乘遊(Wild West Falls Adventure Ride)。

除了雲霄飛車外，華納電影世界安排了卡通人物健身舞表演、紀念夢露演唱會、卡通音樂劇、金牌警校軍電影特技表演、影城明星大遊行等活動，讓家長與小朋友可以一起同樂！

市郊Outskirts

MAP ▶ P.217B2

海港城暢貨中心

Harbour Town

輕鬆買名牌

🚌 搭乘703、704、709等號巴士可達；海港城有免費接駁專車往來市區，詳情及班次可上網查詢 🏠 Gold Coast Highway和Oxley Drive交叉口 ☎(07) 5529-1734 ⏰週一~週六09:00~17:30(週四至19:00)、週日10:00~17:00 🌐www.harbourtowngoldcoast.com.au

距離衝浪者天堂北邊15公里的海港城暢貨中心，沒有一般暢貨中心的呆板，特別為客人規畫了具有主題公園構想的商業街，每一條街道均有切合零售主題的設計，讓人有在高級街道上購物的氣氛。說它是黃金海岸最大型的購物中心，還不如說它是個

結合餐飲、娛樂的購物小鎮！

單層的建築設計與富色彩、寬敞的空間，再加上遮蔭的人行道和可供休憩的露天餐廳與咖啡座，讓逛街的遊客採買起來舒適輕鬆。除了流行服飾、衣服配件之外，也有運動用品、家居用品、餐具等，都是耳熟能詳的品牌，以低於市價4折不等的折扣價出售；另外還有澳洲當地的品牌如Lisa Ho、Scandal、Seduce、David Jones、Fletcher Jones等。

市郊Outskirts

MAP ▶ P.217B2

澳野奇觀
Outback Spectacular

MOOK Choice

見識澳洲內陸鄉野生活

🚌搭720號巴士於Wet 'n' Wild站下，步行約7分鐘可達。和Movie World步行8~15分鐘可達 🏠Pacific Motorway, Oxenford ☎133-386 🕐週二~週六19:30、部分週日12:30，表演長度約1.5小時 🚫耶誕節 💲全票A\$99.99、優待票A\$79.99(含晚餐)；上網購票另有優惠 outbackspectacular.com.au

掃地圖

2006年開幕的澳野奇觀，是將澳洲內陸的牛仔鄉土生活，活生生搬到黃金海岸來，讓遊客可以在輕鬆的夜晚欣賞表演。

耗資A\$2,300萬的澳野奇觀，特別設計了可容納千名觀眾的表演場地，從風景的布幕、波浪式的金屬屋頂、電鍍圍欄、厚重的原木、舊式的車輪吊燈到入口橋下的水池，都真實呈現澳洲的內陸風貌。

復古的大廳內牆掛滿澳洲的內陸照片，一旁還有馬房和活生生的馬匹，讓人以為來到了農莊；傳統的澳洲式酒吧裡，遊客可買飲料在一旁享用，同時聆聽牛仔現場演唱。

表演時，主辦單位會將觀眾以顏色區分為兩隊，每個陣營的觀眾會為自己的牛仔團隊加油歡呼，尤其是在場地爭霸戰中，大家努力為技藝超強的騎手歡呼喝采，形成觀眾與表演者共同演出的畫面。隨著場景與故事的變化，現場氣氛愈來愈進入高潮，不管是俊朗的馬匹、狂野的牛群、駱駝、直升機，還是叢林機車，都讓觀眾嘆為觀止。

市郊Outskirts

MAP ▶ P.217B2

天堂農莊
Paradise Country

MOOK Choice

體驗傳統澳洲農莊生活

🚌搭720號巴士於Movie World站下，步行約17分鐘可達 🏠Production Dr., , Oxenford ☎133-386 🕙10:00~16:30 ❌澳紐軍團日、耶誕節 💲全票A\$54起、優待票A\$44起 🔄www.paradisecountry.com.au

完全模仿澳洲農莊而建的天堂農莊，與華納電影世界和水上世界毗鄰。這裡當然少不了人見人愛的澳洲動物。除了動物外，農莊特別精心安排了一連串體驗活動，包含剪羊毛秀、投回力鏢、擠牛奶、乘坐復古馬車、牛仔馴馬術、牧羊犬趕羊和在營火邊享受比利茶、丹波麵包等。其中以剪羊毛秀最受遊客青睞，澳洲的羊毛聞名全球，農莊主人一開始會介紹各品種羊的特色，像是Liccon羊的毛主要用來編地毯，Dorset Horn羊的大角讓人印象深刻，Bond羊是羊排的主要來源；Suffo羊具有超強的適應力、可以在又乾又熱澳洲的澳洲內陸覓食；Wiltshire Horn羊毛很短，主要也是供作食物用；最後出場的Marino羊就是表演的主角，鬆軟保暖的美麗諾羊毛就是來自牠身上。

市郊Outskirts

MAP ▶ P.217B2

夢幻世界
Dream World

MOOK Choice

最受歡迎的親子遊樂園

🚌從Coomera火車站步行20~25分鐘可達 🏠Dreamworld Parkway, Coomera ☎(07) 5588-1111 🕙10:00~17:00 ❌耶誕節、軍人節 💲全票A\$115、優待票A\$105；網路訂票另有優惠 🔄www.dreamworld.com.au

夢幻世界是澳洲最受歡迎的親子遊樂園，不論是可愛逗趣的動物秀，或是驚險刺激的自由落體，都能吸引各年齡層的遊客。

夢幻世界的孟加拉虎島(Tiger Island)可說是獨家絕活，虎虎生風的老虎，竟然可以非常近的距離在你面前乖巧地喝牛奶；另有一隻非常稀有的白老虎，讓人看了嘖嘖稱奇。

大墜落(The Giant Drop)與驚懼之塔(Tower of Terror)是另一重頭戲，前者由最高點落下的時速達135公里；後者是一列倒飛的特急列車，飆上青天後會再以絕快的速度飛回發車點。

夢幻世界占地極廣，共有12個主題區；你可以漫步在自然優美的步道，或是親近無尾熊和其他澳洲特有動物，並與無尾熊合照；或是到主題樂園區坐坐碰碰車、雲霄飛車、遊園小火車、水上飛車、河上渡輪；依季節不同，這裡還可以欣賞到各種精采表演。

黃金海岸周邊Around Gold Coast

MAP ▶ P.217A2

坦莫寧山
Tamborine Mountain

黃金海岸的後花園

🚗 無大眾交通可達。從黃金海岸順著Pacific Highway往北走，在Oxenford出口下高速公路，順著路往山上方向行進，即可抵達畫廊小路。

　　青蔥翠綠的森林和鄉野的悠閒景致，讓坦莫寧山長久以來就是澳洲人的蜜月勝地，而身為昆士蘭州第一個國家公園，更有著1億5千萬年前的稀有植物，和罕見的鳥類與蝴蝶生態，森林步道總是吸引許多愛好大自然的健行客。

　　離黃金海岸約半小時車程的坦莫寧山，有許多精巧的鄉間民宿、葡萄酒園和工藝品工坊，還有一條稱為畫廊小路(Gallery Walk)的工藝品街，短短幾百公尺的街道，聚集了許多藝廊、工藝品店和餐廳。

Songbirds Rainforest Retreat

🏠 Lot 10 Tamborine Mountain Road, North Tamborine ☎(07) 5545-2563 🕸www.songbirds.com.au

掃地圖

　　Songbirds Rainforest Retreat占地51公頃，隱藏在富有大自然氣息的雨林區，這麼大的空間內僅有6間獨棟Villa，走的是低調與高雅的路線，房間內的設計很摩登，應有盡有，還有可愛的露台，讓住客能享受林間的蟲鳴鳥叫。

　　附設的餐廳以露天的設計，把戶外的雨林景色一併融入。這家餐廳已經連續多年得到昆士蘭餐廳評選的多個獎項，許多遊客會慕名來享受一份山中的優雅餐點。

市中心商業區CBD

MAP ▶ P.217B3

黃金海岸之星
The Star Gold Coast

夜夜笙歌賭場飯店

🚉 搭G:Link在Broadbeach North站下，步行9~10分鐘可達 🏠 Broadbeach Island, Broadbeach ☎(07) 5592-8100 🕸www.star.com.au/goldcoast

　　澳洲全國各大城市都有賭場，遊樂天堂的黃金海岸自然也少不了。叱吒黃金海岸超過30年的木星賭場飯店(Jupiters Hotel & Casino)幾經易主更名後，2017年又以嶄新的「黃金海岸之星」繼續經營。

　　黃金海岸之星裡有首屈一指的娛樂設施，結合了賭場、飯店與音樂會，日夜無休。每年邀請國際一流水準的節目演出，有時是熱鬧歌舞秀，有時又結合了體操、特技、雷射、舞蹈於一身，是感官視覺上的極致享受；還擁有600間以上的五星級飯店及供應各國美食的餐廳與Café，不論口味或設備，都是黃金海岸的一流之選。賭場24小時營業，擁有100台以上的遊戲機，需年滿18歲以上才可進入。

MAP ▶ P.217B3

庫倫賓野生動物保育區

MOOK Choice

Currumbin Wildlife Sanctuary

與野生動物親密親密接觸

搭700號巴士於Currumbin Wildlife Sanctuary站下，步行約1分鐘可達。每天有2班接駁車往返市區，可事先預約座位（時間及價格可上網查詢）28 Tomewin Street, Currumbin(07) 5534-1266 07:00~17:30；鸚鵡餵食07:30、17:30 耶誕節、澳紐軍團日 成人票A$54.95起、兒童票A$41.95起 www.cws.org.au

1947年，一位名叫Alex Griffiths的花農為了不讓當地野生的虹彩吸蜜鸚鵡(Rainbow Lorikeet)摧殘自己的作物，於是想出了餵食的法子，每次當他餵鸚鵡時，滿天飛舞的鳥兒就像一道色彩鮮豔的旋風，蔚為奇觀，久而久之便成了當地觀光勝景，庫倫賓鳥類保育區也隨之成立。後來，Alex將鳥園捐給信託基金會，並改名為庫倫賓野生動物保育區，因為這裡現在除了鸚鵡外，還有許多澳洲指標性的動物。

來到保育區，首要先確認當日鸚鵡的餵食時間，向工作人員領取一個盛滿蜜糖的盤子，然後等著感受被鸚鵡「光顧」的滋味。不只鸚鵡可以餵食，你也能買杯飼料與可愛的袋鼠親密接觸，同時很有可能親眼目睹「袋鼠拳擊」場面。當然，抱著無尾熊來張親密快照，也是千載難逢的大好機會。此外，乘著新奇好玩的Segway在專人解說下遊歷園區，以及包含晚餐和表演的暮光之旅(Twilight Tours)，都是體驗庫倫賓的絕佳方式。

此外，園區有一座大型的樹頂繩索公園，推出「樹頂挑戰」(Treetop Challenge)：以顏色分為4個等級，共有65道關卡，包括繩索橋(Monkey Bridge)、高空飛索(Flying Fox)、泰山鞦韆(Tarzan Swings)等，等級愈高，難度和高度也愈高，當然也愈刺激過癮，玩家可依照自己的體能和膽量自由選擇路線。由於穿上特製的連身衣，只要在進行關卡時確實扣上扣環，就能保證安全無虞。

在庫倫賓園區內，還有一所全昆士蘭最重要的動物醫院，醫院龐大的醫療支出都由庫倫賓的門票收入維持，因此你在庫倫賓的任一消費，都有可能挽救一隻動物的性命，讓這趟驚奇的澳洲動物之旅更加具有意義。

黃金海岸周邊Around Gold Coast

MAP ▶ P.217A3

雷明頓國家公園

MOOK Choice

Lamington National Park

熱帶雨林體驗

昆士蘭…**黃** 金海岸 Gold Coast

🌐 www.npsr.qld.gov.au/parks/lamington
❗目前受疫情影響暫時關閉,預計2023年1月底重新開放

掃地圖

距離黃金海岸約45公里的雷明頓國家公園,是一處擁有豐富亞熱帶雨林生態的國家公園,占地兩萬公頃,是澳洲最大的亞熱帶雨林區。

雷明頓國家公園擁有500個瀑布與自然峽谷,是喜好大自然者的天下,許多人都會前來享受長達160公里的自然步道;特殊的地理環境,吸引了許多不同鳥類棲息,因此賞鳥也成為這裡很受歡迎的活動。

O'Reilly's Rainforest Retreat

🚌 提供巴士接送服務,車程約1.5小時 🏠 Lamington National Park Road Via Canungra
☎ (07) 5502-4911 🌐 oreillys.com.au

掃地圖

O'Reilly's Rainforest Retreat是一家風格非常獨特的旅館,已有近百年的歷史,儘管房間數不多,但每個房間推開窗就是雷明頓國家公園清新的山景,每天早上都可以在鳥鳴聲中醒來,舒適又溫馨。

Binna Burra Mountain Lodge

🚌 可事先預約巴士接送,車程約45分鐘 🏠 Binna Burra Road, Beechmont ☎ (07) 5533-3622 🌐 www.binnaburralodge.com.au

Binna Burra Mountain Lodge是國家公園內具有歷史價值的山中木屋,整個環境保持得非常自然與環保,也一直是雷明頓國家公園內的最佳留宿處。旅館除了提供具原始風味的獨棟客房,也特別提供了自然步道的專業導覽行程。

黃金海岸周邊Around Gold Coast

MAP ▶ P.217B3

迪威河遊船

MOOK Choice

Tweed Eco Cruises

抓泥蟹餵塘鵝

🚌 搭700號巴士於Tweed Mall, Wharf St.站下，步行約10分鐘可達 🏠 2 River Terrace, Tweed Marina, Tweed Heads NSW ☎ (07) 5536-8800 ⏰ 備有多種不同遊程，詳情可查詢網站並預約 💰 成人每人A\$45起 🌐 tweedecocruises.com

昆士蘭和新南威爾斯兩州交界處有一條迪威河(Tweed River)，由於入海處紅樹林繁生，正是泥蟹最活躍的地盤，到此一遊保證有新鮮美味的泥蟹可吃。

掃地圖

抓泥蟹不勞遊客親自動手，船家事先埋伏好的捕蟹籠早已等著牠們；閒不住的人有的靠在船邊釣魚，有的拿起特製的幫浦抓沙蝦，邊玩邊等蒸好的泥蟹端上桌。

昆士蘭州的法律規定不可以吃母蟹，也不可以吃長度不到15公分的公蟹；新南威爾斯州則禁止食用頭尾寬8.5公分以下的小蟹。迪威河正好位於兩州的交界，所以母蟹和身量不夠的公蟹都有機會逃出生天。雖然一個地方同時受到兩套不同法律標準的束縛，想來令人莞爾，但也教人見識到澳洲人對生態的保護態度，值得我們尊敬與看齊。

船行於河口之上，不時瞥見鵜鶘(又稱塘鵝、送子鳥)的身影，牠們有時成群結隊，一致巴望著船上的遊客丟魚餵牠們。當遊客把魚兒一隻隻拋向天空，牠們長長的嘴也整齊劃一地指向天空，幸運吃到食物的口腔下就會明顯出現伸縮自如的「袋子」，牠們的一舉一動果然很「卡通」。

此時，海鷗也來了、偶爾也飛近一兩隻老鷹，整個天地因這些爭食的飛禽而熱鬧滾滾。在這個離城市鬧區只有半個鐘頭車程距離的地方，居然可以欣賞到如此豐富的自然生態，真是令人驚喜。

凱恩斯及其周邊
Cairns and Around

文●蒙金蘭·墨刻編輯部　攝影●墨刻攝影組

凱恩斯位在北昆士蘭熱帶雨林區的中心點，是前往大堡礁的主要門戶，更是全球著名的潛水地點，加上澳洲名列世界遺產中的兩大世界遺產也在其周邊，其熱門程度可見一斑。

緯度接近赤道的凱恩斯，被稱做澳洲的熱帶首都，也被稱為冒險之城，市區內五星級度假飯店林立，街道也相當整齊寬闊，遊客來到這裡，除了在市區悠閒漫步、到濱海大道吹吹風，還可以到凱恩斯博物館看看珍藏。

凱恩斯市區

往Cairns Colonial Club Resort、
Thirsty Flamingo

Captain Cook Hwy

Upward St.

濱海大道

Novotel Cairns Oasis Resort

Florence St.

三一海灣
Trinity Bay

McLeod St.

Sheridan St.

Grafton St.

Lake St.

Abbott St.

Esplanade

Aplin St.

人工湖區
Lagoon

凱恩斯博物館
Cairns Museum

凱恩斯夜市
Cairns Night Market

◎凱恩斯車站

Shields St.

City Place

Shangri-La Hotel、
The Marina - Cairns

城市碼頭
The Pier

凱恩斯
中央購物中心
Central
Shopping Mall

遊客服務中心

Spence St.

大堡礁船隊碼頭
Reef Fleet Terminal

Ochre
Restaurant

Oaks City Quay Cairns

Wharf St.

大堡礁賭場飯店
The Reef Hotel Casino

Kenny St.

圖例 ◎景點 ❸飯店 ❸購物 ❶餐廳 ⚓碼頭
🚂火車站 🏛博物館 ❶遊客服務中心

凱恩斯及其周邊

Silky Oaks Lodge

苦難角
Cape Tribulation

道格拉斯港
Port Douglas

四哩海灘
Four Mile Beach

Captain Cook Highway

哈特利鱷魚冒險園
Hartley's Crocodile Adventure

熱氣球飛行之旅
Hot Aire Balloning

棕櫚灣
Palm Cove

Nu Nu
Restaurant

騎馬&四輪傳動越野車之旅
Horse Riding & ATV Tour

庫蘭達
Kuranda

Paradise Palms Resort
& Country Club

天空之軌Skyrail

查普凱原住民文化公園
Tjapukai Aborigianl Culture Park

格林島
Green Island

澳洲蝴蝶保護區
Australian Butterfly Sanctuary

熱帶雨林自然公園
Rainforestation Nature Park

凱恩斯Cairns

庫蘭達景觀火車
Kuranda Scenic Railway

往大堡礁及降靈群島
Great Barrier Reef &
Whitsundays Islands

Bruce Hwy

菲茲洛島
Fitzroy Island

↓往但克島Dunk Island

圖例 ◎景點 ❸飯店 ❶餐廳

INFO

基本資訊

人口：約15萬
面積：1,687平方公里
區域號碼：(07)
時區：澳洲東部標準時間，比台灣快2小時，無夏令時間

如何到達——航空

從台灣沒有航班直飛凱恩斯，要從澳洲各大城市如布里斯本、墨爾本或雪梨等其它城市轉機，可搭乘澳洲航空(Qantas Airways)、捷星航空(Jetstar)或Virgin Australia等航空前往。從雪梨航程約3小時、從布里斯本航程約2小時15分鐘、從墨爾本航程約3小時20分。

凱恩斯國際機場(Cairns International Airport)距市區約7公里，車程約15~20分鐘可達；國內外航廈間步行則約5分鐘可達。

📞(07) 4080-6703
🌐www.cairnsairport.com.au

◎計程車

💲從機場到市區約A$25

Cairns Taxis
📞(07) 4048-8311
🌐 www.cairnstaxis.com.au

庫蘭達

Kennedy Highway

Barron River

Thervine St.

庫蘭達無尾熊園
Kuranda Koala Garden

庫蘭達鳥類世界
Birdword Kuranda

Coondoo St.

庫蘭達新市集
Kuranda New Market

往熱帶雨林
自然公園
Rainforestation
Nature Park

Frogs Restaurant

空中纜車站

澳洲蝴蝶保護區
Australian Butterfly
Sanctuary

遊客服務中心

Barang St.

Thogon St.

Meeroo St.

空中纜車

庫蘭達車站(庫蘭達景觀火車)
Kuranda Scenic Railway

Rainforest車站
Transfer Bus搭乘處

Arara St.

巴特利公園
Bartley Park

圖例 ◎景點 ❀公園 ❸購物 ❶餐廳 🚌巴士站 🚂火車站 ❶遊客服務中心

如何到達──火車

凱恩斯火車站位於Mcleod St.的凱恩斯中央購物中心(Cairns Central Shopping Centre)內；從布里斯本到凱恩斯可搭Spirit of Queensland列車，車程約24小時。

昆士蘭鐵路

🌐www.queenslandrail.com.au

如何到達──長途巴士

從布里斯本到凱恩斯可搭灰狗巴士(Greyhound)，車程約29~30小時；巴士停靠處位於堡礁船隊碼頭(Reef Fleet Terminal)。

Greyhound

☎1300-473-946

🌐www.greyhound.com.au

市區交通

◎步行

凱恩斯市區大部分景點步行可達。

◎大眾交通系統Translink

大眾交通工具以巴士為主，由Sunbus營運，隸屬於Translink系統，共分10個區段，票價視移動多少個區域而變動，各詳細時刻表和停靠點可上網查詢。車票可在車上、渡輪上、火車站櫃台，或火車、巴士轉運站的自動售票機上購得；Go Card在凱恩斯不適用。

💲1區全票A\$2.4、優待票A\$1.2；2區全票A\$3、優待票A\$1.5

🌐translink.com.au/cairns、www.sunbus.com.au

◎計程車

Cairns Taxis

☎(07) 4048-8311

💲週一～週五07:00~19:00起跳A\$3.1，每1公里A\$2.39，車停時間每小時A\$51.6；夜間00:00~05:00起跳A\$6.6，每1公里A\$2.6，車停時間每小時A\$51.6；其餘時間，包含國定假日，起跳A\$4.6，每1公里A\$2.6，車停時間每小時A\$51.6。電話叫車皆加A\$1.5

🌐www.cairnstaxis.com.au

旅遊諮詢

◎庫蘭達遊客服務中心

☎(07) 4093-9311

🕙週三～週日10:00~16:00、週一～週二10:00~15:00

🚫耶誕節

🌐www.kuranda.org

◎道格拉斯港遊客服務中心

☎(07) 4099-4540

🌐www.tourismportdouglas.com.au

👁 Where to Explore in Cairns and Around
賞遊凱恩斯及其周邊

市中心商業區CBD

MAP ▶ P.232左上B1

濱海大道 & 人工湖區
Esplanade & Lagoon

MOOK Choice

熱鬧的陽光海濱勝地

🚍從遊客服務中心步行約3~10分鐘可達

掃地圖

凱恩斯最熱鬧的一條街道非濱海大道莫屬了，它面對著三一海灣，海灣外便是一望無際的海洋，這裡擁有一座4,800平方公尺的人工沙灘鹹水泳池，不論是在地居民或是遊客，都喜歡到泳池畔做日光浴，或是跳入水中享受沁涼的海水。

濱海大道的另一面開立著餐廳、酒吧和旅館，只要餓了，到這裡一定可以找到好吃的餐廳。此外只要隔幾間商店，就會看到擺滿各式各樣凱恩斯遊程宣傳單的旅行社，許多自助旅遊的人都會到這裡搜尋大堡礁、熱帶雨林、查普凱原住民文化公園…各式各樣行程資訊。

凱恩斯的城市碼頭和前往大堡礁的碼頭，也位在濱海大道的起點，若有空閒，可以慢慢步行到另一頭的濱海大道綠地。

MAP ▶ P.232左上A2

凱恩斯博物館
Cairns Museum

完整介紹凱恩斯發展史

🚶 從遊客服務中心步行5~7分鐘可達　🏠Lake St.和Shields St.交叉口　📞(07) 4051-5582　🕐週一~週六10:00~16:00　🚫週日、耶誕節、耶穌受難日及元旦　💲全票A$15、14歲以下A$6
🌐 www.cairnsmuseum.org.au

許多人到凱恩斯旅遊，都將重點放在鄰近的大堡礁或是熱帶雨林，反而忘了凱恩斯市區內有個小巧又可愛的博物館！

凱恩斯博物館位在一棟優雅、建於20世紀初的

美術學校建築內，這裡完整地呈現凱恩斯自原住民時期、受到中國移民影響、採礦到農業發展的歷史。

在這裡，遊客可看到採礦拓荒時期的生活用具、二次世界大戰時的通運用具、復古火車器材、雨林區的歷史圖片、早期中國移民的照片和神壇，還有牙醫診療椅和模型等。

MAP ▶ P.232左下B2

棕櫚灣
Palm Cove

MOOK Choice

頂級精緻的度假享樂

🚌 搭巴士110或111號可達

雖然凱恩斯的市中心並沒有天然的海灘，不過沿著庫克船長公路(Captain Cook Highway)往北的方向，卻有幾處幽靜卻又美麗的沙灘，其

中最具知名度也最受外國遊客青睞的，便是棕櫚灣。

棕櫚灣潔淨的沙灘和沿著海岸植滿棕櫚樹的景觀，營造出一股悠閒又放鬆的氣氛，曾經榮獲澳洲十大著名沙灘之一。這裡最大特色是旅館個個精巧卻又多元化，並且皆打著Spa的招牌。

除了住宿和Spa吸引人，棕櫚灣也是澳洲最佳結婚地點的首選，部分旅館還附設有小教堂，吸引許多日本新人前來舉辦海外婚禮與度蜜月。

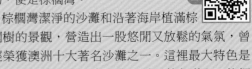

市中心商業區CBD

MAP ▶ P.232左上B2

凱恩斯夜市

Cairns Night Market

晚上逛街覓食好去處

🚶 從遊客服務中心步行3~5分鐘可達 📍54-60 Abbott St, Cairns 📞(07) 4051-7666 🕐16:30~22:30（各家不一） 🌐 www.nightmarkets.com.au

位在濱海大道的凱恩斯夜市，是凱恩斯市區內僅有愈夜愈熱鬧的地方，主要販賣各式各樣的澳洲紀念品，像是袋鼠、無尾熊等澳洲特有動物的玩偶、印著無尾熊或可愛圖案的T恤、帽子、具有原住民特色的迴力鏢、迪吉里杜管樂器，還有手工飾品、民俗風服飾⋯五花八門的小玩意兒。

夜市外頭，則有幾攤賣著熱食的小販，提供三明治、中式熱食等，讓晚睡的人仍可以找到地方祭祭五臟廟。

或許因為凱恩斯是日本遊客的大本營，這裡還有許多提供背部、腳底按摩的店家，因收費低廉所以吸引了不少遊客光顧，至於品質好不好就看個人的感受了。

市郊Outskirts

MAP ▶ P.232左下B2

格林島

Green Island

最近凱恩斯的珊瑚礁島

🚶 可從凱恩斯報名旅行團參加 📞(07) 4044-9944 🕐08:30和10:30出發，14:30和16:30回程 💲格林島1日遊從凱恩斯大堡礁碼頭碼頭出發成人票A\$92起、兒童票A\$46起；凱恩斯飯店來回接送成人票A\$26、兒童票A\$17，北海灘飯店來回接送成人票A\$31、兒童票A\$17 🌐www.greatadventures.com.au

位在凱恩斯外海約15分鐘航程的格林島，是距離凱恩斯最近的珊瑚礁島嶼，由於航程短，十分受到短期遊客青睞。儘管每日迎接許多遊客的到來，格林島仍然受到國家海洋公園的保護，因此僅有12公畝的小島上，依舊維持著原始的風貌。

格林島在1937年時被澳洲政府列入國家公園的範圍，其周遭的海域與珊瑚礁也在1974年成為國家海洋公園的保護區；當然，在1981年大堡礁成為世界遺產之際，格林島也成為其中的一部分。格林島的原住民名名稱為Wunyami，意思是「狩獵靈魂之地」，也就是說格林島是早年原住民舉辦儀式的聖地。

如今，格林島已經轉變成兼具觀光與休憩功能的島嶼，島上建有一間小型的度假旅館，還有許多如玻璃船、獨木舟、海底漫步、直昇機等的水上遊樂設施。如果你想避開人群，也可以找一處潔白的沙灘，獨自游泳或享受日光浴，甚至可以漫步在島上的熱帶雨林區。

市郊Outskirts

MAP ▶ P.232左下B2

天空之軌

MOOK Choice

Skyrail Rainforest Cableway

熱帶雨林美景盡在腳下

🚍可事先向園方預約巴士到飯店接送，從凱恩斯車程約15分鐘可達；或從凱恩斯搭巴士123號前往 🏠6 Skyrail Drive, Smithfield ☎(07) 4038-5555 ⏰週二～週日08:30~16:45 🚫週一、耶誕節及維修日(隨時上網注意公布時間) 💲單程成人票A$59、兒童票A$29.5，來回成人票A$88.5、兒童票A$44.25；纜車含凱恩斯或北海灘接送成人票A$112.5、兒童票A$68.25，纜車含道格拉斯港接送成人票A$134、兒童票A$67；上網購票另有優惠 🌐www.skyrail.com.au ❗另有含庫蘭達查普凱體驗、庫蘭達景觀火車、查普凱原住民文化公園、熱帶雨林基地等不同組合的套裝行程聯票，詳見網站

天空之軌是全世界最長的纜車之一，全長7.5公里，主要由4個站所組成，從山底搭纜車至庫蘭達全程需要90分鐘。

整段纜車架設於巴倫峽國家公園的熱帶雨林上方，這裡是屬於地球上最古老的熱帶雨林的一部份，在1,200萬年前就已存在，如同一個活生生的

掃地圖

博物館，保存了珍貴的動植物，遊客可清楚地欣賞整片壯觀的熱帶雨林景色。而這片古老雨林，也被納為世界遺產的保護範圍。

既要開發旅遊業又要保護珍貴雨林不是件容易的事，從發想到提案成功就花費了7年的時間，最後在獲得聯邦政府、昆士蘭州政府、環保單位的同意下，才在1994年開始興建，費時僅15個月便完成了所有的工程。

為了確保不破壞生態環境，工作人員必須將纜車高塔預定地的土壤收集起來，並將原生植物遷移到保存處，完工後再將植物遷回原處，並植回原來的土壤；而所需的原料與器具除了靠工人每日徒步搬運外，還有直升機來回運輸，與吊起高塔的高難度技術。

天空之軌共有32個塔台、114台纜車，其中最高的塔台是6號塔台，高40.5公尺，平均每小時可乘載700人；遊客由總站一坐上纜車，就必須在紅嶺站和巴倫瀑布站更換纜車，此時也可順道遊覽一番。

高空跳傘 Skydive

在昆士蘭，至少有3處地方可以嘗試高空跳傘：布里斯本、使命海灘(Mission Beach)與凱恩斯，前兩者是以海灘為降落點，後者則是降落在田野上。無論是海灘還是田野，各有不同的景觀視野及樂趣。

1萬4千英呎的自由落體時間有1分鐘之久。其實自由落體並不是高空跳傘最可怕的時刻，最叫人心裡七上八下的，是乘著小飛機起飛升空的那半個小時，因為恐懼總是來自未知的想像，人就愛自己嚇自己。等到真的從飛機上跳下去，才發現隨之而來的竟不是恐懼，而是享受！跳傘並不像高空彈跳那樣有急速的下墜感，而是一種御風而行的自由，反正何時開傘、如何操控，都交給身後的教練，你只要專心欣賞風景就行了。此時大地已然成為壯麗的圖畫，河川流成神祕的花紋，美妙的景色讓人忘卻凡塵俗事，巴不得多點時間停留在空中。

🚌可事先預約巴士到飯店接送 ☎1300-663-634 🕐週二～週日09:00~18:00 💲7,500英呎A\$199，1萬5千英呎A\$309 🔗www.skydive.com.au

---

紅嶺站Red Peak Station

天空之軌的最高點，標高545公尺，也是此片熱帶雨林的心臟地帶；車站附近鋪設有完整的導覽步道，並有免費的專業導覽。

卡拉佛尼卡總站Caravonic Terminal

天空之軌的起點，設有天空之軌商店，有各式紀念品與書籍；此外，天空之軌也贊助澳洲CSIRO組織對熱帶雨林保育工作的研究計畫，成立了熱帶生態基金，只要在店內選購貼有TropEco貼紙的物品，收入將提供為熱帶生態基金之用。

巴倫瀑布站Barron Falls Station

巴倫河是凱恩斯附近最主要的河川，因有280公尺的大落差而形成了巴倫瀑布；此瀑布平時由於設有水力發電廠，水流尚稱平順，雨季時則澎湃洶湧，相當壯觀。巴倫瀑布站附近共有3個眺望台，可以俯覽巴倫河、峽谷與瀑布；此外還有免費參觀的CSIRO互動式雨林生態說明展覽館，和巴倫瀑布水力發電廠當初的建築工地。

市郊Outskirts

MAP ▶ P.232右B2

庫蘭達景觀火車

MOOK
Choice

Kuranda Scenic Railway

穿越世界遺產之旅

☏(07) 4231-9045 ⏰每天兩班往返庫蘭達與凱恩斯；凱恩斯火車站出發08:30、09:30，淡水(Freshwater)火車站出發08:55、09:55，庫蘭達火車站出發14:00、15:30 💲單程成人票A\$50、兒童票A\$25，來回成人票A\$76、兒童票A\$38，可加價升等；Kuranda Classic Experience(含天空之軌、景觀火車與飯店接送)來回成人票A\$116.5、兒童票A\$58.25；另有不同組合的套裝行程，請上網查詢 ⓦwww.ksr.com.au

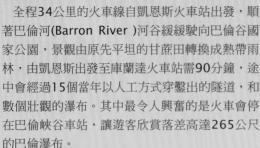

庫蘭達景觀火車是百餘年前為了開採金礦和木材而興建的鐵路，不僅有深遠的歷史價值，同時也是凱恩斯地區的熱門遊程之一。

全程34公里的火車線自凱恩斯火車站出發，順著巴倫河(Barron River)河谷緩緩駛向巴倫谷國家公園，景觀由原先平坦的甘蔗田轉換成熱帶雨林，由凱恩斯出發至庫蘭達火車站需90分鐘，途中會經過15個當年以人工方式穿鑿出的隧道，和數個壯觀的瀑布。其中最令人興奮的是火車會停在巴倫峽谷車站，讓遊客欣賞落差高達265公尺的巴倫瀑布。

遊客可選擇自凱恩斯火車站或是淡水火車站

(Fresh Water Station)出發，淡水火車站和庫蘭達火車站都維持著原始風貌，除了具有濃濃的復古風情外，淡水車站的餐廳也別具情調；景觀火車還特別推出在車站享用早餐的服務。

除了一般的車廂外，自2006年的6月開始推出百年前的豪華黃金車廂(Gold Class)，在這節具有維多利亞風的車廂中，所有的位置都是獨立並且面對窗戶，同時服務人員還會奉上各式各樣的飲料，一路上還可邊欣賞風景邊享用小點心，下車前則會得到小禮物，讓人感受回到百年前那種悠閒又高雅的鐵路之旅。

市郊Outskirts

MAP ▶ P.232左下B2

查普凱原住民
文化公園

（MOOK Choice）

Tjapukai Aboriginal Culture Park

深度體驗澳洲原住民文化

🚌可事先預約巴士到飯店接送；或從凱恩斯搭巴士122、123號可達 🏠Western Arterial Rd., Caravonica ☎(07) 4042-9999 🕐09:00~17:00、夜間表演(含晚餐)19:00~21:45 💲白天含接送成人票A$62起、兒童票A$45起；夜間含接送成人票A$123起、兒童票A$75起 🌐www.tjapukai.com.au ❗唯因目前受疫情影響暫時停業，重新開放時間請上網查詢

　　查普凱原住民文化公園距凱恩斯約11公里，由查普凱族人親自經營與管理，是澳洲最大雇用原住民的私人企業。這裡的表演內容都是經過查普凱族的原住民審查和批准，以保證能讓人瞭解到真正的查普凱文化，並對族群帶來正面利益，透露著經營者推廣原住民文化的用心。

掃地圖

　　公園共分5區，首先遊客會進到神秘天地(Magic Space)，在這裡可看到查普凱部落曾使用的石器用品，還有傑出藝術家所繪的大幅壁畫；創世劇場(Creation Theatre)每天放映4場關於查普凱古老傳統信仰的動畫，影片以近乎失傳的查普凱族語發音，遊客可透過耳機選擇語言收聽。

　　歷史劇場(The History Theatre)播映澳洲原住民

💡

騎馬＆四輪傳動越野車之旅
Horse Riding & ATV Tour

　　想要體驗在澳洲騎馬或是親自駕駛四輪傳動越野車(ATV)，位在庫蘭達市區外約10分鐘車程的Blazing Saddles一定可以滿足你。

掃地圖

　　你可以選擇其中一項活動，或是兩者都參加。不論你是否有過騎馬或駕車的經驗，教練都會很細心地指導你，剛開始可能有點不習慣，不過當你慢慢適應掌握方向盤後，就可以嘗試以高速往前衝，尤其是在落差的斜坡上衝刺，感覺很是過癮。

　　如果是參加上午的活動，結束後可以享用一個B.B.Q.午餐；如果是參加下午的活動，則會有下午茶。

🚌可事先向Blazing Saddles預約巴士接送 🏠Lot 1, 154 Yorkeys Knob Rd, Yorkeys Knob ☎(07) 4055-7400 💲騎馬成人A$135起，四輪傳動越野車成人A$145起，兩者聯фор程成人A$220起(皆含飯店接送) 🌐www.blazingsaddles.com.au ❗唯因目前受疫情影響暫時停業，重新開放時間請上網查詢

受到現代文明侵入之後的遭遇，具體描述了當今原住民的歷史、現況及對未來的展望；查普凱歌舞劇場(Tjapukai Dance Theatre)是一座有棚的室外劇場，由原住民演出查普凱傳統歌舞，透過舞者生動的演出，遊客也能了解查普凱族的古老慶典儀式與舞蹈的背後意義；傳統營地(A Traditional Camp)沒有時間場次的限定，遊客可隨時與原住民一起擲回力鏢、生火與吹奏迪吉里杜管。

　　此外，查普凱原住民文化公園也推出夜間表演活動(Tjapukai by Night)，內容包含了神祕天地、湖畔表演徒手生火儀式，和邊享用晚餐邊欣賞查普凱傳統歌舞表演，讓遊客體驗不一樣的原住民生活。

庫蘭達
Kuranda

MOOK Choice

坐景觀火車造訪熱帶雨林區

🚗 從凱恩斯搭庫蘭達景觀火車可達；或從天空之軌搭纜車可達；亦可從凱恩斯搭Johns Kuranda Bus前往 ☎(07) 4093-9311 ◐ 週一~週二10:00~15:00、週三~週日10:00~16:00 ⓦwww.kuranda.org

掃地圖

庫蘭達位在凱恩斯西北邊的熱帶雨林中，是一處小巧可愛、具原住民色彩的小鎮，拜天空之軌和庫蘭達景觀火車之賜，成為熱門的觀光小鎮。

標高380公尺的庫蘭達，是澳洲原住民Djabugay族的故鄉，在19世紀初被前來淘金的歐洲人發現，為了將金礦和木材運送出去，便興建連接到凱恩斯港口的鐵路。

60年代，這裡成為澳洲許多嬉皮的居住點，悠閒的生活形態和具有異國風情的商店，保存至今；而近年來受到觀光客的青睞，小小的庫蘭達聚集了更多的餐廳、市集、紀念品店或商店。

澳洲蝴蝶保護區
Australian Butterfly Sanctuary

掃地圖

🚗 從天空之軌站和庫蘭達景觀火車站步行可達，亦有免費接駁車往返 🏠8 Rob Vievers Drive(位於庫蘭達市區遊客服務中心對面) ☎(07) 4093-7575 ◐每日09:45~15:30，澳紐軍團日(Anzac Day)為13:00~16:00 ⓢ成人票A$20.5、兒童票A$13；另有與熱帶雨林基地自然公園聯票 ⓦwww.australianbutterflies.com

澳洲蝴蝶保護區是全球規模最大的蝴蝶保育區，裡面有高達1,500多種熱帶雨林的蝴蝶，其中最稀有的是披著藍翼的尤里西斯(Ulysse)，與澳洲最大的蝴蝶凱恩斯鳥翼(Cairns Birdwing)，保育這兩種蝴蝶也成了蝴蝶保護區成立的主要目的。

目前全球已知的蝴蝶種類約有兩萬種，其中382種屬於澳洲本土特有，開幕20多年的澳洲蝴蝶保護區是以巨大的鋁窗玻璃屋組成，室內飛行空間達3,666平方公尺，裡頭除了種植蝴蝶喜愛的雨林植物外，還有專屬的蝴蝶培育區，蝴蝶們就這麼自由自在地在玻璃屋內飛翔和生活。

可參加每半小時一次的導覽解說團，解說員會詳細解釋蝴蝶一生的週期和行為、蝴蝶覓食、和如何利用顏色保護自己的小常識；解說結束後，會再參觀收集來自全球的蝴蝶標本博物館。

熱帶雨林基地自然公園
Rainforestation Nature Park

🚌從庫蘭達澳洲蝴蝶保護區有接駁車往返，來回成人票A\$12.5、優待票A\$6.25 🏠Kennedy Highway，(07) 4085-5008 ⏰09:00~15:30；軍用水路兩棲船10:00~14:50每整點一班，原住民文化體驗表演11:30、12:00、12:30 🚫耶誕節 💲成人票A\$53、兒童票A\$32；另有熱帶雨林自然公園＋澳洲蝴蝶保護區＋野生動物基地(The Wildlife Habitat、Cairns Wildlife Dome)4家聯票全票A\$97、兒童票A\$54 🌐www.rainforest.com.au

　　位在庫蘭達郊區的熱帶雨林基地是一處綜合動物園、原住民文化和熱帶雨林的觀光景點，主要分為3大區域，遊客可依自己的時間與喜好，選擇想要遊玩的主題。對於時間有限的遊客來說，可以一次體驗到北昆士蘭州的風土民情。

　　首先可以乘坐二次世界大戰所遺留下來的軍用水路兩棲船(Amphibious Army Duck，暱稱「水鴨子」)，司機兼導覽員會一路為遊客解說雨林的生態環境和特有植物，如樹齡高達1億5千萬年的羊齒科植物(Tree Ferns)、會刺人的蟄刺樹等。除了在陸地行駛外，船還會駛入被雨林包圍的湖泊。

　　在原住民文化體驗(Pamagirri Aboriginal Experience)區，包含了半小時的原住民蛇族傳統舞蹈表演，可以體驗與原住民一起擲回力鏢、吹奏迪吉里杜管；在無尾熊暨野生動物園(Koala & Wildife Park)可看到無尾熊、丁狗、鱷魚、袋鼠等多種澳洲特有動物，包括5公尺長的鹹水鱷魚；此外，這裡也推出讓遊客抱無尾熊拍照的服務。

熱氣球飛行之旅 Hot Air Ballooning

　　凱恩斯的氣候與溫度十分適合熱氣球飛行，是凱恩斯最令人驚奇的觀光行程之一。升上天空後，遊客可以360°全景盡覽凱恩斯和近郊的風光；除了在天上的飛行，熱氣球公司還會安排參加的遊客與工作人員一起體驗起飛時將熱氣球充氣、降落後將熱氣球排氣並收摺等過程。

🚌可事先預約巴士到凱恩斯、棕櫚灣或北海灘等地飯店接送 ☎(07) 4039-9900 💲成人票A\$390起、兒童票A\$390起(含保險與接送) 🌐www.hotair.com.au

凱恩斯周邊Around Cairns

MAP ▶ P.201

大堡礁

MOOK
Choice

Great Barrier Reef

世界最棒的潛水天堂

ⓤ www.greatbarrierreef.org

　　大堡礁是世界最大的珊瑚礁群，於1981年被列入世界自然遺產，它可說是喜歡海洋世界人士的天堂，許多人來昆士蘭旅遊，就只是為了它！最適合的旅遊季節是4~10月，這段期間每天陽光普照，遊客可盡情享受碧海藍天與繽紛的海底世界。

　　大堡礁北端靠近赤道的巴布亞紐幾內亞，南端則已靠近布里斯本外海，總長約2,300公里，水域範圍達到344,400平方公里，面積跟日本相當。

　　大堡礁包含了2,900個獨立珊瑚礁群，共計有300多種珊瑚、400多種海綿生物、4,000餘種軟體動物和1,500多種魚類，這麼多的海底生物組成的海洋世界究竟有多美，一定得親臨才能感受！

　　抵達後船會停靠在特別的大型海上平台，平台上設有海底生物動態觀賞室、直升機、玻璃船、潛水艇、海底漫步、餐廳與各式各樣的潛水裝備等；浮潛是免費的，遊客可穿戴上救生衣與呼吸管自行體驗。由於大堡礁是世界知名的水肺潛水點，有潛水執照的人，一定不能錯過潛入更深的海域，探索五彩斑斕的珊瑚礁海底世界。

掃地圖

　　對於不想下水或不適合下水的遊客來說，可以參加平台上定時出發的潛水艇或玻璃船行程，透過玻璃窗，同樣能飽覽美麗的海底世界；當然，最炫的方式是搭上直昇機，從高空一覽大堡礁的壯觀景色。

海底漫步Seawalker Helmet Diving

　　實在不會游泳、又怕水的人，不妨試試海底漫步：頭上戴著供應氧氣的密閉式頭盔，在不需要經驗、頭部不碰水、正常的呼吸狀態下，在5公尺深左右的海床，與海中魚類近距離接觸，一樣可以體驗大堡礁的水中生態。儘管不能像潛水一樣在水中悠游，但也不失為一個下海看魚的好選擇。

水肺潛水體驗Introductory Diving

　　水肺潛水是體驗大堡礁自然生態的最佳選擇。穿戴著全副潛水裝備，下潛到12至15公尺間的海底，悠游在碩大的珊瑚礁與魚群之中，深刻體認自然環境的美麗與脆弱；潛水除了好玩好看之外，也深具教育意義。

　　從道格拉斯港搭乘大型水翼船前往位於外堡礁(Outer Barrier Reef)區域的Agincourt Reef，這裡設有永久定置的海上平台，作為各種海洋活動的基地。即使是完全沒有潛水經驗的人，也可以參加船上的體驗潛水課程，由專業潛水教練協會PADI(Professional Association of Diving Instructors)認證的專業潛水教練指導初級潛水的各項基本要點，然後在教練的帶領下，循著既定的潛水路線下海體驗，既安全又保證可以看到豐富的海洋生態。

　　首先在水面上練習裝備的基本操作，然後循著架設好的纜繩來到大約5公尺深的水下平台，演練水中狀況的處置與應變，確定學員可以正確做出教練要求的動作後，才開始慢慢下潛到12公尺左右的海床上，在這裡可以看到體積龐大的珊瑚群和魚群。只見教練拿出餵食用的誘餌，魚兒立刻從四面八方蜂擁而至，其中不乏長度超過1公尺的大型魚類，牠們溫馴的程度不亞於自己家裡養的寵物，潛水者甚至可以輕撫魚身，如此的體驗讓人終生難忘。

半潛水艇
Semi Submarine

　　對於不適合下水、不方便下水或不想下水的遊客，就搭乘定時出發的觀景潛水艇吧！其實這種潛水艇只有下半部沉入水中，頂端仍然浮在水面上，所以相當安全。潛水艇具有大片的玻璃窗，可以讓遊客隔著玻璃窗欣賞水下美景，既不費力、又不會弄溼身體，輕輕鬆鬆就可以飽覽大堡礁的水下風光，特別適合攜家帶眷的全家出遊的人。

辛苦出航，尋求專業協助

　　大堡礁位於茫茫大海中，從凱恩斯出發大約需要2小時的辛苦船程。遊覽大堡礁的最佳方式，是參加由凱恩斯、北海灘或道格拉斯港出發的遊覽行程。飯店接送、水肺潛水體驗、海底漫步、海底摩托車等費用另計。

Sunlover
💲 大堡礁一日遊從凱恩斯大堡礁船隊碼頭出發成人票A$249、兒童票A$142　☎(07) 4050-1333 💻 www.sunlover.com.au

Great Adventure
💲 大堡礁一日遊從凱恩斯大堡礁船隊碼頭出發成人票A$270、兒童票A$147(含環境管理稅)　☎(07) 4044-9944 💻 greatadventures.com.au

Quicksilver
💲 大堡礁一日遊從道格拉斯港碼頭出發成人票A$204、兒童票A$147(含環境管理稅)　☎(07) 4087-2100 💻 quicksilver-cruises.com

海底摩托車Submarine motorcycle

　　有些遊船公司的行程沒有海底漫步，而是海底摩托車：這種奇特的摩托車在座椅上方有個像太空人似的頭盔，雖然頭盔並不是密閉式的，但由於裝置在車頭的氧氣瓶會不斷打入氧氣，即使潛入5公尺深的海底，海水也始終止於頭部的高度，因此除了在鑽進頭盔的那一瞬間需要閉氣，其餘時間都能像在陸地一樣自由呼吸。與海底漫步類似，海底摩托車也是為不諳水性的遊客而設計。

　　海底摩托車的行程大約20分鐘，由一位潛水教練同時照顧兩輛摩托車，教練會控制潛入的深度，並指示前進方向，因此不用擔心會在茫茫大海中迷失。過程中最令人欣喜的接觸，莫過於長相憨厚的蘇眉魚了，這種魚由於前額凸出隆起，極像戴了頂大帽子，因此也被稱為拿破崙魚。為了增加遊客購買紀念照的意願，教練會招來一隻蘇眉魚同樂，和其他魚類不同，蘇眉魚相當樂於和人類親近，也不會閃避人類的撫摸，個性就像小狗一樣溫馴可愛。

MAP ▶ P.232左下B1

道格拉斯港

MOOK Choice

Port Douglas

氣質優美的熱帶雨林城鎮

🌐 從凱恩斯出發沒有大眾交通工具，可聯絡Port Douglas Bus接送，單程每人A$39、來回A$68 ☎(07) 4099-5665

　　位於凱恩斯北部約70公里的道格拉斯港，是庫克船長公路的終點站，經過蜿蜒曲折的山路行駛1小時便可抵達。一路上可以欣賞美麗的濱海公路景觀，途經三一海灘、棕櫚灣和克利夫頓海灘。

掃地圖

　　道格拉斯港是個精緻且具氣質的城鎮，不但擁有豐富的熱帶雨林景致，還具有國際級的高爾夫球場，是名流的度假天堂。這裡也是前往大堡礁之旅的出發點。在市中心的Macrossan St.則有許多時髦的商店、餐廳、咖啡廳與精品店，不論白天或是夜晚都一樣熱鬧。

　　如果想到海灘走走，建議不妨前往四哩海灘(Four Mile Beach)；而利用人工方式模擬出非常近似熱帶雨林環境的雨林生物棲息園(Rainforest Habitat)，有超過140種生物安棲於此，遊客可以看到淡水鱷魚、無尾熊、珍貴的保育鳥類，還可與色彩斑斕的熱帶鳥類共進早餐，也不容錯過。

MAP ▶ P.232左下B2

哈特利鱷魚冒險園

Hartley's Crocodile Adventure

精采的鱷魚攻擊秀

可事先向園方預約巴士到凱恩斯、棕櫚灣或道格拉斯港等地飯店接送 ⌂Captain Cook Hwy., Hartleys Creek ☎(07) 4055-3576 ◷每日08:30~17:00；鱷魚攻擊秀15:00 ⊗耶誕節 ⑤成人票A\$43、兒童票A\$21.5 ⓦwww.crocodileadventures.com

位在棕櫚灣和道格拉斯港中間的哈特利鱷魚冒險園，是北昆士蘭州最佳觀賞鱷魚生態的地方。哈特利鱷魚冒險園坐落在雨林的下方，擁有豐富的熱帶溼地、河谷雨林和尤加利樹群，因此不僅鱷魚，也是其他野生動物的最佳棲息地。

園區安排了整天的表演內容，包含餵食鱷魚、鱷魚攻擊秀、蛇表演和餵食無尾熊等，遊客可依自己抵達的時間選擇，不過鱷魚表演是這裡最主要的噱頭，所以一定不能錯過。鱷魚攻擊秀(Crocodile Attack Show)號稱是全澳洲最棒的表演，主要是教導遊客若在野外遇到鱷魚時應該如何自保，表演以訓練過的專業人員親身與鱷魚做臨場機智搏鬥。

另外，餵食鹹水和淡水鱷魚的表演也讓人印象深刻；工作人員一邊餵食鱷魚一邊講解鱷魚的生態和行為模式，讓遊客了解到鱷魚的基本常識。而乘坐小船進入到哈特利的兩個湖直擊鱷魚的生態，也是十分有趣的活動，工作人員會趁機以食物引誘鱷魚，讓牠跳出水面讓遊客拍照。

MAP ▶ P.232左下B1

苦難角

Cape Tribulation

叢林衝浪之旅

可從凱恩斯或道格拉斯港報名旅行團參加 ⌂Lot 2 Cape Tribulation Road, Cape Tribulation ☎(07) 4098-0043 ◷需事先預約 ⑤成人票A\$179、兒童票A\$116 ⓦwww.junglesurfing.com.au

Tropical Horizons Tours
☎(07) 4047-9049 ⑤成人票A\$215、兒童票A\$148(含接送、門票、茶和遊船等) ⓦwww.tropicalhorizonstours.com.au

苦難角位於戴恩樹熱帶雨林區(Daintree Rainforest)，是世界遺產昆士蘭熱帶溼地區的一部分，好動又愛冒險的昆士蘭人將主意打到了這一帶的雨林上，在高可參天的叢林巨木間，搭建起高空滑索(Flying fox Ziplines)，並稱之為「叢林衝浪」(Jungle Surfing)。高空滑索的平台架設在6棵大樹上，樹與樹之間由一條索道相連，玩家在工作人員的協助下扣緊安全吊帶，藉由索道上的滑輪滑行到對面的大樹平台上，於是就像突然學會輕功般，飛速地在叢林間呼嘯而過，活像在拍武俠片似的，十分刺激過癮。

雖然昆士蘭的叢林衝浪並不算同類活動中速度最快的，也不是景色最險峻的，但是平日裡沒有機會仔細觀察的雨林生態，突然一下子都變得可親起來。原本該是遮蔽陽光的濃蔭，現在都成了腳下世界，原來高不可攀的繞林飛鳥，也毫不避諱地在身旁飛舞。而這裡的工作人員除了是戶外玩樂高手，同時也是優秀的雨林生態解說員，在追求刺激的同時，也能上一堂寓教於樂的生物課。

帕羅尼拉公園

Paronella Park

西班牙城堡的生態庭園

🚗 從凱恩斯開車往Mena Creek方向，沿Old Bruce Highway後右轉Innisfail可達；或從凱恩斯報名旅行團參加 🏠1671 Japoonvale Rd., Mena Creek ☎(07) 4065-0000 🕐 09:00~19:30 🈺耶誕節 💲成人票A\$52、兒童票A\$29 🌐 www.paronellapark.com.au

Northern Experience Eco Tours

☎(07) 4058-0268 🈺耶誕節 💲成人票A\$189起、兒童票A\$139起(含接送、門票和下午茶) 🌐 www.northernexperience.com.au

在昆士蘭的熱帶叢林深處，竟藏了一座如夢似幻的西班牙城堡，於濃綠的樹葉與蟲鳴鳥叫掩映下，就像是遠古的文明遺跡，引人遐想。

1929年時，一位名叫Jose Paronella的西班牙青年與妻子Margarita買下這片土地，並親手打造出心目中夢想的城堡花園，除了那棟詩情畫意的城堡外，他還在周圍栽種許多樹木花卉，而貫穿園區的美納溪(Mena Creek)及瀑布，也為園區增添不少浪漫情趣。Jose並無意獨享這片景致，1935年花園完工後便對外開放，平日這裡是舉行宴會和舞會的場所，到了週末更有電影放映，無時不充滿歡鬧的氣息。

然而隨著Paronella夫婦相繼過世，花園又經歷火災和洪水之害，後人無力維持，只得在1977年將其轉手，花園也隨之荒廢。直到1993年，另一對夫妻Mark和Judy買下這裡，才使公園重現生機。Mark夫婦將重點放在生態維護上，美麗的尤里西斯藍鳳蝶(Ulysses Butterfly)四處飛舞，植物的芳香散發在小徑上，淙淙的水聲比音樂更動人。園方也安排專人導覽，詳細解說各動植物的生態及城堡歷史，在小巧的博物館裡則陳列著當年的生活用品，逛完一圈還可在咖啡座上小歇，而這裡濃郁天然的香蕉慕斯絕對令你難以忘懷。

降靈群島

MOOK Choice

Whitsundays Islands

與世隔絕的幽靜島群

可從布里斯本、凱恩斯、雪梨或墨爾本等東澳城市轉乘澳航、捷星航空或澳洲維珍航空等抵達哈密頓島 www.tourismwhitsundays.com.au

降靈群島是澳洲大陸與大堡礁之間突出於海面上的74個島嶼，其中只有4個島嶼有人居住，個個成為遠離塵囂的度假勝地；而哈密頓島是其中唯一擁有機場的島嶼，不啻為前進降靈群島與大堡礁的交通樞紐。

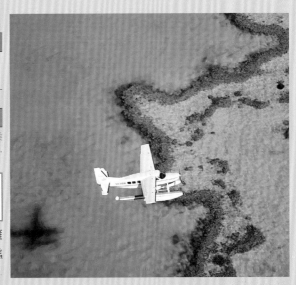

漢密爾頓島Hamilton Island

www.hamiltonisland.com.au

作為降靈群島其中一員的漢密爾頓島，被大堡礁所環繞，並有方便的樞紐位置，在1868年以前，這座島嶼一直被稱作通道之島(Passage Island)。

漢密爾頓島的地理緯度，相當於北半球夏威夷群島的檀香山(Honolulu)，全年度的氣溫在攝氏27、28度上下，非常舒適宜人，因此被譽為「南半球的夏威夷」。

漢密爾頓島其實不大，從南到北只有5公里、東到西更只有3.5公里，其中70%的土地仍刻意保存著原始的叢林，只有碼頭周邊和度假村兩個區域比較熱鬧，飯店、餐廳、咖啡館、酒吧、超市、店舖等都集中於此，幾乎看不到什麼冒著煙的汽車，靠電力發動的Buggy是島上主要的交通工具；即使不靠Buggy或度假村所提供的免費交通車，散步往返也很輕鬆寫意。

漢密爾頓島的外海有一座全世界獨一無二的18洞高爾夫球島，名為丹特島(Dent Island)。由知名高爾夫球場設計師Peter Thomson規劃，島上除了一所兼併餐廳與運動精品店的建築，以及高球練習場之外，全部都是球場腹地。島嶼麗質天生的地形，更幫助Peter Thomson設計出良好的揮杆路線，從第一洞到第十八洞間，球友可以順而遍覽島嶼的內陸與海景，沿途的景色無敵，既增加揮杆樂趣，更讓運動成為忍不住慢下來的身心享受。

而位在聖靈島(Whitsunday Island)上的白色天堂海灘(Whiteheaven Beach)，更被不少旅遊機構評選為全球最性感沙灘之一，這條長達七公里的潔白沙灘，至今獲獎無數。

市中心商業區CBD

MAP ▶ P.232左上B2 | **Ochre Restaurant**

🚶 從遊客服務中心步行3~5分鐘可達 🏠Harbour Lights Boardwalk, 1 Marlin Parade ☎(07) 4051-0100 ⏰週一~週六11:30~21:30 🚫週日、耶誕節 🌐ochrerestaurant.com.au

　　1994年即開業的Ochre Restaurant，在過去20多年來已累積了不錯的聲譽，讓很多老饕到凱恩斯來，都會指名前往，好好享受一頓美味。主廚結合新鮮的在地野味如牛肉、雞肉、海鮮和原住民食用的水果與梅子，再搭配創意的料理技巧，烹飪出新式的澳洲菜。

市中心商業區CBD

MAP ▶ P.232左上A1 | **Thirsty Flamingo**

🚶 搭巴士123號於Anderson St.站下，步行約9分鐘可達 🏠18-26 Cannon St. ☎(07) 4053-8800 ⏰07:00~21:00 🌐www.cairnscolonialclub.com.au

　　Thirsty Flamingo位於Cairns Colonial Club Resort內，正對著度假村的大泳池，氣氛悠閒舒適。餐廳每日供應早、晚餐，早餐為自助式Buffet，擁有全凱恩斯最多樣化的選擇，從大陸式冷盤到熱食餐點，全都任君吃到飽，為一天的玩樂預先補足能量；晚上則有澳式套餐，建議點一份這裡著名的丁骨牛排，肉質鮮嫩多汁，料理方式也相當有水準，而且份量極大。如果想要再有情調一點，餐廳也備有豐富的餐酒可以搭配。

市郊Outskirts

MAP ▶ P.232右A1 | **Frogs Kuranda**

🚶 從庫蘭達澳洲蝴蝶保護區步行約1分鐘可達 🏠2/4 Rob Veivers Drive, Kuranda ☎(07) 4093-8952 ⏰週三10:00~14:00、週四~週五10:00~15:00、週六~週日09:00~15:00 🚫週一、週二、耶誕節 🌐www.frogsrestaurant.com.au

　　屹立30多年，Frogs早已成為人們到庫蘭達村用餐的第一選擇。Frogs供應多樣化的西式餐點，像是牛排、魚排、Pizza、沙拉、生蠔等，不但新鮮美味，價格也很實惠。除了餐點品質有口皆碑外，親切熱忱的服務態度也令用餐的客人津津樂道，無論店內生意有多繁忙，餐點總是會極有效率地伴隨一個大大的微笑出現在餐桌上。餐廳最搶手的座位無疑是在後陽台上，因為僅隔著欄杆，外面便是庫蘭達的雨林美景，在一片自然的氛圍中享用美食，正是此地招牌的熱帶享受。

市郊Outskirts

MAP ▶ P.232左下B2 | **Nu Nu Restaurant**

🚶 搭巴士110號在Veivers Rd. near Oliva St.站下，步行約3分鐘可達 🏠1 Veivers Rd., Palm Cove ☎(07) 4059-1880 ⏰早餐07:00~11:00、午餐12:00~14:30、晚餐17:00~23:00 🌐www.nunu.com.au

　　餐廳的兩位大廚都擁有豐富的料理經歷，尤其是Nick還曾被澳洲Life Style頻道評選為明星大廚，並曾主持該頻道的美食節目。這裡的菜色雖以澳洲菜為基底，但在形式上則融合了兩位大廚在世界各地的旅行經驗，特別是受到亞洲和中東美食的激發，使菜品呈現兼具熱帶地區的大膽熱情與東方的優雅精緻。Nu Nu的菜單依照季節更換，所使用的都是當地的有機食材，同時在佐餐酒單上也有豐富選擇。不過要提醒的是，Nu Nu雖是約會聚餐的好地方，但若你趕時間的話，這裡的上菜速度可也是出名的慢。

市中心商業區CBD

MAP ▶ P.232左上A1 **Novotel Cairns Oasis Resort**

🚶 從遊客服務中心步行9~10分鐘可達 🏠 122 Lake St. ☎ (07) 4080-1888 🌐 www.novotelcairnsresort.com.au

位於凱恩斯市中心的精華地段，距離碼頭和人工潟湖都在步行可達的距離內，不論是參加行程還是外出蹓躂，都很方便。

飯店風格兼具熱帶風情與現代摩登，314間客房都有獨立私人院落或陽台，房內布置以簡單輕柔為基調，富有濃濃的度假況味。公共空間裡最令人印象深刻的莫過於飯店後方的超大泳池，池畔甚至還有一個水上吧台，不用上岸就能坐在池子裡享用飲料，愜意自在。

市郊Outskirts

MAP ▶ P.232左下B2 **Paradise Palms**

🚶 前往棕櫚灣途中，從機場搭乘Sun Palm Transport可達 🏠 Paradise Palms Drive, Kewarra Beach ☎ (07) 4059-5200 🌐 www.paradisepalms.com.au

Paradise Palms是一座名列澳洲前百大的高爾夫球場，自2009年度假村落成後，更躋身昆士蘭頂級酒店之列。酒店客房設備豪華齊全，空間乾淨明亮，陽台視野絕佳。除了18洞高爾夫標準場地和2座大型戶外泳池外，還有多樣化的兒童遊戲設施，尤以一張巨大的充氣蹦跳橡皮墊最受孩子們喜愛，適合有小孩的家庭入住。不過，Paradise Palms和市區之間有一段距離，沒有開車的話會有些不方便。

市中心商業區CBD

MAP ▶ P.232左上A1 **Cairns Colonial Club Resort**

🚌 搭巴士123號於Anderson St.站下，步行約9分鐘可達 🏠 18-26 Cannon St. ☎ (07) 4053-8800 🌐 www.cairnscolonialclub.com.au

儘管就位於凱恩斯市區範圍內，但住進 Cairns Colonial Club Resort卻令人有種來到熱帶度假島嶼的錯覺，因為這裡舉目所見盡是白沙椰影，客房建築皆藏身在層層樹叢之後。中央最大

的游泳池看上去就像個天然湖泊，旁邊甚至還有座人造沙灘，靜靜躺在沙灘躺椅上，倒也有與世隔絕之感。整體來說，這間度假村以原始自然的環境和閒適自得的氛圍取勝，但在房間裝潢上則顯得比較普通。

凱恩斯周邊Around Cairns

MAP ▶ P.232左下B1 **Silky Oaks Lodge**

🚶 從機場搭乘Sun Palm Transport可達 🏠 Finlayvale Rd., Mossman ☎ (07) 4098-1666 🌐 www.silkyoakslodge.com.au

戴恩樹熱帶雨林區(Daintree Rainforest)是 地球上最古老的雨林地區，充滿豐富多元的動植物生態。Silky Oaks Lodge就坐落在雨林區的摩斯曼河峽谷(Mossman River Gorge)之中，獨棟式的木屋與周圍環境巧妙結合，讓人可以在不脫離文明設施的狀態下，體驗大自然的生活野趣。由於飯店處於森林之中，所以也提供了許多親近自然的戶外活動，夜間的雨林生態健行就是其中之一。

晚餐過後，在徐徐的涼風中，飯店的解說員帶領參加活動的成員，循著飯店外圍的步道，探索河岸附近的動植物生態；首先是在看到河中為數不少的烏龜，接著就是數種夜行性的昆蟲、蛙類等，而樹林間的植物在晚風中搖曳生姿，也是觀察的重點。

西澳

Western Australia

P.252　柏斯Perth
P.263　費里曼圖Fremantle
P.268　西澳原野The Western Australia Wilds

對澳洲人來說，西澳就像是一塊遺世獨立的人間淨土，它是澳洲面積最大的一州，廣達約250萬平方公里，占澳洲總面積1/3，但內陸有三大沙漠區，人口僅180萬。此外，西澳也有許多傲人之處，像是長達12,000公里的海岸線，以及最多種類的野生植物、最多的餐廳、最多的晴朗日子…

西澳幅員遼闊，自然景觀千變萬化，靠近內陸沙漠給人一望無際的粗獷感覺，但是一到了春天，受到雨水稍加滋潤，遍地的野花就會不斷綻放，散發萬千的柔情。西澳有超過10億年的自然資產，一年四季呈現不同的自然景觀，乾淨的環境最適合從事各種水上和陸上戶外活動。

而柏斯的城市之美、費里曼圖的港灣情調、瑪格莉特河的酒鄉風情、羅津翰灣的賞豚之樂、尖峰石陣和波浪岩的鬼斧神工，以及波奴魯魯國家公園的世界遺產奇景，都是來到西澳的旅遊重點。

西澳之最
Top Highlights of Western Australia

西澳輪廓圖

印度洋 Indian Ocean
Drysdale River National Park
金柏利 The Kimberley
凱布爾海灘Cable Beach
布魯姆Broome
波奴魯魯國家公園 Purnululu National Park
Port Hedland
Millstream-Chichester National Park
Rudall River National Park
Kennedy Range National Park
Kanijini National Park
Camavon
鯊魚灣 Shark Bay
Meekatharra
Wiluna
Warburton
Sandstone
Mt Magnet
Leinster
Laverton
Mullewa
Leonora-Gwalia
Geraldton
尖峰石陣 The Pinnacles
Goongarrie National Park
日落海灘Sunset Coast
洛特尼斯島 Rottnest Island
柏斯 Perth
波浪岩Wave Rock
羅金翰灣 費里曼圖 Fremantle
Rockingham Bay
瑪格麗特河 Margaret River
大鐘乳石洞 Mammoth Cave
凱莉谷度假村 Karri Valley Resort
南極洋 Southern Ocean
Leeuwin Estate酒莊

日落海岸Sunset Coast
從柏斯市區往西郊走，便是浩瀚的印度洋，從北到南綿延不盡的海岸線，迥異於澳洲東岸的日出，在這裡看到的一律是日落和晚霞，因此被稱為日落海岸。(P.261)

費里曼圖舊監獄
Old Fremantle Prison
這座占地達6公頃、圍牆高達5公尺的19世紀監獄，記錄了費里曼圖超過一世紀的歷史，如今被列為世界遺產。(P.266)

尖峰石陣The Pinnacles

在這片廣大宛如月球表面般的奇景，主要以大大小小的石灰岩柱群所組成，加上地面金黃色的細沙與零星的矮灌樹林，形成一種荒涼卻又奇特的景觀。(P.270)

費里曼圖市場
Fremantle Markets
市場本身是一棟建於1897年的維多利亞式建築，有超過150個千奇百怪的攤位，還有一條美食街，是當地人和遊客最喜歡流連的地方。(P.265)

波浪岩Wave Rock

高達15公尺的波浪岩，長約110公尺，加上高低起伏的形狀，就像一片席捲而來的巨浪，相當壯觀。(P.272)

柏斯

柏斯
Perth

文●林志恆‧墨刻編輯部　攝影●林志恆‧墨刻攝影組

少了份繁忙的喧嘩，柏斯是個不太喜歡和別人比較的城市。雖然貴為西澳的首府，卻沒有大城市的複雜，而是澳洲一貫的悠閒風情。

風光明媚的柏斯位在天鵝河(Swam river)畔，西邊緊臨著終年溫暖的印度洋，東邊銜接達令(Daring)山脈。清澈的天空、湛藍的海水、新鮮的空氣和悠閒的生活，是柏斯的最佳寫照；印度洋是澳洲人的水上樂園，閒暇時開船出海、兜風、衝浪或是潛水，都已經成為生活中的一部分；甚至有人不惜遠渡重洋來到西澳，就是為了能夠在此滿足衝浪的快感。

源自達令山脈的天鵝河貫穿柏斯市區，將柏斯一分為二，最後流向印度洋，天鵝河上的黑天鵝是柏斯的代表動物，因此這裡又有「天鵝城市」之稱。

由於柏斯地處偏遠，被稱為「世界上最孤立的城市」；然而西澳豐富的自然景觀，以及悠閒的都市生活，仍然適合想要放下俗事和洗滌心靈的人前往，將自己融入這片人間淨土中。

不過近年隨著西澳礦產的開採，柏斯也開始起了變化，市區一棟棟高樓平地起，工地處處可見，中國與東方臉孔比例愈來愈高…距離亞洲比東澳更接近的柏斯，城市性格正在轉變。

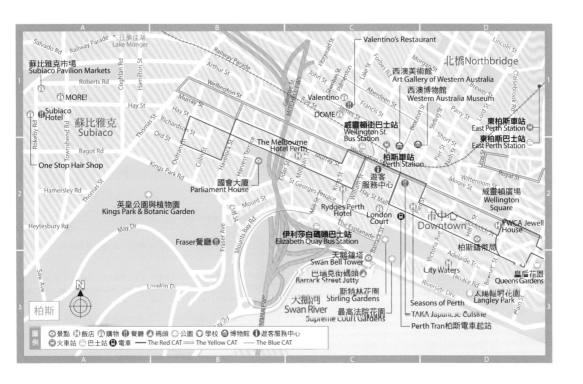

INFO

基本資訊

人口：205萬
面積：6,418平方公里
區域號碼：(08)
時區：澳洲西部標準時間，與台灣時間相同，沒有實施夏令時間

如何到達──航空

目前從台灣沒有航班直飛柏斯，必須從其他城市轉機前往，例如搭新加坡航空經新加坡轉機到柏斯；或從台灣搭飛機直飛雪梨、布里斯本後，再轉機前往。

從澳洲其它城市可搭乘澳洲航空、捷星航空或澳洲維珍航空前往，從雪梨航程約5小時、從布里斯本約5.5小時、從墨爾本航程約4小時、從阿得雷德約3.5小時。

柏斯機場第1和第2航廈距市區以東約15公里，第3和第4航廈約11公里，兩區之間有免費接駁巴士提供乘客轉機，車程約15分鐘。

🌐 www.perthairport.com.au

◎**市區巴士City Bus**

第一和第二航廈(T1、T2)，有380號巴士往返市區的伊利莎白碼頭巴士站(Elizabeth Quay Bus Station)，第三和第四航廈(T3、T4)有40號巴士往返市區，終點亦在伊利莎白碼頭巴士站。機場需購買2區票。

◎**計程車Taxi**

💲 從機場起跳需加A\$2，從國際或國內機場到市區約A\$43

Swan Taxis
📞 131-330
🌐 www.swantaxis.com.au

Black & White Cabs
📞 133-222
🌐 www.blackandwhitecabs.com.au/?q=perth

如何到達──火車

柏斯有兩個主要的火車站，長程線火車停靠在距離市區比較遠的東柏斯火車站(East Perth Station)，

自東柏斯火車站可搭乘Transperth Train抵達柏斯市車站(Perth City Station)。若由西澳其他地區前往柏斯，也可搭乘火車Transperth Train，再到市區的柏斯市車站。詳細的時刻表、票價或訂票可查詢網址。

🌐www.transperth.wa.gov.au

◎奢華跨州鐵路Journey Beyond Rail Expeditions

Journey Beyond Rail Expeditions (前身為大南方鐵道公司Great Southern Rail (GSR))的Indian Pacific豪華列車提供雪梨經阿得雷德到柏斯的行程。

Journey Beyond

🌐journeybeyondrail.com.au

如何到達——長途巴士

柏斯長途巴士站位於東柏斯火車站，主要停靠灰狗(Greyhound)和Transwa巴士等長程巴士，South West Coach Lines行駛於西澳之間的巴士則停靠在市區的威靈頓街巴士站(Wellington St. Bus Station)。

Greyhound

☎(07) 3155-1350、1300-473-946

🌐www.greyhound.com.au

Transwa

☎1300-662-205、(08) 9326-2600

🌐www.transwa.wa.gov.au

South West Coach Lines

☎(08) 9753-7700

🌐www.southwestcoachlines.com.au

市區交通

柏斯市區的交通為Transperth統一經營，包含市區巴士、火車、渡輪等大眾交通工具。

市區以柏斯為中心，共畫分0~9個區域，以欲前往的區域計算票價。0區(CAT免費巴士)可免費搭乘，1區內指的是市區，2區是以市區為中心20公里內包含費里曼圖的郊區，所以一般購買1~2區的車票已很足夠。

前往的目的地在3.2公里內，1~4區只要在2小時內可自由搭乘巴士、火車和渡輪，5區以上則是3小時。

詳情可查閱網站，或至柏斯車站、東柏斯車站和巴士站索取時刻表和區域表。

☎136-213

💲1區A\$3.2、2區A\$4.9、3區A\$5.8

🌐www.transperth.wa.gov.au

◎CAT(Central Area Transportation)免費巴士

共分為免費行駛柏斯市區南北向的The Blue CAT藍色巴士，和行駛東西向的The Red CAT紅色巴士、The Yellow CAT黃色巴士。柏斯市區街道上常見到CAT巴士站，只要按站牌上按鈕，就會有語音告知你

下一班車還有幾分鐘會到。CAT巴士是遊玩柏斯市中心最佳的交通工具，遊客不妨多加利用。

The Red CAT

自東邊的皇后花園(Queens Gardens)延伸到西邊的Outram St.，一共有31個停靠站，途中經過柏斯鑄幣廠、King St.、柏斯車站、中央公園、議會大廈等。

🕐週一~週四06:00~19:20、週五06:00~20:15、週六、週日及國定假日08:30~18:50，約5~10分鐘一班

🚫聖誕節、耶穌受難日、澳紐軍團日(ANZAC Day)

The Blue CAT

南北方向的循環巴士，自北邊的北橋到南邊的巴瑞克街碼頭(Barrack St. Jetty)，一共有22個停靠站，途中經過倫敦閣、市政府、Murray St. Mall East、Russell Square、北橋、Hay St. Mall West、巴瑞克廣場。

🕐週一~週四06:52~19:15、週五06:52~01:00、週六08:36~0:30、週日及國定假日08:36~18:46，約10~15分鐘一班

🚫聖誕節、耶穌受難日、澳紐軍團日(ANZAC Day)

The Yellow CAT

東西方向的循環巴士，自東邊的Claisebrook Train Station到西邊的Health Department，一共有35個停靠站，途中經過維多利亞公園(Victoria Gardens)、Harbour Town、Colin St. North、威靈頓街巴士站、柏斯車站。

🕐週一~週四06:00~19:13、週五06:00~20:45、週六、週日及國定假日08:30~18:50，約10分鐘一班

🚫聖誕節、耶穌受難日、澳紐軍團日(ANZAC Day)

Perth Green CAT

行駛於 Leederville Station and Esplanade Busport之間，經過City West, West Perth和St Georges Terrace。

🕐週一~週五06:00~19:00

◎市區巴士

市區往北方向行駛的市區巴士一般從威靈頓街巴士站搭乘，往南則在市區巴士站搭乘。

◎電車

從柏斯車站出發到郊區的費里曼圖(Fremantle)、Armadale、Thornlie、Joondalup、Mandurah和Midland 等6條線。

🕐05:20~00:00，約20分鐘一班

◎渡輪

行駛於天鵝河(Swan River)的渡輪主要是當地居民往返市區和南柏斯之間，以及前往南柏斯的動物園，最佳的交通工具。

🎧從Barrack St Jetty出發、經Mends St Jetty到

Barrack St Jetty
🕐06:15 22:15 約每20~30分鐘一班
◎計程車
💲週一~週五06:00~17:59起跳A\$4.2，每1公里A\$1.72，車停時間每小時A\$49.2；週一~週五夜間18:00~05:59和週六、週日及國定假日全天起跳A\$6.1，每1公里A\$1.72，車停時間每小時A\$49.2；電話叫車皆加A\$1.5

優惠票券
◎DayRider一日票
09:00過後一日內可不限次數搭乘交通工具，可在車站自動售票機和巴士、渡輪上購票。
💲全票A\$13.1、優待票A\$5.6
◎Smart Rider
類似台灣的悠遊卡，具有儲值功能。每次使用會比原票價再享有15%及20%的折扣，適合在柏斯停留較長時間的人。車票可在Transperth資訊中心(Transperth InfoCentres)和SmartRider經銷商店購買。
💲首次加值全票需A\$10、優待票A\$5

速遊柏斯
◎柏斯觀光巴士Perth Explorer
柏斯觀光巴士路線，重要的點包括Crown Perth & Burswood Park、柏斯鑄幣局(The Perth Mint)、英皇公園(Kings Park)、Water Town Discount Shopping Centre等，共11個停靠站，持票者可在效期內不限次數任意上下車。
🏠從巴瑞克街碼頭(Barrack St. Jetty)出發，可在出發點、車上、遊客服務中心購票

🚫耶誕節、澳洲日及澳紐軍團日(Anzac Day)
📞(08) 9370-1000
💲24小時成人票A\$40、兒童票A\$12；48小時全票A\$45、兒童票A\$15
🌐www.fremantletrams.com

旅遊諮詢
◎西澳遊客服務中心
🏠55 William Street, Perth
📞1800-812-808、(08) 9483-1111
🕐週一~週五09:00~16:00、週六和週日09:30~14:30
🚫耶誕節、耶穌受難日
🌐www.westernaustralia.net、www.experienceperth.com

城市概略City Guideline

柏斯市區說大不大，說小不小，腳力好一點的人，絕對有辦法走遍那棋盤式的柏斯中心商業區(CBD)。

天鵝河自東向西流，把柏斯一分為二，河岸以北又分為柏斯中心區、東柏斯和西柏斯，河岸以南為南柏斯，主要景點幾乎全部集中在天鵝河北岸，除非要前往柏斯動物園，才必須搭乘渡輪過河到南柏斯。

柏斯中心區又被鐵道一分為二，鐵道以北是北橋區，博物館、圖書館等文化機構多半集中在此，鐵道以南到天鵝河之間才是柏斯最熱鬧的市中心商業區，街道呈棋盤式分布。

市中心商業區CBD

MAP ▶ P.253B2

英皇公園與植物園

MOOK Choice

Kings Park & Botanic Garden

美麗綠地間俯瞰柏斯市區

🚌搭免費The Green CAT於Kings Park Rd Havelock St站下可達 🏠Fraser Avenue ☎(08) 9480-3600 ⏰Lotterywest Federation Walkway 09:00~17:00；免費導覽有多種選擇，請上官網查詢 💲免費 🌐www.bgpa.wa.gov.au

占地400公頃的英皇公園不但是柏斯市民最喜愛的野餐、開派對、結婚、辦音樂會的自然休憩場所，也是造訪柏斯市區遊客的首選之地。

英皇公園的精華就在中心地帶17公頃的植物園，展示西澳獨特的野花和樹木，植物的種類達2,000種之多。此外，620公尺長的西澳樂透步道(Lotterywest Federation Walkway)是一條可走在樹林間的空中步道，其中一段222公尺由鋼鐵與玻璃組成，跨越在尤加利樹冠頂端，也是英皇公園的精華之一。

公園入口處的州立戰爭紀念碑，是紀念在第一和第二次世界大戰中喪生的軍人，廣場上的永恆之火(Eternal Flame)，則悼念為國捐軀而客死異鄉的亡魂；而先鋒女神銅像則是紀念當年受到苦難、並且獲得投票權的女性。

每年9~10月間，英皇公園所舉行的野花節(Wild Flower Festival)是西澳的一大盛事，更是世界上規模最大的野花展，此時來到這裡，除了可欣賞到原本就展示的永恆蠟菊、袋鼠爪、卯爪、尤加利花、班克斯樹等，還會有數萬盆盆栽，愛花的人則可以買到花的相關書籍、花的手工藝品和種花工具。

英皇公園由於地勢較高，自然成為鳥瞰柏斯市區和天鵝河的最佳地點。

市中心商業區CBD

MAP ▶ P.253C3

天鵝鐘塔

Swan Bell Tower

鐘的交響樂博物館

🚌搭免費The Blue CAT於Barrack Sq Barrack Square站下 🏠Barrack Square Riverside Dr. ☎(08) 6210-0444 ⏰10:00~16:00(各季節不一)；澳紐軍團日(Anzac Day)12:00開始 🈺耶誕節、耶穌受難日 💲全票A\$18、優待票A\$9 🌐www.thebelltower.com.au

這座位在巴瑞克街碼頭(Barrack St Jetty)前的奇異高塔，是為了慶祝千禧年而開幕的天鵝鐘塔，玻璃製的尖塔高約82.2公尺，在夜間點上不同顏色的光彩，可 說是柏斯的地標之一。

鐘塔收集了來自英國聖馬丁教堂(St Martin-in-the Fields)的12座古鐘，其歷史可溯及1550年。同時也可讓遊客現場聆聽鐘的交響樂曲，可說是一座音樂博物館！除週三和週五外，館方於12:00~13:00  會舉行敲鐘儀式，有興趣的人不妨前往聆聽。

上到塔頂的景觀台，可以360度欣賞整個柏斯城和天鵝河。

MAP ▶ P.253C2,C3

斯特林花園 和最高法院花園

Stirling Gardens & Supreme Court Gardens

度過悠閒時光的都市綠洲

🚌搭巴士36~40、111、150、160、282、283、288、293、296、298、299、380、910號或免費The Blue CAT於Barrack Sq Barrack Square站下 📍Barrack St.和St.Georges Terrace交叉口

斯特林和最高法院這兩座坐落在市中心商業區的相連花園，扮演都市叢林中的綠洲。茂密的樹木、寬廣的草皮和賞心悅目的花叢，讓這裡成為柏斯市民中午休憩的最佳場所。

斯特林花園名字的由來為了紀念天鵝河谷第

一位統治首長詹姆士‧斯特林(James Stirling)，因此在Barrack St.和St. Georges Terrace這兩條街交叉的花園入口，樹立著斯特林的銅像。另外還有代表澳洲的袋鼠銅像，其跳躍和喝水的模樣，栩栩如生。

MAP ▶ P.253D2

柏斯鑄幣局

MOOK Choice

The Perth Mint

仍在運作的最古老鑄幣廠

🚌搭免費The Red CAT於Hay St Perth Mint站下 📍310 Hay St., East Perth ☎(08) 9421-7376 ⏰每日09:00~17:00 ⓧ元旦、耶穌受難日、澳紐軍團日(Anzac Day)、聖誕節、送禮節 💲單純參觀免費，柏斯鑄幣行程(The Perth Mint Gold Tour)全票A\$22、兒童票A\$12，Gold and Bells Tour全票A\$36、兒童票A\$19 🌐www.perthmint.com.au

柏斯鑄幣局就位在柏斯市中心，於1899年開始運作，已有超過百年的歷史，是世界上仍在運作的最古老鑄幣廠之一。這座鑄幣局於1899年6月開業，當時即成為英國皇家鑄幣局，專門為英國殖民地鑄煉在西澳東部新發現的金礦，並鑄成一鎊和半鎊的金幣，再運回英國。直到1970年，柏斯鑄幣局的擁有權，才轉移回到西澳政府的手中。在1984年以前，這座鑄幣局也鑄造了大量的澳洲通用的錢幣。

這裡同時也提供鑄造硬幣的服務。遊客可以購買純銀、鍍銀或是鍍金的硬幣，硬幣的反面已經鑄印了象徵柏斯鑄幣廠的天鵝標記，遊客可以在正面鑄印姓名或是紀念性的文字，這種硬幣可以說是獨一無二的。

MAP ▶ P.253D1

北橋

Northbridge

藝術、夜生活和娛樂的指標

🚃 搭免費The Blue CAT於James St. Northbridge或James St.站下

掃地圖

　　白天的北橋適合進行藝術之旅，像是西澳美術館、西澳博物館等，提供遊客免費深入了解西澳的人文藝術；而博物館和圖書館位置所在的柏斯文化中心(Perth Cultural Centre)，濃密林蔭加上色彩絢麗的公共藝術，非常適合閒適散步，甚至什麼都不做，光是呆坐乘涼賞景，也十分愜意。

　　到了夜晚，北橋換上另一種風貌，等待喜歡夜生活的人來探險。北橋是柏斯夜生活和娛樂的指標，這裡距離柏斯市中心只需步行10分鐘。每到夜晚時分，所有的酒吧、俱樂部和餐廳，到處人聲鼎沸，是尋找晚餐的最佳去處。其中，位於William和James街上的Brass Monkey，是西澳歷史最悠久、也最醒目的一間酒吧。

MAP ▶ P.253C2

西澳美術館

Art Gallery of Western Australia

西澳原住民畫作完整呈現

🚃 搭巴士41、42、48、55號或免費The Blue CAT，於Beaufort St Museum站下 🏠 Perth Cultural Centre, Northbridge ☎ (08) 9492-6600 ⏰ 週三～週一10:00~17:00 🚫 週二、澳紐軍團日(ANZAC Day)、耶穌受難日及耶誕節休 💲 免費，歡迎樂捐；特展需付費 🌐 www.artgallery.wa.gov.au

　　西澳美術館早在1895年就已成立，其收藏包羅萬象，從澳洲本土畫家的創作、各國收藏而來的畫、雕像、手工藝品到裝飾藝術品都看得到。

　　館內所收藏的澳洲原住民的藝術品也非常齊

掃地圖

全，其中包括西澳著名的原住民畫家莎莉・摩根(Sally Morgan)的作品，她的創作是以鮮艷的色彩、簡單的圖案和流利的線條訴說夢境。莎莉摩根到15歲才發覺自己有原住民的血統，從畫中可以感受到她用圖訴說原住民的故事。

　　除了畫作，也展出攝影、現代藝術雕刻作品。每年8到12月，美術館會展出西澳原住民繪畫比賽得獎作品。

市中心商業區CBD

MAP ▶ P.253C2

西澳博物館
Western Australia Museum

集結西澳生態與原住民精華

🚌搭巴士41、42、48、55號或免費The Blue CAT，於Beaufort St Museum站下 🏠Perth Cultural Centre, Northbridge ☎(08) 9431-8413 ◷09:30~17:00 休耶穌受難日、耶誕節 💲全票A\$15、優惠票A\$10、15歲以下免費，特展需另外收費 🌐www. museum.wa.gov.au

相較於西澳美術館偏重藝術，這是一座綜合性博物館，舉凡與西澳相關的哺乳動物、海洋生物、鳥類、蝴蝶標本，甚至從西澳這塊廣大土地出土的恐龍化石，

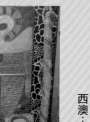

掃地圖

以及從外太空掉落、重達11公噸的隕石，都展示在博物館裡。此外，原住民主題也是博物館內的重點，尤其是西澳原住民在沙漠中生活的藝術。

外觀十分現代的西澳博物館，館址所在地也是柏斯歷史最早的建物，其前身是一座監獄，建築年代可溯及1865年，直到1888年，才改為柏斯第一座博物館，當年的監獄建物，在博物館中庭還看得到。

西澳香精油

西澳的花種類繁多，花朵除了能夠用來觀賞之外，還經常被製作成許多相關產品，如具有療效和增進生活情趣的香精油、線香、按摩油、具有保健功能的藥膏和藥水、具有清潔作用的除蟲劑，以及能夠提神醒腦的花草茶等。

花香精油可藉著按摩、沐浴和蒸薰等方式，幫助安撫情緒、紓解疲勞、減低壓力、促進新陳代謝和提神醒腦，再加上西澳出產的花香精油純度相當高且物美價廉，來到西澳豈能入寶山空手而回。

西澳⋯⋯**柏**斯 Perth

MAP ▶ P.253A1

蘇比雅克

MOOK
Choice

Subiaco

充滿異國情調的個性商區

🚌 搭The Red CAT於Hay St West Perth站下，沿Hay St.向西步行接Rokeby St.可達；或從柏斯火車站搭開往費里曼圖的Transperth列車於Subiaco站下

離柏斯不遠的蘇比雅克被當地人暱稱為Subi，街道充滿著悠閒的氣氛，是個非常適合閒晃的地方。

這裡有許多澳洲名設計師開設的高級服飾店、

充滿異國情調的舶來品店、蘇比雅克市場和個性小店，和柏斯市中心繁榮的購物區相較之下，蘇比雅克的商店更具特色。而位於車站北側的蘇比雅克車站街市集(Subiaco Station Street Markets)，每逢週五、週末、假日才開市，市場聚集了上百家攤商，從生活日用雜貨到各地美食，熱鬧非凡。

這裡也以擁有許多各國風味的餐廳而聞名，不論是法國、黎巴嫩、中國、泰國和道地的澳洲餐廳，在這裡都找得到。Subiaco Hotel就是其中一家很受歡迎的餐廳，不論何時都座無虛席。

MAP ▶ P.253A1外

夢佳湖

MOOK
Choice

Lake Monger

欣賞黑天鵝優雅身姿

🚌 搭巴士83、84等號在Grantham St. Before Daglish St.站下可達；從市區搭計程車前往約10分鐘車程

柏斯之所以被稱為「天鵝之城」，幾乎是因為這座夢佳湖上優雅的黑天鵝。湖的三面被寬廣的草地和茂密的樹林包圍著，位在湖面西邊有一座人造的鳥類繁殖島，吸引了許多鳥類成群結隊在夢佳湖上一展風采。

美麗的黑天鵝時而在湖上悠閒地游著，一旁的

塘鵝也不遑多讓，頻頻將脖子伸長，展現大大的嘴巴，少數的雁鴨則以緩慢的速度悠游於黑天鵝之間。這些美麗的鳥類不但吸引了無數旅客駐足觀賞，也為柏斯增添浪漫優雅的一面。

市郊Outskirts

MAP ▶ P.251

日落海岸

Sunset Coast

交通便捷的郊區海灘

🚃 搭往費里曼圖方向的電車於Cottesloe站下車，往海灘方向步行約15分鐘可達科特斯洛海灘；於Swanbourne站下車，可達斯望本海灘；若搭410、412、990、421、422等號公車可達斯卡伯勒海灘 🕸 www.cottesloe.wa.gov.au

從柏斯市區往西郊走，便是浩瀚的印度洋，從北到南綿延不盡的海岸線，迥異於澳洲東岸的日出，在這裡看到的一律是日落和晚霞，因此被稱為日落海岸。這一路的海岸錯落著不少知名的、無名的海灘，依交通便捷度、設施完善與否，受到不同程度的歡迎，其中又以位於柏斯和費里曼圖之間的科特斯洛(Cottesloe)人氣最旺。

科特斯洛海灘因為安全度較有保障，老少咸宜，而成為全家出遊的主要海灘，這裡風光旖旎，海水清澈湛藍，沙子軟棉如奶油，海岸邊沿

掃地圖

途還有不少酒吧和餐廳，每逢假日，來自柏斯的市民幾乎全家出動，沿著海灘一整排諾福克松(Norfolk pine)樹下的草皮就是他們最佳的野餐地。附近Ocean Beach Hotel和Cottesloe Beach Hotel兩間旅館附設的酒吧，也十分受到歡迎。

這裡的海水相對平靜，偶爾捲起一整排白色浪，如果嫌不夠刺激，從海堤碼頭往南走的海域較適合衝浪。由於這裡的沙質細而黏稠，適合做沙雕，每年三月，科特斯洛海灘會舉辦沙雕藝術節，壯觀的沙雕場面又與平日截然不同。

除此之外，科特斯洛北方還有一座斯望本海灘(Swanbourne)，是天體愛好者的大本營；更北的斯卡伯勒海灘(Scarborough)人氣也不弱，除了弄潮的人群，更多了歡樂的衝浪、風帆等水上活動。

西澳⋯⋯**柏**斯 Perth

市中心商業區CBD

MAP ▶ P.253B2 Fraser's

搭免費The Green CAT在Kings Park Rd. Havelock St.站卜，然後再步行可達 60 Fraser Ave., Kings Park (08) 9482-0100 週一～週五11:30起、週六～週日11:30起 www.frasersrestaurant.com.au

掃地圖

英皇公園裡的五星級餐廳Fraser's遠近馳名，不論餐廳內或是露天座位都可以欣賞到絕佳的市區景觀和夜景。廚師精心烹煮的各式餐點當中，明蝦酪梨沙拉、泰式咖哩燴章魚、碳烤大西洋鮭魚等，口味都非常獨特。

市中心商業區CBD

MAP ▶ P.253C2 TAKA Japanese Cuisine

從威靈頓街巴士站步行約6分鐘可達 150-152 Barrack St. (08) 9221-4771 週一～週二和週四～週六 11:00~19:00(週五延長至20:00) 週三、週日 www.takaskitchen.iinet.net.au

掃地圖

想要吃得便宜又怕踩到地雷，不妨來到這間以日本料理速食為主的餐廳，裡面用餐的多半為亞洲人和年輕人。菜色種類不少，包括烏龍麵、炸蝦飯、照燒雞肉飯、日式咖哩飯等。

市中心商業區CBD

MAP ▶ P.253C2 London Court

搭免費The Blue CAT於Barrack St Beaufort Street Bridge站下 在Hay St. Shopping Mall正對面 (08) 6375-6000 週一～週六05:00~21:00、週日11:00~21:00 www.londoncourt.com.au

掃地圖

柏斯的精華購物點集中在Murray St.和Hay St.的徒步購物大街，在這裡不但可找到知名的設計師品牌，還可發掘澳洲當地設計師獨創服飾，不過當你走在繁忙的街頭，會突然看到眼前出現一棟古典的建築，這就是London Court。

這座充滿英國維多利亞時期風格的建築，精巧的結構線條和傑出的工法，使得London Court成為柏斯的重要景點之一。走進裡面，就會發現不同於Hay St.上的現代摩登商店，濃濃的英國風味讓人有置身在英國的感覺；這裡也是購買澳洲紀念品的最佳場所，帽子、香水、明信片、珠寶、皮包配件…一次就能一網打盡。

市中心商業區CBD

MAP ▶ P.253C2 Seasons of Perth

從威靈頓街巴士站步行11~12分鐘可達 37 Pier Street (08) 9421-3000 www.seasonsofperth.com.au

Seasons of Perth就位於市中心，但所在的Pier Street卻不車水馬龍，既方便又安靜，不論你要往西到Murray St.和Hay St.上的徒步購物大街，往南到斯特林花園、最高法院花園、天鵝河畔的巴瑞克街碼頭(Barrack St Jetty)，往東到柏斯鑄幣局，或往北到柏斯車站，甚至走遠一點去北橋，都在步行可達範圍。而旅館周邊也不乏大大小小、各種不同類型的餐廳，商務也好，旅遊也好，可說是極為方便的選擇。

Seasons of Perth為4星級旅館，有一間餐廳、一間酒吧，還有游泳池、健身房；房內沒有過多的設施和擺飾，乾淨且舒適；餐廳和酒吧就位於街旁，既方便房客餐食，也接待路過的遊客。

費里曼圖

費里曼圖
Fremantle

文●林志恆・墨刻編輯部　攝影●林志恆・墨刻攝影組

費里曼圖是個充滿朝氣的港口城市，距離西澳的首府柏斯只有20公里。費里曼圖就位在天鵝河口，正對著印度洋，是西澳最大的港口。

1829年，英國海軍軍官查爾斯・費里曼圖(Charles Fremantle)首先發現這個地方，之後就被命名為費里曼圖。19世紀，費里曼圖也是歐洲船隻登陸的地方，因此這裡有著豐富的海洋歷史和文化遺產。之後的淘金熱迅速帶動了費里曼圖的發展，尋找黃金的人為這個港口城市帶來了許許多多的商機。

現今的費里曼圖並沒有太大的改變，所有發展都受到管制，目的是為了保存這裡的特質；在當地人用心的保存和修復下，現在的費里曼圖擁有150棟被列為國家信託的建築物，同時也被讚譽為世界上保存最完善的19世紀港口城市。

INFO

如何到達──火車

從柏斯車站(Perth City Station)可搭火車前往，火車站即位於市區。費里曼圖位於2區，需購買2區的票。

◯05:15~00:00，約每15分鐘一班，20:00後每30分鐘一班，車程約30分鐘

如何到達──長途巴士

從柏斯搭103、160、910等號巴士前往，車程30~40分鐘

如何到達──渡輪

從柏斯巴瑞克街碼頭(Barrack St. Jetty)可搭多家渡輪公司經天鵝河前往費里曼圖，港口就位於市區。

Golden Sun Cruises

☏0418-816-166、(08) 9325-9916 ◔10:00、12:10、14:25，航程約1小時。冬季不一定天天有航班，需事前電洽詢問 ⑤單程A\$22起、來回A\$25起

市區交通

◎免費巴士(The CAT)

和柏斯一樣，費里曼圖也有行駛於市中心的免費巴士(The Central Area Transportation，簡稱The CAT。車身雖為橘色，但主要分成城市北區的紅色Red Cat和南區的藍色Blue Cat。

費里曼圖市區街道上常見到The CAT巴士站，只要按站牌上按鈕，就會有語音告知你下一班車還有幾分鐘會到。

◔Red Cat週一～週四07:30~18:15、週五07:30~19:45、週六～週日及國定假日10:00~18:15，班次皆為15分鐘一班；Blue Cat週一～週四07:30~18:10、週五07:30~19:40、週六～週日及國定假日10:00~18:10，班次皆為10分鐘一班 ㊡耶穌受難日、耶誕節、送禮節

◎步行

費里曼圖市區其實不大，大部分景點步行可達。

旅遊諮詢

◎費里曼圖遊客服務中心

⌂Kings Square, Fremantle（市政廳內）☏(08) 9431-7878 ◔週一～週五09:00~17:00、週六09:00~16:00、週日及國定假日10:00~16:00 ㊡耶穌受難日、耶誕節 ◍www.visitfremantle.com.au

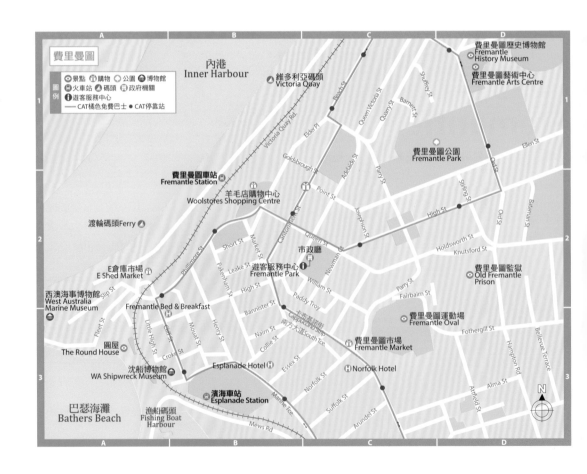

MAP ▶ P.264B3,C3

卡布基諾街(南方大道)
Cappuccino Strip(South Terrace)
散發咖啡香的觀光大道

🚌搭CAT於Cappuccino Strip站下 🌐www.ginoscafe.com.au

MOOK Choice

掃地圖

走在費里曼圖市區，往往會不由自主地被卡布基諾街道上的咖啡香吸引住。

卡布基諾街兩旁的咖啡店和露天咖啡座，永遠坐滿了悠閒的遊客，每一間咖啡店都有獨特的風格，就連煮出來的咖啡也各有千秋。到了此地不妨入境隨俗，來杯悠閒的西澳咖啡。

其中一家Gino's Café曾經贏得「全澳洲最好喝的咖啡」美譽，專門提供義大利式咖啡，是遊客必定造訪的地方。

MAP ▶ P.264C3

費里曼圖市場
MOOK Choice

Fremantle Markets
熱鬧非凡的假日好去處

🚌搭CAT於Cappuccino Strip或Fremantle Hospital站下 🏠South Terrace和Henderson Street的交叉口 📞(08) 9335-2515；週五～週日請致電0432-244-867 ⏰週五～週日09:00~18:00 (室外提早1小時開門) 🌐www.fremantlemarkets.com.au

每到週末，費里曼圖市場就成為當地人和遊客最喜歡流連的地方。市場本身是一棟建於1897年的維多利亞式建築，整個市場超過150個攤位，千奇百怪的攤位讓你一次逛個夠，包括香精、蠟燭、羊毛、來自印度洋的貝殼、手工藝品、木雕品、衣服、寶石和陶瓷，還有新鮮蔬果和海鮮，不但價廉物美而且應有盡有，非常適合遊客採購紀念品。

掃地圖

這裡還有街頭藝人的表演，將氣氛炒得熱鬧非凡；市場的酒吧則經常有現場駐唱的藝人，逛累了可以坐下來歇歇腳、聽聽音樂。市場中心區則是美食街，集結了來自世界各地的小吃，像是土耳其煎餅、德國香腸、希臘燉飯、日本壽司…不但可以充飢裹腹，還能嚐嚐來自世界不同地區的味道。

西澳⋯費 里曼圖 Fremantle

MAP ▶ P.264D2

費里曼圖舊監獄

MOOK Choice

Old Fremantle Prison

列為世界遺產的監獄

🚌搭CAT於Ord St./Fremantle Park站下 🏠1 The Terrace ☎(08) 9336-9200 🕐09:00~17:00;另有多種導覽行程,請上網查詢 🚫耶穌受難日、耶誕節 💲成人票A\$22起、兒童票A\$12起 🌐fremantleprison.com.au ❗所有入內者皆須參加導覽行程,不同行程的票價和導覽時間都有所不同

這座占地達6公頃、圍牆高達5公尺的19世紀監獄,記錄了費里曼圖超過一世紀的歷史。從1855年~1991年11月關閉之前,費里曼圖一直是全澳洲戒備最森嚴的監獄之一,超過35萬人曾被囚禁在裡面,經過136年的使用之後,這座監獄現在已經成為遊客到了費里曼圖必定到訪的景點。

今天的費里曼圖監獄仍然保有原本完整的面貌,庭院裡綠意盎然,然而幽暗的禁閉室、狹窄的牢房裡,仍然透露著100多年來,囚犯苦悶與艱難的牢獄生活。其中監獄的絞刑房也是另一個參觀的重點,內部充滿了陰森恐怖的氣氛。

18~19世紀之間,澳洲淪為大英帝國用來懲處罪犯的殖民地,當時關罪犯的監獄有超過上千座,2010年,聯合國教科文組織(UNESCO)把包含費里曼圖在內的11座監獄列為世界遺產。

MAP ▶ P.264A3

西澳海事博物館

Western Australia Maritime Museum

述説西澳與海洋的親密關係

🚌搭CAT於Maritime Museum站下 🏠Victoria Quay ☎1300-134-081 🕐09:30~17:00;澳紐軍團日(ANZAC DAY)為13:00~17:00 🚫元旦、耶穌受難日、耶誕節、送禮節 💲博物館全票A\$15、 15歲以下兒童免費;參觀潛水艇全票A\$15、兒童票A\$12.5 🌐museum.wa.gov.au/museums/maritime

西澳海事博物館坐落在費里曼圖港灣的邊緣,外觀就像是一艘上下顛倒的船隻。博物館裡懸吊著各種類型的真實船隻,其中名聲最響亮的就是「澳大利亞2號」(Australia II),它曾在1983年美國盃帆船大賽(America's Cup)中奪得冠軍,也是這項比賽第一次擊敗美國隊的參賽帆船。

博物館旁還有一艘二次世界大戰期間,皇家澳大利亞海軍的潛水艇「歐文斯號」(Ovens),導覽行程每30分鐘出發一次,如果你沒有幽閉恐懼症,不妨參加這個行程。

MAP ▶ P.264A3

圓屋
The Roundhouse

MOOK Choice

天鵝河谷的第一棟監獄

🚌搭CAT於The Round House站下 🏠Captains Lane ☎(08)9336-6897 🕐10:30~15:30 休耶誕節、耶穌受難日 💲免費、接受樂捐 🌐www.fremantleroundhouse.com.au

採用石灰石築成的圓形建築物是費里曼圖最古老的公共建築物，於1831年興建而成，也是天鵝河谷的第一棟監獄。圓屋的外觀有12面牆，內部有8間牢房，和兩個開放的公共廁所。1850年，第一批到達圓屋的犯人由於人數太多，所以又興建費里曼圖監獄，但是圓屋仍然被用來拘留違反宵禁的犯人，和等待被轉到洛特尼斯島接受刑罰的原住民。

西澳一度盛行的捕鯨業，就在圓屋下方的泳客海灘(Bathers Beach)，因此圓屋底下有建造完善的通道，好讓捕鯨人能夠在堤防和海灘之間來往。

MAP ▶ P.264A2

E倉庫市場
E Shed Markets

老倉庫大變身

🚌搭CAT於Maritime Museum站下 🏠就在西澳海事博物館斜對面 ☎+61-417-918-720 🕐週五~週六09:00~20:00、週日09:00~19:00 🌐eshedmarkets.net.au

費里曼圖港灣裡的維多利亞碼頭邊，過去有為數不少的貨運倉庫，如今隨著觀光旅遊的發展，也開始轉變成新的用途，像是A倉庫改成咖啡館與藝廊，可以一邊坐下來休息喝咖啡，一邊賞港灣海景。

另外E倉庫則聚集各種雜貨、日用品、紀念品攤商和小吃美食，當然也有咖啡館及街頭表演，不過也許離市中心有一點距離，人氣和商品的精彩度比不上同樣是週末才開放的費里曼圖市場。

MAP ▶ P.264A3

西澳沉船博物館
WA Shipwreck Muceum

船骸重現17~18世紀海洋史

🚌搭CAT於Maritime Museum & Fishing Boat Harbour站下 🏠Cliff St. ☎1300-134-081 🕐09:30~17:00；澳紐軍團日(ANZAC DAY)為13:00~17:00 休耶誕節、送禮節、元旦、耶穌受難日 💲建議樂捐A$5 🌐museum.wa.gov.au/museums/shipwrecks

17和18世紀初是荷蘭東印度公司強大的時期，並以雅加達作為貿易中心。西澳海事博物館收藏的就是當時荷蘭東印度的4艘船——Bataiva、Vergulade Draeck、Zuytdorp和Zeewijk的殘骸和資料，它們都是前往東印度的途中，分別在西澳的海岸觸礁擱淺。

數百年來，這4艘船的殘骸原本沉在西澳沿岸的海底，直到1960年代，才慢慢被海洋考古學家發掘和並加以研究；經過數十年不斷從船隻殘骸當中發掘銀幣、加農砲、香料、布料、瓷器、絲綢、建材和航海用具，宛如當時荷蘭人航海的生活重現。

西澳…費里曼圖 Fremantle

西澳

西澳原野
The Western Australia Wilds

文●林志恆・墨刻編輯部　攝影●林志恆・墨刻攝影組

離開了柏斯和費里曼圖，土地浩瀚的西澳又呈現截然不同的原野風貌。不論是沿著海岸線的沙丘地帶往北，還是往南進入葡萄酒鄉，或者往西躍入印度洋進行水上活動，甚至往東進入乾燥沙漠，都可以欣賞到許多奇異的自然景觀，同時玩到獨特有趣的活動。

這類的行程通常會包裝成一日或半日的遊程，遊客可以選擇自己有興趣的活動或景點，搭上旅行社提供的巴士，在有限的時間內展開一場冒險的旅行。

從柏斯出發的行程，向北有怪石嶙峋的尖峰石陣(The Pinnacles)，往南則有酒鄉瑪格莉特河(Margaret Rive)、沙袋鼠之島洛特尼斯島(Rottnest Island)，以及可與海豚共游的羅津翰灣(Rockingham Bay)，往東則是壯觀的波浪岩(Wave Rock)。這些行程都可以分別在一日之內走完，若有兩天時間，自然能夠玩得更從容。

如果要前往北部熱帶地區的金伯利(The Kimberley)，則得搭乘兩個半小時的飛機，若是走陸路，至少得耗上一天一夜。

西澳原野圖

印度洋
Indian Ocean

Drysdale River National Park

金柏利
The Kimberley

凱布爾海灘Cable Beach
布魯姆Broome

波奴魯魯國家公園
Purnululu National Park

Port Hedland

Millstream-Chichester National Park

Rudall River National Park

Kennedy Range
National Park

Kanijini National Park

Camavon

鯊魚灣
Shark Bay　Meekatharra　Wiluna　Warburton

Sandstone　Leinster

Mullewa　Mt Magnet　Laverton

Geraldton　Leonora-Gwalia

尖峰石陣　Goongarrie National Park
The Pinnacles

日落海岸Sunset Coast

波浪岩Wave Rock

洛特尼斯島　柏斯 Perth
Rottnest Island　費里曼圖 Fremantle
羅津翰灣　　　　　　　　　南極洋
Rockingham Bay　大鐘乳石洞 Mammoth Cave　Southern Ocean
瑪格莉特河　凱莉谷度假村 Karri Valley Resort
Margaret River

Leeuwin Estate酒莊

圖例　●景點　●酒莊

MAP ▶ P.268A3

羅津翰灣

MOOK Choice

Rockingham Bay

與可愛海豚近距離接觸

🚗 可從柏斯報名旅行團參加；從柏斯出發約40分鐘可達 ☎(08)
9591-1333 ⏰9~6月初08:00從柏斯出發、11:30~14:30返
回 休耶誕節 💲自行至碼頭報到每人A$250；含至柏斯市區飯
店接送每人A$290 🌐www.dolphins.com.au ❗請內著泳裝
並攜帶浴巾、墨鏡、帽子、防曬乳液、防風外套等

　羅津翰灣位在柏斯南方約47
公里處，由羅津翰海豚公司
(Rockingham Dolphins)推出一種富
冒險又刺激的特別遊程——與海豚共游，保證讓
游客在海灣中與海豚做零距離的接觸！整個行程
約半天左右，由於海灣裡的海豚屬於野生海豚，
只要是在海豚出沒的季節裡出海，幾乎有99%的
機率可以看到海豚。

　海灣中大約有180隻瓶鼻海豚，海豚公司目的

是希望遊客與海豚共生，以不餵食海豚或引誘海
豚到特定區域的方式，讓遊客有機會和海豚一起
在海灣中玩耍，因此這個遊程也榮獲澳洲旅遊局
頒發「生態旅遊獎」。

　遊客上船後穿上潛水衣和浮潛蛙鏡，當船長找尋
到海豚的蹤跡後，工作人員會帶領遊客下水；下水
後透過蛙鏡看到成雙成對的海豚慢慢地在身邊游泳
或嬉戲，無聲的水中世界好似時間就此停止，幸運
的話還會隱約聽到發自海豚的微弱音頻。

MAP ▶ P.268A3

洛特尼斯島

Rottnest Island

看袋鼠、玩水上活動

🚗 從柏斯國內Jandakot機場搭Rottnest Air Taxi小飛機，約15
分鐘可達。另外搭渡輪前往洛特尼斯島是個比較經濟實惠的方
法，沿途還可以欣賞美麗的風景，可選擇自柏斯或是費里曼圖
出發，亦可選擇各種不同的套裝行程

Rottnest Express渡輪

🏠 從柏斯於Pier 2, Barrack St. Jetty出發、從費里曼圖於B
Shed, Victoria Quay出發 ☎1300-467-688 💲套裝行程
A$124起 🌐www.rottnestexpress.com.au ❗自行車是島
上最受歡迎的交通工具。租自行車時，記得連頭盔要一起租，
否則會被警察開罰單！遊覽全島要花上5個小時，帶夠水再上
路！另外，也可以參加2小時的巴士導覽，可以深入了解島上的
歷史、環境、文化遺產、野生動物和島上的活動

©Tourism Western Australia

　最先發現洛特尼斯島的是荷蘭
人，當他們登陸時發現島上到處都
是沙袋鼠，誤認整座島是個大鼠窩，所

以稱之為Rotte nest(鼠窩)，之後才慢慢演變成
Rottnest。今天洛特尼斯島上的主角依舊是沙袋
鼠；沙袋鼠的模樣有點神似袋鼠，也是用強而有
力的尾巴幫助跳躍。

　島上豐富的自然景觀和19世紀留下來的建築物
是必定要造訪的，然而，洛特尼斯島更出名的是
擁有世界上最佳的海灘和最美麗海灣，每年有成
千上萬的遊客慕名前來，自由自在地浮潛、游
泳、釣魚和衝浪。

　洛特尼斯島現在已經被列為A級保護島嶼，因
此遊客必須遵守規定維護生態，例如不能餵食島
上的動物。

西澳…西　澳原野 The Western Australia Wilds

尖峰石陣之旅

MOOK Choice

The Pinnacles Tour

宛如月球表面的大地奇景

南邦國家公園

⌂Pinnacles Dr., Cervantes ☎(08) 9652-7913 Ⓢ每輛車 A$15 ⓦparks.dpaw.wa.gov.au/park/nambung

ADAMS Pinnacle Tours
☎(08) 6270-6060 Ⓢ成人A$225、兒童A$125 ⓦwww. adamspinnacletours.com.au

　　位在柏斯北方245公里處的南邦國家公園(Nambung National Park)，擁有澳洲最精采的自然景觀尖峰石陣，由於路途不算短，沒有自備交通工具的遊客，最方便的方式就是參加當地旅行社推出的套裝行程，柏斯的遊客中心可以取得更多的旅遊資訊。

　　如果選擇一日行程，當然是當天來回，除主要目的地尖峰石陣之外，多半會停留沿途其他景點，包括揚契普國家公園(Yanchep National Park)、私人野生動物園、蘭斯林沙丘(Lancelin Sand Dune)，以及中午在海邊享用海鮮午餐或野餐，價格高低取決於餐點、使用車輛，以及停留點的不同組合，可依自己的需求和興趣選擇不同行程。

尖峰石陣The Pinnacles

　　尖峰石陣位於南邦國家公園內，國家公園內包含了海灘與沙丘，在這片廣大宛如月球表面般的奇景，主要以大大小小的石灰岩柱群所組成，這些石柱高低形狀不一，有些僅有幾十公分高，有些卻高達4公尺，再加上地面金黃色的細沙與零星的矮灌樹林，形成一種荒涼卻又奇特的景觀。

　　這些石柱的形成原因主要是數萬年前由海洋中的貝殼演變而成的，透過雨水的沖刷將沙中的石灰質流到沙丘底層，遺留下石英質的沙子，之後又滋生腐殖土後得以長出植物，植物的根在土中造成裂縫，慢慢被石英填滿裂縫後石化，然後在風化作用之下，露出沙地表，就成為一根根大小高矮、形狀不一的石柱。

　　這樣的風化作用往往得花上幾千年的時間，而根據地質學家與考古學家的研究，這裡曾挖掘出六千年前原住民使用過的器皿遺跡，因此推算尖峰石陣大約在六千年前才在地表上顯現出來。

　　而尖峰石陣受到沙石不斷的覆蓋與持續的風化，不僅大小會改變、地形也會受到變化，可以說是「活化石」。

蘭斯林沙丘 Lancelin Sand Dunes

掃地圖

從尖峰石陣往南延伸，一直到蘭斯林的沿海地帶，是一整片遼闊的海灘，在強烈的海風吹襲之下，形成大大小小各種不同形狀的白色沙丘，蔚為奇觀。在這裡，可以體驗滑沙的快感樂趣，在坐上滑板後，傾身往前衝的剎那的確刺激，這項活動十分安全，因為就算你中途翻個四腳朝天，也不會在軟軟的細沙上受傷。或者也可以坐上四輪驅動車，享受奔馳在連綿起伏沙丘的樂趣。

揚契普國家公園
Yanchep National Park

掃地圖

由濕地和林地組合而成的揚契普國家公園，是上百種植物及野生動物的家，包括尤加利樹、蓬草樹、山龍眼、袋鼠、無尾熊、鴯鶓、鸚鵡(Cockatoo)等。濕地邊有大片空曠草坪，十分適合野餐，有些套裝行程就會在這裡吃早茶。公園內還有多種不同的步道路徑可以健行，其中包括鐘乳石洞穴。

MAP ▶ P.268B3

波浪岩之旅
Wave Rock Tour

MOOK Choice

親睹大自然鬼斧神工

ADAMS Pinnacle Tours
☎(08) 6270-6060 💲成人A\$225、兒童A\$125 🔗www.
adamspinnacletours.com.au

雖然波浪岩距離柏斯有350公里之遠，還要花上將近5個小時的車程，每年還是有許許多多人驅車前來，為的就是一睹波浪岩壯觀的景象。因為路途遙遠，從柏斯參加套裝行程還是最方便的選擇。

這麼長的路程，途中還是需要幾個停留點，例如沿途最大的城鎮約克(York)，以及有一座狗墓園的小鎮科利金(Corrigin)。至於波浪岩周邊還有慕卡洞穴(Mulka's Cave)和河馬打呵欠(The Hippo's Yawn)等小景點可以參觀，而波浪岩入口的遊客中心則是遊客午餐的地方，其後方則有一座野生動物園。

波浪岩Wave Rock

掃地圖

聳立在西澳中部沙漠的波浪岩，屬海登岩(Hyden Rock)的北邊一部分，也是最奇特的一部分。高達15公尺的波浪岩，長約110公尺，加上高低起伏的形狀，就像一片席捲而來的巨浪，相當壯觀。

波浪岩是由花崗岩構成，約莫在27億年前形成，經過大自然力量的洗禮，將波浪岩表面刻畫成凹陷的形狀；再加上日積月累雨水的沖刷，漸漸沖蝕成波浪的形狀；而早晚劇烈的溫差也是另一個主因，整個侵蝕的過程十分緩慢，但呈現出來的結果卻是如此壯觀。

波浪岩表面的線條是被含有碳和氫的雨水沖刷時，帶走了表面化學物質，同時產生的化學作用，因此在波浪岩表面形成黑色、灰色、赭紅色、咖啡色和土黃色的條紋；這些深淺不同的線條使波浪岩看起來更加生動，活像滾滾而來的海浪。

遊客中心與野生動物園
Visitor Centre & Wildlife Park

掃地圖

從約克小鎮一路行駛過來，沿途不是荒漠、小村落，就是一望無際的麥田、雜糧田，直到進入遊客中心才略顯生機，這裡是遊客享用午餐的地方，飯後還可以到後方的野生動物園逛逛，裡面飼養了白色袋鼠、無尾熊、鸚鵡、袋熊等澳洲特有動物。

河馬打呵欠和慕卡洞穴
The Hippo's Yawn & Mulka's Cave

「河馬打呵欠」就位於波浪岩停車場的入口處，顧名思義，它的形狀就像是一隻張人嘴巴的巨大河馬。慕卡洞穴距離波浪岩將近20公里，它是西澳原住民的一處聖地和庇護所，洞穴裡有原住民留下來的手印壁畫。

約克小鎮 York Town

掃地圖

約克位於柏斯東方97公里處，殖民史始於1831年，是西澳內陸開發較早的城鎮，市區不大，僅城鎮中心的亞芳大街(Avon Tce.)最為熱鬧，但都是極具維多利亞時代特色的歷史建築，其中不乏列為澳洲國家信託保護的歷史古蹟。

聖三一教堂、市政廳是較為明顯的地標，而大街上的約克汽車博物館(York Motor Museum)收藏了近百輛古董車。

瑪格莉特河之旅

MOOK Choice

Margaret River Tour

充滿陽光的葡萄酒之旅

🌐 www.margaretriver.com

ADAMS Pinnacle Tours

☎(08) 6270-6060 💲成人A$225、兒童A$125 🌐www.australianpinnacletours.com.au

西澳被公認是澳洲最陽光的一州，加上溫暖的地中海型氣候，讓瑪格莉特河酒區擁有釀造葡萄酒的絕佳條件，全澳洲頂級好酒的20%是瑪格莉河酒區所生產的。最受歡迎的紅酒種類包括Hermitage、Shiraz、Cabernet、Sauvignon和Pinot Noir，白酒則有Chardonnay、Riesling、Sauvignon Blanc和Chenin Blanc。

西澳的酒莊通常還附設餐廳，到訪的遊客不但能夠參觀製酒過程，還可以同時享用美食佳餚。除了有名的釀酒廠，瑪格莉特河還以石灰岩洞穴著稱，沿著河流所進行的原住民冒險之旅也很受歡迎。

Leeuwin Estate酒莊

🏠Sevens Road, Margaret River ☎(08) 9759-0000 🌐leeuwinestate.com.au

Leeuwin酒莊生產的葡萄酒連續幾年在國際上獲獎連連，但是價錢卻非常的平實。酒莊的服務人員會依照顧客的喜好提供各種紅、白酒讓客人品啜。在所有的種類當中，藝術系列(Art Series)的種類是最特別的。酒莊將澳洲當地著名畫家的創作成酒標，放在酒瓶上，增添了幾分藝術氣息。

大鐘乳石洞Mammoth Cave

🏠Lake Cave, Caves Road, Forest Grove ☎(08) 9757-7411 ⏷
09:00~17:00(最後入場16:00) 🚫耶誕節 💲成人票A$24、兒童票A$12.0 🌐www.margaretriverattractions.com/caves/mammoth-cave

距離瑪格利特河小鎮約20分鐘路程的鐘乳石洞，有超過360座大大小小的鐘乳石洞穴。遊客可以使用CD自動導覽系統，以自己的步調慢慢的欣賞這座大自然雕琢而成的寶窟。

原住民生活冒險之旅Margaret River Canoe Tour

☎(08) 9757-9084 💲成人A$100、兒童A$50 🌐www.bushtuckertours.com

從距離柏斯約4個小時車程的瑪格莉特河和印度洋交匯的河口開始，凡是參加的人都必須穿上救生衣，並發給每人一隻槳，同心協力，溯河而上。沿途的風景如畫，划到Boolaloongar歷史景點時上岸之後，導遊就會擺出一道道特有的原住民食物。菜色主要包括醃過的食火雞肉和袋鼠肉、糖漬的野花花朵、醃漬的果實、蛆磨成所謂的原住民鵝肝醬，最後再加上生長在海邊的迷迭香，一起放在土司麵包上就成了豐富的原住民大餐。飽餐一頓之後，再坐上獨木舟回頭往瑪格莉特河口划行，繼續前進到另一個鐘乳石洞。最後輕鬆回到瑪格莉特河口。

金柏利
The Kimberley
以珍珠養殖而繁榮

✈ 從柏斯可搭乘澳洲航空或澳洲維珍航空前往布魯姆，航程約2.5小時。若是開車，從柏斯出發可取道經過紐曼(Newman)的內陸公路大北部高速公路(Great Northern Highway)，或是取道經過卡納芬(Carnarvon)和卡拉沙(Karratha)的西北海岸高速公路(North West Coastal Highway)前往布魯姆。此外，布魯姆與柏斯之間可搭乘灰狗巴士(Greyhound)往返

布魯姆旅客中心
🏠1 Hamersley St. ☎(08) 9195-2200 ◷週一～週五09:00~15:30 休週六、週日、聖誕節(12月底週日不定休，請見官網公告)、送禮節及元旦 🌐www.visitbroome.com.au

　　位於西澳北部，從布魯姆(Broome)一直到北領地邊界的這一帶稱為金柏利；這裡由於景致和南非的金柏利鑽石礦區相似，所以同樣以金柏利(The Kimberley)命名。

　　金柏利是個氣候極為極端的地區，不是過於乾燥就是十分潮溼，而相較於每年11月至隔年4月因為大雨滂沱，造成人車可能無法通行，5至10月的乾季是比較適宜造訪的季節。

　　布魯姆是前往金柏利地區的門戶，昔日曾因為是珍珠養殖中心而繁華熱鬧，今日雖然已失去這樣的光景，但仍可從珍珠博物館或養殖場，了解這段輝煌的歷史；而在許多店家，也可以買到不少優質的珍珠商品。

凱布爾海灘Cable Beach

　　位於布魯姆的凱布爾海灘，因連接爪哇島之間的海底電纜線是從這裡開始鋪設的，因此得名。這裡以湛藍的海水和潔白的沙灘引人入勝，尤其是在每年的乾季旅遊旺季時，更是擠滿了愛好水上活動的人潮，大家來這裡衝浪、玩水，整個小鎮頓時變得熱鬧非凡。

　　這裡適以騎駱駝漫步沙灘的特殊活動聞名，特別是在黃昏時騎著駱駝，欣賞漸漸西沉的日落光輪，景致美得令人難以忘懷。

波奴魯魯國家公園
Purnululu National Park

　　被列入世界文化遺產的波奴魯魯國家公園，主要順著班格班格山脈(Bungle Bungles)規畫，其地質結構是泥盆紀時期的石英砂岩，歷經2,000多萬年不斷的侵蝕，形成一連串蜂窩狀的圓錐尖頂，在陡斜的山脈上可觀察到因水的侵蝕而形成的黑灰色條紋，景致奇特，令人驚嘆連連。

　　因地形關係，來這裡一般得搭四輪傳動車才能進入；亦可搭乘小飛機，從高空俯瞰這片壯觀景致。

西澳…西 澳原野 The Western Australia Wilds

南澳

South Australia

南澳

P.278 阿得雷德Adelaide
P.289 巴羅莎河谷Barossa Valley
P.293 袋鼠島 Kangaroo Island

南澳不若東澳的雪梨、墨爾本名聲響亮，也沒有黃金海岸、布里斯本擁有明星般的光芒，它靜靜守候著南方，猶如一位沐浴後的清新少女，渾身散發出一股純淨、自然的氣質。

　　整個澳洲，只有南澳阿得雷德早期歐陸移民皆為「自願移民」，取而代之的是7艘載著貴族的大船，直接在阿得雷德登陸，首府之名也取自當時支持建都的阿得雷德皇后（Queen Adelaide）。

　　井然有序的市區景觀加上45%的都市綠地規畫，整座城市散發著優雅氣息，鄰近的酒鄉源於歐洲移民，擁有豐富自然資源的袋鼠島也是英國人探勘基地，什麼食，活動或生活態度上都呈現一種新澳洲風尚。

南澳輪廓圖

南澳之最Top Highlights of South Australia

阿得雷德節慶中心Adelaide Festival Centre
　　托倫斯河畔的節慶中心，平日就是阿得雷德市民休閒散步的地方，肩負了劇院、室內外音樂廳和劇場的角色，如今是南澳表演藝術的基地。(P.281)

阿得雷德中央市場
Adelaide Central Market
　　中央市場大約有250個攤位，不管東西擺得光鮮明亮還是隱而不顯，對食材和食物成癮的人來說，這座超級大市場無疑散發著一股致命的吸引力。(P.285)

巴羅莎河谷
Barossa Valley
　　澳洲最棒的葡萄酒在南澳；南澳最好喝的葡萄酒在巴羅莎河谷；澳洲葡萄酒出口量最大的品牌即來自巴羅莎河谷。入寶山切勿失之交臂。(P.289)

海豹灣Seal Bay
　　位在袋鼠島的南端，設有遊客中心與導覽人員，旅客可參加導覽行程，和解說人員一起走下海灘，近距離觀察海獅。(P.295)

弗林德斯蔡斯國家公園
Flinders Chase National Park
　　南澳數一數二的國家公園，公園內的林相以尤加利樹叢為主，大多數遊客驅車前來，都是為了看那綺麗的海岸風光。(P.294)

阿得雷德
Adelaide

文●林志恆・墨刻編輯部
攝影●林志恆・墨刻攝影組

南澳首府阿得雷德是一座經過完善規畫所建立的城市，相較於澳洲其他大城曾為英國流放罪犯的地方，阿得雷德的居民組成大多來自英國、希臘、德國等歐洲國家的自願移民，影響所及，城內到處可見維多利亞式的建築，教堂、公園、綠地、博物館林立，也是其特色。

阿得雷德以整齊乾淨、繁花似錦的城市風情，友善純真的民情，被世界各國的旅遊指南評選為澳洲最美和最有格調的城市，更令美國作家馬克吐溫傾心，他於19世紀末拜訪此地時，也驚訝於這個城市的美，並以「彷彿來到天堂」來抒發對阿得雷德的感覺。

不過近年來，亞洲移民日漸增多，也增加了這座城市的多元文化，特別是在飲食文化上，阿得雷德是澳洲最出名的美食城市，其餐廳比例之高，冠於全澳洲，當然，你可以在街上找到不同國家和地區的料理。

除了阿得雷德，南澳最吸引人的地方莫過於酒鄉巴羅莎河谷和擁有各種野生動物的袋鼠島，前往這兩地除了開車，比較建議是在阿得雷德報名旅行團參加。而每年4~5月、為期8天的澳洲美食節便在阿得雷德到巴羅莎河谷等地的區域舉行，喜歡美酒美食的人，不妨規畫此時到南澳一遊。

INFO

基本資訊

人口：約134萬
面積：3,258平方公里
區域號碼：(08)
時區：比台灣快1.5小時，夏令時間(10月第一個週日~4月第一個週日)撥快1個小時

如何到達──航空

從臺灣目前沒有航班直飛阿得雷德。從雪梨、布里斯本、墨爾本等城市可搭乘澳洲航空、捷星航空或澳洲維珍航空等航班前往，從雪梨航程約2小時，從布里斯本航程約2小時50分鐘、從墨爾本航程約1小時20分鐘。

阿得雷德機場位於市區西方7公里處，國際和國內線都位於同航廈，相當便捷。
🌐www.adelaideairport.com.au
◎**機場巴士**

可以搭乘J1X號進入市區；若要前往Glenelg、West Beach區，則可搭乘一般巴士(JetBus) J1、J1X、J7及J8號。
◔JetBus每班車出發時間不同，詳見官網時間表
💲可於車上和司機購買單程票或1日票，價格見P.280
🌐www.adelaidemetro.com.au
◎**City Shuttle Bus**

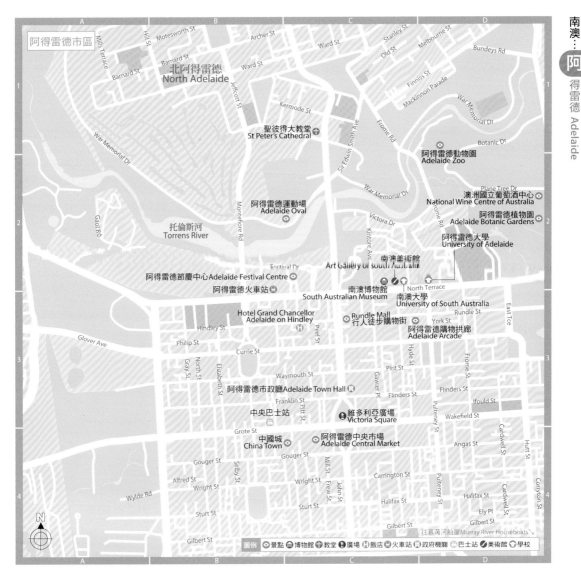

阿得雷德市區

北阿得雷德
North Adelaide

聖彼得大教堂
St Peter's Cathedral

阿得雷德動物園
Adelaide Zoo

澳洲國立葡萄酒中心
National Wine Centre of Australia

阿得雷德運動場
Adelaide Oval

托倫斯河
Torrens River

阿得雷德植物園
Adelaide Botanic Gardens

阿得雷德大學
University of Adelaide

Art Gallery of south Australia
南澳美術館

阿得雷德節慶中心Adelaide Festival Centre
阿得雷德火車站

南澳博物館
South Australian Museum

南澳大學
University of South Australia

Hotel Grand Chancellor
Adelaide on Hindley

Rundle Mall
行人徒步購物街

阿得雷德購物拱廊
Adelaide Arcade

阿得雷德市政廳Adelaide Town Hall

中央巴士站

維多利亞廣場
Victoria Square

中國城
China Town

阿得雷德中央市場
Adelaide Central Market

往慕萬河船屋Murray River Houseboats

圖例 ■景點 ■博物館 ■教堂 ■廣場 ■飯店 ■火車站 ■政府機關 ■巴士站 ■美術館 ■學校

City Shuttle Bus提供指定飯店載送服務，適合單獨旅行的遊客。

🏠大廳底層Information and Tourism Bookings Booth
🕐週一~週五06:30~19:30、週六~週日06:30~17:30，約每30分鐘一班
💲每人A$10
📞0433-533-718；團體預訂(08) 8385-9967

◎計程車
從機場搭計程車到市區約15~20分鐘，車資約

A$15~25。

如何到達──火車

從雪梨或柏斯可搭乘Indian Pacific列車、從墨爾本可搭乘The Overland、從達爾文可搭乘The Ghan到達阿得雷德，車站位於市區以西的Keswick Station車站。可搭電車前往市區的阿得雷德車站。

Journey Beyond

🌐journeybeyondrail.com.au

如何到達──長途巴士

阿得雷德長途巴士站位於中央巴士站(Central Bus Station)，從雪梨、墨爾本、柏斯和達爾文可搭乘灰狗巴士(Greyhound)前往，從雪梨車程約25小時、從墨爾本約11小時。

🚩83 Franklin St ☎(08) 8203-7532 ⏰06:00~21:30

Greyhound
☎1300-473-946 🌐www.greyhound.com.au

Firefly Express
☎1300-730-740 🌐www.fireflyexpress.com.au

Premier Stateliner
☎1300-851-345 🌐stateliner.com.au

V/Line
☎1800-800-007 🌐www.vline.com.au

市區交通

阿得雷德市區及郊區大眾運輸系統包含了巴士、火車和電車，統一由Adelaide Metro經營，票種分為單程票(Singletrip MetroTicket)、1日票(Daytrip)以及旅遊票(Visitor Pass)。價格有尖峰時段和離峰時間之別：尖峰時段是平日09:01分前、15:00後，以及週六；離峰時段為週一～週五09:01~15:00、週日及假日。

Adelaide Metro Information Centre (火車站)
🚩125 North Tce ☎1300-311-108
⏰週一~週日07:00~20:00 (特別節日至00:15)
🌐www.adelaidemetro.com.au

◎票種
單程票Singletrip MetroTicket

2小時內無限搭乘巴士、火車和電車。乘客可於巴士上和司機購票(只接受小鈔)，或在Adelaide Metro Information Centre、販票機器購票。

1日票Daytrip

從上車時間開始一直到隔天04:00，可無限搭乘巴士、火車和電車。 (單位：澳幣A\$)

	尖峰時段			離峰時段		
	metroCARD	單程票	1日票	metroCARD	單程票	1日票
全票*	4.05	5.90	11.20	2.25	4.00	-
半票	2.00	3.00	5.60	1.10	1.40	-

*全票為15歲以上

旅遊票Visitor Pass

此票存放在metroCARD內，期限分為14日票以及28日票，效期結束後仍可繼續儲值當作一般metroCARD使用。Visitor Pass可於Adelaide Metro Information Centre購買。

💲14日票全票A\$63、優待票A\$31.6；28日票全票A\$105、優待票A\$52

◎**免費市區巴士Free City Connector Bus**

甚麼是metroCARD？

metroCARD類似悠遊卡，卡片會自行判斷尖峰離峰時間，票價較普通票更優惠，但不能退卡。
💲成人A\$10(卡片A\$5＋最低儲值額A\$5)、優待票A\$8.5(卡片A\$3.5＋最低儲值額A\$5)

市區內有多線免費巴士，包括99A、99C平日穿梭於鬧區中的主要景點間，每30分鐘一班；98A、98C每日聯繫市中心與北阿得雷德(North Adelaide)之間，每30分鐘一班；98和99號則於平常日加強聯繫北大街(North Terrace)到市中心鬧區之間，每15分鐘一班。

⏰清晨~19:15，週五延長至21:15

◎**免費市區電車Free city tram**

行經South Terrace、Entertainment Centre、植物園和阿得雷德節慶中心。另有免費Jetty Road, Glenelg電車往返Brighton Rd和Moseley廣場。

◎**計程車**
Adelaide Independent Taxi
☎132-211 🌐www.aitaxis.com.au

旅遊諮詢

◎**阿得雷德遊客服務中心**
Adelaide Visitor Information Center
🚩25 Pirie St, Adelaide ☎1300-588-140
⏰週一~週五09:00~17:00

城市概略City Guideline

托倫斯河(Torrens River)橫貫整座阿得雷德市區，河流南岸正是阿得雷德最熱鬧的市中心。

市中心以維多利亞廣場(Victoria Square)為中心，並以東西南北四條大街(Terrace)圍出一個矩形的棋盤式街道，威廉國王街(King William St.)從中間南北縱貫而下，市區唯一的一條地面電車便是沿著這條街、再左轉北大街而行。沿著河岸，幾乎所有重要景點都在這條綠帶之上，包括阿得雷德慶典中心、賭場、南澳博物館、南澳美術館、兩所大學、植物園等。

河流北岸稱為北阿得雷德(North Adelaide)，是高級住宅區，一般遊客較少來到這裡，不過依舊是餐廳、精品店林立；南大街以南又是一整條綠帶。

Where to Explore in Adelaide
賞遊阿得雷德

市中心商業區CBD

MAP ▶ P.279C2

阿得雷德節慶中心與托倫斯河
Adelaide Festival Centre & Torrens River

優美城市地標

MOOK Choice

從阿得雷德火車站步行約5分鐘可達 ⏹Festival Drv., off King William St. ☎(08) 8216-8600 ⏹www.adelaidefestivalcentre.com.au

　　阿得雷德節慶中心是澳洲第一座多功能的藝術中心，成立於1973年，比雪梨歌劇院還早3個月，就位於托倫斯河河畔、北大街(North Terrace)、威廉國王街(King William Street)之間。上面有3座白色的幾何狀建築物，以及樂高積木般的公共藝術，分別肩負了劇院、室內外音樂廳和劇場的角色，如今是南澳表演藝術的基地。

　　每年2月底～3月，這裡就會舉辦盛大的阿得雷德藝術節(Adelaide Festival of Arts)、6月的阿得雷德卡巴萊表演藝術節(Adelaide Cabaret Festival)，還有10月底的澳洲亞洲藝術節(OzAsia Festival)，以及兩年一度的阿得雷德國際吉他節(Adelaide International Guitar Festival)。

　　沒有表演節目的時候，節慶中心平日就是阿得雷德市民最佳的休閒去處，源自阿得雷德之丘(Adelaide Hills)的托倫斯河，流經阿得雷德平原，然後貫穿整個阿得雷德市中心，沿著河岸的線型綠地公園、低窪處形成的湖面，以及河上的噴泉、造景，都是阿得雷德最美麗的城市地標。

　　就以阿得雷德節慶中心為核心，周邊還有幾座地標型的建築物，像是阿得雷德賭場、阿得雷德火車站、南澳議會等，跨過人行橋走到對岸，就是可以容納5萬名觀眾的阿得雷德運動場(Adelaide Oval)。

市中心商業區CBD

MAP ▶ P.279D2

阿得雷德植物園

MOOK Choice

Adelaide Botanic Gardens

植物寶庫

🚌搭免費市區巴士(98、99號)或免費電車BTANIC線可達 🏠 North Terrace ☎(08) 8222-9311 🕐週一~週五07:15、週六~週日及國定假日09:00;開放時間依季節不同 💲免費 🌐 www.botanicgardens.sa.gov.au

這座16公頃大的阿得雷德植物園位於市中心東側,儘管在充滿綠意的阿得雷德,這塊綠地並不顯得特別彌足珍貴,然而植物園裡刻意種植的花卉、造景與溫室,仍然是阿得雷德市民拍婚紗、辦結婚派對、野餐、聚會的最佳去處。

植物園裡包括了玫瑰園、荷花池、水鴨塘、幾畝大的綠色草坪,一整排由摩頓灣無花果樹(Moreton Bay fig tree)構成的林蔭大道,還有好幾座珍貴的溫室。像是1989年為了紀念建國200週年的而打造的「兩百年溫室」(Bicentennial Conservatory),號稱是南半球最大的單跨(Single-span)玻璃溫室,由電腦控制942支水霧噴灑器,營造出熱帶雨林環境,裡面是一座茂密的低地熱帶雨林。另外,還有棕櫚溫室、大王蓮花(Victoria amazonica)溫室等。

每天10:30園區有免費的導覽,從Schomburgk Pavilion出發,一趟約1.5小時。夏日傍晚,則會有一系列的月光電影院(Moonlight Cinema)。

澳洲國立葡萄酒中心
National Wine Centre of Australia

🏠cnr Botanic & Hackney Rds. ☎(08)8313-3335 🕐週一~週四08:00~17:00、週五08:00~00:00、週六09:00~18:00、週日09:00~17:00 🚫耶誕節、送禮節、元旦、耶穌受難日 🌐nationalwinecentre.com.au

植物園旁還有一座澳洲國立葡萄酒中心,屬於阿得雷德大學的一部分,內有互動式的展覽,從葡萄品種、釀酒方式到不同酒的特性等,都有簡單說明,你還可以付費試飲各種酒。

市中心商業區CBD

MAP ▶ P.279C2

南澳美術館
Art Gallery of South Australia

南澳最豐富的藝術收藏

📍從阿得雷德火車站步行約5分鐘可達 🏠North Terrace
☎(08) 8207-7000 ⏰10:00~17:00（每月第1個週五至21:00）
🚫耶穌受難日、耶誕節 💲免費；特展另外收費 🌐www.
artgallery.sa.gov.au

　南澳美術館擁有南澳地區最豐富的藝術收藏，常設展包括了澳洲、現代澳洲、當代原住民、亞洲、伊斯蘭地區以及歐洲的藝術作品。

　美術館所收藏關於澳洲籍知名畫家的畫作，包括了Charles Conder、Margaret Preston、Clifford Possum Tjapaltjarri、Russell Drysdale、Sidney Nolan等人；歐洲藝術則是以文藝復興時期和英國藝術畫作為主，此外還有19件羅丹(Rodin)的銅雕。美術館裡同時附設咖啡廳和書店。

市中心商業區CBD

MAP ▶ P.279C2

南澳博物館
South Australian Museum

世界數一數二的原住民文化收藏

📍從阿得雷德火車站步行約8分鐘可達 🏠North Terrace
☎(08) 8207-7500 ⏰10:00~17:00；ANZAC紀念日12:00起
🚫耶穌受難日、耶誕節 💲免費；特展另外收費 🌐www.
samuseum.sa.gov.au

　南澳博物館的展示大致分成四大類，一是南澳的自然史，一是生活在南澳的Ngarrindjeri原住民文化，另一是太平洋島嶼美拉尼西亞和巴布亞新幾內亞的原住民收藏，還有一部分則是南極探險家道格拉斯‧莫森爵士(Sir Douglas Mawson)的探險歷程。

　一進博物館入口，便可以看到巨大的抹香鯨骨架；而博物館裡，連同太平洋島嶼與原住民議題的相關收藏，多達3,000件，號稱全世界數一數二的同類型博物館；至於格拉斯‧莫森爵士則是澳洲籍最著名的南極探險家，目前澳洲設在南極的科學研究站，便以他命名。

市中心商業區CBD

MAP ▶ P.279C2,D2

南澳大學和阿得雷德大學
University of South Australia & University of Adelaide

綠意盎然的大學校園

📍從阿得雷德火車站步行12~15分鐘可達 🏠North Terrace
🌐www.unisa.edu.au、www.adelaide.edu.au

　南澳大學和阿得雷德大學比鄰而居，與南澳博物館和南澳美術館同樣位於北大街上，從北大街一直向北延伸到托倫斯河一整片綠地，都是校園廣大的腹地。除了悠閒的河畔風光外，校園內還有不少美麗的歷史建築，其中阿得雷德大學的邦尼森大禮堂(Bonython Hall)，經常成為遊客的觀光焦點。

MAP ▶ P.279C3

Rundle Mall
行人徒步購物街

MOOK Choice

全城最熱鬧商圈

🚶 從阿得雷德火車站步行9~10分鐘可達　🕐 週一~週四09:00~17:30、週五09:00~21:00、週六09:00~17:00、週日及國定假日09:00~17:00　ℹ️ www.rundlemall.com

掃地圖

　　澳洲許多城市都有行人徒步購物街，阿得雷德也不例外。這裡幾乎就是全城最熱鬧的地方，短短約500公尺的街道，聚集了百貨公司、大型超市、紀念品店、名牌店、購物拱廊、美食街等，一整天逛街人潮、遊客、街頭藝人川流不息，人聲鼎沸。真心想要購物，整條街從頭走到尾，通常都會找到你的需求；就算不買東西，走在街上都能同感歡樂。

　　購物街上還有一座極具歷史感的阿得雷德購物拱廊(Adelaide Arcade)，2015年，這座拱廊度過它130歲的生日。走在拱廊，就像穿越時光隧道，逛累了，在古典的拱廊裡找個咖啡吧坐下來，啜口咖啡，心情特別不同。

市中心商業區CBD

MAP ▶ P.279C3

阿得雷德市政廳

Adelaide Town Hall

義大利文藝復興式建築

🚃搭電車或巴士至Pirie St.站下，步行約1分鐘可達；從阿得雷德火車站步行約10分鐘可達 🏠128 King William St. ☎(08) 8203-7590 ◷週一~週五09:00~17:00；當月最後一週週一10:00有1小時導覽行程，參加導覽需事先預約 💲免費 ⓤ www.adelaidetownhall.com.au

這座新文藝復興式的市政廳建於1863年，穩重地矗立在威廉國王大街(King William St.)上，其建築採用⋯⋯

史上，這座市政廳與名人的相遇，最響亮的莫過於1964年的披頭四合唱團(Beatles)，當年他們從市政廳立面的陽台上現身，萬人空巷，吸引超過30萬名尖叫的粉絲。

掃地圖

市中心商業區CBD

MAP ▶ P.279C4

MOOK Choice

阿得雷德中央市場

Adelaide Central Market

食物的饗宴

🚃搭電車或巴士至Victoria Square站下，步行約4分鐘可達 🏠44~60 Gouger St. ☎(08) 8203-7494 ◷週二07:00~17:30，週三、四09:00~17:30，週五07:00~21:00，週六07:00~15:00；遇國定假日營業時間有異 休週日、週一 ⓤ www.adelaidecentralmarket.com.au

如果你去過墨爾本的維多利亞女皇市場(Queen Victoria Market)——那座號稱墨爾本的「購物麥加」、南半球最大的露天市集，那麼同理，來到阿得雷德絕對不能錯過中央市場！相較於維多利亞女皇市場，這裡沒有遊客猛按快門，更少了一點觀光味道。

中央市場大約有250個攤位，不管東西擺得光鮮明亮還是隱而不顯，對食材和食物成癮的人來說，這座超級大市場無疑散發著一股致命的魔力：從義大利臘腸到各式乳酪，從七彩水果到大大小小的堅果，還有生鮮的龍蝦、生蠔⋯隨意逛一圈，就是一場視覺的饗宴。別擔心這些食材餵不飽肚子，一旁就是中國城，那裡有數十家餐廳和美食街攤位，一定能滿足你的口腹之慾。

市中心商業區CBD

MAP ▶ P.279C4

中國城

Chinatown

平價美食餐廳雲集

🚌 搭免費市區巴士(98、99號)可達　📍 Gouger St.一帶

　　來到人生地不熟的城市，想找便宜的餐廳、又擔心踩到地雷，通常到中國城會是比較安全的選擇；尤其遇到週末假日不少餐廳不營業，在中國城，就沒有這層顧慮。

　　阿得雷德的中國城幅員甚廣，又與中央市場相連，中間有一整個區塊都是美食街，提供相對便宜又多樣性的選擇。而Gouger這條街上，整條街幾乎都是餐廳，除了海外常見的廣式燒臘、飲茶之外，也有壽司吧、日本料理、拉麵店等，其中主打九州福岡風味的「亮亭」拉麵連鎖店(Ryo's Noodles)，也繼雪梨之後，在80 Gouger St.開了一間分店，口碑頗佳。

市中心商業區CBD

MAP ▶ P.279C3

Hotel Grand Chancellor Adelaide on Hindley

位置優越典雅住宿

🚶 從阿得雷德火車站步行約5分鐘可達　📍 65 Hindley Street　☎ (08) 8231-5552、1800-753-379　🌐 www.grandchancellorhotels.com/hotel-grand-chancellor-adelaide-on-hindley

　　位於市中心Hindley街上的Hotel Grand Chancellor，占盡絕佳地理位置，沿著門前大街向右走，才一兩分鐘路程，跨過King William St.，便是熱鬧非凡的Rundle Mall行人徒步購物街，此外，從旅館向北走是阿得雷德節慶中心、火車站，往南走則可以到達中國城、巴士總站、維多利亞廣場，也都僅5至10分鐘的步行距離，舉凡購物、搭車、賞景、解決民生問題，都非常方便。而Hindley街上，聚集了大大小小的餐廳、咖啡館、酒吧，是阿得雷德最熱鬧的夜生活地帶。

　　Grand Chancellor共有208間客房，算是一間中大型旅館，房間裝潢簡潔、色彩雅致，具現代感，寢具質地柔軟、觸感佳，不論是旅遊還是商務，在外累了一天，回到房間後，讓人身心得以全然地放鬆。樓層較高的房間視野極佳，不僅俯瞰阿得雷德市區，就連遠方的大海、落日，都一目了然。

　　旅館還附設游泳池、健身房、三溫暖。位於一樓的Bistro Sixty5供應早餐和晚餐，特別是那豐盛的早餐，為你開啟美好又有活力的一天，而地面樓的Sebastyan's Bar則負責夜生活，不論房客還是當地人，總喜歡在吧台前小酌一杯。

　　此外，連鎖的Hotel Grand Chancellor，在Currie街上也有一間姊妹飯店。

北阿得雷德North Adelaide

MAP ▶ P.279C1

聖彼得大教堂
St Peter's Cathedral

聖公會大教堂

🚌 搭224、254等號巴士至King William Rd.-West side站下，步行約2分鐘可達；從阿得雷德火車站步行13~16分鐘可達 🏠 27 King William St. North Adelaide ☎ (08) 8267-4551 🕐 週一~週五11:00~13:00，導覽行程週五11:00 💲 免費 🔗 www.stpeters-cathedral.org.au

聖彼得大教堂位於托倫斯河北岸的北阿得雷德區，其高聳的新哥德式建築樣貌，與周遭現代建築的天際線，形成強烈的對比。

這座教堂是澳洲聖公會(Anglican)教堂建築的縮影，也是19世紀末大哥德式復興建築(Grand Gothic Revival)的最佳範例。

阿得雷德周邊Around Adelaide

MAP ▶ P.277

阿得雷德之丘 與德國村
MOOK Choice

Adelaide Hill & Hahndorf

品啜白葡萄酒的好選擇

🚌 前往阿得雷德之丘的公共交通很少，可從阿得雷德開車或報名旅行團參加

阿得雷德之丘遊客服務中心
Adelaide Hills Visitor Information Centre

🏠 68 Mount Barker Road ☎ (08) 8393-7600 🕐 週一~週日10:00~16:00 休 耶誕節 🔗 www.adelaidehills.org.au

阿得雷德之丘距離阿得雷德市區只有30分鐘車程，也是南澳的酒鄉之一，當地以出產白葡萄酒聞名，保有一座傳統大水車的Petaluma Cellar酒莊就釀製有十多種白酒供消費者選擇。

所有歐陸移民中，唯一留下較完整的村落便是

在阿得雷德之丘的德國村，雖然已經相當觀光化，卻不刻意矯揉造作，轉角的皮革店，出售零嘴的糖果店，供應正統德國香腸的肉舖，甚至在公園前展示德國手搖音樂車的爺爺，都可愛得讓人忍不住駐足停留。

若要了解德國村在當地的發展，坐落在主要道路上的Academy收藏了許多當地的庶民文物，1樓展覽室也展出當地藝術家的作品與設計商品供遊客參觀選購。

德國村旅店Hahndorf Inn

🏠 35 Main St, Hahndorf ☎ (08) 8388-7063 🕐 10:30~凌晨 休 耶誕節 🔗 www.hahndorfinn.com.au

想大口喝德國啤酒、大口吃德國香腸，那麼1963年營業至今的德國村旅店絕對能滿足旅客的口腹之慾。

這裡擁有鎮上歷史最悠久的餐廳，餐廳所供應的餐點份量十足，一份「A test of Germany platter」包含3~4種德國香腸、德國豬腳、煙燻豬肉、洋芋泥、醃製入味的酸白菜，以及德國蝴蝶結麵包和3種不同味道的芥末醬，所有德國風味料理一次端上，再加上店內每日限量的烤麵包Damper Bread，足夠讓2~3人吃個飽。

阿得雷德周邊Around Adelaide

MAP ▶ P.279D4外

慕芮河船屋
Murray River Houseboats

MOOK Choice

結合遊艇、旅遊休閒的獨特體驗

🚌 Link SA有固定班次的巴士加火車前往慕芮橋(Murray Bridge)，車程約1.5~2小時，電話：(08)85322633、網址：linksa.com.au；亦可搭Premier Stateliner，電話：1300 851 345、網址：premierstateliner.com.au

慕芮橋遊客服務中心Murray Bridge Visitor Information Centre
🏠 3 South Terrace Murray Bridge ☎ (08) 8539-1142
🕐 週一~週五09:00~16:00、週六09:00~15:00、週日10:00~14:00 休 耶誕節 🌐 www.murrayriver.com.au

　　船屋要算是南澳最高檔、最獨特的假期享受了。船屋的旅遊方式原本只是當地有錢人的水上別墅，後來結合了遊艇和旅遊休閒的功能。

　　慕芮河為澳洲第一大河，航行於該河的船屋的規模不等，從只有一間房的迷你船到擁有按摩池的豪華船都有，選擇性很多，規模雖有不同，每艘船屋的基本設備卻大同小異，民生設備一應俱

全，生活機能方便而現代化。由於船屋的原創精神在於凡事自己動手作，所以從開船、三餐、娛樂全部自個兒找創意，不僅因此與同船的船友培養出濃郁的感情，更挖掘出自己在陸地上從未展現過的潛能。

掃地圖

巴羅莎河谷
Barossa Valley

文●墨刻編輯部　攝影●墨刻攝影組

距離阿得雷德東北方約1小時車程的巴羅莎河谷，是南澳葡萄酒產量頗豐的酒鄉之一。巴羅莎的開發與19世紀的歐洲移民有關，最早進城開發的是英國人，爾後德國、希臘、義大利人陸續移入，人們將原來傳統的畜牧與農耕生活方式一起帶進澳洲大陸，葡萄酒也在此時踏進南澳。

由於巴羅莎的土壤和氣候相當適合葡萄生長，因而成為當地最普遍的農作，葡萄酒的釀製也隨之興盛。多家澳洲葡萄酒品牌皆出自巴羅莎，包括老字號的Penfolds、外銷產量最大的Jacob's Creek、以及獲獎無數的Peter Lehmann等。每個酒莊或品牌都各有其風格獨具的紅白葡萄酒，並歡迎遊客前往品酒、試酒。

INFO

如何到達——開車

從阿得雷德出發經過北阿得雷德的Main N Rd.，走Port Wakefield Rd/Princes Hwy和Northern Expy/National Highway M20前往Gomersal Rd.，然後沿Gomersal Rd.前往Tanunda的Barossa Valley Way/B19可達。

巴羅莎河谷活動

◎Barossa Vintage Festival

巴羅莎河谷的所有酒莊每年都會參與這個葡萄酒祭典，與當地人和遊客分享新鮮釀製好的葡萄酒。除了美食美酒，還會有市集、工作坊、馬拉松等活動，其中最精彩的可以說是葡萄酒拍賣和餐會(Barossa Wine Auction and Lunch)了！

🔻每年4月 🌐barossavintagefestival.com.au

◎Barossa Gourmet Weekend

9月的Barossa Gourmet Weekend也是巴羅莎河谷一年一度的美食盛會，如果這個時間到訪巴羅莎河谷的話，可以一次品嘗完這裡的當地美食和美酒。你可以趁這3天除了試吃、試喝，也可以參與Gourmet Traill中的大師班、花園派對…

🔻每年9月 🌐barossavintagefestival.com.au

旅遊諮詢

◎巴羅莎遊客服務中心

📍66-68 Murray St., Tanunda
☎1300-852-982
🔻週一~週五09:00~17:00、週六09:00~16:00、週日及假日10:00~16:00
🚫耶穌受難日、耶誕節
🌐www.barossa.com/members/barossa-visitor-information-centre

巴羅莎河谷

圖例 ◎景點 ◎公園 ◎酒莊 🍴餐廳 🚉火車站

建議參加品酒團，方便行動

對遊客而言，如果不自行開車，前往巴羅莎河谷並不方便，尤其如果志在品酒，就更不方便了。所以建議最理想的方式，就是報名參加品酒團前往，通常在遊客服務中心和各等級住宿設施都很容易看到品酒團的宣傳單，可電話或網路報名；怕溝通不良的話，可請遊客服務中心或住宿飯店幫忙代為報名，確認好價格、集合時間、集合地點等即可。這類品酒團以西方人佔多數，小團體行動，最好具備基礎程度以上的英語聽力。

🌐www.barossa.com/see/tours-transport

編輯筆記 ✏

不同季節，不同風貌的巴羅莎河谷

春天(9~11月)：開滿粉、白、紅色花朵的果樹，適合戶外聚餐的天氣
夏天(12~2月)：葡萄收成季節，可以親自現採現釀
秋天(3~5月)：顏色最美的時候，綠葉、紅葉交錯，可以拍到很多美照
冬天(6~8月)：體驗在台灣無法體會到的「柴火取暖」，參加美食盛會

Where to Explore in Barossa Valley
賞遊巴羅莎河谷

MAP ▶ P.290A3

Jacob's Creek酒莊

MOOK Choice

澳洲紅酒出口量最大品牌

🏠2129 Barossa Valley Way, Rowland Flat ☎(08) 8521-3000 🕙10:00~16:30(餐廳12:00~15:00) 休耶穌受難日、耶誕節 ⊕www.jacobscreek.com.au

創立於19世紀中的Jacob's Creek是澳洲紅酒出口量最大的品牌，擁有200多公頃葡萄園。目前全球約60多國都能喝到Jacob's Creek所產的葡萄酒。

掃地圖

Jacob's Creek的創辦人來自德國巴伐利亞區，歷經3次更名後，最終還是以當初發跡的Jacob's為其品牌名稱。遊客中心除了寬闊的試酒區，還可以看到1973年第一瓶以Jacob's Creek為名出產的紅酒。

Jacob's Creek同時也附設了餐廳。餐廳菜單上標示著適合搭配主菜的葡萄酒，提供餐飲的同時，也給顧客各種酒、食的建議。

若在葡萄酒瓶身標籤上看到「Reserve」的字樣，表示這瓶酒是從全澳洲葡萄園中的精選葡萄所釀製，倘若是取自巴羅莎當地的葡萄，在酒標上則會標明Barossa Valley。

MAP ▶ P.290A2

Peter Lehmann酒莊

MOOK Choice

香甜白酒得獎無數

🏠Para Road, Tanunda ☎(08) 8565-9555 ⏵週四~週一10:30~16:30 休週二、週三、耶誕節、送禮節、新年、耶穌受難日 ⊕peterlehmannwines.com

坐落在廣大綠蔭庭園間的Peter Lehmann，在酒標的設計上多了幾分巧思。他們和巴羅莎當地的藝術家合作，以樸克牌的梅花皇后為藍本，創作出以不同繪法呈現的酒標，對應於創辦人Peter Lehmann當初決定投入製酒事業的孤注一擲，最後這個帶點賭博意象的皇后標誌也成為該品牌商標。

不僅在酒標上運用創意，Peter Lehmann以巴羅莎產地葡萄所釀製的葡萄酒在世界級比賽中獲獎無數，尤其是旗下一支「Eden Vally Riesling」白酒，曾在International Wine and Sprit Competition的全球葡萄酒評比中，連續獲得5次最佳Riesling白酒的獎項，打破所有參賽紀錄。

Peter Lehmann旗下除了紅白酒之外，一種紅酒氣泡酒(Sparkling Shiraz)據說是澳洲特有的酒品。這種氣泡酒約自1930年開始有酒廠釀製，因為在澳洲境外喝不到，帶點粉紅的色澤很討喜，加上微甜的特殊口感，相當受到女性顧客青睞。

酒 後 不 開 車 ， 安 全 有 保 障 。

MOOK Choice

Penfolds Barossa Valley Cellar Door

南半球最大酒窖

🏠30 Tanunda Rd., Nuriootpa ☎(08) 8568-8408 ◐
10:00~17:00 ㊡耶誕節、送禮節 🌐www.penfolds.com

Penfolds一年生產1,900萬瓶，酒窖可存放22,700個橡木桶，儲存6,626,000公升以上的葡萄酒，不僅是澳洲葡萄酒名牌，也號稱擁有南半球最大酒窖的酒莊。

Penfolds創立於1844年，創辦人Christopher Rawson Penfold醫生當初釀酒只是當藥方開給患者服用，後來將醫療用與平日飲用的葡萄酒分開釀造，所生產的飲用酒品便以醫生住家「The Grange」為名，時至今日，「Grange」仍為Penfolds最高檔的商品系列。

每年1~5月是巴羅莎最忙碌的採收與製作季節，以Penfolds為例，80%的葡萄由機器採收，

掃地圖

20%以純人工摘採的葡萄則多使用於製作高品質的葡萄酒。摘採時段必須在夜間進行，以免成熟的果實在大白天會因為日間溫度而影響發酵過程。

Penfolds的解說人員表示，放在美國和法國橡木桶的紅酒味道和香氣都不同，為求酒的豐富口感，有些葡萄酒會在存放期間換到不同地區出產的橡木酒桶，這些存放的比例細節都會標示在瓶身標籤。

Salter's Kitchen

創意披薩料理

🏠Murray Street, Angaston ☎(08) 8561-0216 ◐週一~週五11:45~15:00、週六~週日11:45~16:00、國定假日12:00~15:00 ㊡耶誕節、送禮節 🌐www.saltramwines.com.au

Salter's餐廳坐落在Saltram酒莊的葡萄園旁，提供的是以歐洲料理為基調，注入新創意的菜色。午餐的義式披薩除了義大利臘腸、起士、羅勒等一般配料，在法國料理中經常出現的鴨肉和confit(似醃漬、油浸等料理方式)的馬鈴薯，再點綴上生菜，

掃地圖

就是一盤帶著法國風味的披薩；切成薄片的馬鈴薯平鋪在薄餅皮上，加上些許起士、粗鹽，再以迷迭香點出香氣，用料簡單卻能吃出新意。餐廳所有披薩都以傳統木柴磚爐烘烤，完全展現廚師的好手藝。

前菜拼盤更是歐風十足，西班牙生火腿、烤朝鮮薊和茄子、番茄，醃漬的橄欖拌上切塊起士，以及可佐餐前麵包的豬肉抹醬等一起上桌，多樣的食材色澤，光看就令人胃口大開。

袋鼠島
Kangaroo Island

文●林志恆‧墨刻編輯部
攝影●林志恆‧墨刻攝影組

　　袋鼠島位於阿得雷德南方113公里處，面積4,430平方公里，是澳洲的第三大島。1802年，英國船長馬修‧弗林德斯(Matthew Flinders)發現了這座島，便因為島上有許多袋鼠，才將島嶼以此命名；但因為島上的原生袋鼠體型較澳洲內陸的袋鼠要小，毛色深且長，也有人懷疑弗林德斯也許看到的不是大袋鼠(Kangaroo)，而是另一種小型袋鼠(Wallaby)。

　　袋鼠島完整保存的自然環境確實成為野生動物們的天堂。由於全島約有48%面積被植物覆蓋，且大部分土地都已成為動物保護區，包括原生及境外移入的動物、禽鳥、兩棲動物等，共有900多種。

　　島上隨時都可見成群的放牧牛羊、躲在樹上睡覺的無尾熊、大步在草地上行走的蠟嘴雁(Cape Barren Goose)、在野花盛開的土地上跳躍的野生袋鼠，以及不時從草叢竄出的蜥蜴等，更遑論停在枝枒上吱吱喳喳的各種鳥類。此外，還可以在特定地點觀察海獅(Sea Lion)和紐西蘭毛皮海豹(New Zealand Fur-Seal)。

INFO

如何到達——航空

　　從阿得雷德可搭Regional Express飛機前往袋鼠島的Kingscote機場，每日2~4班，航程約35分鐘。
☎131-713
🌐www.regionalexpress.com.au

如何到達——巴士+渡輪

　　從阿得雷德中央巴士站出發的Sealink，提供巴士＋渡輪的交通方式，從阿得雷德出發，約1個多小時抵達Cape Jervis，從這裡轉搭Kangaroo Island Sealink渡輪至袋鼠島的Penneshaw碼頭，船程約45分鐘。
☎131-301、(08) 8202-8633
🌐www.sealink.com.au

如何到達——套裝行程

　　在阿得雷德可以報名參加由旅行社安排的袋鼠島1或2日行程，對沒有交通工具的人來說，這是最方便的選擇。
Sealink
☎131-301、(08) 8202-8633
💲袋鼠島1日行程A$185起、中文1日行程A$304起、2日行程A$629.50起；另有多種套裝行程，價格請上官網查詢
🌐www.sealink.com.au

旅遊諮詢

◎袋鼠島旅遊局
🌐www.tourkangarooisland.com.au

MAP ▶ P.293A1

弗林德斯蔡斯國家公園
Flinders Chase National Park
奇特的海岸之美

☎(08) 8553-4444、0477-334-898 ⏰09:00~17:00 💲成人票A\$12.5、兒童票(4~15歲)A\$6.5、家庭票(2大2小／1大3小)A\$31.50 🌐parks.sa.gov.au

　　弗林德斯蔡斯國家公園位於袋鼠島的西端，如果搭渡輪從潘蕭碼頭(Penneshaw)上岸，幾乎得自東向西行駛近200公里，橫貫整座島嶼才能抵達。弗林德斯蔡斯國家公園是南澳數一數二的國家公園，園區內的林相以尤加利樹叢為主，大多數遊客驅車前來，都是為了看那奇麗的海岸風光。

海軍上將拱門
Admirals Arch

　　從燈塔沿著步道一路往海岸走，下行至岸壁邊時，可以看到海岸岬角上聚集不少紐西蘭毛皮海豹，躺在岩石上任由浪花拍打；再繼續轉身下行，赫見一個天然的石灰岩洞穴直接面向海洋，和岩岸形成一個拱形空間，不僅景觀十分獨特，也因此成為海豹專屬的休息室。

卓越岩
Remarkable Rock

　　50億年前，地表下約10公里的火山熔岩，經過地殼變動後突出於地表，經過百萬年的風化後，熔岩被切割成形狀各異的岩石，突出於濱海山丘上。

　　據說從不同角度看，石頭的形狀會呈現10多種動物的模樣，有時像駱駝，另一角度又像獅子和小雞在對話；繞到岩石群另一端，又像站在石頭上的綿羊。站在岩石旁觀察是相當有趣的體驗，唯獨海濱風強，上下斜坡時要多加注意腳步，小心自身安全。

MAP ▶ P.293A1

海豹灣自然保護公園

Seal Bay Conservation Park

與海獅近距離接觸

☎(08) 8553-4463 ◑09:00~17:00(南澳學校暑假至18:00);閉館前1小時最後入場 休耶誕節 ⑤成人票A$17.5、兒童票A$11、家庭票(2大2小／1大3小)A$46；含45分鐘導覽成人票A$39、兒童票A$22、家庭票A$95 ⊕www.sealbay.sa.gov.au ❗人潮較少時間為11:00前或13:00後

海豹灣一帶聚集約600隻澳洲原生的灰海獅，海獅的作息通常是出海捕食3天、回到岸上休息3天，養足精神後再繼續下一次的捕獵。海獅一次能潛下240公尺深的海底，並持續12分鐘，章魚、龍蝦都是他們的食物，一隻成年海獅的重量約在250~350公斤，在捕食的3天裡可吃下自己體重1/3的存糧，以維持上岸後3天的休息。

海獅孕育下一代的時間非常長，必須經過18個月的懷孕期，生下小海獅後必須擔負起18個月的餵食期，方能放小海獅自行出海捕食。在海豹灣海灘邊或木棧道旁經常可見海獅躺著休息，或被留在岸上等待父母親捕食的小海獅。

雖然海灘上的海獅看起來慵懶，抬抬頭就順勢再倒下休息，但野生動物畢竟有野性，當牠們察覺有人侵入自己的生活領域時，還是會出現攻擊動作。為維持海獅的作息以及遊客本身的安全，在進行觀察活動時，導覽人員千叮萬囑參加同一梯次的遊客一定要一起行動，不能有落單的情況發生。

MAP ▶ P.293A1

漢森灣野生動物自然保護區

Hanson Bay Wildlife Sanctuary

輕易看見野生動物

🏠South Coast Rd., Karatta ☎(08) 8559-7344 ◑無尾熊導覽10:30及14:30；夜間導覽日落後開始 休耶誕節 ⑤無尾熊導覽成人A$35、18歲以下A$17.5；夜間導覽成人A$70、2~17歲A$35 ⊕www.hansonbay.com.au

Hanson Bay Cabins
⑤Cygnet兩人一晚A$300、Stormy Petrel兩人一晚A$350，加一人多A$50

漢森灣野生動物自然保護區占地3,845公頃，過去原本是一座農場，如今除了擁有大片質地良好的尤加利樹林地及牧場外，更棲息了種類繁多的野生動物與鳥類。在這裡，你可以輕易地看到各種澳洲特有的野生動物，包括無尾熊、袋鼠、蠟嘴雁、負鼠(Possum)、針鼴蝟(Echidna)等。這裡也設有6間海邊小屋，分為4間Log Cabin和2間Modern Cabin。前者為2間臥室(1張雙人床＋2張單人床)，後者為1間臥室(1張雙人床)。

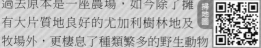

北領地

北領地

Northern Territory

P. 298　烏魯魯‧卡達族達國家公園Uluru-Kata Tjuta National Park

P.303　愛麗絲泉Alice Spring

P.309　卡卡度國家公園Kakadu National Park

位居澳洲中部的這一塊區域稱為北領地，在這裡有知名的世界遺產烏魯魯・卡達族達達國家公園，這是位在澳洲中部沙漠的兩個神秘傳奇，以橘紅色的曲線和神聖的姿態，征服你的心。

今日的烏魯魯・卡達族達國家公園對觀光客來說，或許只是一塊神秘又奇妙的巨岩而已，然而，裡頭卻深藏了原住民幾萬年以來不變的信仰，包含了澳洲原住民對先祖的虔敬精神和靈魂。

位在北領地南端的愛麗絲泉，則是澳洲中部大陸的重要城鎮，由於距離首府達爾文相當遙遠，因此愛麗絲泉就像是沙漠裡的一顆明珠。是許多到烏魯魯・卡達族達國家公園後，必遊的延伸行程；或是以這裡為基地，再前往烏魯魯・卡達族達國家公園。

北領地輪廓圖

北領地之最Top Highlights of Northern Territory

烏魯魯(愛爾斯岩)Uluru(Ayers Rock)
全世界最大的獨立巨岩，圓周9.4公里、高度達348公尺，不論從哪個角度，那橘紅色的曲線讓人著迷，似乎隨時都在散發不可思議的力量。(P.300)

卡達族達(奧加斯岩)Kata Tjuta(The Olgas)
走入群岩包圍的山谷，感受每一塊高低不同岩石的曲線、顏色和光影變化。在這樣荒涼的山谷裡，還有小溪、水洞和生機盎然的樹林花草。(P.300)

西麥當諾國家公園
West Macdonnell National Park
可認識許多北領地的植物生態，而橘紅色的直削谷壁和谷底清澈的水流，不禁讓人讚嘆造者者的神奇。(P.308)

卡卡度國家公園
Kakadu National Park
澳洲最大的國家公園，也是一座結合人文與自然的綜合類世界遺產，蘊藏豐富的動植物生態及原住民生活5萬年的遺跡。(P.309)

烏魯魯‧卡達族達
國家公園

烏魯魯‧卡達族達國家公園
Uluru-Kata Tjuta National Park

文●墨刻編輯部　攝影/墨刻攝影組

這裡是澳洲原住民——阿男姑人(他們自稱Anangu，由Pitjantjatjara和Yankuntjatjara兩族構成)生活了超過數萬年的紅色大地，由獨立巨岩烏魯魯(Uluru，或稱愛爾斯岩Ayers Rock)和群岩卡達族達(Kata Tjuta，或稱奧加斯岩The Olgas)，構成這片沙漠最美麗的景色。

西元1872~1873年間，英國人先後發現了卡達族達和烏魯魯，卻為阿男姑帶來了一連串的災難——英國政府宣稱澳洲土地並不屬於任何人，所有人都可占領；這樣的霸取直到西元1985年，原住民才取回這塊土地，並由澳洲公園向原住民租借作為國家公園，租期99年。

現今，對各國的觀光客來說，被納入聯合國世界遺產的烏魯魯，就是一塊神秘又奇妙的巨岩而已，但正如原住民幾萬年來不變的信仰般，烏魯魯包藏了先祖們的精神和靈魂，不論以何種心情來到這裡，都不要忘了這裡是阿男姑人的家，必須虔敬、必須守禮。

INFO

基本資訊
區域號碼：(08)
時區：比澳洲的昆士蘭、新南威爾斯和維多利亞慢30分鐘，比台灣則快1.5小時

如何到達——航空
從雪梨可搭乘澳洲航空、捷星航空或澳洲維珍航空等航班前往，航程約3~3.5小時；從愛麗斯泉可搭乘澳洲航空，航程約45分鐘。
◎機場巴士
愛爾斯岩機場(Ayers Rock Airport，或稱Connellan Airport)離愛爾斯岩度假村(Ayers Rock Resort，或稱Yulara)約6公里，度假村房客可免費搭

烏魯魯·卡達族達國家公園

圖例 ◎景點 ⓗ飯店 ✈機場 ⓘ遊客服務中心

N

Connellan Airport

尤拉拉(愛爾斯岩度假村)
Yulara (Ayers Rock Resort)

5Km

Lasseter Hwy

往愛麗絲泉↗

公園入口站
Park Entrance Station

Longitude 131° ⓗ

日落觀賞點
Sunset Viewing Area

卡達族達(奧加斯)
Kata Tjuta (The Olgas)

9Km

烏魯魯(愛爾斯岩)
Uluru (Ayers Rock)

日落觀賞點
Sunset Viewing Area

51Km

卡達族達沙丘群觀賞點
Kata Tjuta Dune Viewing Area

烏魯魯·卡達族達 ⓘ 文化中心
國家公園文化中心 Cultural Centre

※圖中公里數是從尤拉拉開始起算

愛爾斯岩度假村(尤拉拉)

往機場Airport→

Uluru & Kata Tjuta

沙漠之帆飯店
Sail in the Desert Hotel

沙漠花園飯店
Desert Gardens Hotel

鵜鶘漫步公寓
Emu Walk Apartment

遊客服務中心
Resort Shopping Centre

度假村購物中心

圖書館Library

醫療中心Medical Centre

警察局Police Station

消防局Fire Station

愛爾斯岩度假村廂車營地
Ayers Rock Resort Coach Campground

加油站Petrol Station

營地諮詢櫃檯
Campground Kiosk

鄉村拓荒者旅館
Outback Pioneer Hotel & Lodge

愛爾斯岩度假村營地
Ayers Rock Resort Campground

圖例 ⓗ飯店 ⓣ購物 ⓟ停車場 ⓘ遊客服務中心

接駁巴士到度假村,車程約10分鐘。

如何到達——火車

從雪梨搭Indian Pacific列車或從墨爾本搭The Overland列車到阿得雷德(Adelaide),再從阿得雷德搭The Ghan列車到愛麗絲泉,再從愛麗絲泉開車或參加旅行團可達。
Journey Beyond 🌐journeybeyondrail.com.au

如何到達——開車

從愛麗絲泉開車往南走Stuart公路,在Erldunda接Lassester公路可達,距離440公里,車程約5小時。
❶如果是自行開車前往而非參加旅行團,園區內是沒有加油站,也不提供任何餐飲,請事先準備。

如何到達——旅行團

國家公園內沒有巴士也沒有計程車,除了開車,最方便的方式就是參加當地旅遊公司所提供的觀光行程。這些行程可從愛麗絲泉或愛爾斯岩度假村出發,

入境請隨俗

從愛爾斯岩假村前往烏魯魯或卡達族達(相距20公里)可參加旅行團或開車前往;如同時要參觀包括這兩者在內的烏魯魯·卡達族達國家公園,需在入口處購買入園票券(如參團一般不需再購買)。

另外,在這兩塊岩石旁,也各有一些地區被畫為所謂的「聖地」的地方,禁止從事拍攝、拍照及繪畫;對當地原住民來說,聖地是原住民進行祭祀或是先祖棲息的地方,從事不當的活動,都是不敬的表現,其中某些聖地僅屬於男性、女性或長者族人,如果男性族人看見或得知女性族人的聖地,會因此犯罪甚至被殺死,反之亦然。為了防止悲劇的發生,國家公園小心規範聖地的活動,其中又特別針對商業攝影者及媒體工作者做出嚴格的要求,苦心希望讓傳播媒體達成教育大眾的使命。所以如果你走到這些聖地,切記收起你所有3C用品,只以安靜的步伐和虔敬的心情,去朝聖阿男姑人先祖的遺跡。

你可以在下榻飯店的旅遊諮詢櫃台詢問並報名,行程都包含接送及導遊,只要依照約定時間在飯店門口等待即可。
AAT Kings 🌐www.aatkings.com
Gray Line 🌐www.grayline.com.au
Uluru Hop On Hop Off 🌐uluruhoponhopoff.com.au

旅遊諮詢
◎**北領地旅遊局**
🌐northernterritory.com
◎**愛爾斯岩度假村遊客服務中心**
☎1300-134-044
🕘09:00~17:00
🌐www.ayersrockresort.com.au
◎**烏魯魯·卡達族達國家公園遊客服務中心**
📍Lasseter Highway, Ayers Rock
☎(08) 8956-1128
🕘公園12~2月05:00~21:00、3月05:30~20:30、4月05:30~20:00、5和8月06:00~19:30、6~7月06:30~19:30、9月05:30~19:30、10月05:00~20:00、11月05:00~20:30;諮詢櫃台08:00~17:00
💲成人票A$38、5~15歲免費;有3日效期
🌐parksaustralia.gov.au/uluru

MAP ▶ P.299B1

烏魯魯(愛爾斯岩)
Uluru(Ayers Rock)

神聖的生命之石

西元1873年，也就是奧加斯岩被白人發現的第2年，由威廉‧構斯(William Gosse)所領軍的隊伍發現了愛爾斯岩，並以當時的南澳首長亨利‧愛爾斯(Sir Henry Ayers)為名，不過在1985年國家公園回歸原住民後，現在多以本名「烏魯魯」來稱呼這塊全世界最大的獨立巨岩。

住在烏魯魯一帶的原住民稱自己為「阿男姑」(Anangu)——也就是「人」的意思，他們的祖先是超自然的生物，可以隨意為人、為獸，像是蟒蛇女庫尼雅(Kuniya)、袋鼠人瑪拉(Mala)、藍舌蜥蜴人龍卡塔(Lungkata)等。

根據原住民法則「侏庫爾帕」(Tjukurpa)的說法，烏魯魯是兩個男孩在雨後玩弄泥巴所創造的傑作，對於阿男姑人而言，侏庫爾帕並不是夢境，而是真實的故事，他們相信烏魯魯的地理景觀，都是祖先們所留下的軌跡。先人們在侏庫爾帕的創世紀一邊征戰，也一邊創造了山脈與河流，他們將能量遺留在大地上，而烏魯魯正是所有能量及精神的匯集地。

當你親身接近烏魯魯，不只是它那圓周達9.4公里、高度達348公尺的雄偉氣勢令人震懾，

還有它從每一個角度所表露的橘紅色曲線也讓人著迷，無論晨昏，烏魯魯似乎隨時都在散發不可思議的力量，或許正如阿男姑人的信仰一般，數萬年以來，先祖的靈魂仍然棲息在這裡，日日夜夜守護著這塊生命之石。

MAP ▶ P.299A1

卡達族達(奧加斯岩)
Kata Tjuta(The Olgas)

親臨神秘橘紅色巨礫

由36塊岩石所構成的卡達族達，是位在烏魯魯西邊32公里處的群岩，占地約3,500公畝的岩石群，平均高度500多公尺，其中最高的岩石，在19世紀被命名為「奧加斯山」(Mt. Olgas)。奧加斯群岩是原住民口中的「卡達族達」，意思是「很多顆頭」，雖然卡達族達名氣不如烏魯魯，不過在荒漠中一字排開的橘紅色巨礫，卻另有一番氣勢。

和欣賞烏魯魯的角度不同，想親近卡達族達容易多了，你可以走入群岩包圍的山谷，感受每一塊高低不同岩石的曲線、顏色和光影變化。和烏魯魯同時浮出海面的卡達族達，同樣擁有氧化鐵的成分，因此不只是巨岩本身，連谷地和地上的石礫都火紅得宛如被燙過一般；但是奇妙的是：在這樣荒涼的山谷裡，還有小溪、水洞和生機盎然的樹林花草。

根據侏庫爾帕，卡達族達對於阿男姑人具有特殊的意義，因此和烏魯魯一樣，在這塊聖地上有許多禁忌和傳統，原住民在此所進行的儀式祭典，不容一般人的參與，如果你還想多看卡達族達幾眼，最好的方式就是前往國家公園開闢的日落野餐區域，在昏黃的光線裡，看著卡達族達沒入深藍色的蒼穹，將會是你一生難忘的回憶。

體驗烏魯魯與卡達族達Experience Uluru & Kata Tjuta

在這裡有許多旅遊業者推出各式觀光巴士行程，遊客只需在愛麗絲泉或愛爾斯岩度假村預訂即可；特別提醒的是：國家公園擁有典型的沙漠氣候，夏季(1~3月)時平均氣溫可達40℃以上，相當炙熱難耐，因此大部分的行程不外乎看日出、看日落，再加上原住民文化導覽、生態介紹、烤肉等活動的組合；另外，沙漠氣候日夜溫差大，記得要攜帶保暖衣物。

卡達族達生態探索之旅Kata Tjuta Domes

下午出發的卡達族達生態之旅，會先帶到南邊眺望奧加斯群岩的整排氣勢，然後深入奧加斯峽谷，展開約1公里充滿驚奇的群岩健行。博學多聞的導遊沿途會不斷介紹沙漠花草的用途，在平均高度超過500公尺的橘紅色山岩中穿梭，聳入雲霄的山峰和刻畫鮮明的巨石曲線，一一映入眼簾。之後巴士會載往卡達族達的日落眺望點。

☎1300-559-390 ⏰約13:30~14:30從愛爾斯岩度假村出發，16:00~17:00回來(依季節月份略異) 💲4~隔年3月成人A$133、15歲以下A$105 🌐www.uluru.com

寂靜之聲Sounds of Silence

這是得過「澳洲觀光獎」(Australian Tourism Awards)中「最佳觀光餐廳獎」的知名行程。日落前，巴士會載你到小山丘上，一邊享用香檳，一邊遠眺烏魯魯和卡達族達的夕陽景致。等到天色轉暗，一行人就前往星空下的燭光晚餐場地，燭光晚餐的主菜是採自助式的，澳洲的招牌菜：袋鼠肉、鴕鳥香腸、鱷魚肉是少不了的。隨著夜色越深，星星就越密布，觀星專家會為大家解說滿天星斗，在空曠沙漠裡，除了烏魯魯和卡達族達，除了星星和月亮，只有寂靜。

☎1300-134-044 ⏰日落前1小時出發，全程約4小時 💲成人A$234、兒童A$117(含晚餐) 🌐www.ayersrockresort.com.au ⚠不適合9歲以下兒童

愛爾斯岩日落之旅
Ayers Rock (Uluru) Sunset Tour

這種日落之旅算是最陽春型也最輕鬆的，大家可坐在小椅子上，喝著飲料悠閒地等待日落。在日落短短的30分鐘之內，烏魯魯每一秒都在變化，從原本的紅色，逐漸轉為多種層次的亮橘色，直到太陽黯淡，失了光彩的烏魯魯才以暗紫色遁入漆黑中。

⏰日落前60分鐘從度假村出發，日落後30分鐘回程 💲成人A$79、兒童票A$40 🌐www.aatkings.com/tours/uluru-ayers-rock/uluru-sunset

301

H Where to Stay in Uluru-Kata Tjuta
住在烏魯魯‧卡達族達國家公園

愛爾斯岩度假村(Ayers Rock Resort，簡稱尤拉拉Yulara)是前來烏魯魯的旅人必經的綠洲，也是這片紅色大地上唯一的住宿選擇。裡面有不等風格和星級的旅館以及購物中心，度假村中有免費循環巴士，在每天10:30~18:00、18:30~00:30間，每20分鐘續行旅館和購物中心。

🌐 www.ayersrockresort.com.au

MAP ▶ P.299B2 ## Sails in the Desert

☎ 1300-134-044

度假村中最高檔的5星級豪華飯店，附有3間相當受歡迎的餐廳，只供應晚餐的Ilkari餐廳是度假村中最好的餐廳，以極具現代風格的裝潢和典型的歐式與澳洲料理，深獲遊客喜愛，用餐一定要訂位。而位於游泳池畔的Pira Pool Bar在白天供應一些三明治及飲料，到了夜晚則搖身變成氣氛浪漫的燭光餐廳，從這裡可以眺望到飯店裡的所有露台房間。

MAP ▶ P.299A2 ## Desert Gardens Hotel

☎ 1300-134-044

4星級的Desert Gardens Hotel擁有寬敞明亮的大廳，和緊鄰綠地的舒適房間，飯店裡的White Gums餐廳是村中僅次於Ilkari餐廳的選擇，時常會提供豐富的蔬菜和特餐料理。部分房間也附設簡單的小廚房。

MAP ▶ P.299A2 ## Emu Walk Apartments

☎ 1300-134-044

位在購物中心旁，最適合闔家同遊或親朋好友同住，配有兩間臥室的公寓，再加上一樓的兩張沙發床，足足可容納8個人。公寓裡除了客廳、餐廳外，還附有廚房和洗衣機，從一日三餐到清洗衣服，包辦所有的生活機能，價格分擔起來也相當經濟。

MAP ▶ P.299A3 ## Outback Pioneer Hotel & Lodge

☎ 1300-134-044

專為家庭和自助旅遊者所設計的經濟型旅館，除了提供飯店型的套房，也提供多人合住的上下舖房間，另外並設有公共的廚房、餐廳及沐浴設備，三五好友可一起在庭院裡BBQ，氣氛輕鬆舒適。房價依是否含浴室而有別，目前游泳池維修中。

MAP ▶ P.299B3 ## Ayers Rock Campground

☎ 1300-234-044

占地廣闊的度假村營地，提供小木屋、紮營地和大型休旅車的停泊地，除了游泳池、廚房、洗衣房，也有公共的沐浴設備，價格便宜，如果不需電力，收費更低廉，是省錢的自助旅人最佳選擇，唯一的缺點就是沙漠氣溫變化劇烈，再加上北領地的不速之客蒼蠅，如果選擇搭帳棚，可得做好耐熱耐寒的心理準備。

MAP ▶ P.299B1 ## Longitude 131°

☎ (02) 9918-4355 🌐 longitude131.com.au

超5星級的度假飯店，位於烏魯魯‧卡達族達國家公園內。裡頭15間客房以帳幕的型式打造而成，並綿延於這片紅色大地上，無論何時，在自己的房間內就可以直接欣賞到愛爾斯岩的壯觀美景。在這裡住宿至少要預訂2晚，費用並含餐飲和行程。由於房間數極少，所以儘管價格不菲，但建議仍要及早預訂。

愛麗絲泉

愛麗絲泉
Alice Spring

文●墨刻編輯部　攝影●墨刻攝影組

愛麗絲泉是一個由電信站所發展出來的小鎮，原本這裡歸屬於阿倫特(Arrernte)原住民，直到西元1871年電信站開設，歐洲移民才開始進駐這裡。在愛麗絲泉所交匯的兩條河流，就分別以當時的電信監督者查理‧拓德(Charles Todd)命名；而位在電信站旁的泉水源頭，則以拓德的妻子為名，也就是愛麗絲泉。

當時在中澳許多地區都開放農地出租，加上蜂擁而至的淘金礦工，原以為會為這裡帶來繁榮，不過金子數量並未如想像中多，到了1930年代，全鎮人口也不過1,000人而已。

西元1933年正式更名為愛麗絲泉，到了1950年代，觀光業終於為小鎮帶來前所未有的難得榮景，從1960到1980年代，人口幾乎呈倍數成長。今日許多人前來愛麗絲泉不只是為了欣賞古蹟，更是為了追尋那遙遠又懷舊的拓荒氣息。

INFO

如何到達──航空

　　從雪梨、墨爾本、柏斯、凱恩斯、阿得雷德、愛爾斯岩等地可搭乘澳洲航空、澳洲維珍航空等航班前往。航程從雪梨約3.5小時、從墨爾本約3小時、從柏斯或凱恩斯約2.5小時、從阿得雷德2小時、從愛爾斯岩約45分鐘。

　　Alice Springs Airport機場位於愛麗絲泉鎮南方約15公里處。

🛜www.alicespringsairport.com.au

◎接駁巴士The Alice Springs Airport Shuttle

　　接駁巴士每天皆會配合班機起降時間提供服務，車票可於車上購買。

💲單程全票A$19、兒童票A$10、家庭票(2大2小)A$55

🛜alicespringsairportshuttle.com.au

◎計程車

💲到愛麗斯泉鎮約A$45

13Cabs

📞132-227

Alice Springs Taxis

📞131-008

如何到達──火車

　　The Ghan列車行駛於阿得雷德和達爾文之間，中途停靠愛麗絲泉。(見P.29)

Journey Beyond

🛜journeybeyondrail.com.au

如何到達──長途巴士

　　可搭乘灰狗巴士(Greyhound)，從阿得雷德車程約19.5小時、從達爾文(Darwin)約21小時。

📞(07) 3155-1350、1300-473-946

🛜www.greyhound.com.au

當地交通

◎巴士

　　行駛於鎮區大部分地區。

🕐週一~週五、週六早上

◎計程車

💲週一～週五06:00~17:59起跳A$5，每1公里A$1.94，車停時間每小時A$60；週一～週五夜間18:00~05:59和週六～週日全天起跳A$6.2，每1公里A$2.3，車停時間每小時A$60；電話叫車皆不加價

Alice Springs Taxis

📞131-008、(08) 8952-1877

◎旅行團

　　可於當地參加半天~2天的旅行團，可選擇在愛麗斯泉觀光，或是前往到烏魯魯‧卡達族達國家公園旅遊。

The Alice Wanderer

📞(08) 8953-7057

🛜alicewanderer.com.au

Adventure Tours

📞(07) 5401-5555

🛜www.adventuretours.com.au

旅遊諮詢

◎愛麗絲泉遊客服務中心

📍Todd Mall和Parsons Street的交叉口

📞(08) 8952-5800、1800-645-199

🕐週一～週五08:00~17:00、週六～週日09:30~16:00

🛜www.discovercentralaustralia.com

Where to Explore in Alice Spring
賞遊愛麗絲泉

市中心商業區CBD
MAP ▶ P.304B2

拓德商店街
Todd Mall

MOOK Choice

鎮上主要購物大街

🚶 從遊客服務中心步行約2分鐘可達　🕐 商店約週一~週六09:00~17:00(各家不一)；週日有戶外市集(Todd Mall Markets)09:00~13:00　🌐 www.toddmallmarkets.com.au

這裡是愛麗絲泉的主要商店街區，沿路分布了許多餐廳、各類商店和原住民工藝品店，也有百貨公司和超級市場。位在Todd Mall和Gregory Terrace交叉口附近的Aboriginal Desert Art Gallery和Aboriginal Dreamtime Gallery，是兩家相當值得參觀的原住民藝廊，前者販賣了多種不同的工

[掃地圖]

藝品，如彩繪鴕鳥蛋、木雕及迪吉里度，後者則提供了多位原住民所創作的大幅點畫。店裡的藝術品旁均附上創作者的種族及創作歷程，大部分的工藝品都是獨一無二的，因此價格不菲，不過還是比愛爾斯岩地區便宜。

市中心商業區CBD
MAP ▶ P.304B2

阿得雷德之屋博物館
Adelaide House Museum

拓荒時期的醫院風貌

🚶 從遊客服務中心步行約3分鐘可達　🏠 48 Todd Mall　☎ (08) 8952-1856　🕐 4月~11月週二、週四和週六10:00~13:00　休 週一、週三、週五、12~3月　💲 全票A$7.5、兒童票A$3　🌐 www.aumuseums.com/nt/northern-territory/adelaide-house-museum

建於1920年的阿得雷德之屋，是當時內陸中的一座重要醫院，起建人也就是創辦「皇家飛

行醫生隊」的約翰・菲力恩(John Flynn)牧師。牧師本身也參與了房屋的設計工作，建造的石材及木材均從南澳運來，而阿得雷德之屋不但是愛麗絲泉唯一有電力系統及化糞池的房屋，也是唯一擁有自然涼爽系統的建築。

[掃地圖]

醫院在1926年開幕，直到1939年政府醫院成立，這裡才轉為婦女的療養院，今日的阿得雷德之屋闢為菲力恩紀念博物館，除了原有的診療室及儲藥房，並展示拓荒時期的醫療工作史料，在房屋旁的小屋，則可看到當年由阿菲瑞德・崔格設計的第一台腳踏式收發音機。

MAP ▶ P.304B2

史都渥監獄
Stuart Town Gaol

愛麗絲泉最古老建築物

🚶 從遊客服務中心步行8~10分鐘可達　🏠8 Parsons St.　☎(08) 8981-2848　🕐週一~週五10:30~12:00、週六09:00~12:00　㊡週日　💲全票A$5、15歲以下免費　🌐www.nationaltrust.org.au/places/stuart-town-gaol

監獄的建造始於西元1907年，它也是愛麗絲泉現存最古老的建築物。西元1909年，由於當時的史都渥(即現在的愛麗絲泉)為人口集中地，也是警哨的所在地，因此將另一座監獄關閉後的犯人移監至此。直到新監獄落成，史都渥監獄才

在1938年走入歷史，在這期間它為中澳的主要監獄。小小的監獄沒有隔間，展示著一些當時的刑具和警察資料，只有空氣裡沉重的霉味和牆上斑駁的痕跡，可感受昔日的牢獄陰影。

MAP ▶ P.304A3

皇家飛行醫生服務站
Royal Flying Doctor Service Base

神聖的醫療團隊

🚶 從遊客服務中心步行約12分鐘可達　🏠8-10 Stuart Terrace　☎(08) 8958-8411　🕐週一~週六09:00~17:00、週日及國定假日13:00~17:00　㊡耶穌受難日、耶誕節、送禮節、元旦　💲全票A$19、兒童票(6~10歲)A$12　🌐www.rfdsalicesprings.com.au　❗09:30~17:00提供免費導覽行程，每30分鐘出發，團體需事先預約

從西元1928年初航開始，飛翔在空中的「皇家飛行醫生隊」(簡稱RFDS)救治了無數個澳洲內陸荒地的居民，而這個偉大任務的創始者是一位名為約翰‧菲力恩的牧師(the Reverend John Flynn)，讓偏遠地區居民得以獲得醫療。

位在愛麗絲泉南方的服務站，展示了皇家飛行醫生隊的歷史文物、機艙內陳設、古時的電報系統及醫療用具等，參觀前並可欣賞10分鐘的簡介影片。

MAP ▶ P.304B2

總督官邸
The Residency

MOOK Choice

黛安娜王妃也曾造訪

🚶 從遊客服務中心步行約8分鐘可達　🏠12 Parsons St.　☎(08) 8953-6073　🕐週二~週五10:00~15:00　💲免費，歡迎樂捐　🌐heritagealicesprings.com.au

總督官邸建於西元1926年，起初作為政府總督代表的住所。位在中澳沙漠的愛麗絲泉，每到夏季就令人炎熱難耐，因此房屋的設計特別注重通風涼爽；有「冷凍步道」(Freezeway)暱稱的主穿廊，正好

說明了特厚磚牆絕佳的防熱功能。

20世紀中葉，總督官邸作為英國皇室成員來訪的住所，最知名的算是西元1963年伊莉莎白女皇和夫婿愛丁堡公爵，以及西元1983年查爾斯王子和黛安娜王妃的造訪。官邸在西元1994年被定為歷史遺跡，現在交由北領地博物館藝廊來管理。

市中心商業區CBD

MAP ▶ P.304B1

安札克之丘
Anzac Hill

登高望遠的制高點

🎵 從遊客服務中心步行約20分鐘可達

這裡是俯瞰愛麗絲泉風景的制高點，原住民稱這座小山丘為Untyeyetweleye，並流傳著曾有一個女人單獨住在山丘上的傳說。而今在山丘上藑立著一座第一次世界大戰紀念碑，後來也把韓戰與越戰等戰役一併刻上，而建造的經費則多來自公

共的捐獻。其實愛麗絲泉的小鎮景致相當單調，夏季酷熱、冬季酷寒，除非想要健行運動一下，不然不建議刻意上山。

市郊Outskirts

MAP ▶ P.304A2外

愛麗絲泉沙漠公園
Alice Spring Desert Park

MOOK Choice

貼近原始自然的大地風情

🚌 可搭巴士400號至Albrecht Drive站下，但需再步行約25分鐘抵達；Alice Wanderer也有提供來回阿德雷得市區和沙漠公園的班車 ⓛLarapinta Drive, Alice Springs ☎(08) 8951-8788 ⏰07:30~18:00(16:30最後入場)；夜行館 09:00~17:30 休耶誕節 💲Day Entry成人票A\$37、兒童票(5~16歲)A\$18.5；夜行館成人票A\$30、兒童票(5~16歲) A\$15；Day and Night Pass成人票A\$57、兒童票(5~16歲) A\$29 🌐www.alicespringsdesertpark.com.au

強調和原始自然環境合而為一的沙漠公園，位在市區西郊約3公里，相當值得一看。公園分成數區，由沙漠河流棲息地(Desert Rivers Habitat)、沙域棲息地(Sand Country Habitat)、森林棲息地(Woodland Habitat)3區構成，另外還有設置夜行館(Nocturnal House)。

夜行館是公園的招牌景點，遊客能看到夜行小動物們活躍的身影，而森林區的小袋鼠和鵐也很受歡迎，沒有圍籠的限制，遊客可以非常接近牠們。沙漠公園每天都安排許多場專人解說，

包含原住民生活文化、沙漠的動植物生態等不同類型的導覽，其中最有名的就是鳥群獵食表演，由於公園位在

山谷中，因此當導覽者將誘餌丟向空中，棲息在附近的鳥類即會自動前來獵食，甚至可見到雄起起的老鷹盤旋。

市郊Outskirts

MAP ▶ P.304A1外

電信站歷史保護區
Telegraph Station Historical Reserve

愛麗絲泉的起源

🚌 可搭巴士100、101號至Aldidja Street站下，但需再步行約25分鐘抵達 🏠Herbert Heritage Dr., Stuart ☎(08) 8952-3993 ⏰4~11月每天08:00~21:00提供導覽 ⛔耶誕節 💲全票A$16.1、12歲以下A$6.75、16歲以下A$9.9 🌐 alicespringstelegraphstation.com.au

　　距離市區北郊約4公里的電信站可說是愛麗絲泉的起源，不光是因為這是第一個歐洲人在中澳屯墾的地區，

掃地圖

所謂的「愛麗絲泉」水源頭，也就位在電信站旁邊。電信站的建造始於1870年，為了在北澳達爾文(Darwin)及南澳阿得雷德(Adelaide)間傳送訊息，於是決定在中間點設立電信站。在電信站南方的史都渥鎮(Stuart)尚未建立前，電信站就是愛麗絲泉的代名詞，愛麗絲泉郵局在1878年設於電信站，直到西元1932年郵局遷往鎮上，史都渥才正式更名為愛麗絲泉。

　　在電信站不但可以看得到骨董級的電報設備，也可以看到昔日站長家庭的居住擺設，名為「營房」(Barrack)的小屋是電信站第一棟主要建築，現存的長型房間，原由4間房間組成，分別用來作為站長家庭孩子、和發電報員的臥室。

愛麗絲泉周邊Around Alice Spring

MAP ▶ P.297

MOOK Choice

西麥當諾國家公園
West Macdonnell National Park/Tjoritja

壯觀的中澳峽谷景致

🚗 從市區開車約10~15分鐘可達 🏠Northern Territory, Alice Springs ☎(08) 8951-8250 ⏰24小時，史丹利裂縫08:00~20:00 🌐nt.gov.au/parks/find-a-park/tjoritja west-macdonnell-national-park

　　西麥當諾國家公園占地非常廣大，即使是距離入口最近的史丹利裂縫(Stanley Chasm)，也都有18公里之遙，因

此建議可以參加從愛麗絲泉出發的觀光行程，這也可說是初步遊覽公園最輕鬆的方式，行程包含遊覽史丹利裂縫及辛普森峽谷(Simpson Gap)，遊客步行進入峽谷的頂部，沿途並可認識許多北領地的植物生態，而橘紅色的直削谷壁和谷底清澈的水流，不禁讓人讚嘆造物者的神奇。

掃地圖

卡卡度國家公園

卡卡度國家公園
Kakadu National Park

文●墨刻編輯部　攝影●墨刻攝影組

占地面積達22,000平方公里的卡卡度,是澳洲最大的國家公園,也是澳洲第一批被列入世界遺產的地點。在此蘊藏豐富的動植物生態及原住民生活5萬年的遺跡,是少數被列入綜合類世界遺產的國家公園。

「卡卡度」源於當地名為「Gagadju」的原住民,大部分的卡卡度地區都是原住民的居住地,在經過血淚抗爭後,卡卡度歸還給原住民,目前租借給國家公園開放觀光。

每年11月雨季來臨,充沛水量所凝聚的窪地,成為大量鳥類的棲息地,瀑布和雨林讓卡卡度生機盎然。事實上,地處澳洲北端熱帶地區的卡卡度之所以珍貴,正是因為園中延續生息的生態環境,在幾乎未受人類活動干擾的情況下,繁衍著50多種哺乳動物、280多種鳥類、123種爬行動物、77種淡水魚類及上萬種昆蟲。

也許就是因為如此豐沛的生態資源,為當地的原住民提供了豐富的創作靈感,他們留下大量的岩石藝術遺跡、石器工藝品、用於祭祀的赭石等,即便時至今日,受到白人殖民者侵入的影響,部分的傳統與儀式已經軼失,然而原住民和卡卡度大地之間,仍舊是緊緊相連。

澳洲北部之端(Top End)一般分為雨季和乾季,屬於熱帶型氣候,5~10月為乾季,11~4月為雨季,通常雨季期間部分景點因水位上升,一般遊客無法開車進入,而且氣溫悶熱潮溼難耐,因此最佳的旅遊季節為乾季。而著名的Jim Jim Falls及Twin Falls等景點,則須要搭乘四輪傳動車才能前往。但雨季時的雷雨滂沱也是卡卡度著名的特色之一,吸引喜愛挑戰的遊客前來。

Aussie原住民百科 ──侏庫爾帕Dreamtime

　　居住在烏魯魯(愛爾斯岩)地區的原住民自稱「阿男姑」(Anangu，意義是「人」)，他們所遵循的生存法則「侏庫爾帕」(Tjukurpa)，不但說明了人與大地共存的關係，更是法律、傳統和儀式。侏庫爾帕並不是夢境，而是真實的故事，在侏庫爾帕的創世紀裡，擁有超自然力量的祖先們創造了大地萬物，而烏魯魯和卡達族達正是歷史淵源的聖地。

　　侏庫爾帕是一套複雜的知識系統，其中包括許多故事及傳統，有些甚至是祕密，由於原住民沒有文字，包含了音樂、舞蹈、儀式的侏庫爾帕，便是由族人代代口述相傳至今。兒童從小就在侏庫爾帕建構的社會系統裡學習，像是男人負責出外狩獵與製作工具、女人負責採集與照顧小孩等，族裡另有負責縫紉或醫療的專人，角色並無尊卑之分，重要的是合力求生存。

INFO

如何到達──開車

　　卡卡度國家公園距離北領地的首府達爾文約153公里，從達爾文開車出發需3個小時，沿著號稱為「自然之路」的**Arnhem Highway**公路往東前進，再到烏比爾(Ubirr)觀賞古老的岩石壁畫。

旅遊諮詢

◎波瓦利遊客服務中心
Bowali Visitor Information Center
◗08:00~17:00 ⊗元旦、耶誕節
☎(08) 8938-1120
💲5/15~10/31成人票A\$40、兒童票(5~15歲)A\$20、家庭票(2大2小)A\$100，11/1~5/14成人票A\$25、兒童票(5~15歲)A\$12.5、家庭票(2大2小)A\$65；有3日效期
🌐parksaustralia.gov.au/kakadu/index.html

掃地圖

編輯筆記 ✏

　　進入阿納姆地(Arnhem Land)是需要向原住民北方土地議會(Northern Land Council, NLC)申請許可證，並且和當地的許可主任商量最佳露營地點。可事先上網申請，若是多人一起前往則只需其中一人申請，並附上所有同行者的資料即可。許可申請程序至少要10天時間辦理。
原住民北方土地議會
🏠45 Mitchell Street, Darwin ☎1800-645-299
🌐www.nlc.org.au/permits/apply-for-permit/work-transit-recreational-fishing-and-tourist-permits

不同語言的Dreamtime

　　由於澳洲每個原住民族都有自己的語言，所以對於創世紀也有些不同說法，如：
Warlpiri族──侏庫爾帕Tjukurpa
Gija族──Ngarrarngkarni
Martu Wangka語──Manguny
Dharug語──Nura

述說夢想的沙漠藝術

被澳洲白人譯為「夢想時代」(Dreamtime)的「侏庫爾帕」，也就是創世紀以來的原住民歷史、文化及生存法則，但是侏庫爾帕並非夢境，而是真實的故事，更是一套極其複雜的知識系統。由於原住民沒有文字，因此包含了音樂、舞蹈、藝術和儀式的侏庫爾帕，反映大地與人的和諧關係，也等同原住民精神的代名詞，蘊藏在這些美麗又神祕圖像背後的意義，是數萬年來原住民沙漠生活的智慧。

沙漠藝術的符號意義

符號	意義	符號	意義	符號	意義
◎	營地及水坑	❘	躺下的人	☼	人的足跡
) (	碗	☼	星星	UC	人群坐著、防風林、雲、迴力飛標
U	男人		灌木果乾	∴	螞蟻、蛋、雨、果、花
✿	四個女人坐著		雨		灌木果叢
(⊙)	兩個男人坐著		火、煙、水、血	⌒⌒⌒	彩虹、雲、峭壁、沙丘
∨	迴力飛標	=	路、雲		射矛器、矛、敲擊棒
↓	鴕鳥足跡		蜜蟻		水坑及流動的水
⇓	袋鼠足跡		棍棒		通行標示 (圓圈為休息處)
♔	負子鼠足跡		敲擊棒		流動的水、地下道、蛇、光、煙、蟲
	魔力蛆		矛		

塔斯馬尼亞

Tasmania

塔斯馬尼亞

P.314 荷巴特及其周邊 Hobart & Around
P.322 朗塞斯頓及其周邊 Launceston & Around
P.327 東部海岸與西部荒野 The East Coast & The Wild West

塔斯馬尼亞是澳洲大陸唯一的島州，它的遺世獨立，成為19世紀大英帝國安置罪犯的禁地，告別近半個世紀的黑暗流犯歷史，塔斯馬尼亞保留了完整的自然生態和文化遺產。這座面積相當於台灣兩倍的島嶼，目前只居住約51萬人，其中超過1/3的土地屬於國家公園保護的森林、原野和水域，人們則在這塊淨土上安逸地織夢。

早在人類踏上塔斯馬尼亞之前，這裡的生態系統便自成一格，澳洲大陸普遍常見的無尾熊並沒有渡海而來，反倒是特有種「塔斯馬尼亞惡魔」（Tasmanian Devil，即袋獾）、「塔斯馬尼亞虎」（Thylacine，即袋狼，已於1936年滅絕）在人類來到塔斯馬尼亞之前，仍然活躍在原野間。

而後即使人類踏上這塊土地，原始地貌沒有改變太多，而豐富的殖民時代遺產，更是完整地保留下來。

塔斯馬尼亞輪廓圖

塔斯馬尼亞之最Top Highlights of Tasmania

塔斯曼半島Tasman Peninsula
　半島上的亞瑟港，過去是囚禁流犯的地方，曾被喻為「地球煉獄」；此外，周邊有海蝕噴水孔、塔斯曼拱門、棋盤路等海浪侵蝕而成的自然景觀。(P.318)

莎拉曼卡廣場與莎拉曼卡市集Salamanca Place & Salamanca Market
　原本是捕鯨熱潮時的倉庫，如今搖身一變成為藝術品店、藝廊、露天咖啡座、餐廳聚集的地方，為帶有濃厚藝術氣息的商業區。(P.316)

卡塔拉克特峽谷 Cataract Gorge
　整個峽谷區就是朗塞斯頓市民的後花園以及天然運動場，近乎垂直的陡峭河岸，是個天然的攀岩場；河岸兩旁則是跑步、健行的天然跑道。(P.324)

費瑟內國家公園 Freycinet National Park
　位於東海岸線正中央，綠樹成蔭的山脈從海平面拔地而起，山腳下雪白沙灘沿著圓弧堆積，圍出一池藍色大海灣，正是知名的酒杯灣。(P.330)

搖籃山‧聖克雷爾湖國家公園Cradle Mountain-Lake St Clair National Park
　地勢險惡的山峰、水勢盛大的峽谷、透藍的湖泊，還有冰斗湖、高地沼澤等，是全澳洲被冰河覆蓋面積最大的地區之一。(P.332)

荷巴特

荷巴特及其周邊
Hobart and Around

文●林志恆・墨刻編輯部　攝影●林志恆・墨刻攝影組

塔斯馬尼亞首府荷巴特是世界著名的深水港，豐富的鯨魚漁獲量，在殖民時期迅速發展為南半球捕鯨中心，直到1880年代有其他燃料取代鯨魚油的功能，捕鯨業才漸趨沒落。

荷巴特開發於1803年，是澳洲歷史第二悠久的古城。寬闊的德爾文河(Derwent River)貫流過整座城市，注入塔斯曼海，周邊有美麗的高山、雨林、海灘。荷巴特的歷史緊扣著流犯、捕鯨業者、富商以及漁人而發展，而城市建築本身，正好反映出它這段豐富的殖民色彩。

荷巴特市區的鐘樓、教堂、市政廳等，多為19世紀維多利亞時期建築，講究對稱的古典磚砌造型，洋溢著英國喬治亞式殖民風格，其中議會大廈(Parliament House)、皇家劇院(Theatre Royal)、市政廳(Town Hall)、聖瑪麗學院(St. Mary's College)等，都是當地具特色的歷史建築，也是澳洲發展史的最佳見證。

INFO

基本資訊
人口：約23萬　　**面積**：124.8平方公里
區域號碼：(03)
時區：澳洲東部標準時間，比台灣快2小時，夏令時間(10月第一個週日~4月第一個週日)撥快1個小時

如何到達──航空
　　從雪梨、墨爾本、布里斯本等可搭乘澳洲航空、捷星航空或維珍澳洲航空等航班前往，從雪梨航程約2小時，從墨爾本航程約1小時20分鐘，從布里斯本航程約2小時45分鐘。荷巴特國際機場(Hobart International Airport)位於市區東方17公里。
🕾(03) 6216-1600　🌐hobartairport.com.au
◎**機場巴士Hobart City Express**
　　停留Grand Chancellor Hotel、Brooke Street碼頭、Elizabeth St的遊客中心、Collins St、RACV/RACT Hobart Apartment Hotel、The Old Woolstore Apartment Hotel。
🕾1300-759-287　⏰配合飛機起降時間
💲單程成人票A$19.5、兒童票(4~16)A$5；來回成人票A$36、兒童票(4~16)A$10
🌐www.skybus.com.au
◎**計程車**
💲機場到市區約A$40~60，車程約20分鐘

如何到達──長途巴士
　　如果從塔斯馬尼亞其他城市前來荷巴特，有幾家長途巴士公司可供選擇。
Redline Coaches
🕾1300-360-000　🌐www.tasredline.com.au
TassieLink
🕾1300-300-520　🌐www.tassielink.com.au

市區交通
◎**步行**
　　荷巴特市區大部分景點步行可達。
◎**巴士**
　　Metro Tasmania是市區主要交通工具，郵局內的Metro Shop可以索取路線圖和時刻表；如果從荷巴特前往周邊景點或郊區，也可以到Metro Tasmania巴士站搭車；至於前往塔斯馬尼亞其他城市，則需到荷巴特巴士總站搭乘。可購買單張車票，亦可購買類似臺北悠遊卡的Metro Greencard，票卡A$5，然後進行儲值，每趟行程可享優惠價。
🌐www.metrotas.com.au
🕾132-201

荷巴特市區

N

往巴里拉灣牡蠣養殖場
Barilla Bay Oysters

莫納古今藝術博物館
Mona, Museum of Old and New Art

Brisbane St

Melville St

Bathurst St

Mistral Pl

Campbell St

Sackville St

Sun St

Brooker Ave

Tasman Hwy

皇家劇院
Theatre Royal

Argyle St

Creswell's Row

Market Pl

Evans St

Bike Hire Tasmania

亨利·瓊斯藝術旅館
The Henry Jones Art Hotel

Hunter St

Metro Shop、餐廳

Elizabeth St

Mures餐廳

Metro Tasmania巴士站

市政廳Town Hall

Murray St

Liverpool St

遊客服務中心

Franklin Wharf

何巴特港
Hobart Harbour

Collins St

Macquarie St

Morrison St

Fish Frenzy餐廳

Marque IV餐廳

蘇利文灣
Sullivans Cove

Harrington St

Davey St

Murray St

議會大廈
Parliament House

Salamanca Pl

Gladstone St

Castray Esplanade

王子港口
Princes Wharf

莎拉曼卡市集
Salamanca Market

議會廣場
Parliament Square

莎拉曼卡藝術中心
Salamanca Art Centre

荷巴特巴士總站

Barrack St

莎拉曼卡區
Salamanca Place

Kelly St

South St

Runnymede St

王子公園
Princes Park

Battery Square

Kirksway Pl

Sandy Bay Rd

Montpelier Retreat

Kirksway Pl.

James St

Stowell Ave

Hampden Rd

往伊斯林頓精品旅館The Islington Hotel、
威靈頓山Mt Wellington

圖例 ◎景點 🛍購物 🏨飯店 🍴餐廳 🌳公園 ⚓碼頭 🚌巴士站 ℹ️遊客服務中心

塔斯馬尼亞⋯
荷
巴特及其周邊 Hobart and Around

（單位：澳幣A$）

	一般票		Greencard	
	成人	兒童(5歲以上)	成人	兒童(5歲以上)
1區	3.5		2.80	
2區	4.8	1.9	3.84	1.52
全區	7.2		5.76	

◎計程車

計程車費率請參考www.transport.tas.gov.au/passenger/passengers/taxi,_hire_vehicle_and_ride_sourcing/taxi_fares

City Cabs
📞131-008　🌐www.131008.com

旅遊諮詢
◎荷巴特遊客服務中心Hobart Visitor Information Centre

🚶從荷巴特巴士總站步行約10~12分鐘可達

🏠20 Davey St.　📞(03) 6238-4222

🕐週一~週五09:00~17:00、週六09:00~15:00

❌耶誕節　🌐www.hobarttravelcentre.com.au

市中心商業區CBD

MAP ▶ P.315C2

荷巴特港
Hobart Harbour

欣賞日落、大啖海鮮

🎵 從遊客服務中心步行3~5分鐘可達

荷巴特是世界著名的深水港，蘇利文灣(Sullivans Cove)密密麻麻停泊著帆船、小遊艇，在碧海藍天的陪襯下甚是迷人。每天傍晚時分，碼頭旁有私人帆船搭載遊客出海，享受荷巴特的日落美景，此時想享受片刻寧靜，港畔的木造碼頭很適合這樣的心情。

而夕陽從威靈頓山落下後，荷巴特港碼頭邊就開始熱鬧了，圍繞著港邊為數眾多的餐廳，是大啖現撈新鮮海鮮的機會，Mures、Fish Frenzy等都很值得推薦。吃完晚餐沿著港邊散步，海風吹拂，漁火點點，十分悠閒浪漫。而在荷巴特港外海，挺立著一座鐵壺燈塔(Iron Pot Lighthouse)，是全澳洲最早的一座燈塔，建於1833年。

市中心商業區CBD

MAP ▶ P.315C3

莎拉曼卡區
與莎拉曼卡市集
Salamanca Place & Salamanca Market

藝術氣息濃郁的購物區

🎵 從遊客服務中心步行8~10分鐘可達 ☎(03) 6238-2430 ◆每週六08:30~15:00 🌐 www.salamancamarket.com.au

在王子港口(Princes Wharf)南端的莎拉曼卡區，一長排砂岩所蓋的喬治亞式建築，正是澳洲殖民式建築的經典代表。這裡原本是捕鯨熱潮時的倉庫，時間可以回溯到1830年代，到了今日，已經搖身一變成為藝術品店、藝廊、露天咖啡座、餐廳聚集的地方，為帶有濃厚藝術氣息的商業區。

每逢週六，撒拉曼卡街又變為假日市集，各式小攤和逛街的人潮將此處擠得熱鬧無比。

走一趟荷巴特的莎拉曼卡市集，便知塔斯馬尼亞大地所蘊藏的豐厚能量。來自塔斯馬尼亞各個農場的上乘農產品，全數在此展開，接受民眾和

編輯筆記 ✏

莎拉曼卡免費接駁車(Salamanca Shuttle)每週六09:00~14:00來回環繞市中心和莎拉曼卡市集，約每10分鐘一班車。主要上下車的地點為31 Morrison St (Mission to Seafarers前)。

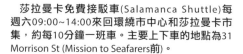

遊客的禮讚。肥嫩多汁的牛肉、鮮紅欲滴的草莓與覆盆子、世界最頂級的高緯度紅酒、得獎無數的乳酪、鮮花所提煉的各式精油，還有剛從大海撈上來的鮭魚、扇貝、章魚、大洋鱒、鮑魚、生蠔…彷彿一座大型天然貯藏室。

當然，荷巴特的藝術能量也在此時展現，各式各樣的音樂、藝術品、雕刻、收藏品、書籍、衣服、珠寶，全都攤開在這個每週一次的盛會中。

市郊Outskirts

MAP ▶ P.315D1

莫納古今藝術博物館

Mona (Museum of Old and New Art)

荷巴特新地標

🚌 從荷巴特可搭510、520、521、522等號巴士前往 🏠 655 Main Rd, Berriedale ☎(03) 6277-9900 ⏰週五~週一 10:00~17:00，1月的週二10:00~18:00 ⊘週二~週四(1~3月週四亦開放)、耶誕節 💲全票A$35、優待票A$10；18歲以下免費(須出示證件) 🌐www.mona.net.au

莫納古今藝術博物館於2011年開幕之後，立刻成為塔斯馬尼亞最受矚目的景點，它是全澳洲最大的私人博物館。莫納的主人David Walsh花費了A$7,500萬打造，並稱它是一座「顛覆性的成人迪士尼」，裡面陳列的多半是他的私人收藏。

博物館建築高踞在帕里德萊半島(Berriedale Peninsula)的崖壁上，如同博物館的名稱，展品多半為古代和現代的藝術品，有時候，這座博物館曾被拿來和西班牙畢爾包(Bilbao)的古根漢美術館(Guggenheim Museum)相提並論。莫納古今藝術博物館同時承辦塔斯馬尼亞一年一度最盛大的現代音樂節(MOFO Festival)。

市郊Outskirts

MAP ▶ P.315A4外

威靈頓山

Mt. Wellington

荷巴特最美的後花園

🚌 從荷巴特市區搭Metro Tasmania巴士448、449號到達半山腰Fern Tree站，再步行上山，路程來約5~6小時；或搭威靈頓山巡迴巴士(Mt. Wellington Shuttle Bus Service)，需事先預約 ☎(03) 6238-2176 💲免費 🌐www.wellingtonpark.org.au

威靈頓山巡迴巴士Mt. Wellington Shuttle Bus Service
☎0408-341-804 💲全票A$25起、兒童票A$15起 🌐 www.hobartshuttlebus.com/mt-wellington

威靈頓山海拔1,270公尺，從荷巴特寬闊的港灣邊拔地而起，10分鐘之內，就可以從位於海平面的荷巴特市中心直上山野。而這條長21公里的山區大道，隨著海拔升高，兩邊林相從溫帶雨林，轉變成次寒帶高山植物。

威靈頓山頂上視野奇佳，盡覽整個荷巴特市區和塔斯曼半島，寬闊的德爾文河和蘇利文港灣

上遊船如織。山頂上除了設置景觀瞭望台，還有多條健身步道和烤肉野餐設備。對荷巴特市民來說，威靈頓山就是他們的後花園，是假日休閒，甚至平日健身的最佳去處。

MAP ▶ P.313

塔斯曼半島

MOOK Choice

Tasman Peninsula

昔日地球煉獄真實面貌

從1803年開始，塔斯馬尼亞這個孤懸在澳洲大陸東南方的島嶼，淪為大英帝國用來懲處罪犯的殖民地，在接下來的50年間，超過73,500名囚犯曾經在這塊當年名為「凡狄曼之地」(Van Diemen's Land)的遙遠南方，墾荒、造橋、鋪路、採礦、勞動；一旦再犯，便會被押解到東南端塔斯曼半島上的亞瑟港，這裡海水冷冽，周遭海域鯊魚環伺，僅僅靠著一道寬100公尺的鷹頸地峽與本島相連，地峽兩側，猛犬狂吠、守衛森嚴，監獄本身則被形容為「一部把流氓磨練成老實人的機器」，紀律與嚴懲、隔離與分化、宗教與教化、訓練與教育…是帶動這部機器的齒輪，運轉了近半個世紀。大約12,700名囚犯曾經在這個「地球煉獄」服過勞役，甚至度過餘生。

亞瑟港遺址Port Arthur Historic Site

🚗 從荷巴特到亞瑟港可開車沿著Arthur公路前往，車程約1.5小時；或搭TassieLink巴士734號經鷹頸頸地峽前往 🏠6973 Arthur Highway, Port Arthurv(03) 6251-2310 🕐戶外及花園09:00起，室內建築09:00~17:00 💲成人票A$47、兒童票A$22、家庭票A$102，皆具2日效期和含導覽行程、遊船；另有多種套裝行程，詳情見官網 🌐www.portarthur.org.au

今天來到亞瑟港，放眼望去，海水澄碧，老木翳天，還有那濃綠欲淌的大片草坪、花卉茂密蔥蘢的英式花園，以及宏偉的哥德式教堂，全然沒有傳說中的肅殺與冷酷；然而來到亞瑟港遺址，港灣前的小島，是「死亡之島」(Isle of the Dead)，株株蒼老的尤加利樹底下，埋藏了1,100

編輯筆記

除了搭巴士和開車遊塔斯曼半島，也可以從荷巴特報名旅行團參加。網址：www.tasmancruises.com.au、wildoceantasmania.com.au、tassietours.com/port-authur.php

人；再往裡頭走，隨著一幀幀歷史圖片從大牢長廊展開，導覽員述說著當年聲名狼藉的牛房故事，最後進到伸手不見五指、僅可容身的隔離獨居房…恐怖猙獰的畫面，仍仍拉回那個扭曲人性的殖民年代。

由於在亞瑟港慘遭奴役至死的囚犯不計其數，從1870年開始，鬼影幢幢的傳言層出不窮，不少遊客在此拍攝到靈異照片，或看到一些靈異現象，部分靈異照片還被公佈在遊客服務中心。為了滿足遊客的好奇心，遊客中心在夏日黃昏會安排鬼之旅體驗遊(Ghost Tours)，膽子大的不妨跟著導遊，尋訪冤鬼的顯靈之處，目睹各種匪夷所思的現象。

鷹頸地峽
Eaglehawk Neck Isthmus

知名的鷹頸地峽就是從陸路前往亞瑟港或回程的必經之地，這條寬僅100公尺的狹路，在殖民年代，阻卻了多少流犯的自由之路。

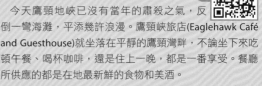

掃地圖

今天鷹頸地峽已沒有當年的肅殺之氣，反倒一彎海灘，平添幾許浪漫。鷹頸峽旅店(Eaglehawk Café and Guesthouse)就坐落在平靜的鷹頸灣畔，不論坐下來吃頓午餐、喝杯咖啡，還是住上一晚，都是一番享受。餐廳所供應的都是在地最新鮮的食物和美酒。

離鷹頸地峽不遠處的海岸地形也相當精采，海蝕噴水孔(Blowhole)、塔斯曼拱門(Tasman Arch)、棋盤路(Tessellated Pavement)等都是海浪侵蝕所形成的自然景觀。

而在塔斯曼半島外海，巨浪滔天、怪石嶙峋，高聳壯麗的柱狀玄武岩是著名地標，玄武岩上，不時躺著上岸休息的海豹。

MAP ▶ P.315D1外

巴里拉灣牡蠣養殖場

（MOOK Choice）

Barilla Bay Oysters

新鮮牡蠣立即品嘗

🚍搭TassieLink巴士731或X32號在Tasman Hwy / Kennedy Dr.站下，但需再步行約20分鐘抵達；建議開車前往較方便 🏠1388 Tasman Highway, Hobart ☎(03) 6248-5458 🕐每日09:00~17:30，午餐週四~週一11:00~14:30，晚餐週四~週六17:00~19:30 🌐www.barillabay.com.au

　　巴里拉灣牡蠣養殖場是塔斯馬尼亞生產太平洋牡蠣最大的養殖場之一，每天撈上來的新鮮牡蠣直送全澳洲各大餐廳和漁市場，也銷往亞洲、英國、歐洲等地。

　　從1980年代開始，Forrest家族就開始在海水清澈的巴里拉灣養殖牡蠣，而這裡十分接近荷巴特機場，不但新鮮牡蠣可以直接空運出塔斯馬尼亞，遊客上飛機前也經常順道前來取新鮮貨，或者就直接在附設的餐廳大快朵頤鮮美的生蠔。

MAP ▶ P.313

里奇蒙鎮

Richmond

保留英殖民風格的古建築區

🚍搭TassieLink巴士725、726號在Richmond站(近Bridge St)下即達 🌐www.richmondvillage.com.au

　　里奇蒙鎮橫跨媒河(Coal River)兩岸，位於荷巴特東北方27公里處，從荷巴特前往只需30分鐘車程，也是荷巴特市民經常前往度週末的小鎮。過去這裡是遣送流犯到亞瑟港監獄的途中的戰略軍事驛站，相較於荷巴特，這裡的古建築保留得更完整，也是澳洲早期建築的代表。

　　這裡有澳洲最古老的亂石砌石橋，於1823年由流犯所建；澳洲最古老的羅馬天主教堂——聖約翰教堂(St John's Church)，約建於1830年代中期；還有建於1825年的里奇蒙監獄。

　　鎮上的建築大多都保留了英國喬治亞式的殖民風格，經過裝修之後，化身成為藝品店、雕塑藝廊、餐廳及商店。

市中心商業區CBD

MAP ▶ P.315D2
亨利‧瓊斯藝術旅館
The Henry Jones Art Hotel

🚶 從遊客服務中心步行約5分鐘可達　🏠 25 Hunter St.
(03) 6210-7700　🌐 www.thehenryjones.com

這間五星級的藝術旅館，就位在蘇利文灣的維多利亞碼頭邊，專門展示塔斯馬尼亞最頂尖的藝術家作品。

曾經，這裡是一座倉庫和果醬工廠，經過得獎無數的建築師改造過後，成為一座有50間套房的旅館，1公尺厚的砂岩牆壁、高貴的內部裝潢、以及高大宏偉的玻璃中庭都是亨利‧瓊斯的特色。自2004年開幕以來，便獲獎無數，這也包括了它的附設餐廳「亨利餐廳」(Henry's Restaurant)，以澳洲當代料理為主，堪稱世界頂級。

市郊Outskirts

MAP ▶ P.315A4外
伊斯林頓精品旅館
The Islington Hotel

🚌 搭巴士448號在Stop 9, No.313 Davey St站下，再步行3分鐘可達　🏠 321 Davey Street, South Hobart　☎ (03) 6220-2123　🌐 www.islingtonhotel.com

伊斯林頓旅館就位在威靈頓山山腳下，這是個非常特別的旅館，小巧、奢華、具歷史感，同時又擁有一片大花園，躺在花園裡，或從房間視窗望出去，威靈頓山就近在眼前。

旅館內的家具、擺飾，件件都是精品，它所訴求的重點，就是那些要享受更高品質生活的旅客，因此飯店高檔的服務、周遭清幽的環境，就成為伊斯林頓旅館的主要特色。

飯店建築本身也是有歷史的，建於1847年，是英國攝政時期在澳洲的代表性建築之一。隨著潮流趨勢，近來飯店又在老建築增設些許新的設施，例如一座Spa、酒窖，以及可以遠眺山景的景觀亭。

塔斯馬尼亞…荷　巴特及其周邊 Hobart and Around

朗塞斯頓

朗塞斯頓及其周邊
Launceston & Around

文●林志恆‧墨刻編輯部　攝影●林志恆‧墨刻攝影組

朗塞斯頓是繼雪梨、荷巴特之後的澳洲第三古城。1804年，英國移民遠渡重洋，在塔瑪河(Tamar River)旁的朗塞斯頓落腳定居，留

下了多座保存完整的維多利亞時期建築，讓這裡的市街有著濃得化不開的英式情調。

　　走出市區，遊客不妨循著塔瑪河造訪朗塞斯頓市郊各景區。塔瑪河谷彷彿一條藍色水帶，連接朗塞斯頓和貝斯海峽(Bass Strait)，寬闊的河口灣足以讓洋輪從大海直達市中心。平靜的藍色水岸兩旁，盡是綠油油的果園、牧場、森林和葡萄園，酒莊林立，因而成為塔斯馬尼亞最著名的美酒之路(Wine Route)。

　　塔馬河谷是塔斯馬尼亞主要的葡萄酒產區，釀造的葡萄酒在澳洲深受歡迎並頻頻得獎，在國際上也享有知名度，因此來到朗塞斯頓，一定要抽空前往當地的酒莊，嘗一口香醇的葡萄酒。

　　來這裡旅行除了在朗塞斯頓市區，到周邊景點最方便的方式是開車，否則可以參加當地旅行社所組裝的各種旅行團。

INFO

如何到達──航空
　　從雪梨、墨爾本、布里斯本等地可搭乘澳洲航空、捷星航空或維珍澳洲航空等航班前往，從雪梨航程約1小時40分鐘，從墨爾本航程約1小時，從布里斯本航程約2.5小時。朗塞斯頓機場(Launceston Airport)位於市區南方15公里處。
☎(03) 6391-6222
🚐www.launcestonairport.com.au
◎機場巴士Shuttle Bus
　　每天皆會配合班機起降時間提供服務，可至指定地點接送。
☎0437-131-008
💲單程全票A$15、優待票A$14
◎計程車
☎132-227、131-008
💲機場到市區約A$35~38

如何到達──長途巴士
　　從荷巴特可搭巴士前往，車程約2.5小時。
Redline Coaches
☎1300-360-000
🚐www.tasredline.com.au
TassieLink
☎1300-300-520
🚐www.tassielink.com.au

市區交通

◎步行

朗塞斯頓市區大部分景點步行可達。

◎計程車

計程車費率請參考www.transport.tas.gov.au/
passenger/passengers/taxi,_hire_vehicle_and_
ride_sourcing/taxi_fares

◎租腳踏車

Rent A Cycle Tasmania

🏠4 Penquite Rd, Newstead ☎(03) 6334-9779

旅遊諮詢

◎朗塞斯頓遊客服務中心

Launceston Visitor Information Centre

🏠68-72 Cameron Street

🕐週一~週五09:00~17:00，週六~週日及國定假日
10:00~14:00

🚫耶穌受難日、耶誕節

☎1800-651-827

🌐www.northerntasmania.com.au

MAP ▶ P.323B3

朗塞斯頓市區
Launceston City
領略寧靜幽雅的老城風光

走在朗塞斯頓市區主要街道上，很容易誤以為身處英國的小城鎮，喜歡建築的遊人，在這裡可以領略到與荷巴特不同的古老城鎮風情。

公園綠地多是朗塞斯頓一大特色，市區3大

公園：市立公園(City Park)、皇家花園(Royal Park)，和國王公園(Kings Park)，每一座都有相當的建園歷史，為維多利亞時期英式花園，高大的樹木林立，當季花卉繽紛似錦，設計上巧妙地將公園與市容結為一體，呈現古典與綠意交融的浪漫情懷，塔斯馬尼亞人很自豪地稱朗塞斯頓為「公園之城」。

朗塞斯頓人口不到10萬，地處塔馬河谷中心，東西兩邊則緊挨著山丘，四周有著秀麗的田園風光，許多民居就蓋在山上，面對著視野極佳的河谷風光。或許是當地居民被居家環境的優雅所感染，雖是塔島的第二大城，卻是個相當寧靜低調的城市，尤其黃昏及週末假日，市區主要商業道路幾乎空無一人，走在街上的全是品味當地悠閒情調的觀光客。

MAP ▶ P.323B3

卡塔拉克特峽谷

MOOK Choice

Cataract Gorge
朗塞斯頓最優美勝地

🚶位於朗塞斯頓市區西邊1公里處，步行約15分鐘可達

升降機Basin Chairlift

☎(03) 6331-5915　⏰夏季09:00~18:00、冬季09:00~16:30、春季和秋季09:00~17:00　💲升降座椅單程全票A$15、15歲以下A$10；來回全票A$20、15歲以下A$12

🌐www.launcestoncataractgorge.com.au

朗塞斯頓市民的幸福，從卡塔拉克特峽谷的近在咫尺，便可窺知一二。從市區向西跨過國王橋(Kings Bridge)，立刻恍如隔世，走進卡塔拉克特峽谷的桃花源世界。

卡塔拉克特峽谷周邊盡是野生動物保護區，千萬年前，南艾斯克河(South Esk)在匯入塔瑪河時，河水切穿堅硬的玄武岩，形成了卡塔拉克特峽谷兩岸盡是垂直的懸崖峭壁。

今天，整個峽谷區就是朗塞斯頓市民的後花園

以及天然運動場，近乎垂直的陡峭河岸，是個天然的攀岩場；河岸兩旁，則是民眾跑步、健行的天然跑道；在峽谷底部，建有一池標準游泳池，泳池畔如茵的草皮則是民眾的野餐區。所有設施都是免費的。如果這樣還不夠，也可以搭乘升降座椅(Chairlift)，從空中俯瞰整個卡塔拉克特峽谷。

MAP ▶ P.323C1

布利得斯托
薰衣草農莊

MOOK Choice

Bridestowe Lavender Estate

徜徉在浪漫的紫色花海

🚗 從朗塞斯頓轉開車約45分鐘；或從郎塞斯頓市區的飯店或轉運中心搭Bridestowe Lavender Farm shuttle前往，每天3班 ☎(03) 6352-8182 ⏰每日09:00~17:00 休耶誕節 🌐 www.bridestowelavender.com.au

Bridestowe Lavender Farm shuttle (Groups Tasmania Coach Tours)
☎0409-857-892 ⏰08:30、10:30、13:30，全程4小時 💲成人A\$80起、兒童A\$40起，價格依載送地點而異 🌐www.coachtourstasmania.com.au

　布利得斯托薰衣草農莊是世界上數一數二大的商業性薰衣草農莊，每年12~1月間，遊人如織，紫色花田伏蕩如波，一株百年橡樹兀自挺立在花田中央，遮了畝許大片陰涼。

　這裡的薰衣草是有來頭的，1922年，來自英格蘭的Denny夫婦選擇了土壤、氣候都與原生地極為接近的布利得斯托，首度在這片紅土撒下純

南法阿爾卑斯山的薰衣草種子，只是阿爾卑斯的高海拔換成了塔斯馬尼亞的高緯度。80多年來，布利得斯托薰衣草農莊從最初不到1/4畝到今天的48公頃，從最早的鐮刀收割到今天的機器採收，從花近半個世紀的時間研發精油提煉，到了今天已經是世界馳名的薰衣草精油領導品牌。

　經營者幾經更迭，2007年2月由羅伯·拉文(Robert Ravens)夫婦接手，原本從事化工的羅伯進一步強化布利得斯托的精油淬取技術，而身為營養師的太太珍妮佛(Jennifer)更是設計出各種薰衣草甜點、食譜，為整座農場增色不少。

MAP ▶ P.323A2

美人角

MOOK Choice

Beauty Point

海馬&鴨嘴獸生態之旅

🚌 從朗塞斯頓有Manion's coaches (route 183)每天數班往返 🌐www.manionscoaches.com.au

海馬繁殖復育中心Seahorse World
🏠200 Flinders St. ☎(03) 6383-4111 ⏰導覽行程12~4月09:30~16:00、5~11月10:00~15:00 休耶誕節 💲成人票A\$23.5、兒童票(4~16歲)A\$10、家庭票A\$58 🌐www.seahorseworld.com.au

鴨嘴獸之屋Platypus House
🏠200 Flinders St. ☎(03) 6383-4884 ⏰10:00~15:30 休耶誕節 💲成人票A\$26.5、兒童票(4~16歲)A\$12、家庭票A\$59.9 🌐www.platypushouse.com.au

　美人角位於塔瑪河的出海口，淡水、海水在此交會，生態極為豐富，吸引很多朗塞斯頓居民前

來垂釣。

　過去在這裡原本作為生態復育的機構，也轉而對外開放，成為富教育性質的小型水族館，海馬繁殖復育中心就是其中之一。舉凡海馬從出生到成熟的過程、世界各個品種的海馬，這裡都有展示。由於繁殖量大，還可作為商業用途。海馬中心的2樓是座視野極佳的餐廳，餐點量大超值。

　鴨嘴獸之屋就在海馬中心隔壁，可以近距離看到澳洲特有生物鴨嘴獸以及針鼴蝟。

塔斯馬尼亞⋯**朗**塞斯頓及其周邊 Launceston & Around

希爾塢草莓園
Hillwood Strawberry Farm
閃爍紅寶石光澤的新鮮草莓

🚗 從朗塞斯頓開車走A8公路，遇Johnstones Rd.左轉接Criagburn Rd.可達 🏠105 Hillwood Road, Hillwood ☎(03) 6394-8180 ⏰09:00~17:00 ㉄耶誕節、耶穌受難日 🌐www.hillwoodberries.com.au

由Alan和Kate老夫婦經營的希爾塢草莓園，距離朗塞斯頓只有20分鐘車程，迎客的是一叢叢與人等身、開著米白、鮮黃、豔紅、粉橘花朵的玫瑰花園以及一頭大狼狗。

客人才下車，夫婦倆便親切地送上自製的水果酒、乳酪、果醬、果醋、草莓冰淇淋，隨後又忙不迭地領著遊客來到屋後，視野豁然開朗，幾畝大的草莓、紅醋栗、黑醋栗，一行行整齊排列，順著平坦地勢直接遠方樹林和天際。這些草莓、醋栗都是有機栽培。大太陽下，飽滿多汁的果實閃爍著鮮紅寶石光澤。

布林哥登農莊
Brickendon Historic Farm Cottage
歐式風情的田園體驗

🚗 從朗塞斯頓機場開車走C520公路，車程約15分鐘 🏠236 Wellington St ☎437-525-890 ⏰週二~週日09:30~17:00 🌐brickendon.com.au

1824年，William Archer由英國前來朗塞斯頓定居，花了10餘年的時間建設他的農莊王國，以英國故居布林哥登(Brickendon)之名為農莊命名。目前由亞契家族第7代經營，170幾年歷史的洗練，讓它成為塔斯馬尼亞最老的農莊之一。

農莊的花園內有超過180種玫瑰花、薰衣草、山楂花…也可看到1830年代至今的挺拔老樹，漫步其間，充分享受繽紛的視覺饗宴。另外，農莊內建於1824年的禮拜堂，紅磚綠頂的喬治

亞式建築造型，和禮拜堂內的彩繪玻璃窗，頗有古典氣氛。

蘿絲鎮
Ross
兩大城間的特色小鎮

🚗 從朗塞斯頓或荷巴特開車走1號快速公路可達
蘿絲遊客服務中心
Ross Visitor Information Centre
🏠48 Church Street, Ross ☎(03) 6381-5466 ⏰週一~週五09:30~17:00、週六~週日10:00~17:00 🌐www.visitross.com.au

1812年村民沿著瑪魁爾河(Macquarie)開墾家園，此為蘿絲小鎮開拓史的開始，最著名的蘿絲橋建於1836年，橋上有186個精緻優美的浮雕，為殖民時期英國罪犯Daniel Herbert所設計打造。

1988年開幕的塔斯馬尼亞羊毛中心(Tasmanian Wool Centre)，為鎮上的羊毛主題博物館，這裡也蘿絲小鎮的遊客中心，並可代為安排住宿。時間充裕的話，建議到鎮上的蘿絲麵包屋(Ross Bakery)喝杯咖啡、吃塊麵包，這裡擁有全塔斯馬尼亞最古老的木材燒烤麵包爐，古法烘焙的麵包，吃起來的口感很特殊。

東部海岸與西部荒野

東部海岸與西部荒野
The East Coast & The Wild West

文●林志恆・墨刻編輯部　攝影●林志恆・墨刻攝影組

塔斯馬尼亞有超過1/3的土地屬於國家公園保護的森林、原野和水域，並有20%被列為世界自然遺產之林。只要車程幾個小時之內，便可同時體驗到世界最後一塊溫帶荒野、古老的雨林、冰河時期形成的冰斗湖、與世隔絕的海灘、挺拔轟鳴的瀑布、孤高陡峭的海崖…而豐富多樣的野生動物就自在地棲息在這些純淨無污染的處女地。超過3,000公里長的世界頂級健行步道，讓旅人在不干擾棲地的狀態下，更容易近距離觀賞大自然生態。

東部海岸是塔斯馬尼亞最悠閒的地方，白色沙灘，湛藍海水，極適合緩慢步調的度假方式，費瑟內國家公園是其中的代表。

西部地區則呈現不同的風貌：連綿不盡的高山、無法穿透的雨林、人跡罕至的海岸，可說是荒原一片，塔斯馬尼亞被畫為世界自然遺產的範圍，大部分指這個地區，搖籃山・聖克雷爾湖國家公園堪稱代表。

INFO

如何到達——長途巴士

◎Redline Coaches

東部海岸：平日有朗塞斯頓與天鵝海、寇勒斯灣(Coles Bay)、畢盧諾、聖海倫之間的巴士，車程約2~3小時。

☎1300-360-000　🚐www.tasredline.com.au

◎TassieLink

東部海岸：提供從荷巴特與東海岸諸多城市或景點之間的交通，例如天鵝海、寇勒斯灣、畢盧諾、聖海倫等，車程從2~4小時不等。

西部荒野：從荷巴特到聖克雷爾湖約3小時、到皇后鎮(Queentown)約5小時；從朗塞斯頓到搖籃山約3小時、到皇后鎮約6小時。

☎1300-300-520　🚐www.tassielink.com.au

東部海岸The East Coast

MAP ▶ P.327B1

派恩加納牧場

Pyengana Dairy Company

傳承百年的英式巧達乳酪

🚗 從朗塞斯頓開車向東北走，沿A3公路彎進派恩加納山谷 🏠 St Columbia Falls Rd., Pyengana ☎(03) 6373-6157 ⏰ 09:00~17:00 ㊡耶誕節 🌐 pyenganadairy.com.au

掃地圖

派恩加納山谷裡雨小豐，牧草長得格外肥美，200多頭黑白相間的荷蘭乳牛或立或臥、自在地嚼著牧草。這裡坐落著由希雷(Healey)家族所經營的派恩加納酪農場，所生產的乳酪是目前全澳洲僅存、仍堅持傳統手工製作的英式巧達乳酪(Cheddar Cheese)，1980年代，這種堅持愈來愈無法迎合現代經濟規模，直到第四代的瓊·希雷(Jon Healey)和妻子林達(Lyndall)接手，立刻有了起色。林達在農舍旁巧手經營了一家聖牛咖啡廳(Holy Cow Cafe)，提供美味餐點、咖啡、紅酒和各種口味乳酪；瓊·希雷更在1990年代初期前往瑞士，精進乳酪製造技巧並研發出各種創新口味的乳酪。

東部海岸The East Coast

MAP ▶ P.327B1

聖海倫

St Helens

迷人的濱海勝地

🚌可搭Redline Coaches或TassieLin巴士前往
聖海倫歷史及遊客服務中心
🏠61 Cecilia St. ⏰週一~週五09:00~16:00、週六~週日09:00~15:30 ☎(03) 6376-1744 🌐www.bodc.tas.gov.au/discover/visit-us

掃地圖

聖海倫位於塔斯馬尼亞的東北海岸，目前是塔斯馬尼亞最大的漁港，緊鄰著喬治灣(Georges Bay)，過去也是因為捕鯨而發展起來的城鎮。由於這裡氣候乾燥，經常發生叢林火災，2006年曾遭受祝融肆虐。

因為海岸公路(A3)緊挨著東部海岸，沿途景觀十分迷人，尤其從聖海倫向北走11公里處的濱納隆灣(Binalong Bay)，綿延的白沙灘和著透藍海水，是個可以沿著海灘散步的好地方。

東部海岸The East Coast

MAP ▶ P.327B2

畢虛諾鎮

MOOK Choice

Bicheno Town

夜間看神仙企鵝

🚌 可搭Redline Coaches或TassieLin巴士前往
畢虛諾遊客服務中心
🏠41b Foster St., Bicheno ☎(03) 6375-1500 ⏰5~9月
10:00~16:00、10~4月9:00~17:00 💻eastcoasttasmania.com
鑽石島度假村Diamond Island Apartments
🏠69 Tasman Hwy., Bicheno ☎(03) 6375-0100 🔄
diamondislandresort.com.au

　　整個塔斯馬尼亞東海岸與捕鯨歷史息息相關，位於酒杯灣(Wineglass Bay)北方的畢虛諾，就是因捕鯨及獵海豹而發展起來的小鎮，狹窄的港灣用來泊靠捕鯨船，山丘上則有瞭望台觀察外海迴游路過的鯨群。隨著時間推移，捕鯨業早已凋零，今天澳洲更是國際生態保育重要一員，還為此與惡名昭彰的日本捕鯨業發生衝突。

　　如今，塔斯馬尼亞小心翼翼地保護周遭環境，並把歷史和自然遺產轉化為觀光資源，每一座濱海小鎮就是一處生態教室。在畢虛諾，水底玻璃船、釣魚、高爾夫球、水族館、潛水，都是吸引遊客的賣點，而夜間的賞企鵝之旅，更是一天活動的高潮。

　　小企鵝上岸築巢的海岸正位於東海岸最著名的鑽石島度假村(Diamond Island Apartments)範圍內，為了防範不知情的遊客誤闖繁殖地，度假村特別立起告示牌並鋪設圍欄、木棧道。而維持著最低度開發的度假村，從房間視窗望去，盡是綿延不斷的海岸自然風光，黑脊鷗、蠣鷸、短尾海鷗…經常與遊客不期而遇。

夜間企鵝遊行Nightly Penguin Tour

　　距離畢虛諾鎮中心2公里處的鑽石島(Diamond Island)海濱，是世上體型最小的企鵝——神仙企鵝(Fairy Penguin)的家，數千年來，小企鵝群始終維持著固定不變的習性，每天清晨天未亮便出海覓食，直到夕陽低垂，才一批批結隊上岸；有的企鵝則是秋冬待在海上，春夏才上岸換毛、築巢、產卵、哺育後代。曾經，鑽石島海岸的企鵝受到野貓和家狗的攻擊，族群一度減少至僅剩40隻，直到鄰近保育人士出手相救，企鵝才回升到大約600隻。

　　賞企鵝之旅，便從夜幕升起的那一刻開始，導覽人員領著編好小組的遊客，遵約法三章、邊靜靜的在海邊守候，此刻除了導覽員的手電筒，禁絕一切驚擾舉動，尤其是相機閃光燈。海岸邊，一道接著一道白浪花沖捲而來，就在浪頭後方，一群群小企鵝整好隊伍，準備上岸。

　　帶頭企鵝先在岸邊東張西望，確定周邊沒有掠食者威

脅，三五成群的小企鵝才分別呈一縱隊，搖搖擺擺爬過沙丘、越過草叢，穿過遊客的雙腳，有的相互追逐求偶、繁衍後代，有的歸回巢穴、哺育雛鳥。隨著小企鵝一批批上岸，原本寂靜的夜空頓時溢滿小企鵝的嘎嘎叫聲，而神仙企鵝正是全世界所有企鵝家族中最嘈雜的一員。

🚌 可從畢虛諾遊客服務中心或線上報名，需事先預約 🏠70 Burgess St, Bicheno ☎(03) 6375-1333 ⏰9~1月：19:30~21:10、2月和4~8月17:00~19:30、3月17:00~19:45 🚫耶穌受難、耶誕節、12/31 💲成人票約A\$42.5、兒童票約A\$19.5(價格因季節不同) 🔄www.bichenopenguintours.com.au

塔斯馬尼亞…**東**部海岸與西部荒野 The East Coast & The Wild West

329

MAP ▶ P.327B2

費瑟內國家公園

MOOK Choice

Freycinet National Park

健行者和划船者的天堂

🚌 從畢虛諾可搭畢虛諾巴士(Bicheno Coach Service)往返寇勒斯灣、費瑟內國家公園；從郎塞斯頓和荷巴特開車分別約2.5小時及3小時 ☎(03) 6256-7000 🕐11~4月08:00~17:00、5~10月09:00~16:00 💲1日票每人A$20.6、每車(最多8人)A$41.2 🌐www.parks.tas.gov.au
畢虛諾巴士Bicheno Coach Service
☎(03) 6257-0293

不論從塔斯馬尼亞第一大城荷巴特北上，或第二大城朗塞斯頓南下，沿著蜿蜒崎嶇的東海岸行駛，一邊是晶藍的塔斯曼海(Tasman)，一邊是壯麗的哈查茲山脈(Hazards Range)，費瑟內國家公園便位於海岸線正中央，一座座綠樹成蔭的山脈從海平面高高拔起，伸入澄澈海水，形成一道完美的圓弧，山稜上是粉紅與灰白相間的花崗岩脈，山腳下雪白沙灘沿著圓弧堆積，圍出一池平靜無波的藍色大海灣，那就是國家公園內最著名的酒杯灣(Wineglass Bay)，曾被國際雜誌評選為世界十大海灘之一。

一如塔斯馬尼亞大多數的國家公園，既遠離塵囂又容易到達，園內更是一座叢林健行者和獨木舟划船者的天堂。國家公園設計出20分鐘到2個小時、甚至2天的健行行程，沿途隨著山勢起伏，或陡升，或急降，步道兩旁怪石嶙峋，長滿耐旱的尤加利林(Eucalypt)，班庫樹(Banksia)和澳大利亞茶樹，偶爾遇上白腹海鷹盤旋高空中，黃喉蜂鳥、黃尾鳳頭鸚鵡穿梭林間，還有跳出叢林向遊客乞食的小袋鼠。遊客來到費瑟內，不是喘噓噓爬上千層階梯，從山脊的眺望點凌空全覽整座酒杯灣；就是直下海濱，徜徉在酒杯中晶瑩剔透的湛藍海水，或划船、或游泳、或浮潛。

然而酒杯灣名稱的由來，卻與塔斯馬尼亞殘酷的歷史一樣，罩上一層幽暗。在捕鯨盛行的年代，每年冬天，龐大的抹香鯨、座頭鯨群從南極洲往北遷移，水手們便駕著捕鯨船，擲魚叉、長矛，一路從外海追逐鯨群，困鯨於淺灘後，展開大屠殺，取鯨油、鯨肉、鯨鬚、鯨骨，血染整座海灣，洸洸的絳紅海水，彷彿一只倒滿紅酒的酒杯，因而取名為酒杯灣。

東部海岸The East Coast

MAP ▶ P.327B2

天鵝海
Swansea

東海岸美食天堂

🚗 從荷巴特開車走A3公路；或從朗塞斯頓開車走1號快速道路，到Campbell鎮後接B34公路

凱特草莓園Kate's Berry Farm

📍12 Addison St., Swansea 📞(03) 6257-8428 🕐週五09:30~17:00、週六~週二09:30~16:00 ⊘週三、週四、耶誕節、送禮節、7~9月會閉園做冬季維修 🌐www.katesberryfarm.com

　由於天鵝海是東海岸地區距離荷巴特最近的城鎮，因此成了荷巴特居民週末假日前來一嘗東海

岸美食的主要基地。由於有大牡蠣灣(Great Oyster Bay)的屏障，天鵝海的海岸總是平靜無波，從1820年代開始就有移民在此落腳，因此留下幾棟歷史建物，像是議會堂(Council Chambers)、聖公會教堂(Anglican Church)、釘子橋(Spiky Bridge)等。

掃地圖

　在天鵝海市區南邊3公里處，有一座有機草莓園，由凱特(Kate Bradley)所經營，她從澳洲本土隻身來到塔斯馬尼亞創業，已經闖出一番名號，店內販賣的果醬、水果酒、醬料、冰淇淋、甜點等，都吸引不少塔斯馬尼亞人或遊客不遠千里而來。

西部荒野The Wild West

MAP ▶ P.327A1

拓瓦那野生動物園
Trowunna Wildlife Sanctuary

親見塔斯馬尼亞獨有惡魔

🚗 從朗塞斯頓開車走1號快速道路，到Deloraine左轉接B12公路 📍1892 Mole Creek Rd., Mole Creek 📞(03) 6363-6162 🕐09:00~17:00；動物秀11:00、13:00、15:00 ⊘耶誕節 💲成人票A$28、兒童票(3~15歲)A$16、家庭票(2大2小)A$75(每多1位小孩多收A$10) 🌐www.trowunna.com.au

　拓瓦那野生動物園占地約38英畝，位於朗塞斯頓西邊的Mole Creek小鎮。園方飼養35種澳洲原生的野生動物及鳥類，依不同種類放置在圍牆區或放牧區，有深受國人喜愛的無尾熊及袋熊等，遊客

掃地圖

可近距離觀賞；在廣闊的放牧區中，則可體驗餵食袋鼠的樂趣，甚至與他們追逐玩耍。

　園中最受矚目的是塔斯馬尼亞惡魔(Tasmanian Devil)，這種身長約60公分的動物，為塔斯馬尼亞獨有生物，全身黑色，在前胸、尾巴處有白色條紋，乍看之下有點像隻小熊。其實牠們生性溫馴，而且因為專吃死屍，讓島上乾淨無比，深受本島居民喜愛，為塔斯馬尼亞最具代表性的動物。

西部荒野The Wild West

MAP ▶ P.327A2

搖籃山‧聖克雷爾湖 國家公園

Cradle Mountain–Lake St Clair
National Park

MOOK Choice

列為世界遺產的國家公園

🚌 可搭TassieLin巴士前往；從郎塞斯頓開車約2.5小時 💲 全票A\$25.75、優待票A\$10.3、家庭票(2大3小)A\$61.8(包括接駁車資) 🌐 www.parks.tas.gov.au

搖籃山
☎(03) 6492-1110

聖克雷爾湖
☎(03) 6289-1172

掃地圖

　　這是塔斯馬尼亞最著名的國家公園，顧名思義，國家公園由搖籃山和聖克雷爾湖所組成，其中又以搖籃山為最顯著的地標，面積廣達16萬8千公頃，被列為世界遺產。地勢險惡的山峰、水勢盛大的峽谷、透藍的湖泊，還有冰斗湖、高地沼澤等，這也是全澳洲被冰河覆蓋面積最大的地區之一。此外，

這裡還有塔斯馬尼亞兩項之最——最高峰歐薩山(Mt. Ossa)，海拔1,617公尺，以及最深淡水湖聖克雷爾湖，水深167公尺。

　　來到這裡最主要的活動便是叢林健行，國家公園設計了各種不同路徑、不同長度、不同時程的健行步道，供遊客選擇。由於搖籃山‧聖克雷爾湖國家公園被列為塔斯馬尼亞必訪景點，許多旅行社也操作各式各樣的搖籃山‧聖克雷爾湖國家公園一日行程，或者更長天數的遊程，讓遊客可以更深度瞭解這座國家公園的魅力。

The Savvy Traveler
聰明旅行家

簽證辦理

短期觀光簽證

　　台灣遊客要到澳洲觀光，可以選擇申請電子旅遊憑證(Electronic Travel Authority，簡稱ETA)。ETA電子旅遊簽證效期1年，並且可以多次的進出澳洲，入境後停留時間不得超過3個月，台灣普通護照持有者，可利用手機應用程式「AustralianETA」申請ETA。

澳洲辦事處
- 台北市信義區松高路9-11號27-28樓
- (02) 8725-4100
- 週一週五08:45~12:30、13:30~17:15

www.australia.org.tw

旅遊諮詢

澳洲旅遊局
www.australia.com

昆士蘭旅遊局
- 台北市信義區松高路9-11號27樓
- (02) 2723-3196
- (02) 2723-3197
- www.queensland.com.tw

基本資訊

地理位置和面積

澳洲是世界上第6大國，全澳洲面積約為7,686,850平方公里。它位於印度洋和太平洋之間，海岸線全長約36,735公里。澳大利亞是一塊大陸島嶼，從澳洲東岸狹長肥沃區合併為大分水嶺(Great Dividing Range)。大分水嶺的山脈是地形指標，橫跨於新南威爾斯省(New South Walles)、維多利亞省和塔斯馬尼亞島之間。大分水嶺西半部的地形大部份平坦而乾燥。

澳洲內陸大多是岩石沙漠和乾燥河流。澳洲東、西部的高地雖然有少數人居住，但絕大部份的地區是荒涼且無人居住的。

人口和種族

澳洲約2,300萬人。多數澳洲人是早期來自英國的移民，但是之後有更多的來自希臘、義大利及其他歐洲地區的國家，近年則大量湧入亞洲國家移民。澳大利亞最早的原住民只占總人口的不到1%。

首都

坎培拉(Canberra)

宗教

約70%的居民是基督徒(Christian)，其餘30%的人則為佛教徒(Buddhist)、穆斯林(Muslim)和猶太教徒(Jewish)。

語言

澳洲式英語(Australian English)

飛航資訊

過去從台灣飛航澳洲的航空公司有國泰航空、中華航空、長榮航空、澳洲航空等等，但受疫情影響，航班航線、班次、時間等訊息變動較大，相關資訊請洽各大航空公司或上網查詢，旅遊套裝行程可洽各大航空公司或旅行社。

國泰航空
⊕www.cathaypacific.com/cx/zh_TW.html
中華航空
⊕www.china-airlines.com/tw/zh
長榮航空
⊕www.evaair.com/zh-tw/index.html
澳洲航空
⊕www.qantas.com/tw/zh_TW.html

訂房資訊

澳洲的住宿設施相當多元，既有現代化的觀光級飯店、舒適豪華的度假村，也有融入當地生活的民宿、農場住宿，或是便宜的青年旅舍、背包客棧、汽車旅館等，可依自己的喜好、預算來選擇。但是整體而言，澳洲的住宿費用不算便宜，想找便宜的落腳點需要花些時間和心思。

當地旅遊

入境澳洲禁止攜帶之物品

以下物品是被禁止及會被沒收和銷毀的，或可將物品棄置在機場的檢疫箱內：乳製品、蛋及含蛋的產品、非罐裝的肉類產品、活的動物、活的植物、草藥及傳統藥物、種子及果仁、新鮮水果及蔬菜。

時區

全國分為東部、中部、西部3個時區，雪梨與墨爾本、昆士蘭州為東部時間，較台灣時間快2小時；中部地區和東部則有30分鐘時差，所以較台灣快1.5小時，西部則與台灣零時差。

特別注意的是，夏天10~3月是夏令時間，自10月份第1個週日～隔年4月第1個週日，各州時間都要再加1小時，如東部時間就變成比台灣快3小時。唯昆士蘭州、西澳和北領地並未實行夏令時間，因此在10~3月間，昆士蘭州與雪梨及墨爾本，會有1個小時的時差。

貨幣及匯率

澳幣(AUD)，A$1約可兌換NT$20.99 (由於匯率經常變動，以上僅供參考)。澳幣紙鈔有5、10、20、50、100元，金屬貨幣有5分、1角、2角、5角、1元和2元。信用卡和旅行支票皆可使用。

電壓

電壓為220/240伏特，50赫茲交流電，八字形雙孔或三孔插座。

打電話

由澳洲打回台灣，0011+886+區域碼(去0)+電話號碼
由台灣打到澳洲，002+61+區域碼(去0)+電話號碼
澳洲國內電話區域號碼+8碼電話號碼
免費翻譯服務電話131450(24小時免付費翻譯電話，提供超過160種包括中文的語言溝通服務)。

飲水

水龍頭的水可生飲。

小費

一般澳洲沒有收取小費的習慣，如覺得服務好，可給小費2澳幣，但在服務一流的餐廳，小費標準約為消費額的10%。

澳洲對於遊客帶入境的食物管制相當嚴格，有帶吃的一定要申報，就連泡麵都別想「偷渡」，尤其泡麵裡如果含有乾燥肉，就保證過不了關。所以衷心的建議是：到澳洲旅遊，任何吃的東西都不要帶，免得給自己找麻煩。

GST貨物服務稅與TRS遊客購物退稅制

GST是貨物服務稅的簡稱(Goods and Services Tax)，遊客只要在登有GST的商店消費超過A$300 (需在同一家，但不需要同一天，唯要特別注意的是，發票需在同一張，因此，最後一次消費時需請店家將所有發票打在同一張)，就可以在離境時申請退稅(Tourist Refunds Scheme, TRS)。

申請退稅一律在機場，且必須當場出示購買的商品，以證明的確將帶離澳洲境內。TRS不包括酒類與香菸(此類商品可在機場免稅店購買)、GST免稅品(不是所有的商店都是GST商店)、可在澳洲境內全部消耗或部份消耗的物品(如飲料、食品等)以及因安全理由無法帶上飛機的物品(申請退稅的物品必須在隨身行李內)。

TRS退稅額度一般物品是總額的11％，若退稅金額低於A$200，可於現場領取、高於200A$則將以支票、信用卡或澳洲銀行戶頭退稅。申請退稅時需準備：購買的物品、商店開立的稅單(Tax Invoice)、護照及國際航班的登機證。由於TRS櫃台設於各大機場的出境區，遊客需在check in後才能辦理，由於飛機起飛前30分鐘就不接受辦理退稅，因此請儘量提早，多預留些辦理退稅手續的時間。(想退稅的商品為回國前60天內購買的商品)

此外，國際航線的機票不徵收GST，但請注意，在澳洲國內購買的國內段機票將徵收GST，所以如果你將去兩個以上的澳洲城市旅遊，請在赴澳洲前就買好澳洲國內段機票。

另一方面，在當地旅遊時的報價，包括飯店住宿、導遊、當地行程、餐廳用餐等，都應已包含10%的GST，跟團的遊客，旅行社的報價也應該包含GST，不用再另外付稅。

Tourist Refunds Scheme
☎1300-555-043
🌐www.abf.gov.au/entering-and-leaving-australia/tourist-refund-scheme

澳洲 Australia

MOOK NEWAction no.64

作者
墨刻編輯部

攝影
墨刻編輯部

編輯
陳可甯

美術設計
羅婕云‧董嘉惠

地圖繪製
墨刻編輯部

出版公司
墨刻出版股份有限公司
地址：台北市南港區昆陽街16號7樓
電話：886-2-2500-7008
傳真：886-2-2500-7796
E-mail：mook_service@cph.com.tw
讀者服務：readerservice@cph.com.tw
墨刻官網：www.mook.com.tw

發行公司
英屬蓋曼群島商家庭傳媒股份有限公司城邦分公司
地址：台北市南港區昆陽街16號8樓
電話：886-2-2500-7718　886-2-2500-7719
傳真：886-2-2500-1990　886-2-2500-1991
城邦讀書花園：www.cite.com.tw
劃撥：19863813
戶名：書虫股份有限公司

香港發行所
城邦(香港)出版集團有限公司
地址：香港灣仔駱克道193號東超商業中心1樓
電話：852-2508-6231
傳真：852-2578-9337

馬新發行所
城邦(馬新)出版集團 Cite (M) Sdn Bhd
地址：41, Jalan Radin Anum, Bandar Baru Sri Petaling,
57000 Kuala Lumpur, Malaysia.
電話：(603)90563833
傳真：(603)90576622
E-mail：services@cite.my

製版‧印刷
凱林彩印股份有限公司

經銷商
聯合發行股份有限公司（電話：886-2-29178022）
誠品股份有限公司
金世盟實業股份有限公司

城邦書號
KV3064

定價
499元

ISBN
978-986-289-826-0‧978-986-289-825-3（EPUB）
2023年1月初版　2024年4月4刷

首席執行長　Chief Executive Officer
何飛鵬　Feipong Ho
生活旅遊事業總經理暨墨刻出版社長　PCH Group President & Mook Managing Director
李淑霞　Kelly Lee
總編輯　Editor in Chief
汪雨菁　Eugenia Uang
資深主編　Senior Managing Editor
呂宛霖　Donna Lu
編輯　Editor
趙思語‧唐德容‧陳楷琪
Yuyu Chew, Tejung Tang, Cathy Chen
資深美術設計主任　Senior Chief Designer
羅婕云　Jie-Yun Luo
資深美術設計　Senior Designer
李英娟　Rebecca Lee
影音企劃執行　Digital Planning Executive
邱茗晨　Mingchen Chiu
業務經理　Advertising Manager
詹顏嘉　Jessie Jan
業務副理　Associate Advertising Manager
劉玫玟　Karen Liu
業務專員　Advertising Specialist
程麒　Teresa Cheng
行銷企畫經理　Marketing Manager
呂妙君　Cloud Lu
行銷企畫專員　Marketing Specialist
許立心　Sandra Hsu
業務行政專員　Marketing & Advertising Specialist
呂瑜珊　Cindy Lu
印務部經理　Printing Dept. Manager
王竟為　Jing Wei Wan

本刊所刊載之全部編輯內容為版權所有，
非經本刊同意，不得作任何形式之轉載或複製。
Copyright © Mook Publications Inc.All Rights Reserved
版權所有‧翻印必究

國家圖書館出版品預行編目資料

澳洲/墨刻編輯部作. -- 初版. -- 臺北市：墨刻出版股份有限公司出
版：英屬蓋曼群島商家庭傳媒股份有限公司城邦分公司發行，
2023.01
336面 ;16.8×23公分公分. -- (New action ; 64)
ISBN 978-986-289-826-0(平裝)
1.CST: 旅遊 2.CST: 澳大利亞
771.9　　　　　　　　　　　　　　111020966